U0582554

本书的出版发行得到了南开大学经济学院"新结构主义经济学研究"的资助。

同时,本书是2019年度教育部人文社会科学研究规划基金项目"全球创新保护新形势下的我国民营企业OFDI对策研究"(批准号:19YJA790100,主持人:薛军)以及南开大学"国际经济贸易系社会服务研究团队资助2018—2020"的中期成果。

在此一并表示衷心感谢!

年度报告课题组负责人:薛　军

课题组专家咨询委员会主任:佟家栋
课题组专家咨询委员会主要成员(按姓氏笔画为序):

王永进　包　群　刘　杉　孙浦阳　李坤望　李飞跃　李　磊　佟家栋　严　兵
张伯伟　张　兵　周　申　冼国明　胡昭玲　高乐咏　盛　斌　梁　琪　彭支伟
葛顺奇　蒋殿春　谢娟娟

课题组承办单位:南开大学全球经济研究中心(NK-GERC)
课题组协作单位:南开大学国际经济贸易系
　　　　　　　　南开大学国际经济研究所
　　　　　　　　南开大学跨国公司研究中心
　　　　　　　　凤凰财经研究院

课题组主要成员:

常君晓　李金永　申喆良　陈晓林　常露露　郑毓铭　苏二豆　魏　玮　吴雨婷
郭亚南　徐玉兰　解彤彤　郭城希　赵　娜　曹鲁杰　朱文燕　陈乃天　周　佳
刘彦池　王子腾　张晓裕　樊　悦　冯　帆　陈培如　乔冀超　薛婷尧　刘雨青
王自锋　黄春媛　等

2019年度中国民营企业海外直接投资指数

基于中国民企500强的数据分析

2019 Chinese Private Enterprises Overseas Direct Investment Index

Data Analysis Based on Top 500 Private Enterprises

薛 军◎等 著

人民出版社

前　言

这是继 2017 年我和我们团队推出的第三本关于中国民营企业海外直接投资（简称"OFDI"）的指数年度报告。

自加入世界贸易组织以来，中国企业海外直接投资步伐逐步加快，根据南开大学全球经济研究中心数据库（以下简称"NK-GERC 数据库"）统计，2005—2018 年间，中国企业海外直接投资项目数量和金额分别实现了 6.4 倍和 12.7 倍的扩张，中国企业正在以更积极更开放的姿态活跃在世界舞台中心。

包括学术界在内，大家就民营企业对国民经济贡献总是笼统地讲"五六七八九"，即民营企业贡献了全国 50% 以上的税收、60% 以上的 GDP、70% 以上的创新、80% 以上的城镇就业和 90% 以上的企业数量。而就民营企业对外直接投资，更由于统计缺失，甚至连一个笼统的权威性结论也没有形成共识，一般只是讲所谓占总规模的"半壁江山"。其实，在中国加入世贸组织以来的十几年间，伴随着我国企业"走出去"的加速扩张，民营企业 OFDI 作为一支不可或缺的力量，不仅在投资数量和投资金额上均已占据头把交椅（参见本报告的补论），而且在实现我国要素禀赋结构优化以及全要素生产率的提升、促进产业结构的优化升级以及经济增长质量提高等方面，正逐渐扮演起更加重要的角色。根据 NK-GERC 数据库统计，从项目数量占比来看，在 2005—2018 年间，民营企业海外直接投资项目总数以 58.45% 的占比位居 4 种所有制企业首位，其余占比排序依次是国有企业（32.25%）、港澳台资企业（6.5%）和外资企业（4.7%）①。其

---

①　此处的占比由中国民营企业在 2005—2018 年间各年度的投资项目数量的汇总值与中国企业投资项目数量在 14 年间的汇总值之比表示，其余所有制企业海外投资项目数量在 14 年间的占比计算方法与此相同。

中，民营企业海外直接投资项目数量除 2006 年和 2009 年稍低于国有企业外，其他年份占比也一直处于 4 种所有制企业的第一位，且其占比总体呈现上升趋势，于 2012 年超过 50% 后持续增加，2018 年更是高达 69.93%。

从本研究报告可以发现，民营企业 OFDI 规模在不断扩大的同时，其国内资金来源地、海外投资区域分布、海外投资行业层面上的细分，以及海外并购投资中的融资模式和绿地投资中的当地就业贡献等方面的特征和机制，都越来越明显地表现出诸多有别于其他所有制企业海外投资的情况。当然，我国企业"走出去"中存在着诸多弊病和缺陷，虽然针对其中部分严重问题，国家也曾经于 2017 年出台政策限制了一些非理性行业的对外直接投资，但是仍然还有诸多问题有待解决。随着我国民企 OFDI 规模的扩大，在不断融入世界舞台的过程中，面对机遇与挑战，民营企业需要与时俱进、突破自身缺陷与羁绊，积极主动地探索出一条适合中国基本国情以及民营企业自身发展的"走出去"之路。

我们的研究团队在过去的两年半时间中，创建了独立的包括中国民企在内的中国企业海外直接投资数据库，即 NK-GERC 数据库，并以此进行各种大数据分析，中国民企 500 强指数年度研究报告就是其中的一项重要研究成果。与往年一样，本报告利用自有数据库进行数据处理和分析，图文并茂全方位多角度分析中国民企 OFDI 的现状及趋势。该报告首先在数据库的选取上，继续采用国际知名的 BvD-Zephyr 全球并购交易分析库和英国《金融时报》旗下的 fDi Markets 全球绿地投资数据库；其次，本报告除了补论之外，在样本数据的选取上仍然利用全国工商联每年公布的中国民营企业 500 强名单作为筛选范围，基于两大数据库，对中国民营企业 500 强 2005—2018 年总共 14 年的对外投资活动进行分析。

本研究报告以测算中国民营企业海外直接投资系列指数为基础，较为清晰、直观地反映 2005—2018 年这 14 年来我国民营企业海外直接投资项目数量和金额的变化规律，便于有效、迅速地把握我国民营企业海外直接投资的特点，更加全面、完整地反映我国民营企业海外直接投资现状。

本研究报告通过采用指数分析法构建了"中国民营企业海外直接投资

指数"六级指标体系来揭示民企 OFDI 的内在性规律和趋势性变化。

首先，以 2011—2015 年的均值为基期值。关于指数基期的设定，除了在第二章中的中国民营企业 OFDI 综合指数采用均值法测算，补论中的中国企业 OFDI 综合指数和民营、国有、港澳台、外资 4 种所有制企业 OFDI 综合指数以及"一带一路"系列 OFDI 综合指数采用主成分分析法测算外，本报告其余所有指数均以 2011—2015 年项目数量或金额的算术平均数为基期值计算得出。之所以选取 2011—2015 年的算术平均数为基期值，一是因为这 5 年期间中国民营资本海外"走出去"又进入了一个由低谷到高峰的快速增长时期，2011 年可以称为中国民营企业"走出去"的"元年"；二是在计算指数时可以确保避免我国企业海外直接投资初期的绝大部分基期值为 0 的问题，从而使指数走势更加平滑。

其次，从并购和绿地投资两个方面（二级指标）构建了六级指标的全面指数体系，更加侧重于变化趋势，突出时间序列的特征。在三级指标分类上，除了投资来源地、投资标的国（地区）、投资标的行业三大指标之外，还设有"一带一路"投资、海外并购投资融资模式、海外绿地投资当地就业贡献 3 个指标。同时，所有的指数均涉及投资项目数量和金额两方面。

再次，通过使用均值法，融合了海外并购投资项目数量指数、海外并购投资金额指数、海外绿地投资项目数量指数和海外绿地投资金额指数，进而测算出中国民营企业 OFDI 综合指数，更加客观、全面衡量我国民企 OFDI 发展变化情况。使用均值法的原因在于均值法可以保留 4 个分指标的大部分信息，且能够在短期内保留主成分分析法的优点，同时使得构建出的综合指数具备跨年可比性；使用 4 种指数进行融合，主要考虑到指数既涵盖了原始数据信息，又可以有效避免量纲不一致问题。

特别地，在行业别分析中首先进行了划分标准的统一。一是按照 ISIC Rev.3 对制造业重新进行了行业划分；二是按照 GB/T 4574-2017（《国民经济行业分类》）对非制造业重新进行了行业划分；三是进一步根据 OECD 制造业技术划分标准，将制造业划分为高技术、中高技术、中低技术和低技术制造业。

目前有关中国民营企业"走出去"的研究仍然比较少，其实这对我们做学术的人来说也可谓绝好的机会，但是为什么中外学者不去挖掘这个金矿呢？究其原因，不外乎缺乏数据支持。综观这个领域的中外文献，理论多，实证少；定性的多，定量的少；调研和案例分析的多，运营大数据分析的少；宏观层面泛泛而谈的多，基于微观具体分析提出解决方案的少。基于此现状，我们团队除了坚持在该领域从多角度开展实证研究之外，仍然坚持最初的目标，将本指数年度报告作为反映中国民营企业"走出去"情况的一个"统计式"的研究报告展示给读者。我们努力将每年出版发行的年度指数报告打造成为一个类似统计年鉴的工具书，以便给有关单位和学者提供一个探讨中国民营资本跨境流动变化规律的工具，弥补现有研究对中国民营企业海外投资的研究空缺。

不仅如此，如同本研究报告"补论 1"中所展示的，我们团队正在逐步建设和完善数据库，并利用该数据库，将加入世贸组织后我国企业"走出去"的情况，包括"一带一路"，从各个角度，进行更为细致的总结分析。同时，我们在"补论 2"中还通过分析中国民企 500 强 OFDI 综合指数与我国实际 GDP、固定资产投资、内需、GDP 平减指数、国民储蓄率等 14个国民经济中重要宏观指标的相关系数，检验了中国民企海外直接投资和这些宏观变量之间的协动性。在"补论 3"中，我们尝试借用数量模型对包括对"一带一路"沿线国家的直接投资在内的"走出去"进行预测。一般非学术性的调侃是 GDP、CPI 这些指标可以猜，但是对中国海外直接投资的趋势预测就不会很准了。即使如此，我们还是尝试对中国海外直接投资 2005—2018 年趋势以及 2019—2021 年展望进行了预测。这只是我们团队进行的又一项探索，我们会不断努力将其细化，如果我们的预测结果与未来 3 年的实际情况相去甚远，也请大家批评指正。

我们今后仍然坚持每年持续发布包括民营企业在内的其他所有制企业相关的指数报告，努力打造一个"南开中国 OFDI 指数"的品牌，不仅要做到及时把握和公布，而且将尝试性地力争将 OFDI 趋势预测做到令人信服的水平。

　　本指数年度报告不仅可以填补我国关于民企 OFDI 研究数据不足的空白，还可以更好地系统分析整理我国民企 OFDI 的行为特点，进而为我国民企建立一套可持续"走出去"的长效机制提供重要依据，为国内政府部门提供政策咨询选择，更为科研院所及各大高校等相关机构的有关研究提供可靠的参考数据，从而开辟关于我国企业"走出去"新的研究领域。同时该指数也已成为国际上有关研究机构的一个新的咨询来源。为此，我和我们团队的小伙伴们深感自豪和欣慰。

　　我们希望有关部门和学者等各界同仁提出宝贵意见，并给予大力支持。同时，本报告难免有许多不足之处甚至错误，希望读者给予批评指正，我们表示热烈欢迎。

目　录

表 索 引

图　索　引

第一章 中国民营企业海外直接投资 指数体系的构建及说明

第一节 关于中国民营企业海外直接 投资指数的研究架构

不同于现有其他有关中国企业"走出去"的报告，本报告的研究主体是中国的民营企业。我们以中华全国工商业联合会（以下简称"全国工商联"）每年一度发布的中国民营企业 500 强作为筛选范围，从 BvD-Zephyr 全球并购交易分析库和 fDi Markets 全球绿地投资数据库中筛选出 2005—2018 年中国民营企业 500 强"走出去"的相关数据作为分析样本，在此基础上基于海外并购投资和绿地投资两个维度构建了"中国民营企业海外直接投资指数"六级指标体系，同时测算了中国民营企业海外直接投资系列指数。

中国民营企业海外直接投资系列指数能较为清晰、直观地反映 2005—2018 年这 14 年来我国民营企业海外直接投资项目数量和金额的变化规律，便于有效、迅速地把握我国民营企业海外直接投资的特点，更加全面、完整地反映我国民营企业海外直接投资现状。

一、若干概念解释及范畴界定

（一）关于民营企业的界定

民营企业是我国特有的概念。在资本主义国家中，除了部分铁路、邮政、烟草等行业属于国有之外，其他绝大多数均是私有企业。正是由于大部分企业都是民间经营的，因此国外很少提"民营企业"一词。国内关于民营企业的界定并没有统一的观点。理论界和社会上对民营企业（或民营经济）的概念缺乏统一的观点，国家有关部门也难以对民营企业的范畴作出明确界定。

本报告对民营企业的定义以全国工商联的划定范围为标准，即指私营企业、非公有制经济成分控股的有限责任公司和股份有限公司，而国有绝对控股企业和外资绝对控股企业（港澳台除外）不在此范围之内①。

（二）统计样本的选择

本报告以全国工商联每年度发布的中国民营企业 500 强作为筛选范围，从 BvD-Zephyr 并购数据库和 fDi Markets 绿地投资数据库中筛选民营企业 500 强"走出去"的相关数据作为统计样本。将民营企业 500 强作为筛选范围，一方面源于民营企业 500 强无论在规模还是产业技术上在民营企业中都有较强的代表性，且覆盖行业面广，能够较全地反映我国民营企业"走出去"现状；另一方面源于民营企业 500 强名单的来源可靠，该名单由全国工商联颁布，权威性较高。

（三）统计时间段的选择

本报告的数据筛选时间段是 2005—2018 年，14 年的时间跨度，便于帮助读者连续追踪民企海外直接投资的发展变化，同时也为更及时有效地研究中国民营企业海外直接投资情况提供详实的数据资料。

（四）多样化的指数形式

本报告不仅提供了中国民营企业海外直接投资指数、并购投资指数和绿地投资指数，且按照指数分类标准分别提供了来源地别指数、标的国（地区）别指数、行业别指数、海外并购投资融资模式别指数，同时测算出具有研究价值的民企 OFDI 综合指数、民营企业"一带一路"投资指数、海外绿地投资就业贡献指数。

---

① 中华全国工商业联合会：《全国工商联办公厅关于开展 2015 年度全国工商联上规模民营企业调研的通知》，中华全国工商业联合会办公厅，见 http://www.acfic.org.cn/zzjg-327/nsjg/bgt/bgttzgg/201602/t20160201_ 3349. html，2016 年 1 月 27 日。

二、本报告的资料来源及相关数据说明

（一）本报告的资料来源

本报告选择在中国海外并购投资方面具有代表性的 BvD-Zephyr 数据库以及研究海外绿地投资具有代表性的英国《金融时报》的 fDi Markets 数据库作为原始数据源。其中，BvD-Zephyr 数据库（即全球并购交易分析库）含有全球企业并购的相关数据，不仅包括各国境内并购，而且收录了全球跨国并购的交易案件，其更新频率以小时计算①。fDi Markets 数据库是《金融时报》所提供的专业服务，是目前市场上最全面的跨境绿地投资在线数据库②。我们可以从 BvD-Zephyr 数据库和 fDi Markets 数据库中筛选投资方与标的方企业名称、案件交易时间、标的方所属行业及国别、投资方来源地、交易金额等信息。

在得到原始数据信息后，本报告利用全国工商联每年公布的民营企业500 强名单作为筛选范围，从原始数据中筛选包括中国民营企业 500 强子公司、分公司在内的所有公司的年度海外并购和绿地投资的交易案件及相关数据。全国工商联自 1998 年开始对上规模民营企业调研，调研对象主要是年度营业总额（即企业的所有收入，包括主营业务和非主营业务、境内和境外的收入）在一定水平以上的私营企业、非公有制经济成分控股的有限责任公司和股份有限公司；而国有绝对控股企业和外资绝对控股企业（港澳台除外）不在调研范围内。调研表由相关单位向企业发放，也可由企业自行从全国工商联官网下载，是否参加该项调研完全由企业自愿决定，且不收取任何费用。全国工商联从 2003 年开始公布民营企业 500 强名单，截至目前，该名单已更新到 2018 年，名单排序主要是依据企业营业收入总额③。

---

① BvD-Zephyr 概览，见 https：//www.bvdinfo.com/en-gb/our-products/economic-and-m-a/m-a-data/zephyr。

② fDi Markets 概览，见 https：//www.fdimarkets.com。

③ 中华全国工商业联合会：《全国工商联办公厅关于开展 2015 年度全国工商联上规模民营企业调研的通知》，中华全国工商业联合会办公厅，见 http：//www.acfic.org.cn/zzjg-327/nsjg/bgt/bgttzgg/201602/t20160201_ 3349. html，2016 年 1 月 27 日。

（二）相关数据说明

1. 关于国内外并购数据相差较大的原因

商务部公布的数据与海外数据库商和媒体公布的海外并购投资数据相差较大，比如 2016 年商务部公布中国企业共实施对外投资并购项目 765 件①，而 BvD-Zephyr 数据库统计的项目数为 1309 件②。造成如此大的反差，主要在于以下 4 点原因。

（1）数据的涵盖范围不同。商务部公布的是已经完成交割的中国海外并购交易，而海外数据库商和媒体公布的数据不仅包括已完成交割的并购交易，还包括新宣布的但目前还处于磋商阶段的，以及交易双方基本达成交易意向但还需要通过国家政府部门审核的交易。可见，海外数据库商和媒体公布的数据范围更广③。

（2）数据采集来源不同。海外数据库商和媒体的资料来源主要是媒体报道、公司披露等，比如 BvD-Zephyr 的并购数据绝大部分都是人工采集，采集渠道为各大交易所公告信息、网上信息、企业官网公告，甚至一些传闻信息等，资料来源较为零散，比较容易夸大交易金额，也容易遗漏交易。

（3）数据统计原则不同。部分企业是通过注册在离岸金融中心的子公司进行并购交易，如果该并购交易完全在海外市场融资完成，就不在我国国内监管机构的统计范围之内，但标的国（地区）仍然认为是来自中国的投资。

（4）数据的统计方法不同。海外数据库商和媒体公布的数据存在重复统计的问题。比如第一季度新宣布尚未完成的并购交易，第二季度还会统计一次，如果第三季度依旧没有完成，那么第三季度又会重复统计一次。

---

① 中华人民共和国商务部、国家统计局、国家外汇管理局：《2015 年度中国对外直接投资统计公报》，中国统计出版社 2016 年版，第 8 页。

② 此处按照 2016 年 1 月 1 日到 2016 年 12 月 31 日为交易日期（含传言日期、宣布日期、完成日期）的统计口径（即"日期"的统计口径）。

③ 王碧珺、路诗佳：《中国海外并购激增，"中国买断全球"论盛行——2016 年第一季度中国对外直接投资报告》，《IIS 中国对外投资报告》2016 年第 1 期。

2. 本报告数据的权威可靠性

各方数据都各有千秋。总体来讲，国外的知名数据库即时迅速，而国内政府部门的统计数据虽然比较权威，但也有学者提出国内数据很难有效反映中国对外直接投资特征[①]，信息量不足。

本报告选择采用的 BvD-Zephyr 和 fDi Markets 这两个数据库均为业界公认的权威可靠的数据库。BvD-Zephyr 数据库与同类知名数据库相比内容更为详细、覆盖范围广，而 fDi Markets 的数据有效地弥补了国内官方数据过于简略的缺陷。

三、"中国民营企业海外直接投资指数"的六级指标体系和指数构成

（一）指数指标的选择和指标体系的建立

本报告选取 2005—2018 年 14 年间的数据，从并购投资和绿地投资两个维度以及各自的投资方来源地别、投资标的国（地区）别、投资标的行业别以及融资来源（本报告只限并购）别展开分析，同时构建出"中国民营企业海外直接投资指数"指标体系（参照表 1-1-1 和表 1-1-2）。该六级指标体系具体可表示为：

第一级是海外直接投资。

第二级是并购投资和绿地投资。

第三级有 8 个指标，分别是按并购、绿地细分后的投资方来源地、投资标的国（地区）、投资标的行业、融资模式（本报告只限并购）以及就业贡献（本报告只限绿地）。

第四级有 25 个指标：

（1）投资方来源地的 5 个地区：环渤海地区、长三角地区、珠三角地区、中部地区、西部地区。本报告还根据不同省份的开放和发展程度，将福建归于珠三角地区，将环渤海、长三角和珠三角地区之外的所有省、自

---

① 王永中、徐沛原：《中国对拉美直接投资的特征与风险》，《拉丁美洲研究》2018 年第 3 期。

治区和直辖市都归为中部、西部地区。

（2）投资标的国（地区）的 3 个区域：发达经济体、发展中经济体、转型经济体。

（3）投资标的行业的 2 种分类：制造业和非制造业。

（4）融资模式（本报告只限并购）的 2 种分类：融资渠道和支付方式。

（5）就业贡献（本报告只限绿地）的 3 种分类：投资方来源地、投资标的国（地区）、投资标的行业。

第五级共有 70 个指标：

（1）我们将来源地对应的四级指标进一步划分为京津冀地区和环渤海地区其他区域、上海和长三角地区其他区域、广东和珠三角地区其他区域、华北东北和中原华中、西北和西南。

（2）根据《世界投资报告 2017》[①] 对国别的划分标准，将标的国对应的发达经济体进一步划分为欧洲、北美洲和其他发达经济体，发展中经济体划分为非洲、亚洲、拉丁美洲和加勒比海地区、大洋洲，将转型经济体划分为东南欧和独联体国家。

（3）按照 OECD 对制造业的技术划分标准将标的行业中的制造业划分为高技术、中高技术、中低技术、低技术 4 种类型，根据国家统计局公布的《2017 年国民经济行业分类》[②]，将标的行业中的非制造业划分为服务业，农、林、牧、渔业，采矿业，电力、热力、燃气及水生产和供应业，建筑业。

（4）将融资模式对应的融资渠道进一步划分为单一渠道融资和多渠道融资，支付方式划分为单一支付方式和多支付方式（本报告只限并购）。

（5）绿地投资就业贡献指标按照投资方来源地不同划分为环渤海地区、长三角地区、珠三角地区、中部地区和西部地区；按照投资标的国（地区）不同划分为发达经济体、发展中经济体和转型经济体；按照投资

---

① 詹晓宁主编：《世界投资报告 2017：投资与数字经济》，南开大学出版社 2017 年版，第 240 页。

② 详见 http://www.stats.gov.cn/tjsj/tjbz/hyflbz/201710/t20171012_ 1541679. html。

标的行业不同划分为制造业和非制造业（本报告只限绿地）。

第六级共有 652 个指标，除绿地就业贡献指标外，其余所有指标可具体到各五级指标项下的各省（自治区、直辖市）、各国（地区）、各行业、各种融资渠道、各种支付方式（参照表 1-1-2）。其中，融资模式别项下的六级指标只列出了本报告所涉及的各种融资渠道和支付方式；绿地就业贡献别项下的六级指标是对五大投资来源地、三类投资标的国（地区）、两种投资标的行业的进一步细分，细分方法与其他指标对应五级指标的划分方法保持一致。

表 1-1-1 "中国民营企业海外直接投资指数"指标体系

一级指标	二级指标	三级指标	四级指标	五级指标	六级指标（具体指标详见序表 1-1-2）
海外直接投资	并购投资	投资方来源地	环渤海地区	京津冀	3
				环渤海地区其他区域	2
			长三角地区	上　海	1
				长三角地区其他区域	2
			珠三角地区	广　东	2
				珠三角地区其他区域	2
			中部地区	华北东北	4
				中原华中	5
			西部地区	西　北	5
				西　南	6
		标的国（地区）	发达经济体	欧　洲	36
				北美洲	2
				其他发达经济体	14
			发展中经济体	非　洲	54
				亚　洲	34
				拉丁美洲和加勒比海地区	35
				大洋洲	14
			转型经济体	东南欧	5
				独联体国家	12

续表

一级指标	二级指标	三级指标	四级指标	五级指标	六级指标（具体指标详见序表 1-1-2）
海外直接投资	并购投资	标的行业	制造业	高技术	5
				中高技术	5
				中低技术	5
				低技术	4
			非制造业	服务业	15
				农、林、牧、渔业	5
				采矿业	7
				电力、热力、燃气及水生产和供应业	3
				建筑业	4
		融资模式	融资渠道	单一渠道融资	18
				多渠道融资	9
			支付方式	单一支付方式	9
				多支付方式	6
	绿地投资	投资方来源地	环渤海地区	京津冀	3
				环渤海地区其他区域	2
			长三角地区	上海	1
				长三角地区其他区域	2
			珠三角地区	广东	2
				珠三角地区其他区域	2
			中部地区	华北东北	4
				中原华中	5
			西部地区	西北	5
				西南	6
		标的国（地区）	发达经济体	欧洲	36
				北美洲	2
				其他发达经济体	14

一级指标	二级指标	三级指标	四级指标	五级指标	六级指标（具体指标详见序表 1-1-2）
海外直接投资	绿地投资	标的国（地区）	发展中经济体	非　洲	54
				亚　洲	34
				拉丁美洲和加勒比海地区	35
				大洋洲	14
			转型经济体	东南欧	5
				独联体国家	12
		标的行业	制造业	高技术	5
				中高技术	5
				中低技术	5
				低技术	4
			非制造业	服务业	15
				农、林、牧、渔业	5
				采矿业	7
				电力、热力、燃气及水生产和供应业	3
				建筑业	4
		就业贡献	投资方来源地	—	—
				—	—
				—	—
			标的国（地区）	—	—
				—	—
			标的行业	—	—

注：在绿地投资"就业贡献"分类中，本报告将其四级指标划分为投资方来源地、标的国（地区）、标的行业三方面，相应的五级、六级指标则是对四级指标三个方面的进一步细分。由于细分方式与绿地投资中投资方来源地、标的国（地区）、标的行业的四级、五级指标划分方式一一对应，故本表中不再详细列出。

表 1-1-2　"中国民营企业海外直接投资指数"指标
体系中第五级和第六级指标的具体内容

五级指标	六级指标
京津冀	北京、天津、河北
环渤海地区其他区域	辽宁、山东
上　海	上海
长三角地区其他区域	江苏、浙江
广　东	深圳、广东（不含深圳）
珠三角地区其他区域	福建、海南
华北东北	山西、内蒙古、黑龙江、吉林
中原华中	河南、安徽、江西、湖北、湖南
西　北	陕西、甘肃、宁夏、青海、新疆
西　南	四川、重庆、云南、广西、贵州、西藏
欧　洲	奥地利、比利时、保加利亚、克罗地亚、塞浦路斯、捷克、丹麦、爱沙尼亚、芬兰、法国、德国、希腊、匈牙利、爱尔兰、意大利、拉脱维亚、立陶宛、卢森堡、马耳他、荷兰、波兰、葡萄牙、罗马尼亚、斯洛伐克、斯洛文尼亚、西班牙、瑞典、英国、直布罗陀、冰岛、挪威、瑞士、安道尔、摩纳哥、列支敦士登、圣马力诺
北美洲	美国、加拿大
其他发达经济体	澳大利亚、新西兰、百慕大群岛、开曼群岛、英属维尔京群岛、格陵兰、波多黎各、以色列、日本、韩国、新加坡、中国台湾、中国香港、中国澳门
非　洲	阿尔及利亚、埃及、利比亚、摩洛哥、苏丹、突尼斯、贝宁、布基纳法索、佛得角、科特迪瓦、冈比亚、加纳、几内亚、几内亚比绍、利比里亚、马里、毛里塔尼亚、尼日尔、尼日利亚、塞内加尔、塞拉利昂、多哥、布隆迪、喀麦隆、中非、乍得、刚果（布）、刚果（金）、赤道几内亚、加蓬、卢旺达、圣多美和普林西比、科摩罗、吉布提、厄立特里亚、埃塞俄比亚、肯尼亚、马达加斯加、毛里求斯、塞舌尔、索马里、乌干达、坦桑尼亚、安哥拉、博茨瓦纳、莱索托、马拉维、莫桑比克、纳米比亚、南非、斯威士兰、赞比亚、津巴布韦
亚　洲	朝鲜、蒙古国、文莱、柬埔寨、印度尼西亚、老挝、马来西亚、缅甸、菲律宾、泰国、东帝汶、越南、孟加拉国、不丹、印度、马尔代夫、尼泊尔、巴基斯坦、斯里兰卡、巴林、阿富汗、伊拉克、伊朗、约旦、科威特、黎巴嫩、阿曼、卡塔尔、沙特、巴勒斯坦、叙利亚、土耳其、阿联酋、也门

五级指标	六级指标
拉丁美洲和加勒比海地区	阿根廷、玻利维亚、巴西、智利、哥伦比亚、厄瓜多尔、圭亚那、巴拉圭、秘鲁、苏里南、乌拉圭、委内瑞拉、伯利兹、哥斯达黎加、萨尔瓦多、危地马拉、洪都拉斯、墨西哥、尼加拉瓜、巴拿马、安圭拉、安提瓜和巴布达、阿鲁巴、巴哈马、巴巴多斯、库拉索岛、多米尼加岛、多米尼加、格林纳达、古巴、海地、牙买加、圣基茨和尼维斯、圣卢西亚岛、圣文森特和格林纳丁斯、特立尼达和多巴哥
大洋洲	库克群岛、斐济、法属波利尼西亚、基里巴斯、马绍尔群岛、密克罗尼西亚联邦、瑙鲁、新喀里多尼亚、帕劳群岛、巴布亚新几内亚、萨摩亚、所罗门群岛、汤加、瓦努阿图
东南欧	阿尔巴尼亚、波黑、黑山、塞尔维亚、马其顿
独联体国家	亚美尼亚、阿塞拜疆、白俄罗斯、哈萨克斯坦、吉尔吉斯斯坦、摩尔多瓦、俄罗斯、塔吉克斯坦、土库曼斯坦、乌克兰、乌兹别克斯坦、格鲁吉亚
高技术	航空航天
	医药制造
	办公、会计和计算机设备
	广播、电视和通信设备
	医疗器械、精密仪器和光学仪器、钟表
中高技术	其他电气机械和设备
	汽车、挂车和半挂车
	化学品及化学制品（不含制药）
	其他铁道设备和运输设备
	其他机械设备
中低技术	船舶制造和修理
	橡胶和塑料制品
	焦炭、精炼石油产品及核燃料
	其他非金属矿物制品
	基本金属和金属制品
低技术	其他制造业和再生产品
	木材、纸浆、纸张、纸制品、印刷及出版
	食品、饮料和烟草
	纺织、纺织品、皮革及制鞋

续表

五级指标	六级指标
服务业	批发和零售业
	交通运输、仓储和邮政业
	住宿和餐饮业
	信息传输、软件和信息技术服务业
	金融业
	房地产业
	租赁和商务服务业
	科学研究和技术服务业
	水利、环境和公共设施管理业
	居民服务、修理和其他服务业
	教育
	卫生和社会工作
	文化、体育和娱乐业
	公共管理、社会保障和社会组织
	国际组织
农、林、牧、渔业	农业
	林业
	畜牧业
	渔业
	农、林、牧、渔专业及辅助性活动
采矿业	煤炭开采和洗选业
	石油和天然气开采业
	黑色金属矿采选业
	有色金属矿采选业
	非金属矿采选业
	开采专业及辅助性活动
	其他采矿业

五级指标	六级指标
电力、热力、燃气及水生产和供应业	电力、热力生产和供应业
	燃气生产和供应业
	水生产和供应业
建筑业	房屋建筑业
	土木工程建筑业
	建筑安装业
	建筑装饰、装修和其他建筑业
单一渠道融资	增资、增资—可转债、增资—卖方配售、注资、发行可转债、可转债证明、企业风险投资、众筹、杠杆收购、夹层融资、新银行信贷便利、通道融资、配售、私募股权、私人配售、公募、新股发行、风险资本
多渠道融资	增资+注资、企业风险投资+私募股权、新银行信贷便利+杠杆收购、新银行信贷便利+私募股权、私人配售+可转债证明、私人配售+新股发行、风险资本+企业风险投资、新银行信贷便利+杠杆收购+私募股权、增资—卖方配售+新银行信贷便利+杠杆收购+私募股权
单一支付方式	现金、现金承担、可转债、债务承担、延期支付、支付计划、银行授信、股份、其他
多支付方式	现金+债务承担、现金+延期支付、现金+其他、现金+银行授信、现金+股份、现金+股份+债务承担

（二）"中国民营企业海外直接投资指数"的指数构成

本报告基于2005—2018年中国民营企业500强"走出去"相关数据，按照上述构建的"中国民营企业海外直接投资指数"六级指标体系的划分标准对包括中国民营样本企业海外直接投资指数在内的各种系列指数进行测算。其中，所有指数都包括项目数量指数和金额指数两种指数形式。

本报告"中国民营企业海外直接投资指数"主要包括六大类，具体内容如下：

（1）根据一级指标的划分标准测算了中国民营样本企业海外直接投资指数；

（2）根据二级指标的划分标准测算了中国民营样本企业海外并购投资指数和绿地投资指数；

（3）根据三级指标的划分标准分别测算了中国民营样本企业海外并购投资和绿地投资两个维度上的投资方来源地别指数、标的国（地区）别指数、标的行业别指数、融资模式别指数（本报告只限并购）、就业贡献指数（本报告只限绿地）；

（4）根据四级指标的划分标准进一步测算了中国民营样本企业海外并购和绿地投资中投资方来源地的 5 个地区、右投资标的国(地区)的 3 个区域、投资标的行业别的两种分类、融资模式别（本报告只限并购）的融资渠道和支付方式的指数以及按照不同划分标准测算的三类就业贡献指数（本报告只限绿地）；

（5）根据五级指标的划分标准测算了投资方来源地更为细化的 10 个地区、投资标的国（地区）对应的 9 个大洲（或区域）、标的行业对应的 9 种分类、融资模式项下（本报告只限并购）的两种分类即融资渠道和支付方式的指数，以及五大来源地、三类经济体、两种标的行业的就业贡献指数（本报告只限绿地）；

（6）根据六级指标的划分标准测算了各省区市、各国别（地区）、各具体行业、各种融资渠道和支付方式上的指数以及基于五级指标进一步细分的就业贡献指数。

此外，为便于比较民营企业在中国对外直接投资中的作用和地位，帮助读者更直观了解我国民营企业海外直接投资总体发展状况，本报告还另行测算了如下三类指数：

（1）基于全国企业海外直接投资视角，使用 BvD-Zephyr 数据库和 fDi Markets 数据库对中国企业进行筛选，测算出中国企业海外直接投资指数、中国企业海外并购投资指数和中国企业海外绿地投资指数；

（2）考虑近年来民营企业海外直接投资项目数量与金额分化显著的特点，使用均值法融合民企海外直接投资项目数量指数与金额指数，测算出中国民营企业 OFDI 综合指数①；

（3）考虑民营企业对"一带一路"沿线国家海外直接投资情况，从民营企业 500 强海外投资数据中筛选出对"一带一路"沿线国家进行投资的样本企业，测算出中国民营企业"一带一路"投资指数。

（三）指数基期的设定

除了在第二章中的中国民营企业 OFDI 综合指数采用均值法测算外，本报告所有的指数均以 2011—2015 年项目数量或金额的算术平均数为基期值计算得出。之所以选取 2011—2015 年的算术平均数为基期值，一是因为这 5 年期间中国民营企业"走出去"又进入了一个由低谷到高峰的快速增长时期，2011 年可以称为中国民营企业"走出去"的"元年"；二是在计算指数时可以确保避免我国企业海外直接投资初期的绝大部分基期值为 0 的问题，从而使指数走势更加平滑。

第二节　关于本报告的统计原则和若干说明

本报告中所有民营企业海外直接投资数据都是在数据库中直接检索返回的数据的基础上进行的进一步筛选和整理，因此为了准确、全面地进行统计，我们制定了筛选数据源的"统计原则"。

一、统计原则

（一）基本的界定

（1）关于年份：每个年度期限都表示该年度 1 月 1 日到 12 月 31 日。

---

① 本报告通过使用均值法，融合了海外并购投资项目数量指数、海外并购投资金额指数、海外绿地投资项目数量指数和海外绿地投资金额指数，进而测算出中国民营企业 OFDI 综合指数，更加客观、全面衡量我国民企 OFDI 发展变化情况。其中，使用均值法的原因在于均值法可以保留 4 个分指标的大部分信息，且能够在短期内保留主成分分析法的优点，同时使得构建出的综合指数具备跨年可比性；使用 4 种指数进行融合，主要考虑到指数既涵盖了原始数据信息，又可以有效避免量纲不一致问题。详细分析见薛军等：《中国民营企业海外直接投资指数 2018 年度报告——基于中国民企 500 强的数据分析》，人民出版社 2019 年版。

（2）关于货币转换与计价原则：本报告所有案件金额主要以百万美元作为货币单位（部分图表因统计需求将百万美元转换成了亿美元）。

（3）关于来源地别的数据筛选原则：投资方为民营企业 500 强旗下的子公司、分公司时，来源地以实际投资方来源地为准。

（4）关于标的行业别的数据筛选原则：

由于 BvD-Zephyr 数据库和 fDi Markets 数据库所列行业杂乱无章，无法总结出规律性特征。本报告按照 ISIC Rev.3 对制造业重新进行了行业划分，按照 GB/T 4574-2017（《国民经济行业分类》）对非制造业重新进行了行业划分。另外，本报告进一步根据 OECD 制造业技术划分标准（参照表 1-2-1），将制造业划分为高技术、中高技术、中低技术和低技术制造业。

表 1-2-1　OECD 制造业技术划分标准

高技术	中高技术	中低技术	低技术
航空航天	其他电气机械和设备	船舶制造和修理	其他制造业和再生产品
医药制造	汽车、挂车和半挂车	橡胶和塑料制品	木材、纸浆、纸张、纸制品、印刷及出版
办公、会计和计算机设备	化学品及化学制品（不含制药）	焦炭、精炼石油产品及核燃料	食品、饮料和烟草
广播、电视和通信设备	其他铁道设备和运输设备	其他非金属矿物制品	纺织、纺织品、皮革及制鞋
医疗器械、精密仪器和光学仪器、钟表	其他机械设备	基本金属和金属制品	—

资料来源：根据《OECD 科学、技术、行业 2011 报告》绘制。

（二）关于统计口径设定的原则

BvD-Zephyr 数据库可自由筛选出某年度内交易被公布、完成、传言[①]的任意组合下的所有交易项目，交易日期分别与宣布日期、传言日期、完

[①] 传言是指未被证实的消息。

成日期相对应。不同方式筛选出的交易案件不同。如下表 1-2-2 列出了 4 种统计口径，第四种为前三种的并集①。

　　为减少因为样本遗漏所导致的统计误差，本报告及补论中对并购数据的统计均按照"日期"进行统计。

表 1-2-2　BvD-Zephyr 不同统计口径下筛选出的并购案件数量

宣布日期（年）	全国并购案件数量（件）	传言日期（年）	全国并购案件数量（件）	完成日期（年）	全国并购案件数量（件）	日期（年）	全国并购案件数量（件）	民营企业 500 强并购案件数量（件）
2005	135	2005	171	2005	72	2005	232	3
2006	177	2006	198	2006	86	2006	277	4
2007	205	2007	246	2007	126	2007	330	10
2008	285	2008	331	2008	213	2008	425	11
2009	292	2009	377	2009	180	2009	474	13
2010	286	2010	355	2010	176	2010	442	16
2011	328	2011	390	2011	176	2011	524	38
2012	286	2012	375	2012	160	2012	511	24
2013	284	2013	371	2013	172	2013	534	28
2014	419	2014	543	2014	263	2014	723	32
2015	688	2015	852	2015	341	2015	995	53
2016	917	2016	1089	2016	441	2016	1309	95
2017	792	2017	884	2017	392	2017	1198	106
2018	815	2018	931	2018	477	2018	1390	117
合计	5909	合计	7113	合计	3275	合计	9364	550

二、其他若干补充说明

　　（1）本报告中以及所有图表中所述民营样本企业均指全国工商联每年度发布的中国民营企业 500 强。

　　（2）由于 BvD-Zephyr 数据库和 fDi Markets 数据库无法筛选出民营企业，因此本报告对从数据库直接检索返回的数据进行了进一步的筛选和整

------

　　①　并集是指宣布日期、传言日期或完成日期三者中只要有一个是在 Y 年，该交易即会被计入 Y 年的并购交易项目之中。

理，所有民营企业海外直接投资数据都是由经过整理后的数据进行统计的，而非直接输入检索条件返回的数据结果。在数据整理过程中，由于民营企业 500 强的子公司、孙公司等较多，部分极难查询的民营企业 500 强的子公司、孙公司发生的交易案件可能会被遗漏。

（3）本报告中的来源地均指实际进行并购的民营企业子公司、孙公司所在地。

（4）由于资料来源较为零散，BvD-Zephyr 数据库对并购交易的统计以及 fDi Markets 数据库对绿地交易的统计可能存在遗漏。

（5）全国工商联每年在对上规模民营企业调查时，由企业自愿选择是否参加，因此民营企业 500 强名单并非基于全国所有民营企业，比如阿里巴巴等若干大型民营企业由于未参与此项调查或其他原因等未被纳入名单之中。但该名单依旧是截至目前最具权威和参考价值的榜单。

（6）本研究课题组在统计过程中已将整理出的数据收录于南开大学全球经济研究中心数据库（简称"NK-GERC 数据库"）中，今后，课题组还会通过实地考察、发放调查问卷等方式不断对该数据库进行补充和完善。

（7）本报告尝试性地通过对大数据的筛选和匹配，统计测算了涉及投资方来源地、标的国（地区）、标的行业、并购投资融资模式、绿地投资就业贡献等涵盖企业多方面信息的指标，在此过程中不可避免地受到企业信息获取不易、样本筛选和匹配复杂度高等困难影响。因此，无论是在数据来源获得还是样本整理方面，本报告都可能存在误差、遗漏问题，对于本报告中所存在的不足，敬请各位读者不吝指正。

第二章 中国民营企业海外直接
投资指数：综合篇

本章从总体上对中国民营企业海外直接投资项目数量与金额分布进行统计描述，构建出中国民营企业 OFDI 综合指数，并从总量出发，分别按照海外直接投资来源地、投资标的国（地区）、投资标的行业 3 种分类方式对样本数据进行指数测算。此外，还通过对民营企业在"一带一路"沿线国家投资指数的测算，全面剖析了我国民营企业海外直接投资总体特征变化。

第一节 海外直接投资综合指数

本节对民营企业海外直接投资在项目数量与金额方面的变化进行统计分析。

一、民营企业海外直接投资与全国企业海外直接投资的比较

通过民营样本企业与全国企业海外直接投资的比较可看出，民营样本企业海外直接投资项目数量和金额相比全国企业海外直接投资来说波动幅度较大。其中，2018 年民营样本企业海外直接投资在项目数量上的增长幅度显著大于全国的增长幅度，较 2017 年增加了 47.7%，超过全国企业海外直接投资项目数量 21.1% 的同比增长率；而在投资金额方面，民营样本企业海外直接投资额度却出现了惊人的下降，较 2017 年下降了 47.7%，出现

这种巨大降幅的原因除了国内经济形势趋紧以及国际投资环境的影响之外，也许主要和我国政府 2017 年出台了限制非理性投资的政策有关，受该政策影响最大的是民营企业。但值得注意的是，在民营样本企业海外投资金额下降的同时，全国海外直接投资金额却相比 2017 年出现 23.4%的增长。

表 2-1-1　2005—2018 年民营样本企业海外直接投资项目数量和
金额汇总及与全国企业海外投资的比较

（单位：件、亿美元）

年份	民营样本企业海外直接投资				全国企业海外直接投资			
	项目数量	同比增长（%）	金额	同比增长（%）	项目数量	同比增长（%）	金额	同比增长（%）
2005	7	—	1	—	261	—	118	—
2006	8	14.3	2	93.7	300	14.9	392	232.2
2007	25	212.5	22	830.4	425	41.7	695	77.3
2008	43	72.0	31	40.8	561	32.0	675	-2.9
2009	37	-14.0	19	-38.4	632	12.7	703	4.1
2010	35	-5.4	38	96.5	640	1.3	726	3.3
2011	98	180.0	142	272.7	758	18.4	776	6.9
2012	68	-30.6	88	-38.0	639	-15.7	425	-45.2
2013	73	7.4	39	-55.2	606	-5.2	574	35.1
2014	88	20.5	398	913.0	797	31.5	1136	97.9
2015	118	34.1	305	-23.5	1171	46.9	1359	19.6
2016	214	81.4	660	116.4	1549	32.3	2532	86.3
2017	220	2.8	919	39.2	1368	-11.7	1495	-40.9
2018	325	47.7	480	-47.7	1657	21.1	1845	23.4
合计	1359	—	3144	—	9707	—	11606	—

注：1. 表中金额均保留整数部分，且金额同比增长率均按照数据库中的原始数据进行计算；2. 此处民营样本企业海外直接投资与全国企业海外直接投资统计标准不同，详见第一章第二节。

表 2-1-2　2005—2018 年民营样本企业海外直接投资项目数量与金额汇总表

（单位：件、亿美元）

年份	项目数量					金额				
	并购	同比增长（%）	绿地	同比增长（%）	合计	并购	同比增长（%）	绿地	同比增长（%）	合计
2005	3	—	4	—	7	0.7	—	0.6	—	1
2006	4	33.3	4	0.0	8	0.6	-12.6	2	233.3	2
2007	10	150.0	15	275.0	25	1	116.3	21	950.0	22
2008	11	10	32	113.3	43	8	552.2	23	9.5	31
2009	13	18.2	24	-25.0	37	6	-26.9	13	-43.5	19
2010	16	23.1	19	-20.8	35	24	283.2	14	7.7	38
2011	38	137.5	60	215.8	98	66	180.2	76	442.9	142
2012	24	-36.8	44	-26.7	68	59	-10.6	29	-61.8	88
2013	28	16.7	45	2.3	73	19	-68.0	20	-31.0	39
2014	32	14.3	56	24.4	88	218	1052.3	180	800.0	398
2015	53	65.6	65	16.1	118	223	2.2	82	-54.4	305
2016	95	79.2	119	83.1	214	234	4.8	426	419.5	660
2017	106	11.6	114	-4.2	220	846	261.9	73	-82.9	919
2018	117	10.4	208	82.5	325	290	-65.7	191	162.5	480
合计	550	—	809	—	1034	1996	—	1151	—	2666

注：1. 并购、绿地金额的同比增长率以及投资金额的合计均按照数据库中原始数据进行计算；

2. 对于表中金额小于 1 亿美元的保留一位小数，等于或大于 1 亿美元的保留整数。

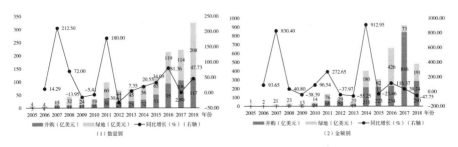

图 2-1-1　2005—2018 年民营样本企业海外直接投资项目数量和金额的增长变化图

二、民营企业 OFDI 综合指数

本报告采用均值法首先将民企海外直接投资项目数量与金额指数合二为一，构建中国民营企业 OFDI 综合指数（如表 2-1-3 所示）[①]，以便客观、全面、直观地反映出我国民营企业近年来海外直接投资规模总体变化特征。

整体上讲，在 2005—2018 年间，我国民营样本企业海外直接投资规模呈现出震荡扩张趋势。2018 年民营企业 OFDI 综合指数较 2017 年降低 8.85%，主要源于 2018 年民营样本企业海外直接投资金额规模大幅下降，这一方面反映了 2017 年政府限制非理性投资政策的冲击进一步体现在海外投资过程中；另一方面也不排除 2018 年伴随着贸易投资保护主义的不断升级，以及经济下行风险的增长，我国民营样本企业海外直接投资规模所受影响较为显著。

表 2-1-3　2005—2018 年民营样本企业 OFDI 综合指数及其同比增长率

年份	民营企业 OFDI 综合指数	同比增长率（%）
2005	4.32	—
2006	5.42	25.46
2007	21.15	290.22
2008	31.89	50.78
2009	25.97	−18.56
2010	29.93	15.25
2011	93.45	212.23
2012	59.44	−36.39
2013	51.47	−13.41
2014	153.60	198.43
2015	142.05	−7.52
2016	310.50	118.59
2017	332.68	7.14
2018	303.25	−8.85

[①] 详细方法见薛军等：《中国民营企业海外直接投资指数 2018 年度报告——基于中国民企 500 强的数据分析》，人民出版社 2019 年版。

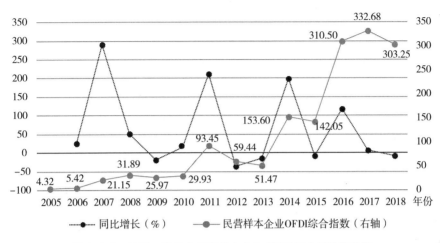

图 2-1-2 2005—2018 年民营样本企业 OFDI 综合指数变化图

三、民营样本企业海外直接投资项目数量指数和金额指数

从表 2-1-4 和图 2-1-3 可以看出，2005—2018 年中国民营样本企业海外直接投资项目数量和金额指数总体呈现增长趋势。受我国政府对企业海外投资限制性措施出台的影响，2017 年民营样本企业海外直接投资在项目数量上增长趋势变缓，然而民营企业自身实力的增强极大改善了其应对政策冲击的能力，2018 年民营企业项目数量增长速度回到正轨，指数由 2017 年的 247.19 增长到 2018 年的 365.17。但海外直接投资金额指数在 2018 年大幅下降，由 2017 年的 472.48 下降至 2018 年的 246.88，与项目数量指数变化方向相反，其中投资金额规模对 2018 年世界经济形势、投资环境的变化更为敏感则可能是引起此种现象出现的原因之一。

表 2-1-4 2005—2018 年民营样本企业海外直接投资项目数量和金额指数

年份	项目数量指数	金额指数
2005	7.87	0.64
2006	8.99	1.23
2007	28.09	11.47
2008	48.31	16.15

续表

年份	项目数量指数	金额指数
2009	41.57	9.95
2010	39.33	19.55
2011	110.11	72.86
2012	76.40	45.20
2013	82.02	20.23
2014	98.88	204.89
2015	132.58	156.83
2016	240.45	339.33
2017	247.19	472.48
2018	365.17	246.88
2011—2015 年均值	100.00	100.00

注：此处金额指数按照数据库中的原始数据进行测算。

图 2-1-3   2005—2018 年民营样本企业海外直接投资项目数量和金额指数变化图

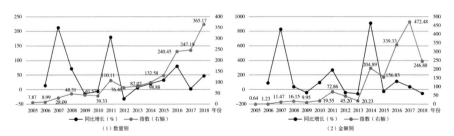

图 2-1-4   2005—2018 年民营样本企业海外直接投资项目
数量和金额指数及其同比增长率变化图

第二节　海外直接投资来源地别指数

本节对民营企业海外直接投资的项目数量与金额按照投资来源地进行统计分析，主要划分为环渤海地区、长三角地区、珠三角地区、中部地区与西部地区五大区域。同时按照各区域特点进一步细分，其中环渤海地区包括京津冀地区和环渤海地区其他区域（辽宁和山东），长三角地区包括上海和长三角地区其他区域（江苏和浙江），珠三角地区包括深圳、广东（不含深圳）与珠三角地区其他区域（福建和海南），中部地区包括华北东北地区和中原华中地区，西部地区包括西北地区和西南地区，涵盖 31 个省、自治区、直辖市和深圳经济特区①。

一、民营企业海外直接投资项目数量在不同投资来源地的分布

在 2005—2018 年间，我国进行海外直接投资活动的民营样本企业主要集中于长三角地区，总计 468 件投资项目，占比 34.34%；其次是珠三角地区，累计海外直接投资项目为 429 件，占比 31.47%；再次为环渤海地区，累计 255 件，占比 18.71%；复次是中部地区，累计 108 件，占比 7.92%；最后为西部地区，累计 103 件，占比 7.56%。总体来看，民营样本企业的海外直接投资项目数量分布以东部沿海地区为主，中西部地区占比较少。

从我国民营样本企业海外直接投资在不同投资来源地的项目数量指数变化可以看出，近 5 年来各地区民营样本企业海外直接投资项目数量指数增长趋势较为稳定。值得注意的是，2018 年环渤海地区民营样本企业海外直接投资项目数量达到 101 件，成为当年度五大区域中投资项目数量最多的来源地，该地区投资项目数量增长主要源自位于京津冀三省份的民营样本企业海外直接投资项目数量由 2017 年的 25 件增长至 83 件，同比增长率

①　详见第一章第一节"中国民营企业海外直接投资指数"六级指标体系和指数的构成。

高达 232%，这种突发性的增长体现出京津冀地区民营样本企业不可小觑的投资潜力。相较于环渤海地区 2018 年的高速增长势头，长三角地区和珠三角地区的民营样本企业海外直接投资项目数量在 2018 年保持了 2017 年稳步增长的势头；中部地区和西部地区的投资项目数量则从 2017 年的小幅下滑转为增长，投资势头良好。

表 2-2-1　2005—2018 年民营样本企业海外直接投资项目数量
在不同投资来源地的分布及指数汇总表

（单位：件）

年份	环渤海地区											
	京津冀				其他				合计			
	项目数	同比增长（%）	占比（%）	指数	项目数	同比增长（%）	占比（%）	指数	项目数	同比增长（%）	占比（%）	指数
2005	2	—	66.67	40.00	1	—	33.33	10.87	3	—	42.86	21.13
2006	0	-100.0	n.a.	0.00	0	-100.0	n.a.	0.00	0	-100.0	0.00	0.00
2007	1	n.a.	100.00	20.00	0	n.a.	0.00	0.00	1	n.a.	4.00	7.04
2008	3	200.0	75.00	60.00	1	n.a.	25.00	10.87	4	300.0	9.30	28.17
2009	1	-66.7	25.00	20.00	3	200.0	75.00	32.61	4	0.0	10.81	28.17
2010	1	0.0	50.00	20.00	1	-66.7	50.00	10.87	2	-50.0	5.71	14.08
2011	4	300.0	44.44	80.00	5	400.0	55.56	54.35	9	350.0	9.18	63.38
2012	5	25.0	50.00	100.00	5	0.0	50.00	54.35	10	11.1	14.71	70.42
2013	3	-40.0	30.00	60.00	7	40.0	70.00	76.09	10	0.0	13.70	70.42
2014	6	100.0	24.00	120.00	19	171.4	76.00	206.52	25	150.0	28.41	176.06
2015	7	16.7	41.18	140.00	10	-47.4	58.82	108.70	17	-32.0	14.29	119.72
2016	16	128.6	48.48	320.00	17	70.0	51.52	184.78	33	94.1	15.35	232.39
2017	25	56.3	69.44	500.00	11	-35.3	30.56	119.57	36	9.1	16.29	253.52
2018	83	232.0	82.18	1660.00	18	63.6	17.82	195.65	101	180.6	30.98	711.27
合计	157	—	61.57	—	98	—	38.43	—	255	—	18.71	—
2011—2015 年均值	5.00	—	—	100.00	9.20	—	—	100.00	14.20	—	—	100.00

续表

| 年份 | 长三角地区 | | | | | | | | | | | |
| | 上海 | | | | 其他 | | | | 合计 | | | |
	项目数	同比增长（%）	占比（%）	指数	项目数	同比增长（%）	占比（%）	指数	项目数	同比增长（%）	占比（%）	指数
2005	0	—	0.00	0.00	3	—	100.00	12.82	3	—	42.86	10.07
2006	0	n.a.	0.00	0.00	3	0.0	100.00	12.82	3	0.0	37.50	10.07
2007	2	n.a.	14.29	31.25	12	300.0	85.71	51.28	14	366.7	56.00	46.98
2008	0	-100.0	0.00	0.00	28	133.3	100.00	119.66	28	100.0	65.12	93.96
2009	1	n.a.	6.25	15.63	15	-46.4	93.75	64.10	16	-42.9	43.24	53.69
2010	2	100.0	11.76	31.25	15	0.0	88.24	64.10	17	6.3	48.57	57.05
2011	0	-100.0	0.00	0.00	28	86.7	100.00	119.66	28	64.7	28.57	93.96
2012	5	n.a.	17.24	78.13	24	-14.3	82.76	102.56	29	3.6	42.65	97.32
2013	2	-60.0	9.09	31.25	20	-16.7	90.91	85.47	22	-24.1	30.14	73.83
2014	7	250.0	31.82	109.38	15	-25.0	68.18	64.10	22	0.0	25.00	73.83
2015	18	157.1	37.50	281.25	30	100.0	62.50	128.21	48	118.2	40.34	161.07
2016	20	11.1	28.99	312.50	49	63.3	71.01	209.40	69	43.8	32.09	231.54
2017	25	25.0	32.05	390.63	53	8.2	67.95	226.50	78	13.0	35.29	261.74
2018	21	-16.0	23.08	328.13	70	32.1	76.92	299.15	91	16.7	27.91	305.37
合计	103	—	22.01	—	365	—	77.99	—	468	—	34.34	—
2011—2015年均值	6.40	—	—	100.00	23.40	—	—	100.00	29.80	—	—	100.00

| 年份 | 珠三角地区 | | | | | | | | | | | |
| | 广东 | | | | 其他 | | | | 合计 | | | |
	项目数	同比增长（%）	占比（%）	指数	项目数	同比增长（%）	占比（%）	指数	项目数	同比增长（%）	占比（%）	指数
2005	0	—	n.a.	0.00	0	—	n.a.	0.00	0	—	0.00	0.00
2006	0	n.a.	n.a.	0.00	0	n.a.	n.a.	0.00	0	n.a.	0.00	0.00
2007	0	n.a.	0.00	0.00	4	n.a.	100.00	111.11	4	n.a.	16.00	13.33
2008	3	n.a.	50.00	11.36	3	-25.0	50.00	83.33	6	50.0	13.95	20.00
2009	3	0.0	42.86	11.36	4	33.3	57.14	111.11	7	16.7	18.92	23.33
2010	6	100.0	60.00	22.73	4	0.0	40.00	111.11	10	42.9	28.57	33.33

续表

年份	珠三角地区											
	广东				其他				合计			
	项目数	同比增长（%）	占比（%）	指数	项目数	同比增长（%）	占比（%）	指数	项目数	同比增长（%）	占比（%）	指数
2011	29	383.3	70.73	109.85	12	200.0	29.27	333.33	41	310.0	41.84	136.67
2012	16	-44.8	94.12	60.61	1	-91.7	5.88	27.78	17	-58.5	25.00	56.67
2013	28	75.0	93.33	106.06	2	100.0	6.67	55.56	30	76.5	41.10	100.00
2014	26	-7.1	96.30	98.48	1	-50.0	3.70	27.78	27	-10.0	30.68	90.00
2015	33	26.9	94.29	125.00	2	100.0	5.71	55.56	35	29.6	29.41	116.67
2016	72	118.2	96.00	272.73	3	50.0	4.00	83.33	75	114.3	34.88	250.00
2017	63	-12.5	77.78	238.64	18	500.0	22.22	500.00	81	8.0	36.65	270.00
2018	89	41.3	92.71	337.12	7	-61.1	7.29	194.44	96	18.5	29.45	320.00
合计	368	—	85.78	—	61	—	14.22	—	429	—	31.47	—
2011—2015 年均值	26.40	—	—	100.00	3.60	—	—	100.00	30.00	—	—	100.00

年份	中部地区											
	华北东北				中原华中				合计			
	项目数	同比增长（%）	占比（%）	指数	项目数	同比增长（%）	占比（%）	指数	项目数	同比增长（%）	占比（%）	指数
2005	0	—	0.00	0.00	1	—	100.00	18.52	1	—	14.29	16.13
2006	0	n.a.	0.00	0.00	3	200.0	100.00	55.56	3	200.0	37.50	48.39
2007	0	n.a.	0.00	0.00	2	-33.3	100.00	37.04	2	-33.3	8.00	32.26
2008	0	n.a.	0.00	0.00	3	50.0	100.00	55.56	3	50.0	6.98	48.39
2009	0	n.a.	0.00	0.00	2	-33.3	100.00	37.04	2	-33.3	5.41	32.26
2010	0	n.a.	0.00	0.00	3	50.0	100.00	55.56	3	50.0	8.57	48.39
2011	0	n.a.	0.00	0.00	3	0.0	100.00	55.56	3	0.0	3.06	48.39
2012	1	n.a.	16.67	125.00	5	66.7	83.33	92.59	6	100.0	8.82	96.77
2013	1	0.0	20.00	125.00	4	-20.0	80.00	74.07	5	-16.7	6.85	80.65
2014	0	-100.0	0.00	0.00	7	75.0	100.00	129.63	7	40.0	7.95	112.90
2015	2	n.a.	20.00	250.00	8	14.3	80.00	148.15	10	42.9	8.40	161.29
2016	6	200.0	22.22	750.00	21	162.5	77.78	388.89	27	170.0	12.56	435.48

续表

年份	中部地区											
	华北东北				中原华中				合计			
	项目数	同比增长(%)	占比(%)	指数	项目数	同比增长(%)	占比(%)	指数	项目数	同比增长(%)	占比(%)	指数
2017	2	-66.7	12.50	250.00	14	-33.3	87.50	259.26	16	-40.7	7.24	258.06
2018	10	400.0	50.00	1250.00	10	-28.6	50.00	185.19	20	25.0	6.13	322.58
合计	22	—	20.37	—	86	—	79.63	—	108	—	7.92	—
2011—2015年均值	0.80	—	—	100.00	5.40	—	—	—	6.20	—	—	100.00

年份	西部地区											
	西北				西南				合计			
	项目数	同比增长(%)	占比(%)	指数	项目数	同比增长(%)	占比(%)	指数	项目数	同比增长(%)	占比(%)	指数
2005	0	—	n.a.	0.00	0	—	n.a.	0.00	0	—	0.00	0.00
2006	0	n.a.	0.00	0.00	2	n.a.	100.00	25.00	2	n.a.	25.00	22.22
2007	0	n.a.	0.00	0.00	4	100.0	100.00	50.00	4	100.0	16.00	44.44
2008	0	n.a.	0.00	0.00	2	-50.0	100.00	25.00	2	-50.0	4.65	22.22
2009	0	n.a.	0.00	0.00	8	300.0	100.00	100.00	8	300.0	21.62	88.89
2010	0	n.a.	0.00	0.00	3	-62.5	100.00	37.50	3	-62.5	8.57	33.33
2011	1	n.a.	5.88	100.00	16	433.3	94.12	200.00	17	466.7	17.35	188.89
2012	1	0.0	16.67	100.00	5	-68.8	83.33	62.50	6	-64.7	8.82	66.67
2013	0	-100.0	0.00	0.00	6	20.0	100.00	75.00	6	0.0	8.22	66.67
2014	2	n.a.	28.57	200.00	5	-16.7	71.43	62.50	7	16.7	7.95	77.78
2015	1	-50.0	11.11	100.00	8	60.0	88.89	100.00	9	28.6	7.56	100.00
2016	3	200.0	27.27	300.00	8	0.0	72.73	100.00	11	22.2	5.12	122.22
2017	2	-33.3	20.00	200.00	8	0.0	80.00	100.00	10	-9.1	4.52	111.11
2018	8	300.0	44.44	800.00	10	25.0	55.56	125.00	18	80.0	5.52	200.00
合计	18	—	17.48	—	85	—	82.52	—	103	—	7.56	—
2011—2015年均值	1.00	—	—	100.00	8.00	—	—	—	9.00	—	—	100.00

续表

年份	总计			
	项目数	同比增长（%）	占比（%）	指数
2005	7	—	100.00	7.85
2006	8	14.3	100.00	8.97
2007	25	212.5	100.00	28.03
2008	43	72.0	100.00	48.21
2009	37	-14.0	100.00	41.48
2010	35	-5.4	100.00	39.24
2011	98	180.0	100.00	109.87
2012	68	-30.6	100.00	76.23
2013	73	7.4	100.00	81.84
2014	88	20.5	100.00	98.65
2015	119	35.2	100.00	133.41
2016	215	80.7	100.00	241.03
2017	221	2.8	100.00	247.76
2018	326	47.5	100.00	365.47
合计	1363	—	100.00	—
2011—2015 年均值	89.20	—	—	100.00

注：此处存在重复统计问题，故总计部分与表 2-1-1、表 2-1-2 所示不一致，重复统计出现原因及处理方式详见脚注①。

---

① 在本报告所使用的 BvD-Zephyr 数据库中，一件并购交易可能存在多个并购投资方，若这些属于民企 500 强的投资方所在地位于不同省份或者投资标的国（地区）不同、投资标的行业不同，本报告在对投资来源地、标的国（地区）、标的行业进行分类时会重复统计这件交易。譬如现有一件并购交易是由两个民企 500 强共同出资完成，但两个企业分别位于北京和河北，那么当对投资来源地进行划分时，这件交易将会既被统计到来源地为北京的并购投资交易中，又会在河北类别中再被统计一次。投资标的国（地区）、投资标的行业以及并购投资融资模式、支付方式出现重复统计的原因及处理办法与投资来源地的处理一致。另外，此处还需要说明的是：（1）在表 2-1-1、表 2-2-2、表 3-1-1、表 3-1-2 所示总计数据不考虑重复统计问题，即使这笔并购投资交易有多个投资方，也仅算作一件交易，重复统计只出现在分类别汇总表中；（2）该重复统计问题只出现在对并购投资数据的处理中，因此重复统计引起的总表与分类别表格汇总结果不一致的现象存在于第二章和第三章，第四章所涉及的绿地投资部分不存在该问题。

二、民营企业海外直接投资金额在不同投资来源地的分布

我国民营样本企业海外直接投资金额的来源地分布与项目数量的来源地分布有着较大的差异。2018 年除西部地区呈现出 143% 的同比增长外，其他各地区的民营样本企业海外直接投资金额都出现了不同程度的下降，其中长三角地区、珠三角地区和中部地区分别较 2017 年下降 21.4%、36.5% 和 39.4%，环渤海地区 2018 年民营样本企业海外直接投资金额规模同比下降幅度则最高，达到 79.4%，在总投资金额中占比 17.52%，该投资金额规模不及 2014 年。对比投资项目数量的变化来看，2018 年环渤海地区民营样本企业海外直接投资项目数量同比增长幅度在五大区域中却排名第一，且投资项目数量在当年度总投资项目数量中占比达 30.98%，由此可见，2018 年环渤海地区民营样本企业海外投资的项目平均投资金额规模较小。

表 2-2-2　2005—2018 年民营样本企业海外直接投资金额
在不同投资来源地的分布及指数汇总表

（单位：百万美元）

年份	环渤海地区											
	京津冀				其他				合计			
	金额	同比增长（%）	占比（%）	指数	金额	同比增长（%）	占比（%）	指数	金额	同比增长（%）	占比（%）	指数
2005	36.72	—	95.33	3.52	1.80	—	4.67	0.02	38.52	—	31.12	0.45
2006	0.00	-100.0	n.a.	0.00	0.00	-100.0	n.a.	0.00	0.00	-100.0	0.00	0.00
2007	200.00	n.a.	100.00	19.19	0.00	n.a.	0.00	0.00	200.00	n.a.	8.97	2.32
2008	396.60	98.3	95.24	38.05	19.81	n.a.	4.76	0.26	416.41	108.2	13.26	4.84
2009	0.00	-100.0	0.00	0.00	121.90	515.3	100.00	1.61	121.90	-70.7	6.30	1.42
2010	41.06	n.a.	76.08	3.94	12.91	-89.4	23.92	0.17	53.97	-55.7	1.42	0.63
2011	271.10	560.3	75.51	26.01	87.91	580.9	24.49	1.16	359.01	565.2	2.53	4.17
2012	1011.49	273.1	21.76	97.05	3636.39	4036.5	78.24	48.04	4647.88	1194.6	52.88	53.97
2013	0.00	-100.0	0.00	0.00	2258.02	-37.9	100.00	29.83	2258.02	-51.4	57.41	26.22
2014	2891.63	n.a.	15.76	277.45	15455.90	584.5	84.24	204.17	18347.53	712.6	46.05	213.04
2015	1036.77	-64.1	5.94	99.48	16412.33	6.2	94.06	216.80	17449.10	-4.9	56.65	202.61
2016	28188.46	2618.9	69.61	2704.71	12304.98	-25.0	30.39	162.55	40493.44	132.1	61.37	470.18

续表

年份	环渤海地区											
	京津冀				其他				合计			
	金额	同比增长(%)	占比(%)	指数	金额	同比增长(%)	占比(%)	指数	金额	同比增长(%)	占比(%)	指数
2017	38536.69	36.7	94.62	3697.64	2191.88	−82.2	5.38	28.95	40728.57	0.6	44.19	472.91
2018	3938.25	−89.8	46.83	377.88	4471.78	104.0	53.17	59.07	8410.03	−79.4	17.52	97.65
合计	76548.77	—	57.33	—	56975.60	—	42.67	—	133524.38	—	42.37	—
2011—2015 年均值	1042.20	—	—	100.00	7570.11	—	—	100.00	8612.31	—	—	100.00

年份	长三角地区											
	上海				其他				合计			
	金额	同比增长(%)	占比(%)	指数	金额	同比增长(%)	占比(%)	指数	金额	同比增长(%)	占比(%)	指数
2005	0.00	—	0.00	0.00	45.40	—	100.00	1.82	45.40	—	36.68	0.94
2006	0.00	n.a.	0.00	0.00	28.70	−36.8	100.00	1.15	28.70	−36.8	11.97	0.59
2007	793.40	n.a.	46.05	33.61	929.67	3139.3	53.95	37.34	1723.07	5903.7	77.26	35.53
2008	0.00	−100.0	0.00	0.00	1303.08	40.2	100.00	52.34	1303.08	−24.4	41.50	26.87
2009	58.00	n.a.	11.07	2.46	465.72	−64.3	88.93	18.71	523.72	−59.8	27.07	10.80
2010	419.35	623.0	15.79	17.77	2236.71	380.3	84.21	89.84	2656.06	407.2	69.86	54.76
2011	0.00	−100.0	0.00	0.00	6401.94	186.2	100.00	257.15	6401.94	141.0	45.18	132.00
2012	2.30	n.a.	0.35	0.10	663.83	−89.6	99.65	26.66	666.13	−89.6	7.58	13.73
2013	429.96	18593.9	52.72	18.22	385.60	−41.9	47.28	15.49	815.56	22.4	20.73	16.82
2014	7653.23	1680.0	88.37	324.23	1006.78	161.1	11.63	40.44	8660.01	961.9	21.74	178.56
2015	3716.55	−51.4	48.23	157.45	3989.53	296.3	51.77	160.25	7706.08	−11.0	25.02	158.89
2016	3733.40	0.5	39.62	158.17	5689.45	42.6	60.38	228.53	9422.85	22.3	14.28	194.29
2017	16441.04	340.4	57.91	696.53	11947.84	110.0	42.09	479.92	28388.88	201.3	30.80	585.34
2018	3998.40	−75.7	17.92	169.39	18310.34	53.3	82.08	735.49	22308.74	−21.4	46.47	459.98
合计	37245.63	—	41.09	—	53359.19	—	58.86	—	90650.22	—	28.76	—
2011—2015 年均值	2360.41	—	—	100.00	2489.54	—	—	100.00	4849.94	—	—	100.00

续表

年份	珠三角地区											
	广东				其他				合计			
	金额	同比增长(%)	占比(%)	指数	金额	同比增长(%)	占比(%)	指数	金额	同比增长(%)	占比(%)	指数
2005	0.00	—	n.a.	0.00	0.00	—	n.a.	0.00	0.00	—	0.00	0.00
2006	0.00	n.a.	n.a.	0.00	0.00	n.a.	n.a.	0.00	0.00	n.a.	0.00	0.00
2007	0.00	n.a.	n.a.	0.00	0.00	n.a.	n.a.	0.00	0.00	n.a.	0.00	0.00
2008	22.80	n.a.	82.01	1.98	5.00	n.a.	17.99	0.48	27.80	n.a.	0.89	1.27
2009	70.30	208.3	12.82	6.10	478.00	9460.0	87.18	46.27	548.30	1872.3	28.34	25.08
2010	314.20	346.9	81.81	27.25	69.84	−85.4	18.19	6.76	384.04	−30.0	10.10	17.57
2011	998.79	217.9	16.92	86.63	4905.39	6923.8	83.08	474.83	5904.18	1437.4	41.67	270.09
2012	825.76	−17.3	97.52	71.62	21.00	−99.6	2.48	2.03	846.76	−85.7	9.63	38.74
2013	291.60	−64.7	57.94	25.29	211.69	908.1	42.06	20.49	503.29	−40.6	12.80	23.02
2014	2225.52	663.2	99.32	193.03	15.30	−92.8	0.68	1.48	2240.82	345.2	5.62	102.51
2015	1423.05	−36.1	99.16	123.43	12.00	−21.6	0.84	1.16	1435.05	−36.0	4.66	65.65
2016	7171.68	404.0	94.04	622.03	454.60	3688.3	5.96	44.00	7626.28	431.4	11.56	348.87
2017	5149.72	−28.2	29.67	446.66	12209.76	2585.8	70.33	1181.88	17359.48	127.6	18.83	794.11
2018	10504.01	104.0	95.22	911.06	527.05	−95.7	4.78	51.02	11031.06	−36.5	22.98	504.62
合计	28997.43	—	60.53	—	18909.63	—	39.47	—	47907.06	—	15.20	—
2011—2015年均值	1152.94	—	—	100.00	1033.08	—	—	—	2186.02	—	—	100.00

年份	中部地区											
	华北东北				中原华中				合计			
	金额	同比增长(%)	占比(%)	指数	金额	同比增长(%)	占比(%)	指数	金额	同比增长(%)	占比(%)	指数
2005	0.00	—	0.00	0.00	39.86	—	100.00	3.36	39.86	—	32.20	3.10
2006	0.00	n.a.	0.00	0.00	165.00	313.9	100.00	13.92	165.00	313.9	68.84	12.85
2007	0.00	n.a.	0.00	0.00	76.80	−53.5	100.00	6.48	76.80	−53.5	3.44	5.98
2008	0.00	n.a.	0.00	0.00	383.85	399.8	100.00	32.38	383.85	399.8	12.22	29.89
2009	0.00	n.a.	0.00	0.00	539.98	40.7	100.00	45.55	539.98	40.7	27.91	42.04
2010	0.00	n.a.	0.00	0.00	470.00	−13.0	100.00	39.65	470.00	−13.0	12.36	36.59
2011	0.00	n.a.	0.00	0.00	736.42	56.7	100.00	62.12	736.42	56.7	5.20	57.34

续表

年份	中部地区											
	华北东北				中原华中				合计			
	金额	同比增长(%)	占比(%)	指数	金额	同比增长(%)	占比(%)	指数	金额	同比增长(%)	占比(%)	指数
2012	448.74	n.a.	37.81	453.82	738.22	0.2	62.19	62.27	1186.96	61.2	13.51	92.42
2013	0.28	-99.9	0.18	0.28	153.02	-79.3	99.82	12.91	153.30	-87.1	3.90	11.94
2014	0.00	-100.0	0.00	0.00	466.62	204.9	100.00	39.36	466.62	204.4	1.17	36.33
2015	45.38	n.a.	1.17	45.89	3833.06	721.4	98.83	323.34	3878.44	731.2	12.59	301.98
2016	2769.07	6002.0	34.30	2800.43	5303.70	38.4	65.70	447.39	8072.77	108.1	12.23	628.55
2017	1122.97	-59.4	27.03	1135.69	3031.50	-42.8	72.97	255.72	4154.47	-48.5	4.51	323.47
2018	1583.89	41.0	62.90	1601.83	934.22	-69.2	37.10	78.81	2518.11	-39.4	5.25	196.06
合计	5970.33	—	26.14	—	16872.25	—	73.86	—	22842.58	—	7.25	—
2011—2015 年均值	98.88	—	—	100.00	1185.47	—	—	—	1284.35	—	—	100.00

年份	西部地区											
	西北				西南				合计			
	金额	同比增长(%)	占比(%)	指数	金额	同比增长(%)	占比(%)	指数	金额	同比增长(%)	占比(%)	指数
2005	0.00	—	n.a.	0.00	0.00	—	n.a.	0.00	0.00	—	0.00	0.00
2006	0.00	n.a.	0.00	0.00	46.00	n.a.	100.00	1.83	46.00	n.a.	19.19	1.79
2007	0.00	n.a.	0.00	0.00	230.29	400.6	100.00	9.16	230.29	400.6	10.33	8.95
2008	0.00	n.a.	0.00	0.00	1008.96	338.1	100.00	40.14	1008.96	338.1	32.13	39.20
2009	0.00	n.a.	0.00	0.00	200.60	-80.1	100.00	7.98	200.60	-80.1	10.37	7.79
2010	0.00	n.a.	0.00	0.00	238.00	18.6	100.00	9.47	238.00	18.6	6.26	9.25
2011	141.00	n.a.	18.39	234.05	625.87	163.0	81.61	24.90	766.87	222.2	5.41	29.79
2012	0.00	-100.0	0.00	0.00	1441.13	130.3	100.00	57.33	1441.13	87.9	16.40	55.99
2013	0.00	n.a.	0.00	0.00	203.19	-85.9	100.00	8.08	203.19	-85.9	5.17	7.89
2014	100.00	n.a.	0.99	165.99	10028.09	4835.3	99.01	398.94	10128.09	4884.5	25.42	393.49
2015	60.22	-39.8	18.23	99.96	270.16	-97.3	81.77	10.75	330.38	-96.7	1.07	12.84
2016	223.90	271.8	60.34	371.66	147.18	-45.5	39.66	5.86	371.08	12.3	0.56	14.42
2017	40.00	-82.1	2.60	66.40	1499.59	918.9	97.40	59.66	1539.59	314.9	1.67	59.81
2018	3358.48	8296.2	89.79	5574.80	381.99	-74.5	10.21	15.20	3740.47	143.0	7.79	145.32
合计	3923.60	—	19.38	—	16321.05	—	80.62	—	20244.65	—	6.42	—
2011—2015 年均值	60.24	—	—	100.00	2513.69	—	—	—	2573.93	—	—	100.00

续表

年份	总计			
	金额	同比增长（%）	占比（%）	指数
2005	123.78	—	100.00	0.63
2006	239.70	93.7	100.00	1.23
2007	2230.16	830.4	100.00	11.43
2008	3140.10	40.8	100.00	16.10
2009	1934.50	-38.4	100.00	9.92
2010	3802.07	96.5	100.00	19.49
2011	14168.42	272.7	100.00	72.63
2012	8788.86	-38.0	100.00	45.06
2013	3933.35	-55.2	100.00	20.16
2014	39843.07	913.0	100.00	204.25
2015	30799.05	-22.7	100.00	157.89
2016	65986.42	114.2	100.00	338.28
2017	92170.99	39.7	100.00	472.51
2018	48008.41	-47.9	100.00	246.11
合计	315168.88	—	100.00	—
2011—2015年均值	19506.55	—	—	100.00

注：此处存在重复统计问题，故总计部分与表2-1-1、表2-1-2所示不一致，重复统计的处理方式与投资项目数量的处理一致，详见表2-2-1脚注。

对应以上数据表格，将其制成如下折线图。

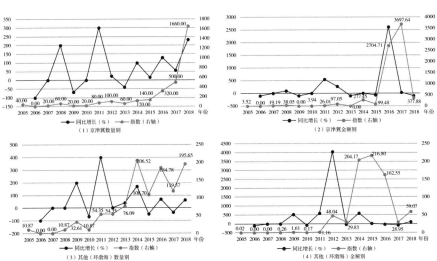

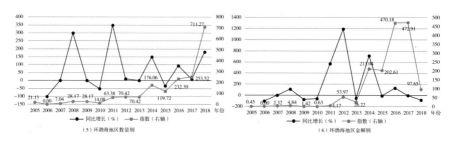

图 2-2-1　2005—2018 年环渤海地区民营样本企业海外直接
投资项目数量和金额指数变化图

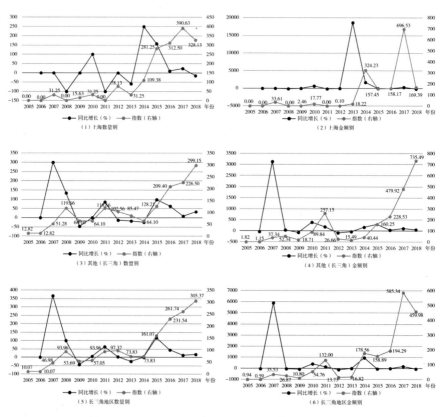

图 2-2-2　2005—2018 年长三角地区民营样本企业海外
直接投资项目数量和金额指数变化图

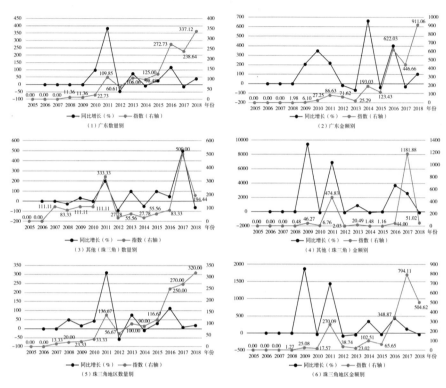

图 2-2-3　2005—2018 年珠三角地区民营样本企业海外
直接投资项目数量和金额指数变化图

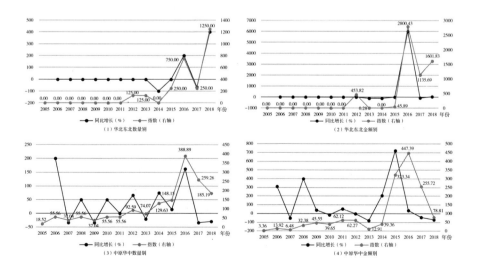

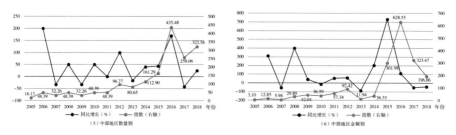

图 2-2-4　2005—2018 年中部地区民营样本企业海外
直接投资项目数量和金额指数变化图

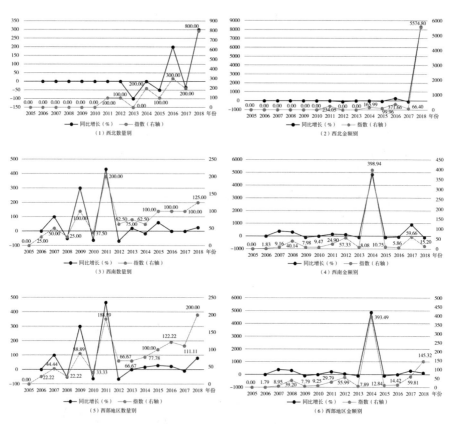

图 2-2-5　2005—2018 年西部地区民营样本企业海外
直接投资项目数量和金额指数变化图

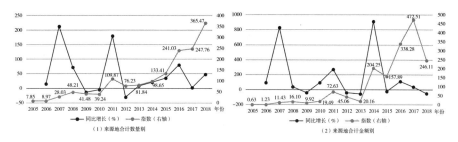

图 2-2-6　2005—2018 年来源地民营样本企业海外
直接投资项目数量和金额指数变化图

第三节　海外直接投资标的国（地区）别指数

本节对我国民营样本企业海外直接投资项目数量与金额规模按照投资标的国（地区）进行划分，其中根据标的国（地区）的经济发展水平不同，将标的国（地区）分为发达经济体、发展中经济体和转型经济体三大类型，本节将针对这三类经济体以及其细分国家（地区）所接受我国民营样本企业海外直接投资的项目数量与金额规模进行统计分析。

一、民营企业海外直接投资项目数量在不同经济体的分布

2005—2018 年，中国民营样本企业海外直接投资项目数量在标的国（地区）分布的具体情况为：投向发达经济体累计 907 件，占比 52.89%；投向发展中经济体累计 745 件，占比 43.44%；投向转型经济体累计 63 件，占比 3.67%。由此可看出中国民营样本企业海外直接投资项目多发生在欧洲、北美洲与其他发达经济体。

从我国民营样本企业在标的国（地区）的海外直接投资项目数量的变化趋势来看，发达经济体所接受的投资项目数量指数在 2013—2018 年呈现较为稳定的增长趋势。从 2018 年我国民营样本企业对不同经济体的投资项目数量的分布可看出，33.71% 的民营样本企业选择发达经济体作为投资标的国（地区），2018 年共计进行 210 件投资，相比于 2017 年对发达经济

体 69.64% 的投资项目数量占比而言，2018 年大幅缩水。另外，2018 年我国民营样本企业对发展中经济体投资项目数量飞速提升，由 2017 年的 57件增长至 401 件，同比增长了 281.9%，一跃成为接受海外直接投资项目数量最多的经济体。

表 2-3-1　2005—2018 年民营样本企业海外直接投资项目数量
在不同经济体的分布及指数汇总表

（单位：件）

| 年份 | 发达经济体 | | | | | | | | | | | | | | | |
| | 欧洲 | | | | 北美洲 | | | | 其他发达经济体 | | | | 合计 | | | |
	项目数	同比增长(%)	占比(%)	指数	项目数	同比增长(%)	占比(%)	指数	项目数	同比增长(%)	占比(%)	指数	项目数	同比增长(%)	占比(%)	指数
2005	3	—	75.00	10.27	0	—	0.00	0.00	1	—	25.00	5.38	4	—	57.14	6.62
2006	2	-33.3	50.00	6.85	2	n.a.	50.00	15.87	0	-100.0	0.00	0.00	4	0.0	50.00	6.62
2007	8	300.0	61.54	27.40	2	0.0	15.38	15.87	3	n.a.	23.08	16.13	13	225.0	52.00	21.52
2008	20	150.0	64.52	68.49	2	0.0	6.45	15.87	9	200.0	29.03	48.39	31	138.5	72.09	51.32
2009	9	-55.0	39.13	30.82	2	0.0	8.70	15.87	12	33.3	52.17	64.52	23	-25.8	62.16	38.08
2010	14	55.6	51.85	47.95	4	100.0	14.81	31.75	9	-25.0	33.33	48.39	27	17.4	77.14	44.70
2011	32	128.6	45.71	109.59	14	250.0	20.00	111.11	24	166.7	34.29	129.03	70	159.3	70.71	115.89
2012	24	-25.0	55.81	82.19	7	-50.0	16.28	55.56	12	-50.0	27.91	64.52	43	-38.6	63.24	71.19
2013	26	8.3	47.27	89.04	14	100.0	25.45	111.11	15	25.0	27.27	80.65	55	27.9	75.34	91.06
2014	29	11.5	49.15	99.32	13	-7.1	22.03	103.17	17	13.3	28.81	91.40	59	7.3	67.05	97.68
2015	35	20.7	46.67	119.86	15	15.4	20.00	119.05	25	47.1	33.33	134.41	75	27.1	63.03	124.17
2016	55	57.1	40.15	188.36	30	100.0	21.90	238.10	52	108.0	37.96	279.57	137	82.7	62.84	226.82
2017	64	16.4	41.03	219.18	32	6.7	20.51	253.97	60	15.4	38.46	322.58	156	13.9	69.64	258.28
2018	94	46.9	44.76	321.92	46	43.8	21.90	365.08	70	16.7	33.33	376.34	210	34.6	33.71	347.68
合计	415	—	45.76	—	183	—	20.18	—	309	—	34.07	—	907	—	52.89	—
2011—2015 年均值	29.20	—	—	100.00	12.60	—	—	100.00	18.60	—	—	100.00	60.40	—	—	100.00

续表

年份	发展中经济体															
	非洲				亚洲				拉丁美洲和加勒比海地区				合计			
	项目数	同比增长(%)	占比(%)	指数	项目数	同比增长(%)	占比(%)	指数	项目数	同比增长(%)	占比(%)	指数	项目数	同比增长(%)	占比(%)	指数
2005	0	—	0.00	0.00	3	—	100.00	27.27	0	—	0.00	0.00	3	—	42.86	12.00
2006	0	n.a.	0.00	0.00	2	-33.3	66.67	18.18	1	n.a.	33.33	10.64	3	0.0	37.50	12.00
2007	2	n.a.	20.00	43.48	7	250.0	70.00	63.64	1	0.0	10.00	10.64	10	233.3	40.00	40.00
2008	0	-100.0	0.00	0.00	9	28.6	81.82	81.82	2	100.0	18.18	21.28	11	10.0	25.58	44.00
2009	2	n.a.	16.67	43.48	8	-11.1	66.67	72.73	2	0.0	16.67	21.28	12	9.1	32.43	48.00
2010	1	-50.0	20.00	21.74	2	-75.0	40.00	18.18	2	0.0	40.00	21.28	5	-58.3	14.29	20.00
2011	4	300.0	17.39	86.96	8	300.0	34.78	72.73	11	450.0	47.83	117.02	23	360.0	23.23	92.00
2012	8	100.0	36.36	173.91	6	-25.0	27.27	54.55	8	-27.3	36.36	85.11	22	-4.3	32.35	88.00
2013	3	-62.5	18.75	65.22	8	33.3	50.00	72.73	5	-37.5	31.25	53.19	16	-27.3	21.92	64.00
2014	4	33.3	14.81	86.96	10	25.0	37.04	90.91	13	160.0	48.15	138.30	27	68.8	30.68	108.00
2015	4	0.0	10.81	86.96	23	130.0	62.16	209.09	10	-23.1	27.03	106.38	37	37.0	31.09	148.00
2016	18	350.0	25.71	391.30	45	95.7	64.29	409.09	7	-30.0	10.00	74.47	70	89.2	32.11	280.00
2017	16	-11.1	28.07	347.83	32	-28.9	56.14	290.91	9	28.6	15.79	95.74	57	-18.6	25.45	228.00
2018	19	18.8	4.74	413.04	69	115.6	17.21	627.27	17	88.9	4.24	180.85	401	281.9	64.37	1604.00
合计	81	—	10.87	—	232	—	31.14	—	88	—	11.81	—	745	—	43.44	—
2011—2015年均值	4.60	—	—	100.00	11.00	—	—	100.00	9.40	—	—	100.00	25.00	—	—	100.00

年份	转型经济体												总计			
	东南欧				独联体国家				合计							
	项目数	同比增长(%)	占比(%)	指数	项目数	同比增长(%)	占比(%)	指数	项目数	同比增长(%)	占比(%)	指数	项目数	同比增长(%)	占比(%)	指数
2005	0	—	n.a.	n.a.	0	—	n.a.	0.00	0	—	0.00	0.00	7	—	100.00	7.83
2006	0	n.a.	0.00	n.a.	1	n.a.	100.00	25.00	1	n.a.	12.50	25.00	8	14.3	100.00	8.95
2007	0	n.a.	0.00	n.a.	2	100.0	100.00	50.00	2	100.0	8.00	50.00	25	212.5	100.00	27.96
2008	0	n.a.	0.00	n.a.	1	-50.0	100.00	25.00	1	-50.0	2.33	25.00	43	72.0	100.00	48.10
2009	0	n.a.	0.00	n.a.	2	100.0	100.00	50.00	2	100.0	5.41	50.00	37	-14.0	100.00	41.39
2010	0	n.a.	0.00	n.a.	3	50.0	100.00	75.00	3	50.0	8.57	75.00	35	-5.4	100.00	39.15

续表

| 年份 | 转型经济体 | | | | | | | | | | | | 总计 | | | |
| | 东南欧 | | | | 独联体国家 | | | | 合计 | | | | | | | |
	项目数	同比增长(%)	占比(%)	指数	项目数	同比增长(%)	占比(%)	指数	项目数	同比增长(%)	占比(%)	指数	项目数	同比增长(%)	占比(%)	指数
2011	0	n.a.	0.00	n.a.	6	100.0	100.00	150.00	6	100.0	6.06	150.00	99	182.9	100.00	110.74
2012	0	n.a.	0.00	n.a.	3	-50.0	100.00	75.00	3	-50.0	4.41	75.00	68	-31.3	100.00	76.06
2013	0	n.a.	0.00	n.a.	2	-33.3	100.00	50.00	2	-33.3	2.74	50.00	73	7.4	100.00	81.66
2014	0	n.a.	0.00	n.a.	2	0.0	100.00	50.00	2	0.0	2.27	50.00	88	20.5	100.00	98.43
2015	0	n.a.	0.00	n.a.	7	250.0	100.00	175.00	7	250.0	5.88	175.00	119	35.2	100.00	133.11
2016	1	n.a.	9.09	n.a.	10	42.9	90.91	250.00	11	57.1	5.05	275.00	218	83.2	100.00	243.85
2017	0	-100.0	0.00	n.a.	11	10.0	100.00	275.00	11	0.0	4.91	275.00	224	2.8	100.00	250.56
2018	0	n.a.	0.00	n.a.	12	9.1	100.00	300.00	12	9.1	1.93	300.00	623	129.0	100.00	696.87
合计	1	—	1.59	—	62	—	98.41	—	63	—	3.67	—	1715	—	100.00	—
2011—2015 年均值	0.00	—	—	100.00	4.00	—	—	100.00	4.00	—	—	100.00	89.40	—	—	100.00

注：此处存在重复统计问题，故总计部分与表 2-1-1、表 2-1-2 所示不一致，重复统计的处理方式与投资来源地部分的处理一致，详见表 2-2-1 脚注。

二、民营企业海外直接投资金额在不同经济体的分布

在 2005—2018 年间，中国民营样本企业海外直接投资金额规模在不同经济水平的国家和地区之间有较大差异。2018 年，发达经济体总共接受了我国民营样本企业 311.03 亿美元的海外直接投资，占当年度总投资金额规模的 64.51%；发展中经济体接受我国民营样本企业海外直接投资金额规模为 169.23 亿美元，占总投资金额规模的 35.10%。2018 年受世界经济整体下行的影响，我国民营样本企业海外直接投资的金额规模整体呈下降趋势，较上年同比下降了 49.2%。尽管如此，2018 年我国民营样本企业对发展中经济体直接投资金额仍大幅增长，同比增长 101.1%。

表 2-3-2　2005—2018 年民营样本企业海外直接投资金额
在不同经济体的分布及指数汇总表

（单位：百万美元）

| 年份 | 发达经济体 | | | | | | | | | | | | | | | |
| | 欧洲 | | | | 北美洲 | | | | 其他发达经济体 | | | | 合计 | | | |
	金额	同比增长(%)	占比(%)	指数	金额	同比增长(%)	占比(%)	指数	金额	同比增长(%)	占比(%)	指数	金额	同比增长(%)	占比(%)	指数
2005	7.50	—	22.11	0.12	0.00	—	0.00	0.00	26.42	—	77.89	0.62	33.92	—	27.40	0.23
2006	6.70	-10.7	9.09	0.11	67.00	n.a.	90.91	1.64	0.00	-100.0	0.00	0.00	73.70	117.3	30.75	0.51
2007	58.47	772.7	27.33	0.95	34.50	-48.5	16.12	0.85	121.00	n.a.	56.55	2.86	213.97	190.3	9.59	1.48
2008	1050.08	1695.9	70.70	17.05	10.50	-69.6	0.71	0.26	424.74	251.0	28.60	10.05	1485.32	594.2	47.30	10.27
2009	487.67	-53.6	41.66	7.92	14.30	36.2	1.22	0.35	668.73	57.4	57.12	15.82	1170.70	-21.2	60.52	8.09
2010	2452.39	402.9	87.14	39.82	211.90	1381.8	7.53	5.20	149.88	-77.6	5.33	3.55	2814.17	140.4	74.02	19.46
2011	4801.83	95.8	81.90	77.97	277.74	31.1	4.74	6.81	783.46	422.7	13.36	18.53	5863.03	108.3	41.31	40.53
2012	2606.80	-45.7	41.51	42.33	2769.00	897.0	44.10	67.90	903.60	15.3	14.39	21.37	6279.40	7.1	71.45	43.41
2013	2297.32	-11.9	59.86	37.30	266.69	-90.4	6.95	6.54	1273.87	41.0	33.19	30.13	3837.88	-38.9	97.57	26.53
2014	12144.97	428.7	37.47	197.21	5576.30	1990.9	17.20	136.74	14690.25	1053.2	45.32	347.48	32411.52	744.5	81.35	224.08
2015	8941.05	-26.4	37.36	145.18	11500.80	106.2	48.06	282.01	3487.34	-76.3	14.57	82.49	23929.19	-26.2	78.25	165.44
2016	9227.21	3.2	32.35	149.83	8927.21	-22.4	31.30	218.91	10369.53	197.3	36.35	245.28	28523.95	19.2	42.99	197.20
2017	54259.95	488.0	74.03	881.07	10050.66	12.6	13.71	246.45	8988.55	-13.3	12.26	212.61	73299.16	157.0	77.26	506.76
2018	15832.03	-70.8	50.90	257.08	5051.51	-49.7	16.24	123.87	10218.98	13.7	32.86	241.71	31102.52	-57.6	64.51	215.03
合计	114173.97	—	54.10	—	44758.11	—	21.21	—	52106.35	—	24.69	—	211038.44	—	66.31	—
2011—2015年均值	6158.39	—	—	100.00	4078.11	—	—	100.00	4227.70	—	—	100.00	14464.20	—	—	100.00

| 年份 | 发展中经济体 | | | | | | | |
| | 非洲 | | | | 亚洲 | | | |
	金额	同比增长(%)	占比(%)	指数	金额	同比增长(%)	占比(%)	指数
2005	0.00	—	0.00	0.00	89.86	—	100.00	2.80
2006	0.00	n.a.	0.00	0.00	85.00	-5.4	64.89	2.65
2007	59.90	n.a.	3.74	56.17	1542.69	1714.9	96.26	48.12
2008	0.00	-100.0	0.00	0.00	149.58	-90.3	9.07	4.67
2009	117.60	n.a.	15.51	110.29	594.50	297.4	78.42	18.54

年份	发展中经济体							
	非洲				亚洲			
	金额	同比增长 (%)	占比 (%)	指数	金额	同比增长 (%)	占比 (%)	指数
2010	0.00	-100.0	0.00	0.00	270.00	-54.6	56.10	8.42
2011	139.20	n.a.	1.76	130.54	4564.19	1590.4	57.60	142.37
2012	210.26	51.0	8.40	197.18	1544.00	-66.2	61.65	48.16
2013	0.00	-100.0	0.00	0.00	23.87	-98.5	25.00	0.74
2014	56.68	n.a.	0.84	53.16	4930.00	20553.5	72.70	153.78
2015	127.02	124.1	2.09	119.12	4967.65	0.8	81.79	154.95
2016	21764.58	17034.8	58.48	20410.81	14857.93	199.1	39.92	463.45
2017	985.84	-95.5	11.72	924.52	6811.07	-54.2	80.96	212.45
2018	5515.20	459.4	32.59	5172.15	10820.74	58.9	63.94	337.52
合计	28976.28	—	31.97	—	51251.08	—	56.54	—
2011—2015 年均值	106.63	—	—	100.00	3205.94	—	—	100.00

年份	发展中经济体							
	拉丁美洲和加勒比海地区				合计			
	金额	同比增长 (%)	占比 (%)	指数	金额	同比增长 (%)	占比 (%)	指数
2005	0.00	—	0.00	0.00	89.86	—	72.60	1.92
2006	46.00	n.a.	35.11	3.37	131.00	45.8	54.65	2.80
2007	0.00	-100.0	0.00	0.00	1602.59	1123.4	71.86	34.27
2008	1500.00	n.a.	90.93	110.03	1649.58	2.9	52.53	35.28
2009	46.00	-54.0	6.07	3.37	758.10	-54.0	39.19	16.21
2010	211.30	111.3	43.90	15.50	481.30	-36.5	12.66	10.29
2011	3220.50	3120.5	40.64	236.23	7923.89	1546.4	55.83	169.46
2012	750.20	650.2	29.95	55.03	2504.46	-68.4	28.50	53.56
2013	71.60	-28.4	75.00	5.25	95.47	-96.2	2.43	2.04
2014	1794.87	1694.9	26.47	131.66	6781.55	7003.3	17.02	145.03
2015	979.17	879.2	16.12	71.83	6073.84	-10.4	19.86	129.90
2016	597.20	497.2	1.60	43.81	37219.71	512.8	56.09	796.00

续表

年份	发展中经济体							
	拉丁美洲和加勒比海地区				合计			
	金额	同比增长(%)	占比(%)	指数	金额	同比增长(%)	占比(%)	指数
2017	616.49	516.5	7.33	45.22	8413.40	-77.4	8.87	179.93
2018	586.95	487.0	3.47	43.05	16922.89	101.1	35.10	361.92
合计	10420.27	—	11.50	—	90647.63	—	28.48	—
2011—2015年均值	1363.27	—	—	100.00	4675.84	—	—	100.00

年份	转型经济体											
	东南欧				独联体国家				合计			
	金额	同比增长(%)	占比(%)	指数	金额	同比增长(%)	占比(%)	指数	金额	同比增长(%)	占比(%)	指数
2005	0.00	—	n.a.	n.a.	0.00	—	n.a.	0.00	0.00	—	0.00	0.00
2006	0.00	n.a.	0.00	n.a.	35.00	n.a.	100.00	10.68	35.00	n.a.	14.60	10.68
2007	0.00	n.a.	0.00	n.a.	413.60	1081.7	100.00	126.22	413.60	1081.7	18.55	126.22
2008	0.00	n.a.	0.00	n.a.	5.20	-98.7	100.00	1.59	5.20	-98.7	0.17	1.59
2009	0.00	n.a.	0.00	n.a.	5.70	9.6	100.00	1.74	5.70	9.6	0.29	1.74
2010	0.00	n.a.	0.00	n.a.	506.60	8787.7	100.00	154.60	506.60	8787.7	13.32	154.60
2011	0.00	n.a.	0.00	n.a.	406.80	-19.7	100.00	124.14	406.80	-19.7	2.87	124.14
2012	0.00	n.a.	0.00	n.a.	5.00	-98.8	100.00	1.53	5.00	-98.8	0.06	1.53
2013	0.00	n.a.	0.00	n.a.	0.00	-100.0	n.a.	0.00	0.00	-100.0	0.00	0.00
2014	0.00	n.a.	0.00	n.a.	650.00	n.a.	100.00	198.36	650.00	n.a.	1.63	198.36
2015	0.00	n.a.	0.00	n.a.	576.62	-11.3	100.00	175.97	576.62	-11.3	1.89	175.97
2016	13.00	n.a.	2.12	n.a.	600.70	4.2	97.88	183.32	613.70	6.4	0.92	187.28
2017	0.00	-100.0	0.00	n.a.	13165.71	2091.7	100.00	4017.81	13165.71	2045.3	13.88	4017.81
2018	0.00	n.a.	0.00	n.a.	185.84	-98.6	100.00	56.71	185.84	-98.6	0.39	56.71
合计	13.00	—	0.08	—	16556.77	—	99.92	—	16569.77	—	5.21	—
2011—2015年均值	0.00	—	—	100.00	327.68	—	—	100.00	327.68	—	—	100.00

续表

年份	总计			
	金　额	同比增长（%）	占比（%）	指数
2005	123.78	—	100.00	0.64
2006	239.70	93.7	100.00	1.23
2007	2230.16	830.4	100.00	11.46
2008	3140.10	40.8	100.00	16.13
2009	1934.50	-38.4	100.00	9.94
2010	3802.07	96.5	100.00	19.53
2011	14193.72	273.3	100.00	72.91
2012	8788.86	-38.1	100.00	45.15
2013	3933.35	-55.2	100.00	20.20
2014	39843.07	913.0	100.00	204.66
2015	30579.65	-23.2	100.00	157.08
2016	66357.36	117.0	100.00	340.86
2017	94878.27	43.0	100.00	487.36
2018	48211.25	-49.2	100.00	247.65
合计	318255.84	—	100.00	—
2011—2015 年均值	19467.73	—	100.00	100.00

注：此处存在重复统计问题，故总计部分与表 2-1-1、表 2-1-2 所示不一致，重复统计的处理方式与投资来源地部分的处理一致，详见表 2-2-1 脚注。

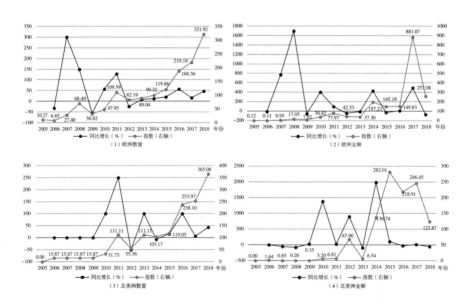

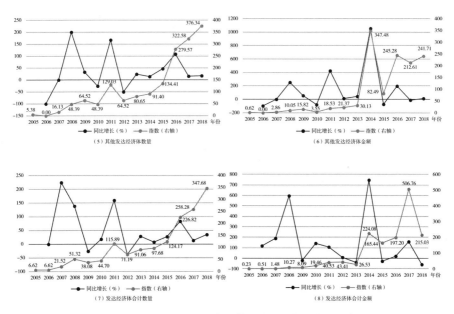

图 2-3-1 2005—2018 年民营样本企业海外直接投资
发达经济体项目数量和金额指数变化图

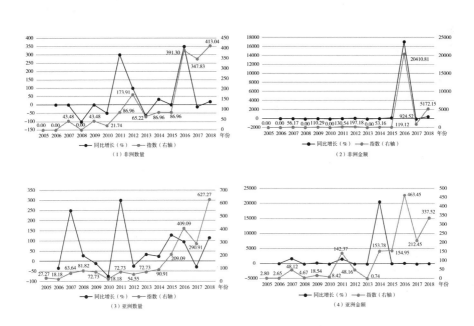

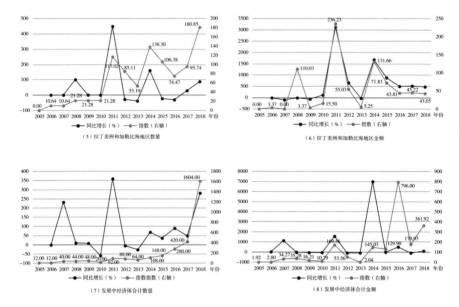

图 2-3-2   2005—2018 年民营样本企业海外直接投资发展中
经济体项目数量和金额指数变化图

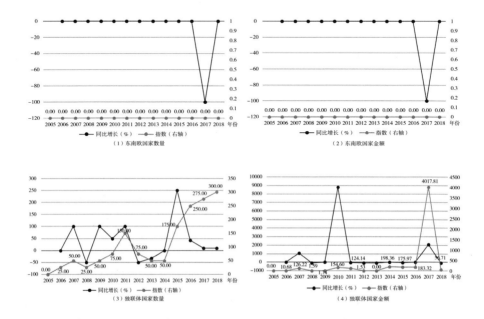

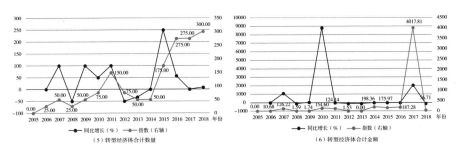

图 2-3-3 2005—2018 年民营样本企业海外直接投资
转型经济体项目数量和金额指数变化图

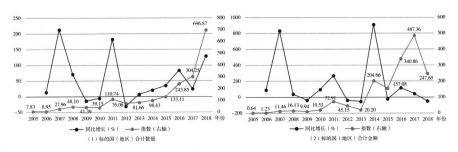

图 2-3-4 2005—2018 年民营样本企业海外直接投资标的国
（地区）项目数量和金额指数变化图

第四节 海外直接投资行业别指数

本节按照投资标的行业的不同对我国民营样本企业海外直接投资项目数量和金额分布情况进行分析。本节将投资标的行业分为两大部分，即制造业和非制造业。其中制造业按照 OECD 技术划分标准分为四大类，分别是高技术、中高技术、中低技术和低技术制造业；非制造业则划分为服务业，农、林、牧、渔业，采矿业，电力、热力、燃气及水生产和供应业，建筑业五大部类。

一、民营样本企业海外直接投资项目数量在标的行业的分布

在 2005—2018 年间，我国民营样本企业向标的行业的海外直接投资项目数量为 1374 件。其中投向制造业的项目数量累计为 754 件，占比总投资项

目数量的 54.88%；投向非制造行业的项目数量累计 620 件，占比 45.12%。在投向制造业的项目数量中，对高技术行业累计进行并购投资 324 件，占比制造业并购投资项目数量的 42.97%；中高技术制造业累计获得 272 件并购投资项目，占比整个制造行业所接受投资项目数量的 36.07%；中低技术行业累计 76 件，占比 10.08%。对低技术制造业累计投资 67 件，占比 8.89%。

从我国民营样本企业对于制造业和非制造业的海外直接投资项目数量总体分布来看，民营样本企业对非制造业部门的投资项目数量与制造业部门之间的差距逐渐缩小，2018 年民营样本企业海外直接投资于非制造业的项目数量所占的比重首次超过制造业。2018 年，我国民营样本企业对制造业部门进行了 92 件海外直接投资项目，同比下降了 29.8%，在总投资项目数量中的占比由 2017 年的 59.01% 下降到 28.22%。而海外非制造业部门 2018 年接受了 234 件海外直接投资项目，占比 71.78%，远超制造业。

表 2-4-1　2005—2018 年民营样本企业海外直接投资项目数量
在标的行业的分布及指数汇总表

（单位：件）

年份	制造业											
	高技术				中高技术				中低技术			
	项目数	同比增长（%）	占比（%）	指数	项目数	同比增长（%）	占比（%）	指数	项目数	同比增长（%）	占比（%）	指数
2005	1	—	16.67	3.65	3	—	50.00	15.00	2	—	33.33	37.04
2006	1	0.0	20.00	3.65	3	0.0	60.00	15.00	0	-100.0	0.00	0.00
2007	2	100.0	10.00	7.30	8	166.7	40.00	40.00	6	n.a.	30.00	111.11
2008	20	900.0	55.56	72.99	8	0.0	22.22	40.00	3	-50.0	8.33	55.56
2009	6	-70.0	23.08	21.90	13	62.5	50.00	65.00	3	0.0	11.54	55.56
2010	7	16.7	28.00	25.55	16	23.1	64.00	80.00	2	-33.3	8.00	37.04
2011	34	385.7	48.57	124.09	27	68.8	38.57	135.00	6	200.0	8.57	111.11
2012	20	-41.2	42.55	72.99	16	-40.7	34.04	80.00	4	-33.3	8.51	74.07
2013	27	35.0	60.00	98.54	12	-25.0	26.67	60.00	5	25.0	11.11	92.59
2014	21	-22.2	36.21	76.64	23	91.7	39.66	115.00	6	20.0	10.34	111.11
2015	35	66.7	51.47	127.74	22	-4.3	32.35	110.00	6	0.0	8.82	111.11

续表

年份	制造业											
	高技术				中高技术				中低技术			
	项目数	同比增长（%）	占比（%）	指数	项目数	同比增长（%）	占比（%）	指数	项目数	同比增长（%）	占比（%）	指数
2016	59	68.6	47.20	215.33	40	81.8	32.00	200.00	13	116.7	10.40	240.74
2017	61	3.4	46.56	222.63	46	15.0	35.11	230.00	12	-7.7	9.16	222.22
2018	30	-50.8	32.61	109.49	35	-23.9	38.04	175.00	8	-33.3	8.70	148.15
合计	324	—	42.97	—	272	—	36.07	—	76	—	10.08	—
2011—2015年均值	27.40	—	—	100.00	20.00	—	—	100.00	5.40	—	—	100.00

年份	制造业							
	低技术				合计			
	项目数	同比增长（%）	占比（%）	指数	项目数	同比增长（%）	占比（%）	指数
2005	0	—	0.00	0.00	6	—	85.71	10.42
2006	1	n.a.	20.00	20.83	5	-16.7	62.50	8.68
2007	4	300.0	20.00	83.33	20	300.0	80.00	34.72
2008	5	25.0	13.89	104.17	36	80.0	83.72	62.50
2009	4	-20.0	15.38	83.33	26	-27.8	70.27	45.14
2010	0	-100.0	0.00	0.00	25	-3.8	71.43	43.40
2011	3	n.a.	4.29	62.50	70	180.0	70.71	121.53
2012	7	133.3	14.89	145.83	47	-32.9	67.14	81.60
2013	1	-85.7	2.22	20.83	45	-4.3	61.64	78.13
2014	8	700.0	13.79	166.67	58	28.9	64.44	100.69
2015	5	-37.5	7.35	104.17	68	17.2	57.14	118.06
2016	13	160.0	10.40	270.83	125	83.8	56.82	217.01
2017	12	-7.7	9.16	250.00	131	4.8	59.01	227.43
2018	4	-66.7	4.35	83.33	92	-29.8	28.22	159.72
合计	67	—	8.89	—	754	—	54.88	—
2011—2015年均值	4.80	—	—	100.00	57.60	—	—	100.00

续表

年份	非制造业											
	服务业				采矿业				电力、热力、燃气及水生产和供应业			
	项目数	同比增长(%)	占比(%)	指数	项目数	同比增长(%)	占比(%)	指数	项目数	同比增长(%)	占比(%)	指数
2005	1	—	100.00	3.47	0	—	0.00	0.00	0	—	0.00	0.00
2006	2	100.0	66.67	6.94	1	n.a.	33.33	100.00	0	n.a.	0.00	0.00
2007	5	150.0	100.00	17.36	0	-100.0	0.00	0.00	0	n.a.	0.00	0.00
2008	4	-20.0	57.14	13.89	0	n.a.	0.00	0.00	3	n.a.	42.86	136.36
2009	9	125.0	81.82	31.25	1	n.a.	9.09	100.00	1	-66.7	9.09	45.45
2010	10	11.1	100.00	34.72	0	-100.0	0.00	0.00	0	-100.0	0.00	0.00
2011	25	150.0	86.21	86.81	1	n.a.	3.45	100.00	3	n.a.	10.34	136.36
2012	17	-32.0	73.91	59.03	1	0.0	4.35	100.00	4	33.3	17.39	181.82
2013	25	47.1	89.29	86.81	1	0.0	3.57	100.00	2	-50.0	7.14	90.91
2014	31	24.0	96.88	107.64	0	-100.0	0.00	0.00	0	-100.0	0.00	0.00
2015	46	48.4	90.20	159.72	2	n.a.	3.92	200.00	2	n.a.	3.92	90.91
2016	79	71.7	83.16	274.31	3	50.0	3.16	300.00	11	450.0	11.58	500.00
2017	78	-1.3	85.71	270.83	7	133.3	7.69	700.00	5	-54.5	5.49	227.27
2018	208	166.7	88.89	722.22	5	-28.6	2.14	500.00	8	60.0	3.42	363.64
合计	540	—	87.10	—	22	—	3.55	—	39	—	6.29	—
2011—2015年均值	28.8	—	—	100.00	1	—	—	100.00	2.2	—	—	100.00

年份	非制造业											
	建筑业				合计				总计			
	项目数	同比增长(%)	占比(%)	指数	项目数	同比增长(%)	占比(%)	指数	项目数	同比增长(%)	占比(%)	指数
2005	0	—	0.00	0.00	1	—	14.29	3.07	7	—	100.00	7.76
2006	0	n.a.	0.00	0.00	3	200.0	37.50	9.20	8	14.3	100.00	8.87
2007	0	n.a.	0.00	0.00	5	66.7	20.00	15.34	25	212.5	100.00	27.72
2008	0	n.a.	0.00	0.00	7	40.0	16.28	21.47	43	72.0	100.00	47.67

续表

年份	非制造业											
	建筑业				合计				总计			
	项目数	同比增长（%）	占比（%）	指数	项目数	同比增长（%）	占比（%）	指数	项目数	同比增长（%）	占比（%）	指数
2009	0	n.a.	0.00	0.00	11	57.1	29.73	33.74	37	−14.0	100.00	41.02
2010	0	n.a.	0.00	0.00	10	−9.1	28.57	30.67	35	−5.4	100.00	38.80
2011	0	n.a.	0.00	0.00	29	190.0	29.29	88.96	99	182.9	100.00	109.76
2012	1	n.a.	4.35	166.67	23	−20.7	32.86	70.55	70	−29.3	100.00	77.61
2013	0	−100.0	0.00	0.00	28	21.7	38.36	85.89	73	4.3	100.00	80.93
2014	1	n.a.	3.13	166.67	32	14.3	35.56	98.16	90	23.3	100.00	99.78
2015	1	0.0	1.96	166.67	51	59.4	42.86	156.44	119	32.2	100.00	131.93
2016	2	100.0	2.11	333.33	95	86.3	43.18	291.41	220	84.9	100.00	243.90
2017	1	−50.0	1.10	166.67	91	−4.2	40.99	279.14	222	0.9	100.00	246.91
2018	11	1000.0	4.70	1833.33	234	157.1	71.78	717.79	326	46.8	100.00	361.42
合计	17	—	2.74	—	620	—	45.12	—	1374	—	100.00	—
2011—2015年均值	0.60	—	—	100.00	32.60	—	—	100.00	90.20	—	—	100.00

注：1. 此处存在重复统计问题，故总计部分与表 2-1-1、表 2-1-2 所示不一致，重复统计的处理
　　方式与投资来源地部分的处理一致，详见表 2-2-1 脚注；2. 由于样本企业在 2005—2018 年
　　间均未对农、林、牧、渔业进行海外直接投资，因此本表中未列出样本企业对农、林、牧、
　　渔业的投资项目数量。

二、民营企业海外直接投资金额在标的行业的分布

2005—2018 年间我国民营样本企业向标的行业的海外直接投资金额累计达 3157.23 亿美元。其中，投向制造业的金额累计 1232.27 亿美元，占比总投资金额规模的 39.03%；投向非制造业的金额累计 1924.96 亿美元，占比 60.97%。

2018 年，受世界经济低迷的影响，我国民营样本企业对制造业和非制

造业的海外直接投资金额均有所下降，其中对制造业的投资金额较 2017 年下降 52.6%，对非制造业的投资金额较 2017 年下降 40.8%。另外，我国民营样本企业对海外制造业和非制造业的直接投资金额在 2018 年的分布较为均匀，民营样本企业对制造业的投资金额略高于非制造业，在 2018 年总投资金额规模中占比 51.93%。

表 2-4-2　2005—2018 年民营样本企业海外直接投资金额
在标的行业的分布及指数汇总表

（单位：百万美元）

年份	制造业											
	高技术				中高技术				中低技术			
	金额	同比增长（%）	占比（%）	指数	金额	同比增长（%）	占比（%）	指数	金额	同比增长（%）	占比（%）	指数
2005	26.42	—	23.28	2.58	83.26	—	73.37	4.61	3.80	—	3.35	0.19
2006	7.00	-73.5	3.92	0.68	165.00	98.2	92.33	9.14	0.00	-100.0	0.00	0.00
2007	8.10	15.7	0.37	0.79	539.79	227.1	24.76	29.91	1495.40	n.a.	68.59	74.87
2008	196.71	2328.5	7.21	19.23	1295.14	139.9	47.49	71.76	1066.99	-28.6	39.12	53.42
2009	85.80	-56.4	5.42	8.39	1313.78	1.4	83.04	72.79	2.70	-99.7	0.17	0.14
2010	168.97	96.9	5.25	16.52	3046.95	131.9	94.71	168.83	1.30	-51.9	0.04	0.07
2011	970.00	474.1	10.76	94.83	2594.32	-14.9	28.79	143.75	5361.81	412346.9	59.50	268.43
2012	138.20	-85.8	4.56	13.51	1364.82	-47.4	44.99	75.62	1362.00	-74.6	44.90	68.19
2013	375.44	171.7	35.27	36.70	447.13	-67.2	42.00	24.77	200.00	-85.3	18.79	10.01
2014	2132.42	468.0	26.03	208.46	3129.05	599.8	38.19	173.37	1242.60	521.3	15.17	62.21
2015	1498.55	-29.7	30.52	146.50	1488.62	-52.4	30.31	82.48	1820.77	46.5	37.08	91.16
2016	2067.83	38.0	22.42	202.15	2051.31	37.8	22.25	113.66	672.29	-63.1	7.29	33.66
2017	4569.42	121.0	8.66	446.70	43618.12	2026.4	82.67	2416.80	1617.85	140.6	3.07	81.00
2018	5548.89	21.4	22.17	542.45	10399.37	-76.2	41.54	576.21	2416.60	49.4	9.65	120.99
合计	17793.76	—	14.44	—	71536.65	—	58.05	—	17264.11	—	14.01	—
2011—2015 年均值	1022.92	—	—	100.00	1804.79	—	—	100.00	1997.44	—	—	100.00

续表

年份	制造业							
	低技术				合计			
	金额	同比增长（%）	占比（%）	指数	金额	同比增长（%）	占比（%）	指数
2005	0.00	—	0.00	0.00	113.48	—	91.68	2.16
2006	6.70	n.a.	3.75	1.61	178.70	57.5	74.55	3.41
2007	137.07	1945.8	6.29	32.84	2180.36	1120.1	97.77	41.59
2008	168.30	22.8	6.17	40.32	2727.14	25.1	86.85	52.02
2009	179.90	6.9	11.37	43.10	1582.18	-42.0	81.79	30.18
2010	0.00	-100.0	0.00	0.00	3217.22	103.3	84.62	61.37
2011	85.60	n.a.	0.95	20.51	9011.73	180.1	63.49	171.90
2012	168.39	96.7	5.55	40.34	3033.41	-66.3	34.22	57.86
2013	41.97	-75.1	3.94	10.06	1064.54	-64.9	27.06	20.31
2014	1688.36	3922.8	20.61	404.50	8192.43	669.6	20.52	156.27
2015	102.66	-93.9	2.09	24.60	4910.60	-40.1	16.10	93.67
2016	4429.93	4215.1	48.04	1061.33	9221.36	87.8	13.81	175.89
2017	2954.61	-33.3	5.60	707.87	52760.00	472.1	57.42	1006.38
2018	6669.21	125.7	26.64	1597.81	25034.07	-52.6	51.93	477.52
合计	16632.70	—	13.50	—	123227.21	—	39.03	—
2011—2015年均值	417.40	—	—	100.00	5242.54	—	—	100.00

年份	非制造业							
	服务业				采矿业			
	金额	同比增长（%）	占比（%）	指数	金额	同比增长（%）	占比（%）	指数
2005	10.30	—	100.00	0.09	0.00	—	0.00	0.00
2006	61.00	492.2	100.00	0.54	0.00	n.a.	0.00	0.00
2007	49.80	-18.4	100.00	0.44	0.00	n.a.	0.00	0.00
2008	10.46	-79.0	2.53	0.09	0.00	n.a.	0.00	0.00
2009	212.25	1929.2	60.24	1.88	138.60	n.a.	39.34	52.86
2010	584.85	175.5	100.00	5.18	0.00	-100.0	0.00	0.00
2011	4939.32	744.5	95.32	43.75	0.00	n.a.	0.00	0.00

年份	非制造业							
	服务业				采矿业			
	金额	同比增长（%）	占比（%）	指数	金额	同比增长（%）	占比（%）	指数
2012	5225.33	5.8	89.59	46.29	448.74	n.a.	7.69	171.15
2013	2868.82	−45.1	100.00	25.41	0.00	−100.0	0.00	0.00
2014	22359.78	679.4	70.47	198.06	0.00	n.a.	0.00	0.00
2015	21053.48	−5.8	82.29	186.49	862.19	n.a.	3.37	328.85
2016	54693.32	159.8	95.06	484.47	1059.87	22.9	1.84	404.24
2017	22899.64	−58.1	58.54	202.84	14188.03	1238.7	36.27	5411.44
2018	14241.55	−37.8	61.46	126.15	1042.31	−92.7	4.50	397.55
合计	149209.90	—	77.51	—	17739.74	—	9.22	—
2011—2015 年均值	11289.35	—	—	100.00	262.19	—	—	100.00

年份	非制造业			
	电力、热力、燃气及水生产和供应业			
	金　额	同比增长（%）	占比（%）	指　数
2005	0.00	—	0.00	0.00
2006	0.00	n.a.	0.00	0.00
2007	0.00	n.a.	0.00	0.00
2008	402.50	n.a.	97.47	54.45
2009	1.47	−99.6	0.42	0.20
2010	0.00	−100.0	0.00	0.00
2011	242.67	n.a.	4.68	32.83
2012	83.10	−65.8	1.42	11.24
2013	0.00	−100.0	0.00	0.00
2014	0.00	n.a.	0.00	0.00
2015	3370.00	n.a.	13.17	455.93
2016	1369.27	−59.4	2.38	185.25
2017	2021.30	47.6	5.17	273.46
2018	3240.82	60.3	13.99	438.45
合计	10731.13	—	5.57	—
2011—2015 年均值	739.15	—	—	100.00

续表

| 年份 | 非制造业 | | | | | | | | 总计 | | | |
| | 建筑业 | | | | 合计 | | | | | | | |
	金额	同比增长（%）	占比（%）	指数	金额	同比增长（%）	占比（%）	指数	金额	同比增长（%）	占比（%）	指数
2005	0.00	—	0.00	0.00	10.30	—	8.32	0.07	123.78	—	100.00	0.64
2006	0.00	n.a.	0.00	0.00	61.00	492.2	25.45	0.43	239.70	93.7	100.00	1.23
2007	0.00	n.a.	0.00	0.00	49.80	-18.4	2.23	0.35	2230.16	830.4	100.00	11.45
2008	0.00	n.a.	0.00	0.00	412.96	729.2	13.15	2.90	3140.10	40.8	100.00	16.12
2009	0.00	n.a.	0.00	0.00	352.32	-14.7	18.21	2.47	1934.50	-38.4	100.00	9.93
2010	0.00	n.a.	0.00	0.00	584.85	66.0	15.38	4.11	3802.07	96.5	100.00	19.52
2011	0.00	n.a.	0.00	0.00	5181.99	786.0	36.51	36.39	14193.72	273.3	100.00	72.86
2012	75.00	n.a.	1.29	3.85	5832.17	12.5	65.78	40.96	8865.58	-37.5	100.00	45.51
2013	0.00	-100.0	0.00	0.00	2868.82	-50.8	72.94	20.15	3933.35	-55.6	100.00	20.19
2014	9367.58	n.a.	29.53	480.75	31727.36	1005.9	79.48	222.82	39919.79	914.9	100.00	204.91
2015	300.00	-96.8	1.17	15.40	25585.67	-19.4	83.90	179.68	30496.27	-23.6	100.00	156.54
2016	415.94	38.7	0.72	21.35	57538.40	124.9	86.19	404.08	66759.76	118.9	100.00	342.68
2017	9.30	-97.8	0.02	0.48	39118.27	-32.0	42.58	274.72	91878.27	37.6	100.00	471.61
2018	4646.98	49867.5	20.05	238.49	23171.66	-40.8	48.07	162.73	48205.73	-47.5	100.00	247.44
合计	14814.80	—	7.70	—	192495.57	—	60.97	—	315722.80	—	100.00	—
2011—2015年均值	1948.52	—	—	100.00	14239.20	—	—	100.00	19481.74	—	—	100.00

注：1. 此处存在重复统计问题，故总计部分与表2-1-1、表2-1-2所示不一致，重复统计的处理方式与投资来源地部分的处理一致，详见表2-2-1脚注；2. 由于样本企业在2005—2018年间均未对农、林、牧、渔业进行海外直接投资，因此本表中未列出样本企业对农、林、牧、渔业的投资金额。

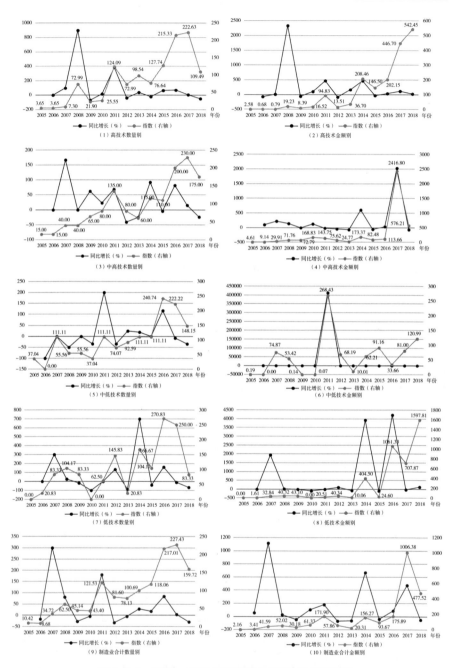

图 2-4-1　2005—2018 年民营样本企业海外直接投资
制造业项目数量和金额指数变化图

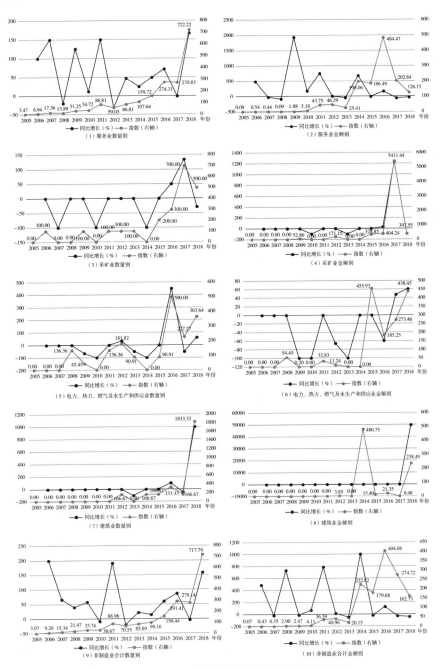

图 2-4-2　2005—2018 年民营样本企业海外直接投资

非制造业项目数量和金额指数变化图

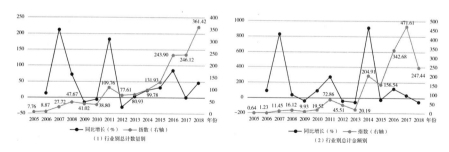

图 2-4-3　2005—2018 年民营样本企业海外直接投资
行业别项目数量和金额指数变化图

第五节　"一带一路"投资指数

　　本节对民营样本企业在"一带一路"沿线国家海外直接投资项目数量与金额变化情况进行分析。本节在将"一带一路"沿线国家划分为东北亚、东南亚、南亚、西亚北非、中东欧和中亚 6 个地区的基础上，从总体投资、并购投资、绿地投资三方面针对这 6 个地区 2018 年所接受的我国民营样本企业海外直接投资情况变化进行统计描述。

一、"一带一路"沿线国家的区域划分标准

　　本节中所列举的"一带一路"沿线国家来自"中国一带一路网"官方网站①，依据网站基础数据的划分标准将区域分布主要按照国家地理位置、经济体制以及其发展状况进行划分，"一带一路"沿线共 64 个国家，2019 年版报告中涉及的"一带一路"标的国家在 2018 年版的基础上新增了卡塔尔和拉脱维亚两个，共计 43 个，具体情况如下表所示。

---

① 来自网站：https：//www.yidaiyilu.gov.cn/，最后查询日期为 2019 年 7 月 15 日。

表 2-5-1 中国民营样本企业海外直接投资所涉及的
"一带一路"沿线国家区域划分

所属区域	"一带一路"沿线所涉及国家	本报告所涉及国家	本报告国家个数
东北亚	蒙古国、俄罗斯	蒙古国、俄罗斯	2
东南亚	新加坡、印度尼西亚、马来西亚、泰国、越南、菲律宾、柬埔寨、缅甸、老挝、文莱、东帝汶	新加坡、印度尼西亚、马来西亚、泰国、越南、菲律宾、柬埔寨、老挝、文莱	9
南亚	印度、巴基斯坦、斯里兰卡、孟加拉国、尼泊尔、马尔代夫、不丹	印度、巴基斯坦、斯里兰卡、孟加拉国、尼泊尔、马尔代夫	6
西亚北非	阿联酋、科威特、土耳其、卡塔尔、阿曼、黎巴嫩、沙特、巴林、以色列、也门、埃及、伊朗、约旦、叙利亚、伊拉克、阿富汗、巴勒斯坦、阿塞拜疆、格鲁吉亚、亚美尼亚	阿联酋、科威特、土耳其、卡塔尔、沙特、巴林、以色列、埃及、伊朗、伊拉克、阿塞拜疆、格鲁吉亚	12
中东欧	波兰、阿尔巴尼亚、爱沙尼亚、立陶宛、斯洛文尼亚、保加利亚、捷克、匈牙利、马其顿、塞尔维亚、罗马尼亚、斯洛伐克、克罗地亚、拉脱维亚、波黑、黑山、乌克兰、白俄罗斯、摩尔多瓦	波兰、立陶宛、保加利亚、捷克、匈牙利、塞尔维亚、罗马尼亚、斯洛伐克、克罗地亚、拉脱维亚、乌克兰、白俄罗斯	12
中亚	哈萨克斯坦、吉尔吉斯斯坦、土库曼斯坦、塔吉克斯坦、乌兹别克斯坦	哈萨克斯坦、乌兹别克斯坦	2

资料来源："一带一路"沿线所涉及国家根据"中国一带一路网"官方网站 https://www.yidaiyi-lu.gov.cn/整理。

二、民营企业海外直接投资项目数量和金额在"一带一路"沿线国家的总体分布

与 2017 年相比，2018 年民营样本企业对"一带一路"沿线国家的投资呈现出项目数量增加但金额减少的特点。其中，投资项目数量同比增长 67.69%，由 2017 年的 65 件增加到 109 件；但投资金额约为 124 亿美元，持续了 2017 年的下降趋势。

从并购、绿地投资两种模式来看，2005—2018 年间，民营样本企业对"一带一路"沿线国家的并购、绿地投资在项目数量和金额方面的走势变

化与海外并购、绿地总投资走势基本一致，且"一带一路"绿地投资项目数量和金额规模除 2017 年以外均高于并购投资，特别是 2018 年绿地投资的数量和金额超过并购投资水平的 3 倍以上。而通过对"一带一路"沿线国家并购、绿地投资的项目数量和金额指数的变化进行比较后可发现，并购项目数量指数、金额指数增势较绿地投资更猛，特别是在 2015—2017 年间并购项目数量指数与金额指数实现持续的高增长，2017 年并购投资金额指数更是达到 14 年间的峰值，指数高达 3148.39，这也充分体现出近年来越来越多的民营企业关注于对"一带一路"沿线国家的并购投资。

然而，在中国民营样本企业对"一带一路"沿线国家的并购投资项目数量和金额分别于 2017 年实现 0.55 倍、4.3 倍的剧增之后，2018 年并购投资规模出现骤然收缩，特别是在并购投资金额方面，31 亿美元的并购投资使得并购投资金额规模回归到 2015 年的水平，同比下降 84.33%，冲抵了绿地投资趋势回暖对"一带一路"沿线国家总投资金额的拉动作用，引起 2018 年民营样本企业对"一带一路"沿线国家的投资下降 44.7%。并购投资项目数量在 2018 年同步出现下降，但下降的幅度相对投资金额来说较小，相比 2017 年降低 23.53%。民营样本企业对"一带一路"沿线国家并购投资金额与项目数量的下降，也从侧面反映了民营样本企业正逐步调整对"一带一路"沿线国家的并购投资战略，企业更加理性、谨慎地选择适合自身发展和当前经济形式的投资规模，投资逐步趋于保守，投资态度以观望为主。

从绿地投资的角度来看，2018 年民营样本企业对"一带一路"沿线国家的绿地投资项目数量、金额规模均较 2017 年有所提高。2018 年绿地投资项目数量达到 83 件，约为 2017 年的 2.7 倍，项目数量指数为 512.35，实现大幅提升，创下历史新高；而绿地投资金额则在经历了 2016 年的异常提升和 2017 年迅速的回落后，开始进入波动后的稳定增长阶段，较 2017 年增长了 227.78%。

表 2-5-2 2005—2018 年民营样本企业"一带一路"
投资项目数量、金额及指数汇总表

（单位：件、亿美元）

年份	绿地投资				并购投资			
	项目数量	项目数量指数	金额	金额指数	项目数量	项目数量指数	金额	金额指数
2005	2	0.00	0.5	1.38	1	0.00	0.4	6.43
2006	3	18.52	1	2.77	0	0.00	0.0	0.00
2007	9	55.56	20	55.34	1	14.71	0.0	0.00
2008	9	55.56	1	2.77	1	14.71	0.2	3.21
2009	11	67.90	11	30.43	2	29.41	0.0	0.00
2010	6	37.04	9	24.90	3	44.12	0.0	0.00
2011	14	86.42	54	149.41	8	117.65	0.1	1.61
2012	17	104.94	19	52.57	2	29.41	0.1	1.61
2013	10	61.73	0.2	0.55	4	58.82	0.0	0.00
2014	13	80.25	56	154.94	4	58.82	0.0	0.00
2015	27	166.67	51	141.11	16	235.29	31	497.96
2016	56	345.68	339	937.94	22	323.53	37	594.34
2017	31	191.36	29	80.24	34	500.00	196	3148.39
2018	83	512.35	94	258.96	26	382.35	31	494.34
2011—2015 年均值	16.2	100	36.1	100.00	6.8	100	6.2	100.00

年份	对外直接投资					
	项目数量	项目数量同比增长（%）	项目数量指数	金额	金额同比增长（%）	金额指数
2005	3	—	0.00	0.9	—	2.12
2006	3	0.00	13.04	1	33.54	2.83
2007	10	233.33	43.48	20	1530.24	46.17
2008	10	0.00	43.48	2	-92.09	3.65
2009	13	30.00	56.52	11	641.50	27.09
2010	9	-30.77	39.13	9	-24.28	20.51
2011	22	144.44	95.65	54	524.15	128.02
2012	19	-13.64	82.61	19	-64.30	45.70

续表

年份	对外直接投资					
	项目数量	项目数量同比增长（%）	项目数量指数	金额	金额同比增长（%）	金额指数
2013	14	-26.32	60.87	0.2	-98.77	0.56
2014	17	21.43	73.91	56	23290.16	131.78
2015	43	152.94	186.96	82	47.18	193.94
2016	78	81.40	339.13	376	357.32	886.93
2017	65	-16.67	282.61	225	-40.16	530.78
2018	109	67.69	473.91	124	-44.70	293.54
2011—2015 年均值	23.0	—	100.00	42	—	100.00

注：1. 表中金额及其同比增长率均按照数据库中的原始数据进行计算，且对于表中金额小于 1 亿美元的保留一位小数，等于或高于 1 亿美元的保留整数；2. 2006 年、2007 年、2009 年、2010年并购投资金额显示为 0，主要源于 BvD-Zephyr 并购数据库存在缺失；3. 2013 年、2014 年并购投资金额显示为 0，源于这两年交易金额在保留一位小数以后小于 500 万美元。

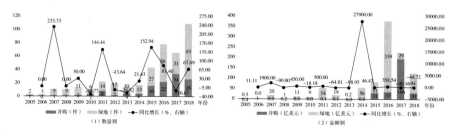

图 2-5-1   2005—2018 年民营样本企业"一带一路"
海外直接投资项目数量和金额增长变化图

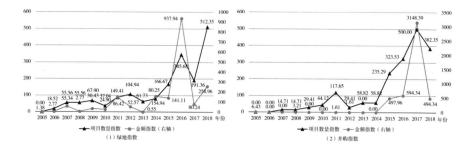

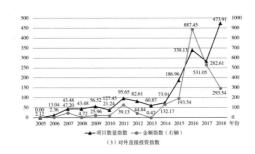

（3）对外直接投资指数

图 2-5-2　2005—2018 年民营样本企业"一带一路"海外
直接投资项目数量和金额指数变化图

从民营样本企业对"一带一路"沿线国家海外直接投资项目数量和金额在总投资中的占比来看，无论是从项目数量还是金额方面，民营样本企业对"一带一路"沿线国家投资占比均呈现出先下降后上升的趋势。如图2-5-3 所示，2013 年民营样本企业在"一带一路"沿线国家直接投资的项目数量、金额在总投资中所占的比重均出现下降，达到 14 年间的最低水平。其中，2013 年民营样本企业对"一带一路"沿线国家的投资项目数量减少到 14 件，投资金额回落到 0.2 亿美元，在总投资中的占比还不到 1%，且低于 2005 年对"一带一路"沿线国家的投资水平。2014 年后，民营样本企业对"一带一路"沿线国家直接投资项目数量和金额在总投资中所占的比重开始呈现出波动上升的趋势，进入 2018 年，我国民营样本企业对"一带一路"沿线国家的投资项目数量和金额占总投资的比重分别上升到 33.54% 和 25.91%。

本报告还基于项目数量和金额两个角度，分别测算了我国民营样本企业对"一带一路"沿线国家并购、绿地投资占并购总投资、绿地总投资的比重，如图 2-5-4 所示，2005—2018 年间绿地投资项目数量和金额的占比在多数年份均高于并购投资占比。其中，金额方面的差距相对更大，2018 年民营样本企业对"一带一路"沿线国家绿地投资金额在当年度绿地投资总金额中占比为 49.12%，远高于并购投资的 10.63%。

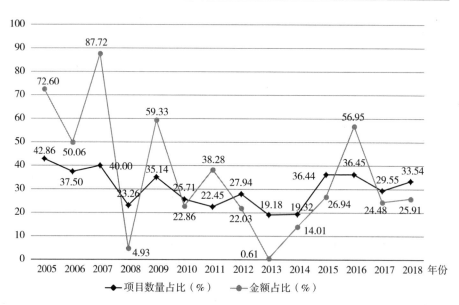

**图 2-5-3   2005—2018 年民营样本企业"一带一路"海外直接投资
项目数量和金额在总投资中的占比变化图**

注：此处金额占比按照数据库中原始数据进行计算。

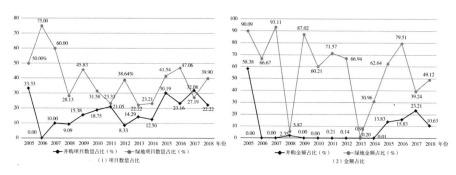

**图 2-5-4   2005—2018 年民营样本企业"一带一路"并购、绿地投资
项目数量和金额在并购、绿地总投资中的占比变化图**

注：此处金额占比按照数据库中原始数据进行计算。

三、民营企业海外直接投资项目数量和金额在"一带一路"沿线国家的区域分布

2018 年，我国民营样本企业在"一带一路"沿线国家的投资规模呈现出较大的地域差异。其中，民营样本企业对"一带一路"沿线国家投资项

目数量的增长以东南亚、南亚地区为主，南亚地区同比增长146.2%，高于民营样本企业在亚洲投资项目数量115.6%的同比增幅，相对低于发展中国家281.9%的投资项目数量的增长。而民营样本企业对"一带一路"沿线国家投资金额的增加集中在东南亚和西亚北非地区，与民营样本企业在亚洲投资金额58.9%的增长相比，东南亚地区"一带一路"沿线国家2018年所接受的金额增幅较高，达到204.9%；西亚北非地区较2017年增长172.6%，同比增幅仅次于东南亚地区。同时，2018年我国民营样本企业对位于东北亚、南亚、中东欧和中亚地区的"一带一路"沿线国家的投资金额均出现下降，其中东北亚、中亚地区分别同比下降98.6%、98.5%，尤其是民营样本企业对俄罗斯、蒙古国等东北亚国家投资金额的减少，是导致民营样本企业对"一带一路"沿线国家资金总投入下降的主要原因。

民营样本企业对"一带一路"沿线国家的并购投资规模在2018年大幅下降，除东南亚、南亚和西亚北非地区以外，我国民营样本企业2018年没有在其他地区进行并购投资。从并购投资项目数量上来看，民营样本企业在东南亚地区进行的并购投资活动较多，达到13件；在西亚北非地区的并购投资项目数量虽然仅有4件，但对该地区"一带一路"沿线国家的投资金额在2018年同比增长达到117.7%，相对于同年份的其他地区以及该地区的以往数年来说都表现出较高增长，这也体现出西亚北非地区在我国民营企业对"一带一路"沿线国家投资布局中的地位逐渐提升。

从民营样本企业在"一带一路"沿线国家的绿地投资规模变化来看，无论是投资项目数量还是投资金额都出现较高增长。绿地投资项目数量的增长主要依靠民营样本企业对东南亚和南亚地区"一带一路"沿线国家直接投资的拉动，2018年东南亚、南亚地区所接受的投资项目数量分别较2017年增长120%和228.6%，南亚地区也成为我国民营样本企业对"一带一路"沿线国家绿地投资项目数量最多、较2017年同比增幅最高的区域；在绿地投资金额方面，除了中亚地区以外的5个区域所接受的投资金额规模于2018年都呈现出较快回升，伴随着我国民营样本企业对东南亚、南亚以及西亚北非地区投资项目数量的增加，这些地区所接受的绿地投资金额

规模也呈现扩张趋势，与此同时中亚地区表现出逆势而动的特点，该地区
所接受的绿地投资项目数量增加而资金规模却较 2017 年下降显著。

表 2-5-3　2005—2018 年民营样本企业海外直接投资"一带一路"
标的区域的项目数量及指数汇总表

（单位：件）

年份		东北亚	东南亚	南亚	西亚北非	中东欧	中亚	合计
2005	数量	0	2	1	0	0	0	3
	比例（%）	0.00	66.67	33.33	0.00	0.00	0.00	100.00
	指数	0.00	28.57	31.25	0.00	0.00	0.00	13.04
2006	数量	0	1	1	0	1	0	3
	比例（%）	0.00	33.33	33.33	0.00	33.33	0.00	100.00
	指数	0.00	14.29	31.25	0.00	15.63	0.00	13.04
2007	数量	2	7	0	1	0	0	10
	比例（%）	20.00	70.00	0.00	10.00	0.00	0.00	100.00
	指数	83.33	100.00	0.00	33.33	0.00	0.00	43.48
2008	数量	1	5	4	0	0	0	10
	比例（%）	10.00	50.00	40.00	0.00	0.00	0.00	100.00
	指数	41.67	71.43	125.00	0.00	0.00	0.00	43.48
2009	数量	0	9	0	3	1	0	13
	比例（%）	0.00	69.23	0.00	23.08	7.69	0.00	100.00
	指数	0.00	128.57	0.00	100.00	15.63	0.00	56.52
2010	数量	2	2	1	2	2	0	9
	比例（%）	22.22	22.22	11.11	22.22	22.22	0.00	100.00
	指数	83.33	28.57	31.25	66.67	31.25	0.00	39.13
2011	数量	3	7	2	4	6	0	22
	比例（%）	13.64	31.82	9.09	18.18	27.27	0.00	100.00
	指数	125.00	100.00	62.50	133.33	93.75	0.00	95.65
2012	数量	2	5	3	3	5	1	19
	比例（%）	10.53	26.32	15.79	15.79	26.32	5.26	100.00
	指数	83.33	71.43	93.75	100.00	78.13	100.00	82.61

续表

年份		东北亚	东南亚	南亚	西亚北非	中东欧	中亚	合计
2013	数量	1	3	2	3	5	0	14
	比例（%）	7.14	21.43	14.29	21.43	35.71	0.00	100.00
	指数	41.67	42.86	62.50	100.00	78.13	0.00	60.87
2014	数量	2	8	2	1	4	0	17
	比例（%）	11.76	47.06	11.76	5.88	23.53	0.00	100.00
	指数	83.33	114.29	62.50	33.33	62.50	0.00	73.91
2015	数量	4	12	7	4	12	4	43
	比例（%）	9.30	27.91	16.28	9.30	27.91	9.30	100.00
	指数	166.67	171.43	218.75	133.33	187.50	400.00	186.96
2016	数量	4	26	20	13	11	4	78
	比例（%）	5.13	33.33	25.64	16.67	14.10	5.13	100.00
	指数	166.67	371.43	625.00	433.33	171.88	400.00	339.13
2017	数量	6	20	13	13	11	2	65
	比例（%）	9.23	30.77	20.00	20.00	16.92	3.08	100.00
	指数	250.00	285.71	406.25	433.33	171.88	200.00	282.61
2018	数量	9	35	32	16	15	2	109
	比例（%）	8.26	32.11	29.36	14.68	13.76	1.83	100.00
	指数	375.00	500.00	1000.00	533.33	234.38	200.00	473.91
合计	数量	36	142	88	63	73	13	415
	比例（%）	8.67	34.22	21.20	15.18	17.59	3.13	100.00
2011—2015年均值		2.40	7.00	3.20	3.00	6.40	1.00	23.00

表2-5-4 2005—2018年民营样本企业海外直接投资"一带一路"标的区域的金额及指数汇总表

（单位：百万美元）

年份		东北亚	东南亚	南亚	西亚北非	中东欧	中亚	合计
2005	金额	0.00	79.56	10.30	0.00	0.00	0.00	89.86
	比例（%）	0.00	88.54	11.46	0.00	0.00	0.00	100.00
	指数	0.00	3.47	1.10	0.00	0.00	0.00	2.12

续表

年份		东北亚	东南亚	南亚	西亚北非	中东欧	中亚	合计
2006	金额	0.00	15.00	70.00	0.00	35.00	0.00	120.00
	比例（%）	0.00	12.50	58.33	0.00	29.17	0.00	100.00
	指数	0.00	0.65	7.51	0.00	5.55	0.00	2.83
2007	金额	413.60	1529.20	0.00	13.49	0.00	0.00	1956.29
	比例（%）	21.14	78.17	0.00	0.69	0.00	0.00	100.00
	指数	179.24	66.62	0.00	26.85	0.00	0.00	46.17
2008	金额	5.20	68.67	80.91	0.00	0.00	0.00	154.78
	比例（%）	3.36	44.37	52.27	0.00	0.00	0.00	100.00
	指数	2.25	2.99	8.68	0.00	0.00	0.00	3.65
2009	金额	0.00	414.00	0.00	255.70	478.00	0.00	1147.70
	比例（%）	0.00	36.07	0.00	22.28	41.65	0.00	100.00
	指数	0.00	18.04	0.00	508.88	75.74	0.00	27.09
2010	金额	279.90	200.00	70.00	226.70	92.40	0.00	869.00
	比例（%）	32.21	23.01	8.06	26.09	10.63	0.00	100.00
	指数	121.30	8.71	7.51	451.16	14.64	0.00	20.51
2011	金额	406.80	4639.79	149.80	55.10	172.40	0.00	5423.89
	比例（%）	7.50	85.54	2.76	1.02	3.18	0.00	100.00
	指数	176.29	202.13	16.07	109.66	27.32	0.00	128.02
2012	金额	0.00	1003.00	537.80	79.60	310.80	5.00	1936.20
	比例（%）	0.00	51.80	27.78	4.11	16.05	0.26	100.00
	指数	0.00	43.70	57.68	158.41	49.25	5.15	45.70
2013	金额	0.28	3.59	0.00	20.00	0.00	0.00	23.87
	比例（%）	1.17	15.04	0.00	83.79	0.00	0.00	100.00
	指数	0.12	0.16	0.00	39.80	0.00	0.00	0.56
2014	金额	650.00	4830.00	100.00	0.00	3.23	0.00	5583.23
	比例（%）	11.64	86.51	1.79	0.00	0.06	0.00	100.00
	指数	281.69	210.42	10.73	0.00	0.51	0.00	131.78

续表

年份		东北亚	东南亚	南亚	西亚北非	中东欧	中亚	合计
2015	金额	96.68	1000.65	3874.02	96.54	2669.01	480.22	8217.12
	比例（%）	1.18	12.18	47.15	1.17	32.48	5.84	100.00
	指数	41.90	43.59	415.52	192.13	422.92	494.85	193.94
2016	金额	84.50	6328.86	7998.42	21284.37	1672.59	209.40	37578.14
	比例（%）	0.22	16.84	21.28	56.64	4.45	0.56	100.00
	指数	36.62	275.72	857.90	42358.64	265.03	215.78	886.93
2017	金额	12477.61	2217.06	4975.76	1080.31	1095.62	641.90	22488.26
	比例（%）	55.48	9.86	22.13	4.80	4.87	2.85	100.00
	指数	5407.37	96.59	533.69	2149.96	173.61	661.45	530.78
2018	金额	172.34	6759.83	2373.94	2944.64	176.50	9.80	12437.05
	比例（%）	1.39	54.35	19.09	23.68	1.42	0.08	100.00
	指数	74.69	294.49	254.63	5860.22	27.97	10.10	293.54
合计	金额	14586.91	29089.21	20240.95	26056.45	6705.55	1346.32	98025.39
	比例（%）	14.88	29.68	20.65	26.58	6.84	1.37	100.00
2011—2015年均值		230.75	2295.41	932.32	50.25	631.09	97.04	4236.86

表2-5-5 2005—2018年民营样本企业海外并购投资"一带一路"
标的区域的项目数量及指数汇总表

（单位：件）

年份		东北亚	东南亚	南亚	西亚北非	中东欧	中亚	合计
2005	数量	0	1	0	0	0	0	1
	比例（%）	0.00	100.00	0.00	0.00	0.00	0.00	100.00
	指数	0.00	71.43	0.00	0.00	0.00	0.00	14.71
2006	数量	0	0	0	0	0	0	0
	比例（%）	n.a.	n.a.	n.a.	n.a.	n.a.	n.a.	n.a.
	指数	0.00	0.00	0.00	0.00	0.00	0.00	0.00
2007	数量	0	1	0	0	0	0	1
	比例（%）	0.00	100.00	0.00	0.00	0.00	0.00	100.00
	指数	0.00	71.43	0.00	0.00	0.00	0.00	14.71

续表

年份		东北亚	东南亚	南亚	西亚北非	中东欧	中亚	合计
2008	数量	0	0	1	0	0	0	1
	比例（%）	0.00	0.00	100.00	0.00	0.00	0.00	100.00
	指数	0.00	0.00	500.00	0.00	0.00	0.00	14.71
2009	数量	0	1	0	1	0	0	2
	比例（%）	0.00	50.00	0.00	50.00	0.00	0.00	100.00
	指数	0.00	71.43	0.00	125.00	0.00	0.00	29.41
2010	数量	0	1	0	1	1	0	3
	比例（%）	0.00	33.33	0.00	33.33	33.33	0.00	100.00
	指数	0.00	71.43	0.00	125.00	29.41	0.00	44.12
2011	数量	1	2	0	3	2	0	8
	比例（%）	12.50	25.00	0.00	37.50	25.00	0.00	100.00
	指数	166.67	142.86	0.00	375.00	58.82	0.00	117.65
2012	数量	0	1	0	0	0	1	2
	比例（%）	0.00	50.00	0.00	0.00	0.00	50.00	100.00
	指数	0.00	71.43	0.00	0.00	0.00	250.00	29.41
2013	数量	1	1	0	0	2	0	4
	比例（%）	25.00	25.00	0.00	0.00	50.00	0.00	100.00
	指数	166.67	71.43	0.00	0.00	58.82	0.00	58.82
2014	数量	0	1	1	0	2	0	4
	比例（%）	0.00	25.00	25.00	0.00	50.00	0.00	100.00
	指数	0.00	71.43	500.00	0.00	58.82	0.00	58.82
2015	数量	1	2	0	1	11	1	16
	比例（%）	6.25	12.50	0.00	6.25	68.75	6.25	100.00
	指数	166.67	142.86	0.00	125.00	323.53	250.00	235.29
2016	数量	0	7	2	3	7	3	22
	比例（%）	0.00	31.82	9.09	13.64	31.82	13.64	100.00
	指数	0.00	500.00	1000.00	375.00	205.88	750.00	323.53

续表

年份		东北亚	东南亚	南亚	西亚北非	中东欧	中亚	合计
2017	数量	3	10	6	8	6	1	34
	比例（%）	8.82	29.41	17.65	23.53	17.65	2.94	100.00
	指数	500.00	714.29	3000.00	1000.00	176.47	250.00	500.00
2018	数量	0	13	9	4	0	0	26
	比例（%）	0.00	50.00	34.62	15.38	0.00	0.00	100.00
	指数	0.00	928.57	4500.00	500.00	0.00	0.00	382.35
合计	数量	6	41	19	21	31	6	124
	比例（%）	4.84	33.06	15.32	16.94	25.00	4.84	100.00
2011—2015 年均值		0.60	1.40	0.20	0.80	3.40	0.40	6.80

表 2-5-6　2005—2018 年民营样本企业海外并购投资"一带一路"
标的区域的金额及指数汇总表

（单位：百万美元）

年份		东北亚	东南亚	南亚	西亚北非	中东欧	中亚	合计
2005	金额	0.00	39.86	0.00	0.00	0.00	0.00	39.86
	比例（%）	0.00	100.00	0.00	0.00	0.00	0.00	100.00
	指数	0.00	305.91	n.a.	0.00	0.00	0.00	6.40
2006	金额	0.00	0.00	0.00	0.00	0.00	0.00	0.00
	比例（%）	n.a.	n.a.	n.a.	n.a.	n.a.	n.a.	n.a.
	指数	0.00	0.00	n.a.	0.00	0.00	0.00	0.00
2007	金额	0.00	0.00	0.00	0.00	0.00	0.00	0.00
	比例（%）	n.a.	n.a.	n.a.	n.a.	n.a.	n.a.	n.a.
	指数	0.00	0.00	n.a.	0.00	0.00	0.00	0.00
2008	金额	0.00	0.00	19.81	0.00	0.00	0.00	19.81
	比例（%）	0.00	0.00	100.00	0.00	0.00	0.00	100.00
	指数	0.00	0.00	n.a.	0.00	0.00	0.00	3.18
2009	金额	0.00	0.00	0.00	0.00	0.00	0.00	0.00
	比例（%）	n.a.	n.a.	n.a.	n.a.	n.a.	n.a.	n.a.
	指数	0.00	0.00	n.a.	0.00	0.00	0.00	0.00

年份		东北亚	东南亚	南亚	西亚北非	中东欧	中亚	合计
2010	金额	0.00	0.00	0.00	0.00	0.00	0.00	0.00
	比例（%）	n.a.	n.a.	n.a.	n.a.	n.a.	n.a.	n.a.
	指数	0.00	0.00	n.a.	0.00	0.00	0.00	0.00
2011	金额	0.00	13.59	0.00	0.00	0.00	0.00	13.59
	比例（%）	0.00	100.00	0.00	0.00	0.00	0.00	100.00
	指数	0.00	104.30	n.a.	0.00	0.00	0.00	2.18
2012	金额	0.00	3.00	0.00	0.00	0.00	5.00	8.00
	比例（%）	0.00	37.50	0.00	0.00	0.00	62.50	100.00
	指数	0.00	23.02	n.a.	0.00	0.00	6.67	1.29
2013	金额	0.28	3.59	0.00	0.00	0.00	0.00	3.87
	比例（%）	7.24	92.76	0.00	0.00	0.00	0.00	100.00
	指数	250.00	27.55	n.a.	0.00	0.00	0.00	0.62
2014	金额	0.00	0.00	0.00	0.00	3.23	0.00	3.23
	比例（%）	0.00	0.00	0.00	0.00	100.00	0.00	100.00
	指数	0.00	0.00	n.a.	0.00	0.61	0.00	0.52
2015	金额	0.28	44.97	0.00	3.84	2664.91	370.00	3084.00
	比例（%）	0.01	1.46	0.00	0.12	86.41	12.00	100.00
	指数	250.00	345.13	n.a.	500.00	499.39	493.33	495.39
2016	金额	0.00	1189.30	0.20	899.47	1411.82	200.60	3701.39
	比例（%）	0.00	32.13	0.01	24.30	38.14	5.42	100.00
	指数	0.00	9127.40	n.a.	117118.49	264.57	267.47	594.56
2017	金额	12376.38	1776.46	3155.36	918.81	1035.82	370.00	19632.83
	比例（%）	63.04	9.05	16.07	4.68	5.28	1.88	100.00
	指数	11050339.29	13633.61	n.a.	119636.72	194.11	493.33	3153.68
2018	金额	0.00	811.53	265.74	2000.17	0.00	0.00	3077.44
	比例（%）	0.00	26.37	8.64	64.99	0.00	0.00	100.00
	指数	0.00	6228.17	n.a.	260438.80	0.00	0.00	494.34
合计	金额	12376.94	3882.30	3441.11	3822.29	5115.78	945.60	29584.02
	比例（%）	41.84	13.12	11.63	12.92	17.29	3.20	100.00
2011—2015 年均值		0.11	13.03	0.00	0.77	533.63	75.00	622.54

表 2-5-7　2005—2018 年民营样本企业海外绿地投资"一带一路"
标的区域的项目数量及指数汇总表

（单位：件）

年份		东北亚	东南亚	南亚	西亚北非	中东欧	中亚	合计
2005	数量	0	1	1	0	0	0	2
	比例（%）	0.00	50.00	50.00	0.00	0.00	0.00	100.00
	指数	0.00	17.86	33.33	0.00	0.00	0.00	12.35
2006	数量	0	1	1	0	1	0	3
	比例（%）	0.00	33.33	33.33	0.00	33.33	0.00	100.00
	指数	0.00	17.86	33.33	0.00	33.33	0.00	18.52
2007	数量	2	6	0	1	0	0	9
	比例（%）	22.22	66.67	0.00	11.11	0.00	0.00	100.00
	指数	111.11	107.14	0.00	45.45	0.00	0.00	55.56
2008	数量	1	5	3	0	0	0	9
	比例（%）	11.11	55.56	33.33	0.00	0.00	0.00	100.00
	指数	55.56	89.29	100.00	0.00	0.00	0.00	55.56
2009	数量	0	8	0	2	1	0	11
	比例（%）	0.00	72.73	0.00	18.18	9.09	0.00	100.00
	指数	0.00	142.86	0.00	90.91	33.33	0.00	67.90
2010	数量	2	1	1	1	1	0	6
	比例（%）	33.33	16.67	16.67	16.67	16.67	0.00	100.00
	指数	111.11	17.86	33.33	45.45	33.33	0.00	37.04
2011	数量	2	5	2	1	4	0	14
	比例（%）	14.29	35.71	14.29	7.14	28.57	0.00	100.00
	指数	111.11	89.29	66.67	45.45	133.33	0.00	86.42
2012	数量	2	4	3	3	5	0	17
	比例（%）	11.76	23.53	17.65	17.65	29.41	0.00	100.00
	指数	111.11	71.43	100.00	136.36	166.67	0.00	104.94
2013	数量	0	2	2	3	3	0	10
	比例（%）	0.00	20.00	20.00	30.00	30.00	0.00	100.00
	指数	0.00	35.71	66.67	136.36	100.00	0.00	61.73

续表

年份		东北亚	东南亚	南亚	西亚北非	中东欧	中亚	合计
2014	数量	2	7	1	1	2	0	13
	比例（%）	15.38	53.85	7.69	7.69	15.38	0.00	100.00
	指数	111.11	125.00	33.33	45.45	66.67	0.00	80.25
2015	数量	3	10	7	3	1	3	27
	比例（%）	11.11	37.04	25.93	11.11	3.70	11.11	100.00
	指数	166.67	178.57	233.33	136.36	33.33	500.00	166.67
2016	数量	4	19	18	10	4	1	56
	比例（%）	7.14	33.93	32.14	17.86	7.14	1.79	100.00
	指数	222.22	339.29	600.00	454.55	133.33	166.67	345.68
2017	数量	3	10	7	5	5	1	31
	比例（%）	9.68	32.26	22.58	16.13	16.13	3.23	100.00
	指数	166.67	178.57	233.33	227.27	166.67	166.67	191.36
2018	数量	9	22	23	12	15	2	83
	比例（%）	10.84	26.51	27.71	14.46	18.07	2.41	100.00
	指数	500.00	392.86	766.67	545.45	500.00	333.33	512.35
合计	数量	30	101	69	42	42	7	291
	比例（%）	10.31	34.71	23.71	14.43	14.43	2.41	100.00
2011—2015 年均值		1.80	5.60	3.00	2.20	3.00	0.60	16.20

表 2-5-8　2005—2018 年民营样本企业海外绿地投资 "一带一路"
　　　　　　标的区域的金额及指数汇总表

（单位：百万美元）

年份		东北亚	东南亚	南亚	西亚北非	中东欧	中亚	合计
2005	金额	0.00	39.70	10.30	0.00	0.00	0.00	50.00
	比例（%）	0.00	79.40	20.60	0.00	0.00	0.00	100.00
	指数	0.00	1.74	1.10	0.00	0.00	0.00	1.38
2006	金额	0.00	15.00	70.00	0.00	35.00	0.00	120.00
	比例（%）	0.00	12.50	58.33	0.00	29.17	0.00	100.00
	指数	0.00	0.66	7.51	0.00	35.91	0.00	3.32

续表

年份		东北亚	东南亚	南亚	西亚北非	中东欧	中亚	合计
2007	金额	413.60	1529.20	0.00	13.49	0.00	0.00	1956.29
	比例（%）	21.14	78.17	0.00	0.69	0.00	0.00	100.00
	指数	179.33	67.00	0.00	27.26	0.00	0.00	54.13
2008	金额	5.20	68.67	61.10	0.00	0.00	0.00	134.97
	比例（%）	3.85	50.88	45.27	0.00	0.00	0.00	100.00
	指数	2.25	3.01	6.55	0.00	0.00	0.00	3.73
2009	金额	0.00	414.00	0.00	255.70	478.00	0.00	1147.70
	比例（%）	0.00	36.07	0.00	22.28	41.65	0.00	100.00
	指数	0.00	18.14	0.00	516.77	490.46	0.00	31.75
2010	金额	279.90	200.00	70.00	226.70	92.40	0.00	869.00
	比例（%）	32.21	23.01	8.06	26.09	10.63	0.00	100.00
	指数	121.36	8.76	7.51	458.16	94.81	0.00	24.04
2011	金额	406.80	4626.20	149.80	55.10	172.40	0.00	5410.30
	比例（%）	7.52	85.51	2.77	1.02	3.19	0.00	100.00
	指数	176.38	202.69	16.07	111.36	176.89	0.00	149.69
2012	金额	0.00	1000.00	537.80	79.60	310.80	0.00	1928.20
	比例（%）	0.00	51.86	27.89	4.13	16.12	0.00	100.00
	指数	0.00	43.81	57.68	160.87	318.90	0.00	53.35
2013	金额	0.00	0.00	0.00	20.00	0.00	0.00	20.00
	比例（%）	0.00	0.00	0.00	100.00	0.00	0.00	100.00
	指数	0.00	0.00	0.00	40.42	0.00	0.00	0.55
2014	金额	650.00	4830.00	100.00	0.00	0.00	0.00	5580.00
	比例（%）	11.65	86.56	1.79	0.00	0.00	0.00	100.00
	指数	281.82	211.62	10.73	0.00	0.00	0.00	154.39
2015	金额	96.40	955.68	3874.02	92.70	4.10	110.22	5133.12
	比例（%）	1.88	18.62	75.47	1.81	0.08	2.15	100.00
	指数	41.80	41.87	415.52	187.35	4.21	500.00	142.02

续表

年份		东北亚	东南亚	南亚	西亚北非	中东欧	中亚	合计
2016	金额	84.50	5139.56	7998.22	20384.90	260.77	8.80	33876.75
	比例（％）	0.25	15.17	23.61	60.17	0.77	0.03	100.00
	指数	36.64	225.18	857.88	41198.26	267.57	39.92	937.29
2017	金额	101.23	440.60	1820.40	161.50	59.80	271.90	2855.43
	比例（％）	3.55	15.43	63.75	5.66	2.09	9.52	100.00
	指数	43.89	19.30	195.25	326.39	61.36	1233.44	79.00
2018	金额	172.34	5948.30	2108.20	944.47	176.50	9.80	9359.61
	比例（％）	1.84	63.55	22.52	10.09	1.89	0.10	100.00
	指数	74.72	260.62	226.12	1908.79	181.10	44.46	258.96
合计	金额	2209.97	25206.91	16799.84	22234.16	1589.77	400.72	68441.37
	比例（％）	3.23	36.83	24.55	32.49	2.32	0.59	100.00
2011—2015 年均值		230.64	2282.38	932.32	49.48	97.46	22.04	3614.32

本章小结

一、民营样本企业海外直接投资项目数量稳步增加的同时，投资金额大幅下降，单笔投资金额规模出现明显缩减

2018 年在世界经济形势复杂多变的大局下，我国民营样本企业海外直接投资金额规模同比下降 47.7%，除此之外，2017 年国内出台的一系列限制企业非理性投资的政策也在一定程度上影响着民营企业投资金额规模的变化。但从项目数量变化来看，民营样本企业海外直接投资项目数量在 2018 年依然稳步增加，共计进行 325 件投资，增长速度回到正轨。项目数量与金额的反向变化进一步表明 2018 年我国民营样本企业单笔海外投资金额规模出现明显缩减，测算结果显示 2018 年民营样本企业单笔投资金额约为 1.48 亿美元，是自 2014 年以来单笔投资金额规模最小的一年。

民营样本企业海外直接投资项目数量和金额在 2018 年的变化一方面反映了 2017 年政府限制投资政策的冲击尚未完全消减，以及在当前经济形势下我国民营企业进行海外投资的谨慎态度；另一方面也表明民营企业海外投资热情未减、投资策略稳健，海外直接投资正在逐渐成为民营企业发展战略布局中的重要环节。作为我国市场经济运行过程中最具发展潜力和创造力的民营企业，其在海外投资过程中表现出的活力，以及日趋理智化、战略化的投资态度，将进一步推动我国经济结构的优化升级，助力于我国经济高质量发展。

二、从投资来源地看，环渤海地区的民营样本企业平均海外投资金额规模急速下降

根据各区域民营样本企业进行海外直接投资的项目数量分布情况可看出，2018 年我国民营样本企业海外直接投资项目数量增长速度最快的来源地为环渤海地区，其中京津冀地区项目数量较 2017 年提高 232%，达到 83 件，超过了 2005—2017 年京津冀地区进行海外直接投资项目数量的总和。与环渤海地区民营样本企业海外直接投资项目数量的变化不同，在海外直接投资金额方面，2018 年五大区域中投资金额下降幅度最大的即为环渤海地区。环渤海地区民营样本企业投资项目数量实现高速增长的同时，投资金额规模急速下降，由此可见，环渤海地区平均海外直接投资金额规模出现显著缩小。经测算，2018 年环渤海地区平均投资金额规模约为 0.83 亿美元，较 2017 年同比下降 92.64%。

三、从投资标的国（地区）看，民营样本企业对发展中经济体投资项目数量和金额大幅增长

2018 年我国民营样本企业 64.37% 的海外直接投资项目数量流入发展中国家（地区），实现了对发达经济体的超越，成为 2018 年接受海外直接投资项目数量最多的地区，投资项目数量共计 401 件，较 2017 年增长 281.9%。而在投资金额方面，受世界经济下行的影响，2018 年我国民营

样本企业海外直接投资总金额相比上一年度下降约 439 亿美元，降幅明显。尽管如此，我国民营样本企业对发展中经济体直接投资金额于 2018 年仍实现 35.1% 的同比增长，达到 169.23 亿美元。2018 年我国民营样本企业对发展中经济体海外投资项目数量和金额的增长，可以体现出发展中国家（地区）正在逐步成为我国民企进行海外投资时的重要标的区域。

四、从投资标的行业看，民营样本企业对非制造业的海外直接投资项目数量在近 14 年来首度超越制造业

从我国民营样本企业对于制造业和非制造业的海外直接投资项目数量分布来看，2018 年我国民营样本企业对于非制造业的海外直接投资一改往年占比小于制造业的情况，在近 14 年来首度超过对于制造业的海外直接投资项目数量。2018 年非制造业共计获得来自我国民营样本企业 234 件海外直接投资，在当年度总投资项目数量中占比 71.78%，项目数量指数高达 717.79，较 2017 年同比增长 157.1%，且集中体现在对服务业的投资项目数量的增长上。与非制造业对应，我国民营样本企业 2018 年对于制造业的海外直接投资出现明显下降，投资项目数量为 92 件，同比下降 29.8%。

五、从"一带一路"视角看，我国民营样本企业对"一带一路"沿线国家的投资项目数量稳中有增，投资金额规模变化与总投资金额变化一致

根据本报告统计显示，2018 年我国民营样本企业对"一带一路"沿线国家的投资项目数量共计 109 件，在民营企业总投资规模中占比 33.54%，较 2017 年 29.55% 的占比而言实现小幅增长，其中主要集中在对东南亚、南亚地区的投资项目数量的增长上。就投资金额规模变化来说，我国民营样本企业 2018 年有大约 25.83% 的投资金额流向"一带一路"沿线国家，共计 124 亿美元，较 2017 年同比下降 44.7%，持续 2017 年的下降趋势，与 2018 年民营样本企业总体投资金额规模的变化相一致。然而，在总体投资金额下行的趋势下，我国民营样本企业对"一带一路"沿线国家的绿地

投资无论是在项目数量还是金额上都实现了较高增长。

　　共建"一带一路"倡议自实施以来，不仅加强了中国企业对于沿线国家的投资活动，也带动了与中国民企的投资合作程度愈发紧密。这种增长不仅体现在总体规模上，在民营样本企业对沿线国家的绿地投资与并购投资规模上均可发现有较大增长。

　　然而民营企业与国有企业相比，民营企业因受到资金实力、利润收益的限制，更倾向于对欧美等发达国家进行直接投资，而国有企业出于国家及自身海外战略布局的考虑，主要承担起与"一带一路"沿线国家合作的重担。

第三章　中国民营企业海外直接投资指数：并购投资篇

本章对我国民营企业海外并购投资的项目数量和金额分布情况进行统计描述。从总量出发，分别按照海外并购投资来源地、投资标的国（地区）、投资标的行业以及融资模式4种分类方式对样本数据进行指数测算，全面剖析我国民营企业海外并购投资特征变化。

第一节　海外并购投资指数

本节对民营企业海外并购投资作总体分析。

一、民营企业海外并购投资与全国海外并购投资的比较

2005—2018年我国民营样本企业海外并购投资在项目数量和金额规模上总体呈现波动增长趋势。从并购投资项目数量上看，我国民营样本企业海外并购投资项目数量从2005年的3件增长到2018年的117件，年均增长38.07%；从并购投资金额规模上看，民营样本企业海外并购投资的金额总体呈波动上升的趋势，从2005年的0.7亿美元到2018年的290亿美元，年均增长59.28%。

2018年虽然民营样本企业海外并购投资在项目数量上的增长幅度显著大于全国并购投资的增长幅度，由2017年的106件并购投资项目增长至117件，而全国企业并购投资项目数量仅同比增长2.9%。与并购投资项目数量的增长趋势相反，民营样本企业海外并购投资金额规模在经历了2017

年的飞速增长后于 2018 年出现大幅度下滑，并购投资金额规模降幅达
65.7%，全国企业海外并购投资金额规模也呈现出下降趋势，这可能与
2017 年中国政府对企业海外投资加强监管以及相关限制性措施的出台对企
业并购投资带来的影响有关。

表 3-1-1　2005—2018 年民营样本企业海外并购投资项目数量和
金额汇总及与全国海外并购的比较

（单位：件、亿美元）

年份	民营样本企业海外并购投资				全国企业海外并购投资			
	项目数量	同比增长（%）	金额	同比增长（%）	项目数量	同比增长（%）	金额	同比增长（%）
2005	3	—	0.7	—	135	—	35	—
2006	4	33.3	0.6	-12.6	177	31.1	234	568.6
2007	10	150.0	1	116.2	205	15.8	383	63.7
2008	11	10.0	8	552.3	285	39.0	200	-47.8
2009	13	18.2	6	-26.9	292	2.5	441	120.5
2010	16	23.1	24	283.2	286	-2.1	528	19.7
2011	38	137.5	66	180.2	328	14.7	387	-26.7
2012	24	-36.8	59	-10.0	286	-12.8	310	-19.9
2013	28	16.7	19	-68.0	284	-0.7	442	42.6
2014	32	14.3	218	1052.3	419	47.5	597	35.1
2015	53	65.6	223	2.2	688	64.2	828	38.7
2016	95	79.2	234	4.8	917	33.3	1428	72.5
2017	106	11.6	846	261.9	792	-13.6	969	-32.1
2018	117	10.4	290	-65.7	815	2.9	920	-5.1
合计	550	—	1996	—	5909	—	7702	—
2011—2015 年均值	35	—	117	—	401	—	513	—

注：1. 表中涉及金额的同比增长率均按照数据库中原始数据进行计算；2. 对于表中金额小于 1 亿美元的保留一位小数，等于或大于 1 亿美元的保留整数；3. 此处民营样本企业海外并购投资与全国企业海外并购投资统计标准不同，详见第一章第二节。

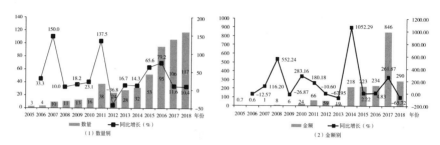

图 3-1-1   2005—2018 年民营样本企业海外并购投资项目数量和金额增长变化图

二、民营企业海外并购项目数量指数和金额指数

从表 3-1-2 和图 3-1-2 可以看出，2018 年我国民营样本企业海外并购投资项目数量指数与金额指数分化显著。其中，民营样本企业海外并购投资项目数量指数稳步提升，由 2017 年的 302.86 增长至 334.29；并购投资金额指数在经历了 2017 年的暴涨后，于 2018 年回归至 247.33。综合来看，2018 年我国民营样本企业对海外并购投资积极性依然较高，但是 2018 年并购投资金额规模普遍缩小，这也反映出经历了 2017 年国家出台的抑制投资类政策的影响，民营样本企业在海外并购投资的过程中逐渐趋于理性化。

表 3-1-2   2005—2018 年民营样本企业海外并购投资项目数量和金额指数

年份	项目数量指数	金额指数
2005	8. 57	0. 58
2006	11. 43	0. 51
2007	28. 57	1. 10
2008	31. 43	7. 19
2009	37. 14	5. 26
2010	45. 71	20. 15
2011	108. 57	56. 46
2012	68. 57	50. 47
2013	80. 00	16. 17

续表

年份	项目数量指数	金额指数
2014	91.43	186.38
2015	151.43	190.52
2016	271.43	199.72
2017	302.86	722.73
2018	334.29	247.33
2011—2015 年均值	100.00	100.00

注：此处金额指数按照数据库中的原始数据进行测算。

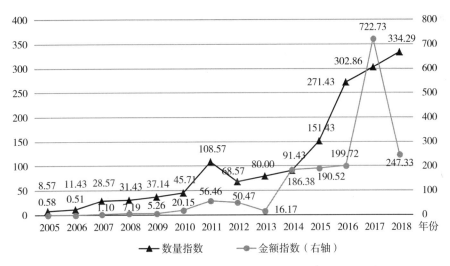

图 3-1-2 2005—2018 年民营样本企业海外并购投资项目数量和金额指数变化图

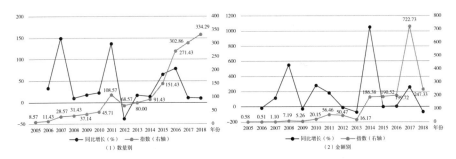

图 3-1-3 2005—2018 年民营样本企业海外并购投资项目
数量和金额指数及其同比增长率变化图

第二节　海外并购投资来源地别指数

本节对民营企业海外并购投资的项目数量与金额按照投资来源地进行统计分析，主要划分为环渤海地区、长三角地区、珠三角地区、中部地区与西部地区五大区域。同时按照各区域特点进一步细分，其中环渤海地区包括京津冀地区和环渤海地区其他区域（辽宁和山东），长三角地区包括上海和长三角地区其他区域（江苏和浙江），珠三角地区包括深圳、广东（不含深圳）与珠三角地区其他区域（福建和海南），中部地区包括华北东北地区和中原华中地区，西部地区包括西北地区和西南地区，涵盖 31 个省、自治区、直辖市和深圳经济特区①。

一、民营企业海外并购投资项目数量和金额在不同投资来源地的分布

1. 民营企业海外并购投资项目数量在不同投资来源地的分布

在 2005—2018 年间，5 个来源地的民营样本企业海外并购投资项目数量总体呈增长趋势。从我国民营样本企业并购投资项目数量指数的变化可以看出，2018 年环渤海地区、西部地区和中部地区民营样本企业海外并购投资项目数量上升显著，分别较 2017 年增长 84.2%、33.3% 和 30.0%。这种变化也体现出在国家政策的带动下我国中西部地区民营企业海外并购投资发展势头趋于良好；长三角地区并购投资项目数量基本与 2016 年、2017年持平，2018 年虽略下降，但仍是五大区域中并购投资交易数量最多的地区，共计进行 44 件并购投资；珠三角地区 2018 年的海外并购投资项目出现明显下降，同比下降 30.8%，且主要源于除广东省以外的其他地区民营样本企业并购投资项目数量的下降。

---

① 详见第一章第一节"中国民营企业海外直接投资指数"六级指标体系和指数的构成。

表 3-2-1　2005—2018 年民营样本企业海外并购投资项目数量在不同投资来源地的分布及指数汇总表

（单位：件）

年份	环渤海地区											
	京津冀				其他				合计			
	项目数	同比增长(%)	占比(%)	指数	项目数	同比增长(%)	占比(%)	指数	项目数	同比增长(%)	占比(%)	指数
2005	1	—	100.00	62.50	0	—	0.00	0.00	1	—	33.33	13.89
2006	0	-100.0	n.a.	0.00	0	n.a.	n.a.	0.00	0	-100.0	0.00	0.00
2007	0	n.a.	n.a.	0.00	0	n.a.	n.a.	0.00	0	n.a.	0.00	0.00
2008	2	n.a.	66.67	125.00	1	n.a.	33.33	17.86	3	n.a.	27.27	41.67
2009	1	-50.0	50.00	62.50	1	0.0	50.00	17.86	2	-33.3	15.38	27.78
2010	1	0.0	50.00	62.50	1	0.0	50.00	17.86	2	0.0	12.50	27.78
2011	0	-100.0	0.00	0.00	3	200.0	100.00	53.57	3	50.0	7.89	41.67
2012	1	n.a.	25.00	62.50	3	0.0	75.00	53.57	4	33.3	16.67	55.56
2013	0	-100.0	0.00	0.00	5	66.7	100.00	89.29	5	25.0	17.86	69.44
2014	4	n.a.	30.77	250.00	9	80.0	69.23	160.71	13	160.0	40.63	180.56
2015	3	-25.0	27.27	187.50	8	-11.1	72.73	142.86	11	-15.4	20.37	152.78
2016	8	166.7	38.10	500.00	13	62.5	61.90	232.14	21	90.9	21.88	291.67
2017	11	37.5	57.89	687.50	8	-38.5	42.11	142.86	19	-9.5	17.76	263.89
2018	27	145.5	77.14	1687.50	8	0.0	22.86	142.86	35	84.2	29.66	486.11
合计	59	—	49.58	—	60	—	50.42	—	119	—	21.48	—
2011—2015年均值	1.60	—	—	100.00	5.60	—	—	100.00	7.20	—	—	100.00

年份	长三角地区											
	上海				其他				合计			
	项目数	同比增长(%)	占比(%)	指数	项目数	同比增长(%)	占比(%)	指数	项目数	同比增长(%)	占比(%)	指数
2005	0	—	0.00	0.00	1	—	100.00	8.33	1	—	33.33	6.33
2006	0	n.a.	0.00	0.00	2	100.0	100.00	16.67	2	100.0	50.00	12.66
2007	0	n.a.	0.00	0.00	5	150.0	100.00	41.67	5	150.0	50.00	31.65
2008	0	n.a.	0.00	0.00	4	-20.0	100.00	33.33	4	-20.0	36.36	25.32
2009	0	n.a.	0.00	0.00	4	0.0	100.00	33.33	4	0.0	30.77	25.32
2010	2	n.a.	25.00	52.63	6	50.0	75.00	50.00	8	100.0	50.00	50.63
2011	0	-100.0	0.00	0.00	15	150.0	100.00	125.00	15	87.5	39.47	94.94

续表

年份	长三角地区											
	上海				其他				合计			
	项目数	同比增长（%）	占比（%）	指数	项目数	同比增长（%）	占比（%）	指数	项目数	同比增长（%）	占比（%）	指数
2012	0	n.a.	0.00	0.00	12	−20.0	100.00	100.00	12	−20.0	50.00	75.95
2013	0	n.a.	0.00	0.00	11	−8.3	100.00	91.67	11	−8.3	39.29	69.62
2014	2	n.a.	16.67	52.63	10	−9.1	83.33	83.33	12	9.1	37.50	75.95
2015	17	750.0	58.62	447.37	12	20.0	41.38	100.00	29	141.7	53.70	183.54
2016	14	−17.6	30.43	368.42	32	166.7	69.57	266.67	46	58.6	47.92	291.14
2017	19	35.7	41.30	500.00	27	−15.6	58.70	225.00	46	0.0	42.99	291.14
2018	15	−21.1	34.09	394.74	29	7.4	65.91	241.67	44	−4.3	37.29	278.48
合计	69	—	28.87	—	170	—	71.13	—	239	—	43.14	—
2011—2015 年均值	3.80	—	—	100.00	12.00	—	—	100.00	15.80	—	—	100.00

年份	珠三角地区											
	广东				其他				合计			
	项目数	同比增长（%）	占比（%）	指数	项目数	同比增长（%）	占比（%）	指数	项目数	同比增长（%）	占比（%）	指数
2005	0	—	n.a.	0.00	0	—	n.a.	0.00	0	—	0.00	0.00
2006	0	n.a.	n.a.	0.00	0	n.a.	n.a.	0.00	0	n.a.	0.00	0.00
2007	0	n.a.	0.00	0.00	4	n.a.	100.00	142.86	4	n.a.	40.00	80.00
2008	0	n.a.	0.00	0.00	2	−50.0	100.00	71.43	2	−50.0	18.18	40.00
2009	0	n.a.	0.00	0.00	3	50.0	100.00	107.14	3	50.0	23.08	60.00
2010	1	n.a.	20.00	45.45	4	33.3	80.00	142.86	5	66.7	31.25	100.00
2011	2	100.0	15.38	90.91	11	175.0	84.62	392.86	13	160.0	34.21	260.00
2012	3	50.0	75.00	136.36	1	−90.9	25.00	35.71	4	−69.2	16.67	80.00
2013	1	−66.7	50.00	45.45	1	0.0	50.00	35.71	2	−50.0	7.14	40.00
2014	2	100.0	100.00	90.91	0	−100.0	0.00	0.00	2	0.0	6.25	40.00
2015	3	50.0	75.00	136.36	1	n.a.	25.00	35.71	4	100.0	7.41	80.00
2016	9	200.0	90.00	409.09	1	0.0	10.00	35.71	10	150.0	10.42	200.00
2017	15	66.7	57.69	681.82	11	1000.0	42.31	392.86	26	160.0	24.30	520.00
2018	15	0.0	83.33	681.82	3	−72.7	16.67	107.14	18	−30.8	15.25	360.00
合计	51	—	54.84	—	42	—	45.16	—	93	—	16.79	—
2011—2015 年均值	2.20	—	—	100.00	2.80	—	—	100.00	5.00	—	—	100.00

年份	中部地区											
	华北东北				中原华中				合计			
	项目数	同比增长(%)	占比(%)	指数	项目数	同比增长(%)	占比(%)	指数	项目数	同比增长(%)	占比(%)	指数
2005	0	—	0.00	0.00	1	—	100.00	35.71	1	—	33.33	29.41
2006	0	n.a.	n.a.	0.00	0	−100.0	n.a.	0.00	0	−100.0	0.00	0.00
2007	0	n.a.	n.a.	0.00	0	n.a.	n.a.	0.00	0	n.a.	0.00	0.00
2008	0	n.a.	0.00	0.00	1	n.a.	100.00	35.71	1	n.a.	9.09	29.41
2009	0	n.a.	0.00	0.00	1	0.0	100.00	35.71	1	0.0	7.69	29.41
2010	0	n.a.	n.a.	0.00	0	−100.0	n.a.	0.00	0	−100.0	0.00	0.00
2011	0	n.a.	0.00	0.00	1	n.a.	100.00	35.71	1	n.a.	2.63	29.41
2012	1	n.a.	33.33	166.67	2	100.0	66.67	71.43	3	200.0	12.50	88.24
2013	1	0.0	25.00	166.67	3	50.0	75.00	107.14	4	33.3	14.29	117.65
2014	0	−100.0	0.00	0.00	3	0.0	100.00	107.14	3	−25.0	9.38	88.24
2015	1	n.a.	16.67	166.67	5	66.7	83.33	178.57	6	100.0	11.11	176.47
2016	6	500.0	40.00	1000.00	9	80.0	60.00	321.43	15	150.0	15.63	441.18
2017	2	−66.7	20.00	333.33	8	−11.1	80.00	285.71	10	−33.3	9.35	294.12
2018	8	300.0	61.54	1333.33	5	−37.5	38.46	178.57	13	30.0	11.02	382.35
合计	19	—	32.76	—	39	—	67.24	—	58	—	10.47	—
2011—2015年均值	0.60	—	—	100.00	2.80	—	—	100.00	3.40	—	—	100.00

年份	西部地区											
	西北				西南				合计			
	项目数	同比增长(%)	占比(%)	指数	项目数	同比增长(%)	占比(%)	指数	项目数	同比增长(%)	占比(%)	指数
2005	0	—	n.a.	0.00	0	n.a.	—	0.00	0	—	0.00	0.00
2006	0	n.a.	0.00	0.00	2	n.a.	100.00	55.56	2	n.a.	50.00	52.63
2007	0	n.a.	0.00	0.00	1	−50.0	100.00	27.78	1	−50.0	10.00	26.32
2008	0	n.a.	0.00	0.00	1	0.0	100.00	27.78	1	0.0	9.09	26.32
2009	0	n.a.	0.00	0.00	3	200.0	100.00	83.33	3	200.0	23.08	78.95
2010	0	n.a.	0.00	0.00	1	−66.7	100.00	27.78	1	−66.7	6.25	26.32
2011	0	n.a.	0.00	0.00	6	500.0	100.00	166.67	6	500.0	15.79	157.89
2012	0	n.a.	0.00	0.00	1	−83.3	100.00	27.78	1	−83.3	4.17	26.32

续表

年份	西部地区											
	西北				西南				合计			
	项目数	同比增长（%）	占比（%）	指数	项目数	同比增长（%）	占比（%）	指数	项目数	同比增长（%）	占比（%）	指数
2013	0	n.a.	0.00	0.00	6	500.0	100.00	166.67	6	500.0	21.43	157.89
2014	1	n.a.	50.00	500.00	1	−83.3	50.00	27.78	2	−66.7	6.25	52.63
2015	0	−100.0	0.00	0.00	4	300.0	100.00	111.11	4	100.0	7.41	105.26
2016	0	n.a.	0.00	0.00	4	0.0	100.00	111.11	4	0.0	4.17	105.26
2017	2	n.a.	33.33	1000.00	4	0.0	66.67	111.11	6	50.0	5.61	157.89
2018	2	0.0	25.00	1000.00	6	50.0	75.00	166.67	8	33.3	6.78	210.53
合计	5	—	11.11	—	40	—	88.89	—	45	—	8.12	—
2011—2015 年均值	0.20	—	—	100.00	3.60	—	—	100.00	3.80	—	—	100.00

年份	总计			
	项目数	同比增长（%）	占比（%）	指数
2005	3	—	100.00	8.52
2006	4	33.3	100.00	11.36
2007	10	150.0	100.00	28.41
2008	11	10.0	100.00	31.25
2009	13	18.2	100.00	36.93
2010	16	23.1	100.00	45.45
2011	38	137.5	100.00	107.95
2012	24	−36.8	100.00	68.18
2013	28	16.7	100.00	79.55
2014	32	14.3	100.00	90.91
2015	54	68.8	100.00	153.41
2016	96	77.8	100.00	272.73
2017	107	11.5	100.00	303.98
2018	118	10.3	100.00	335.23
合计	554	—	100.00	—
2011—2015 年均值	35.20	—	—	100.00

注：此处存在重复统计问题，故总计部分与表 3-1-1、表 3-1-2 所示不一致，重复统计的处理方式与第二章相应部分的处理一致，详见表 2-2-1 脚注。

2. 民营企业海外并购投资金额在不同来源地的分布

我国民营企业海外并购投资金额的来源地分布与项目数量的来源地分布有着较大的差异。在 2018 年，五大来源地的民营样本企业海外并购投资金额规模均呈下降趋势。其中，长三角地区的民营样本企业进行并购投资的金额规模在五大区域中排行首位，2018 年投资 149.90 亿美元，较 2017 年下降 81.2%，占比总并购投资金额规模的 51.77%；其次是环渤海地区，2018 年并购投资 61.80 亿美元，同比下降 84.4%，且主要体现在京津冀地区民营样本企业并购投资金额规模的下降上；珠三角地区 2018 年度并购投资金额规模为 53.80 亿美元，在五大区域中排列第三位，在总并购投资金额中占比 18.58%；中部地区民营样本企业并购投资金额规模在 2018 年降幅最小，仅较 2017 年下降 8.6%；并购投资金额规模最小的地区仍为西部地区，2018 年共计进行 2.50 亿美元的并购投资。

表 3-2-2　2005—2018 年民营样本企业海外并购投资金额
在不同投资来源地的分布及指数汇总表

（单位：百万美元）

年份	环渤海地区											
	京津冀				其他				合计			
	金额	同比增长(%)	占比(%)	指数	金额	同比增长(%)	占比(%)	指数	金额	同比增长(%)	占比(%)	指数
2005	26.42	—	100.00	2.88	0.00	—	0.00	0.00	26.42	—	38.69	0.39
2006	0.00	-100.0	n.a.	0.00	0.00	n.a.	n.a.	0.00	0.00	-100.0	0.00	0.00
2007	0.00	n.a.	n.a.	0.00	0.00	n.a.	n.a.	0.00	0.00	n.a.	0.00	0.00
2008	395.10	n.a.	95.23	43.09	19.81	n.a.	4.77	0.34	414.91	n.a.	49.29	6.19
2009	0.00	-100.0	n.a.	0.00	0.00	-100.0	n.a.	0.00	0.00	-100.0	0.00	0.00
2010	41.06	n.a.	76.08	4.48	12.91	23.92	0.22	53.97	n.a.	2.29	0.81	
2011	0.00	-100.0	0.00	0.00	34.31	165.8	100.00	0.59	34.31	-36.4	0.52	0.51
2012	1011.49	n.a.	24.61	110.33	3098.59	8931.2	75.39	53.59	4110.08	11879.2	69.56	61.35
2013	0.00	-100.0	0.00	0.00	1093.19	-64.7	100.00	18.91	1093.19	-73.4	57.74	16.32
2014	2591.63	n.a.	21.83	282.68	9280.30	748.9	78.17	160.49	11871.93	986.0	54.42	177.21
2015	980.97	-62.1	5.99	107.00	15406.13	66.0	94.01	266.43	16387.10	38.0	72.50	244.61

续表

年份	环渤海地区											
	京津冀				其他				合计			
	金额	同比增长(%)	占比(%)	指数	金额	同比增长(%)	占比(%)	指数	金额	同比增长(%)	占比(%)	指数
2016	1669.16	70.2	17.30	182.06	7979.86	-48.2	82.70	138.00	9649.02	-41.1	41.27	144.03
2017	38338.28	2196.9	97.03	4181.67	1173.48	-85.3	2.97	20.29	39511.76	309.5	46.54	589.79
2018	3287.42	-91.4	53.19	358.57	2892.98	146.5	46.81	50.03	6180.40	-84.4	21.35	92.25
合计	48341.53	—	54.11	—	40991.56	—	45.89	—	89333.09	—	44.64	—
2011—2015年均值	916.82	—	—	100.00	5782.50	—	—	100.00	6699.32	—	—	100.00

年份	长三角地区											
	上海				其他				合计			
	金额	同比增长(%)	占比(%)	指数	金额	同比增长(%)	占比(%)	指数	金额	同比增长(%)	占比(%)	指数
2005	0.00	—	0.00	0.00	2.00	—	100.00	0.28	2.00	—	2.93	0.14
2006	0.00	n.a.	0.00	0.00	13.70	585.0	100.00	1.95	13.70	585.0	22.95	0.96
2007	0.00	n.a.	0.00	0.00	129.07	842.1	100.00	18.38	129.07	842.1	100.00	9.03
2008	0.00	n.a.	0.00	0.00	128.00	-0.8	100.00	18.23	128.00	-0.8	15.20	8.96
2009	0.00	n.a.	0.00	0.00	279.65	118.5	100.00	39.82	279.65	118.5	45.43	19.57
2010	419.35	n.a.	18.76	57.69	1815.71	549.3	81.24	258.55	2235.06	699.2	94.75	156.39
2011	0.00	-100.0	0.00	0.00	1182.04	-34.9	100.00	168.32	1182.04	-47.1	17.89	82.71
2012	0.00	n.a.	0.00	0.00	261.43	-77.9	100.00	37.23	261.43	-77.9	4.42	18.29
2013	0.00	n.a.	0.00	0.00	380.41	45.5	100.00	54.17	380.41	45.5	20.09	26.62
2014	3.23	n.a.	1.04	0.44	307.98	-19.0	98.96	43.85	311.21	-18.2	1.43	21.78
2015	3631.05	112316.4	72.47	499.56	1379.49	347.9	27.53	196.43	5010.54	1510.0	22.17	350.60
2016	2686.68	-26.0	38.27	369.63	4333.85	214.2	61.73	617.12	7020.53	40.1	30.03	491.25
2017	16326.54	507.7	60.12	2246.19	10828.44	149.9	39.88	1541.92	27154.98	286.8	31.99	1900.11
2018	2781.70	-486.9	18.56	382.70	12208.21	12.7	81.44	1738.39	14989.91	-81.2	51.77	1048.89
合计	25848.55	—	43.74	—	33249.98	—	56.26	—	59098.53	—	29.53	—
2011—2015年均值	726.856	—	—	100.00	702.27	—	—	100.00	1429.13	—	—	100.00

续表

年份	珠三角地区											
	广东				其他				合计			
	金额	同比增长(%)	占比(%)	指数	金额	同比增长(%)	占比(%)	指数	金额	同比增长(%)	占比(%)	指数
2005	0.00	—	n.a.	0.00	0.00	—	n.a.	0.00	0.00	—	0.00	0.00
2006	0.00	n.a.	n.a.	0.00	0.00	n.a.	n.a.	0.00	0.00	n.a.	0.00	0.00
2007	0.00	n.a.	n.a.	0.00	0.00	n.a.	n.a.	0.00	0.00	n.a.	0.00	0.00
2008	0.00	n.a.	n.a.	0.00	0.00	n.a.	n.a.	0.00	0.00	n.a.	0.00	0.00
2009	0.00	n.a.	n.a.	0.00	0.00	n.a.	n.a.	0.00	0.00	n.a.	0.00	0.00
2010	0.00	n.a.	0.00	0.00	69.84	n.a.	100.00	7.35	69.84	n.a.	2.96	6.21
2011	0.00	n.a.	0.00	0.00	4705.39	6637.4	100.00	495.50	4705.39	6637.4	71.20	418.12
2012	401.86	n.a.	95.03	228.66	21.00	−99.6	4.97	2.21	422.86	−91.0	7.16	37.58
2013	51.60	−87.2	81.53	29.36	11.69	−44.3	18.47	1.23	63.29	−85.0	3.34	5.62
2014	38.36	−25.7	100.00	21.83	0.00	−100.0	0.00	0.00	38.36	−39.4	0.18	3.41
2015	386.89	908.6	97.48	220.15	10.00	n.a.	2.52	1.05	396.89	934.6	1.76	35.27
2016	2659.18	587.3	93.00	1513.12	200.00	1900.0	7.00	21.06	2859.18	620.4	12.23	254.07
2017	2684.96	1.0	18.47	1527.79	11850.06	5825.0	81.53	1247.88	14535.02	408.4	17.12	1291.59
2018	5167.34	92.5	96.03	2940.30	213.54	−98.2	3.97	22.49	5380.88	−63.0	18.58	478.15
合计	11390.19	—	40.01	—	17081.52	—	59.99	—	28471.71	—	14.23	—
2011—2015年均值	175.74	—	—	100.00	949.62	—	—	100.00	1125.36	—	—	100.00

年份	中部地区											
	华北东北				中原华中				合计			
	金额	同比增长(%)	占比(%)	指数	金额	同比增长(%)	占比(%)	指数	金额	同比增长(%)	占比(%)	指数
2005	0.00	—	0.00	0.00	39.86	—	100.00	8.24	39.86	—	58.38	6.95
2006	0.00	n.a.	n.a.	0.00	0.00	−100.0	n.a.	0.00	0.00	−100.0	0.00	0.00
2007	0.00	n.a.	n.a.	0.00	0.00	n.a.	n.a.	0.00	0.00	n.a.	0.00	0.00
2008	0.00	n.a.	0.00	0.00	289.98	n.a.	100.00	59.92	289.98	n.a.	34.45	50.53
2009	0.00	n.a.	0.00	0.00	289.98	0.0	100.00	59.92	289.98	0.0	47.10	50.53
2010	0.00	n.a.	0.00	0.00	0.00	−100.0	0.00	0.00	0.00	−100.0	0.00	0.00
2011	0.00	n.a.	0.00	0.00	656.42	n.a.	100.00	135.63	656.42	n.a.	9.93	114.39
2012	448.74	n.a.	40.49	499.38	659.42	0.5	59.51	136.25	1108.16	68.8	18.76	193.12

续表

年份	中部地区											
	华北东北				中原华中				合计			
	金额	同比增长（%）	占比（%）	指数	金额	同比增长（%）	占比（%）	指数	金额	同比增长（%）	占比（%）	指数
2013	0.28	-99.9	0.18	0.31	153.02	-76.8	99.82	31.62	153.30	-86.2	8.10	26.72
2014	0.00	-100.0	0.00	0.00	228.10	49.1	100.00	47.13	228.10	48.8	1.05	39.75
2015	0.28	n.a.	0.04	0.31	722.86	216.9	99.96	149.36	723.14	217.0	3.20	126.02
2016	2769.07	988853.6	74.11	3081.54	967.35	33.8	25.89	199.88	3736.42	416.7	15.98	651.14
2017	1122.97	-59.4	47.68	1249.69	1232.20	27.4	52.32	254.61	2355.17	-37.0	2.77	410.43
2018	1564.19	39.3	72.70	1740.70	587.26	-52.3	27.30	121.34	2151.45	-8.6	7.43	374.93
合计	5905.53	—	50.34	—	5826.45	—	49.66	—	11731.98	—	5.86	—
2011—2015 年均值	89.86	—	—	100.00	483.96	—	—	100.00	573.82	—	—	100.00

年份	西部地区											
	西北				西南				合计			
	金额	同比增长（%）	占比（%）	指数	金额	同比增长（%）	占比（%）	指数	金额	同比增长（%）	占比（%）	指数
2005	0.00	—	n.a.	n.a.	0.00	—	n.a.	0.00	0.00	—	0.00	0.00
2006	0.00	n.a.	0.00	n.a.	46.00	n.a.	100.00	2.37	46.00	n.a.	77.05	2.37
2007	0.00	n.a.	n.a.	n.a.	0.00	-100.0	n.a.	0.00	0.00	-100.0	0.00	0.00
2008	0.00	n.a.	0.00	n.a.	8.96	n.a.	100.00	0.46	8.96	n.a.	1.06	0.46
2009	0.00	n.a.	0.00	n.a.	46.00	413.4	100.00	2.37	46.00	413.4	7.47	2.37
2010	0.00	n.a.	0.00	n.a.	0.00	-100.0	n.a.	0.00	0.00	-100.0	0.00	0.00
2011	0.00	n.a.	0.00	n.a.	30.90	n.a.	100.00	1.59	30.90	n.a.	0.47	1.59
2012	0.00	n.a.	0.00	n.a.	5.73	-81.5	100.00	0.30	5.73	-81.5	0.10	0.30
2013	0.00	n.a.	0.00	n.a.	203.19	3446.1	100.00	10.48	203.19	3446.1	10.73	10.48
2014	0.00	n.a.	0.00	n.a.	9367.58	4510.3	100.00	483.17	9367.58	4510.3	42.94	483.17
2015	0.00	n.a.	0.00	n.a.	86.54	-99.1	100.00	4.46	86.54	-99.1	0.38	4.46
2016	0.00	n.a.	0.00	n.a.	114.58	32.4	100.00	5.91	114.58	32.4	0.49	5.91
2017	40.00	n.a.	2.99	n.a.	1297.99	1032.8	97.01	66.95	1337.99	1067.7	1.58	69.01
2018	107.58	169.0	42.95	n.a.	142.89	-89.0	57.05	7.37	250.47	-81.3	0.87	12.92
合计	147.58	—	1.28	—	11350.36	—	98.72	—	11497.94	—	5.75	—
2011—2015 年均值	0.00	—	—	100.00	1938.79	—	—	100.00	1938.79	—	—	100.00

续表

年份	总计			
	金额	同比增长（%）	占比（%）	指数
2005	68.28	—	100.00	0.58
2006	59.70	-12.6	100.00	0.51
2007	129.07	116.2	100.00	1.10
2008	841.85	552.2	100.00	7.15
2009	615.63	-26.9	100.00	5.23
2010	2358.87	283.2	100.00	20.05
2011	6609.06	180.2	100.00	56.17
2012	5908.26	-10.6	100.00	50.21
2013	1893.38	-68.0	100.00	16.09
2014	21817.18	1052.3	100.00	185.42
2015	22604.21	3.6	100.00	192.11
2016	23379.73	3.4	100.00	198.70
2017	84894.92	263.1	100.00	721.50
2018	28953.11	-65.9	100.00	246.07
合计	200133.25	—	100.00	—
2011—2015年均值	11766.42	—	—	100.00

注：此处存在重复统计问题，故总计部分与表3-1-1、表3-1-2所示不一致，重复统计的处理方
　　式与第二章相应部分的处理一致，详见表2-2-1脚注。

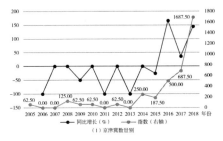

（1）京津冀数量别

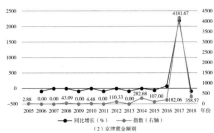

（2）京津冀金额别

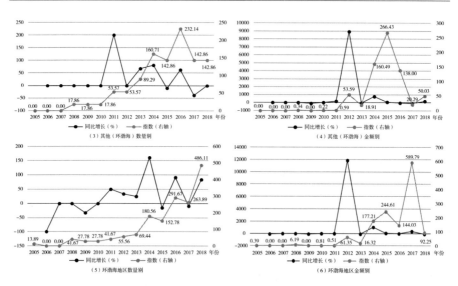

图 3-2-1　2005—2018 年环渤海地区民营样本企业海外并购投资项目数量和金额指数变化图

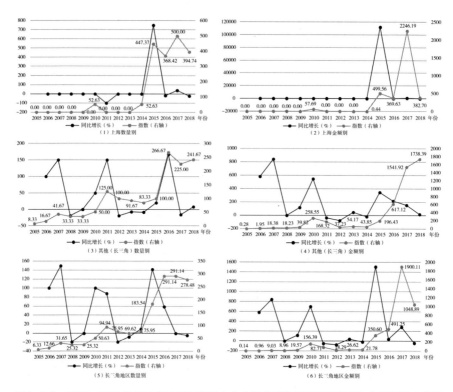

图 3-2-2　2005—2018 年长三角地区民营样本企业海外并购投资项目数量和金额指数变化图

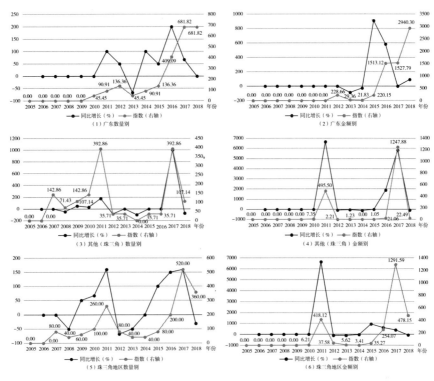

图 3-2-3　2005—2018 年珠三角地区民营样本企业海外
并购投资项目数量和金额指数变化图

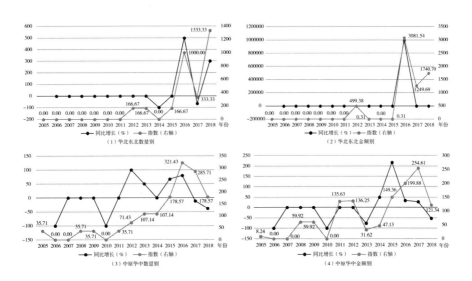

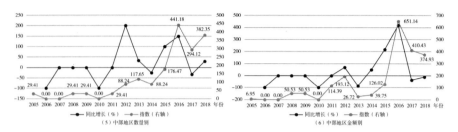

图 3-2-4　2005—2018 年中部地区民营样本企业海外并购投资项目数量和金额指数变化图

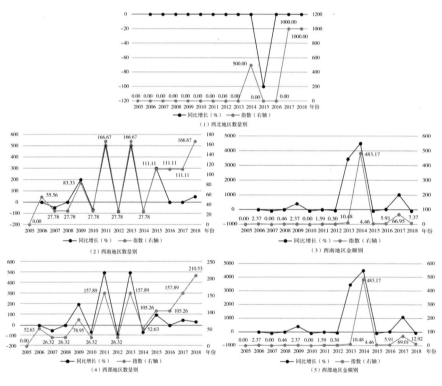

图 3-2-5　2005—2018 年西部地区民营样本企业海外并购投资项目数量和金额指数变化图

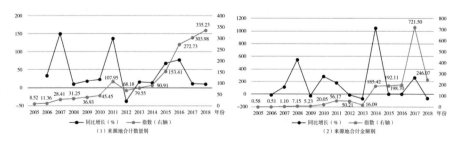

图 3-2-6　2005—2018 年来源地民营样本企业海外并购投资项目数量和金额指数变化图

二、各省区市民营企业海外并购投资项目数量和金额分布

1. 各省区市民营企业海外并购投资项目数量分布

表3-2-3 2005—2018 年民营样本企业海外并购投资来源地项目数量——环渤海地区

（单位：件）

年份		环渤海地区								
		京津冀				其他			总计
		北京	天津	河北	合计	辽宁	山东	合计	
2005	数量	1	0	0	1	0	0	0	1
	指数	62.50	n.a.	n.a.	62.50	0.00	0.00	0.00	13.89
2006	数量	0	0	0	0	0	0	0	0
	指数	0.00	n.a.	n.a.	0.00	0.00	0.00	0.00	0.00
2007	数量	0	0	0	0	0	0	0	0
	指数	0.00	n.a.	n.a.	0.00	0.00	0.00	0.00	0.00
2008	数量	2	0	0	2	1	0	1	3
	指数	125.00	n.a.	n.a.	125.00	31.25	0.00	17.86	41.67
2009	数量	0	0	1	1	0	1	1	2
	指数	0.00	n.a.	n.a.	62.50	0.00	41.67	17.86	27.78
2010	数量	1	0	0	1	0	1	1	2
	指数	62.50	n.a.	n.a.	62.50	0.00	41.67	17.86	27.78
2011	数量	0	0	0	0	1	2	3	3
	指数	0.00	n.a.	n.a.	0.00	31.25	83.33	53.57	41.67
2012	数量	1	0	0	1	3	0	3	4
	指数	62.50	n.a.	n.a.	62.50	93.75	0.00	53.57	55.56
2013	数量	0	0	0	0	2	3	5	5
	指数	0.00	n.a.	n.a.	0.00	62.50	125.00	89.29	69.44
2014	数量	4	0	0	4	4	5	9	13
	指数	250.00	n.a.	n.a.	250.00	125.00	208.33	160.71	180.56
2015	数量	3	0	0	3	6	2	8	11
	指数	187.50	n.a.	n.a.	187.50	187.50	83.33	142.86	152.78

续表

年份		环渤海地区							总计
		京津冀				其他			
		北京	天津	河北	合计	辽宁	山东	合计	
2016	数量	7	1	0	8	9	4	13	21
	指数	437.50	n.a.	n.a.	500.00	281.25	166.67	232.14	291.67
2017	数量	9	0	2	11	1	7	8	19
	指数	562.50	n.a.	n.a.	687.50	31.25	291.67	142.86	263.89
2018	数量	21	4	2	27	0	8	8	35
	指数	1312.50	n.a.	n.a.	1687.50	0.00	333.33	142.86	486.11
合计	数量	49	5	5	59	27	33	60	119
2011—2015 年均值		1.60	0.00	0.00	1.60	3.20	2.40	5.60	7.20

表 3-2-4　2005—2018 年民营样本企业海外并购投资来源地项目数量——长三角地区

（单位：件）

年份		长三角地区					总计
		上海		其他			
		上海	合计	江苏	浙江	合计	
2005	数量	0	0	0	1	1	1
	指数	0.00	0.00	0.00	11.63	8.33	6.33
2006	数量	0	0	0	2	2	2
	指数	0.00	0.00	0.00	23.26	16.67	12.66
2007	数量	0	0	1	4	5	5
	指数	0.00	0.00	29.41	46.51	41.67	31.65
2008	数量	0	0	1	3	4	4
	指数	0.00	0.00	29.41	34.88	33.33	25.32
2009	数量	0	0	2	2	4	4
	指数	0.00	0.00	58.82	23.26	33.33	25.32
2010	数量	2	2	1	5	6	8
	指数	52.63	52.63	29.41	58.14	50.00	50.63

续表

| 年份 | | 长三角地区 | | | | | 总计 |
| | | 上海 | | 其他 | | | |
		上海	合计	江苏	浙江	合计	
2011	数量	0	0	3	12	15	15
	指数	0.00	0.00	88.24	139.53	125.00	94.94
2012	数量	0	0	3	9	12	12
	指数	0.00	0.00	88.24	104.65	100.00	75.95
2013	数量	0	0	0	11	11	11
	指数	0.00	0.00	0.00	127.91	91.67	69.62
2014	数量	2	2	5	5	10	12
	指数	52.63	52.63	147.06	58.14	83.33	75.95
2015	数量	17	17	6	6	12	29
	指数	447.37	447.37	176.47	69.77	100.00	183.54
2016	数量	14	14	12	20	32	46
	指数	368.42	368.42	352.94	232.56	266.67	291.14
2017	数量	19	19	9	18	27	46
	指数	500.00	500.00	264.71	209.30	225.00	291.14
2018	数量	15	15	16	13	29	44
	指数	394.74	394.74	470.59	151.16	241.67	278.48
合计	数量	69	69	59	111	170	239
2011—2015年均值		3.80	3.80	3.40	8.60	12.00	15.80

表3-2-5　2005—2018年民营样本企业海外并购投资来源地项目数量——珠三角地区

（单位：件）

| 年份 | | 珠三角地区 | | | | | | 总计 |
| | | 广东 | | | 其他 | | | |
		深圳	广东（不含深圳）	合计	福建	海南	合计	
2005	数量	0	0	0	0	0	0	0
	指数	0.00	0.00	0.00	0.00	0.00	0.00	0.00
2006	数量	0	0	0	0	0	0	0
	指数	0.00	0.00	0.00	0.00	0.00	0.00	0.00

续表

年份		珠三角地区						总计
		广东			其他			
		深圳	广东（不含深圳）	合计	福建	海南	合计	
2007	数量	0	0	0	0	4	4	4
	指数	0.00	0.00	0.00	0.00	250.00	142.86	80.00
2008	数量	0	0	0	0	2	2	2
	指数	0.00	0.00	0.00	0.00	125.00	71.43	40.00
2009	数量	0	0	0	0	3	3	3
	指数	0.00	0.00	0.00	0.00	187.50	107.14	60.00
2010	数量	1	0	1	1	3	4	5
	指数	250.00	0.00	45.45	83.33	187.50	142.86	100.00
2011	数量	1	1	2	3	8	11	13
	指数	250.00	55.56	90.91	250.00	500.00	392.86	260.00
2012	数量	0	3	3	1	0	1	4
	指数	0.00	166.67	136.36	83.33	0.00	35.71	80.00
2013	数量	0	1	1	1	0	1	2
	指数	0.00	55.56	45.45	83.33	0.00	35.71	40.00
2014	数量	0	2	2	0	0	0	2
	指数	0.00	111.11	90.91	0.00	0.00	0.00	40.00
2015	数量	1	2	3	1	0	1	4
	指数	250.00	111.11	136.36	83.33	0.00	35.71	80.00
2016	数量	3	6	9	1	0	1	10
	指数	750.00	333.33	409.09	83.33	0.00	35.71	200.00
2017	数量	7	8	15	0	11	11	26
	指数	1750.00	444.44	681.82	0.00	687.50	392.86	520.00
2018	数量	6	9	15	3	0	3	18
	指数	1500.00	500.00	681.82	250.00	0.00	107.14	360.00
合计	数量	19	32	51	11	31	42	93
2011—2015 年均值		0.40	1.80	2.20	1.20	1.60	2.80	5.00

表3-2-6　2005—2018年民营样本企业海外并购投资来源地项目数量——中部地区

（单位：件）

年份		中部地区				
		华北东北				
		山西	内蒙古	黑龙江	吉林	合计
2005	数量	0	0	0	0	0
	指数	0.00	0.00	n.a.	n.a.	0.00
2006	数量	0	0	0	0	0
	指数	0.00	0.00	n.a.	n.a.	0.00
2007	数量	0	0	0	0	0
	指数	0.00	0.00	n.a.	n.a.	0.00
2008	数量	0	0	0	0	0
	指数	0.00	0.00	n.a.	n.a.	0.00
2009	数量	0	0	0	0	0
	指数	0.00	0.00	n.a.	n.a.	0.00
2010	数量	0	0	0	0	0
	指数	0.00	0.00	n.a.	n.a.	0.00
2011	数量	0	0	0	0	0
	指数	0.00	0.00	n.a.	n.a.	0.00
2012	数量	1	0	0	0	1
	指数	500.00	0.00	n.a.	n.a.	166.67
2013	数量	0	1	0	0	1
	指数	0.00	250.00	n.a.	n.a.	166.67
2014	数量	0	0	0	0	0
	指数	0.00	0.00	n.a.	n.a.	0.00
2015	数量	0	1	0	0	1
	指数	0.00	250.00	n.a.	n.a.	166.67
2016	数量	1	4	1	0	6
	指数	500.00	1000.00	n.a.	n.a.	1000.00
2017	数量	1	1	0	0	2
	指数	500.00	250.00	n.a.	n.a.	333.33

续表

年份		中部地区				
		华北东北				
		山西	内蒙古	黑龙江	吉林	合计
2018	数量	3	4	1	0	8
	指数	1500.00	1000.00	n.a.	n.a.	1333.33
合计	数量	6	11	2	0	19
2011—2015 年均值		0.20	0.40	0.00	0.00	0.60

年份		中部地区						总计
		中原华中						
		河南	安徽	江西	湖北	湖南	合计	
2005	数量	0	0	0	1	0	1	1
	指数	0.00	0.00	0.00	n.a.	0.00	35.71	29.41
2006	数量	0	0	0	0	0	0	0
	指数	0.00	0.00	0.00	n.a.	0.00	0.00	0.00
2007	数量	0	0	0	0	0	0	0
	指数	0.00	0.00	0.00	n.a.	0.00	0.00	0.00
2008	数量	0	0	0	0	1	1	1
	指数	0.00	0.00	0.00	n.a.	71.43	35.71	29.41
2009	数量	0	0	0	0	1	1	1
	指数	0.00	0.00	0.00	n.a.	71.43	35.71	29.41
2010	数量	0	0	0	0	0	0	0
	指数	0.00	0.00	0.00	n.a.	0.00	0.00	0.00
2011	数量	0	0	0	0	1	1	1
	指数	0.00	0.00	0.00	n.a.	71.43	35.71	29.41
2012	数量	0	0	1	0	1	2	3
	指数	0.00	0.00	250.00	n.a.	71.43	71.43	88.24
2013	数量	1	0	0	0	2	3	4
	指数	250.00	0.00	0.00	n.a.	142.86	107.14	117.65
2014	数量	0	1	0	0	2	3	3
	指数	0.00	166.67	0.00	n.a.	142.86	107.14	88.24

年份		中部地区						总计
		中原华中						
		河南	安徽	江西	湖北	湖南	合计	
2015	数量	1	2	1	0	1	5	6
	指数	250.00	333.33	250.00	n.a.	71.43	178.57	176.47
2016	数量	1	6	1	1	0	9	15
	指数	250.00	1000.00	250.00	n.a.	0.00	321.43	441.18
2017	数量	1	2	0	5	0	8	10
	指数	250.00	333.33	0.00	n.a.	0.00	285.71	294.12
2018	数量	1	1	0	2	1	5	13
	指数	250.00	166.67	0.00	n.a.	71.43	178.57	382.35
合计	数量	5	12	3	9	10	39	58
2011—2015 年均值		0.40	0.60	0.40	0.00	1.40	2.80	3.40

表3-2-7　2005—2018 年民营样本企业海外并购投资来源地项目数量——西部地区

（单位：件）

年份		西部地区					
		西北					
		陕西	甘肃	宁夏	青海	新疆	合计
2005	数量	0	0	0	0	0	0
	指数	n.a.	n.a.	0.00	n.a.	n.a.	0.00
2006	数量	0	0	0	0	0	0
	指数	n.a.	n.a.	0.00	n.a.	n.a.	0.00
2007	数量	0	0	0	0	0	0
	指数	n.a.	n.a.	0.00	n.a.	n.a.	0.00
2008	数量	0	0	0	0	0	0
	指数	n.a.	n.a.	0.00	n.a.	n.a.	0.00
2009	数量	0	0	0	0	0	0
	指数	n.a.	n.a.	0.00	n.a.	n.a.	0.00

续表

年份		西部地区					
		西北					
		陕西	甘肃	宁夏	青海	新疆	合计
2010	数量	0	0	0	0	0	0
	指数	n.a.	n.a.	0.00	n.a.	n.a.	0.00
2011	数量	0	0	0	0	0	0
	指数	n.a.	n.a.	0.00	n.a.	n.a.	0.00
2012	数量	0	0	0	0	0	0
	指数	n.a.	n.a.	0.00	n.a.	n.a.	0.00
2013	数量	0	0	0	0	0	0
	指数	n.a.	n.a.	0.00	n.a.	n.a.	0.00
2014	数量	0	0	1	0	0	1
	指数	n.a.	n.a.	500.00	n.a.	n.a.	500.00
2015	数量	0	0	0	0	0	0
	指数	n.a.	n.a.	0.00	n.a.	n.a.	0.00
2016	数量	0	0	0	0	0	0
	指数	n.a.	n.a.	0.00	n.a.	n.a.	0.00
2017	数量	0	0	0	0	2	2
	指数	n.a.	n.a.	0.00	n.a.	n.a.	1000.00
2018	数量	2	0	0	0	0	2
	指数	n.a.	n.a.	0.00	n.a.	n.a.	1000.00
合计	数量	2	0	1	0	2	5
2011—2015 年均值		0.00	0.00	0.20	0.00	0.00	0.20

年份		西部地区							总计
		西南							
		四川	重庆	云南	广西	贵州	西藏	合计	
2005	数量	0	0	0	0	0	0	0	0
	指数	0.00	0.00	0.00	n.a.	n.a.	n.a.	0.00	0.00
2006	数量	0	2	0	0	0	0	2	2
	指数	0.00	250.00	0.00	n.a.	n.a.	n.a.	55.56	52.63

续表

年份		西部地区							总计
		西南							
		四川	重庆	云南	广西	贵州	西藏	合计	
2007	数量	1	0	0	0	0	0	1	1
	指数	41.67	0.00	0.00	n.a.	n.a.	n.a.	27.78	26.32
2008	数量	1	0	0	0	0	0	1	1
	指数	41.67	0.00	0.00	n.a.	n.a.	n.a.	27.78	26.32
2009	数量	0	3	0	0	0	0	3	3
	指数	0.00	375.00	0.00	n.a.	n.a.	n.a.	83.33	78.95
2010	数量	0	1	0	0	0	0	1	1
	指数	0.00	125.00	0.00	n.a.	n.a.	n.a.	27.78	26.32
2011	数量	4	2	0	0	0	0	6	6
	指数	166.67	250.00	0.00	n.a.	n.a.	n.a.	166.67	157.89
2012	数量	0	1	0	0	0	0	1	1
	指数	0.00	125.00	0.00	n.a.	n.a.	n.a.	27.78	26.32
2013	数量	6	0	0	0	0	0	6	6
	指数	250.00	0.00	0.00	n.a.	n.a.	n.a.	166.67	157.89
2014	数量	0	0	1	0	0	0	1	2
	指数	0.00	0.00	250.00	n.a.	n.a.	n.a.	27.78	52.63
2015	数量	2	1	1	0	0	0	4	4
	指数	83.33	125.00	250.00	n.a.	n.a.	n.a.	111.11	105.26
2016	数量	2	2	0	0	0	0	4	4
	指数	83.33	250.00	0.00	n.a.	n.a.	n.a.	111.11	105.26
2017	数量	2	2	0	0	0	0	4	6
	指数	83.33	250.00	0.00	n.a.	n.a.	n.a.	111.11	157.89
2018	数量	0	6	0	0	0	0	6	8
	指数	0.00	750.00	0.00	n.a.	n.a.	n.a.	166.67	210.53
合计	数量	18	20	2	0	0	0	40	45
2011—2015年均值		2.40	0.80	0.40	0.00	0.00	0.00	3.60	3.80

2. 各省区市民营企业海外并购投资金额分布

表3-2-8　2005—2018年民营样本企业海外并购投资来源地金额——环渤海地区

（单位：百万美元）

年份		环渤海地区							总计
		京津冀				其他			
		北京	天津	河北	合计	辽宁	山东	合计	
2005	金额	26.42	0.00	0.00	26.42	0.00	0.00	0.00	26.42
	指数	2.88	n.a.	n.a.	2.88	0.00	0.00	0.00	0.39
2006	金额	0.00	0.00	0.00	0.00	0.00	0.00	0.00	0.00
	指数	0.00	n.a.	n.a.	0.00	0.00	0.00	0.00	0.00
2007	金额	0.00	0.00	0.00	0.00	0.00	0.00	0.00	0.00
	指数	0.00	n.a.	n.a.	0.00	0.00	0.00	0.00	0.00
2008	金额	395.10	0.00	0.00	395.10	19.81	0.00	19.81	414.91
	指数	43.09	n.a.	n.a.	43.09	0.34	0.00	0.34	6.19
2009	金额	0.00	0.00	0.00	0.00	0.00	0.00	0.00	0.00
	指数	0.00	n.a.	n.a.	0.00	0.00	0.00	0.00	0.00
2010	金额	41.06	0.00	0.00	41.06	0.00	12.91	12.91	53.97
	指数	4.48	n.a.	n.a.	4.48	0.00	33.55	0.22	0.81
2011	金额	0.00	0.00	0.00	0.00	1.87	32.44	34.31	34.31
	指数	0.00	n.a.	n.a.	0.00	0.03	84.31	0.59	0.51
2012	金额	1011.49	0.00	0.00	1011.49	3098.59	0.00	3098.59	4110.08
	指数	110.33	n.a.	n.a.	110.33	53.94	0.00	53.59	61.35
2013	金额	0.00	0.00	0.00	0.00	18.22	74.97	1093.19	1093.19
	指数	0.00	n.a.	n.a.	0.00	17.73	194.84	18.91	16.32
2014	金额	2591.63	0.00	0.00	2591.63	9247.32	32.98	9280.30	11871.93
	指数	282.68	n.a.	n.a.	282.68	160.99	85.71	160.49	177.21
2015	金额	980.97	0.00	0.00	980.97	15354.13	52.00	15406.13	16387.10
	指数	107.00	n.a.	n.a.	107.00	267.31	135.14	266.43	244.61
2016	金额	1654.16	15.00	0.00	1669.16	7759.01	220.85	7979.86	9649.02
	指数	180.42	n.a.	n.a.	182.06	135.08	573.96	138.00	144.03

续表

年份		环渤海地区							总计
		京津冀				其他			
		北京	天津	河北	合计	辽宁	山东	合计	
2017	金额	4805.10	0.00	33533.18	38338.28	0.00	1173.48	1173.48	39511.76
	指数	524.11	n.a.	n.a.	4181.67	0.00	3049.74	20.29	589.79
2018	金额	3182.42	90.00	15.00	3287.42	0.00	2892.98	2892.98	6180.40
	指数	347.12	n.a.	n.a.	358.57	0.00	7518.53	50.03	92.25
合计	金额	14688.35	105.00	33548.18	48341.53	36498.95	4492.61	40991.56	89333.09
2011—2015年均值		916.82	0.00	0.00	916.82	5744.03	38.48	5782.50	6699.32

表3-2-9　2005—2018年民营样本企业海外并购投资来源地金额——长三角地区

（单位：百万美元）

年份		长三角地区					总计
		上海		其他			
		上海	合计	江苏	浙江	合计	
2005	金额	0.00	0.00	0.00	2.00	2.00	2.00
	指数	0.00	0.00	0.00	0.39	0.28	0.14
2006	金额	0.00	0.00	0.00	13.70	13.70	13.70
	指数	0.00	0.00	0.00	2.67	1.95	0.96
2007	金额	0.00	0.00	0.00	129.07	129.07	129.07
	指数	0.00	0.00	0.00	25.18	18.38	9.03
2008	金额	0.00	0.00	0.00	128.00	128.00	128.00
	指数	0.00	0.00	0.00	24.97	18.23	8.96
2009	金额	0.00	0.00	147.42	132.23	279.65	279.65
	指数	0.00	0.00	77.75	25.79	39.82	19.57
2010	金额	419.35	419.35	0.00	1815.71	1815.71	2235.06
	指数	57.69	57.69	0.00	354.17	258.55	156.39
2011	金额	0.00	0.00	41.62	1140.42	1182.04	1182.04
	指数	0.00	0.00	21.95	222.45	168.32	82.71

年份		长三角地区						总计
		上海		其他				
		上海	合计	江苏	浙江	合计		
2012	金额	0.00	0.00	159.40	102.03	261.43		261.43
	指数	0.00	0.00	84.07	19.90	37.23		18.29
2013	金额	0.00	0.00	0.00	380.41	380.41		380.41
	指数	0.00	0.00	0.00	74.20	54.17		26.62
2014	金额	3.23	3.23	277.98	30.00	307.98		311.21
	指数	0.44	0.44	146.61	5.85	43.85		21.78
2015	金额	3631.05	3631.05	469.04	910.45	1379.49		5010.54
	指数	499.56	499.56	247.37	177.59	196.43		350.60
2016	金额	2686.68	2686.68	1035.60	3298.25	4333.85		7020.53
	指数	369.63	369.63	546.18	643.36	617.12		491.25
2017	金额	16326.54	16326.54	1759.98	9068.46	10828.44		27154.98
	指数	2246.19	2246.19	928.22	1768.90	1541.92		1900.11
2018	金额	2781.70	2781.70	3619.58	8588.63	12208.21		14989.91
	指数	382.70	382.70	1908.98	1675.30	1738.39		1048.89
合计	金额	25848.55	25848.55	7510.62	25739.36	33249.98		59098.53
2011—2015 年均值		726.86	726.86	189.61	512.66	702.27		1429.13

表 3-2-10　2005—2018 年民营样本企业海外并购投资来源地金额——珠三角地区

（单位：百万美元）

年份		珠三角地区						总计
		广东			其他			
		深圳	广东（不含深圳）	合计	福建	海南	合计	
2005	金额	0.00	0.00	0.00	0.00	0.00	0.00	0.00
	指数	0.00	0.00	0.00	0.00	0.00	0.00	0.00
2006	金额	0.00	0.00	0.00	0.00	0.00	0.00	0.00
	指数	0.00	0.00	0.00	0.00	0.00	0.00	0.00

年份		珠三角地区						总计
		广东			其他			
		深圳	广东（不含深圳）	合计	福建	海南	合计	
2007	金额	0.00	0.00	0.00	0.00	0.00	0.00	0.00
	指数	0.00	0.00	0.00	0.00	0.00	0.00	0.00
2008	金额	0.00	0.00	0.00	0.00	0.00	0.00	0.00
	指数	0.00	0.00	0.00	0.00	0.00	0.00	0.00
2009	金额	0.00	0.00	0.00	0.00	0.00	0.00	0.00
	指数	0.00	0.00	0.00	0.00	0.00	0.00	0.00
2010	金额	0.00	0.00	0.00	21.00	48.84	69.84	69.84
	指数	0.00	0.00	0.00	157.21	5.22	7.35	6.21
2011	金额	0.00	0.00	0.00	24.10	4681.29	4705.39	4705.39
	指数	0.00	0.00	0.00	180.42	500.00	495.50	418.12
2012	金额	0.00	401.86	401.86	21.00	0.00	21.00	422.86
	指数	0.00	348.88	228.66	157.21	0.00	2.21	37.58
2013	金额	0.00	51.60	51.60	11.69	0.00	11.69	63.29
	指数	0.00	44.80	29.36	87.51	0.00	1.23	5.62
2014	金额	0.00	38.36	38.36	0.00	0.00	0.00	38.36
	指数	0.00	33.30	21.83	0.00	0.00	0.00	3.41
2015	金额	302.78	84.11	386.89	10.00	0.00	10.00	396.89
	指数	500.00	73.02	220.15	74.86	0.00	1.05	35.27
2016	金额	2069.51	589.67	2659.18	200.00	0.00	200.00	2859.18
	指数	3417.51	511.93	1513.12	1497.23	0.00	21.06	254.07
2017	金额	2261.05	423.91	2684.96	0.00	11850.06	11850.06	14535.02
	指数	3733.82	368.02	1527.79	0.00	1265.68	1247.88	1291.59
2018	金额	1688.08	3479.26	5167.34	213.54	0.00	213.54	5380.88
	指数	2787.63	3020.56	2940.30	1598.59	0.00	22.49	478.15
合计	金额	6321.42	5068.77	11390.19	501.33	16580.19	17081.52	28471.71
2011—2015 年均值		60.56	115.19	175.74	13.36	936.26	949.62	1125.36

表 3-2-11　2005—2018 年民营样本企业海外并购投资来源地金额——中部地区

（单位：百万美元）

年份		中部地区				
		华北东北				
		山西	内蒙古	黑龙江	吉林	合计
2005	金额	0.00	0.00	0.00	0.00	0.00
	指数	0.00	0.00	n.a.	n.a.	0.00
2006	金额	0.00	0.00	0.00	0.00	0.00
	指数	0.00	0.00	n.a.	n.a.	0.00
2007	金额	0.00	0.00	0.00	0.00	0.00
	指数	0.00	0.00	n.a.	n.a.	0.00
2008	金额	0.00	0.00	0.00	0.00	0.00
	指数	0.00	0.00	n.a.	n.a.	0.00
2009	金额	0.00	0.00	0.00	0.00	0.00
	指数	0.00	0.00	n.a.	n.a.	0.00
2010	金额	0.00	0.00	0.00	0.00	0.00
	指数	0.00	0.00	n.a.	n.a.	0.00
2011	金额	0.00	0.00	0.00	0.00	0.00
	指数	0.00	0.00	n.a.	n.a.	0.00
2012	金额	448.74	0.00	0.00	0.00	448.74
	指数	500.00	0.00	n.a.	n.a.	499.38
2013	金额	0.00	0.28	0.00	0.00	0.28
	指数	0.00	250.00	n.a.	n.a.	0.31
2014	金额	0.00	0.00	0.00	0.00	0.00
	指数	0.00	0.00	n.a.	n.a.	0.00
2015	金额	0.00	0.28	0.00	0.00	0.28
	指数	0.00	250.00	n.a.	n.a.	0.31
2016	金额	0.00	2569.07	200.00	0.00	2769.07
	指数	0.00	2293812.50	n.a.	n.a.	3081.54
2017	金额	934.51	188.46	0.00	0.00	1122.97
	指数	1041.26	168267.86	n.a.	n.a.	1249.69

续表

年份		中部地区				
		华北东北				
		山西	内蒙古	黑龙江	吉林	合计
2018	金额	170.59	1193.60	200.00	0.00	1564.19
	指数	190.08	1065714.29	n.a.	n.a.	1740.70
合计	金额	1553.84	3951.69	400.00	0.00	5905.53
2011—2015年均值		89.75	0.11	0.00	0.00	89.86

年份		中部地区						总计
		中原华中						
		河南	安徽	江西	湖北	湖南	合计	
2005	金额	0.00	0.00	0.00	39.86	0.00	39.86	39.86
	指数	0.00	0.00	0.00	n.a.	0.00	8.24	6.95
2006	金额	0.00	0.00	0.00	0.00	0.00	0.00	0.00
	指数	0.00	0.00	0.00	n.a.	0.00	0.00	0.00
2007	金额	0.00	0.00	0.00	0.00	0.00	0.00	0.00
	指数	0.00	0.00	0.00	n.a.	0.00	0.00	0.00
2008	金额	0.00	0.00	0.00	0.00	289.98	289.98	289.98
	指数	0.00	0.00	0.00	n.a.	90.11	59.92	50.53
2009	金额	0.00	0.00	0.00	0.00	289.98	289.98	289.98
	指数	0.00	0.00	0.00	n.a.	90.11	59.92	50.53
2010	金额	0.00	0.00	0.00	0.00	0.00	0.00	0.00
	指数	0.00	0.00	0.00	n.a.	0.00	0.00	0.00
2011	金额	0.00	0.00	0.00	0.00	656.42	656.42	656.42
	指数	0.00	0.00	0.00	n.a.	203.98	135.63	114.39
2012	金额	0.00	0.00	3.00	0.00	656.42	659.42	1108.16
	指数	0.00	0.00	12.46	n.a.	203.98	136.25	193.12
2013	金额	4.92	0.00	0.00	0.00	148.10	153.02	153.30
	指数	7.99	0.00	0.00	n.a.	46.02	31.62	26.72
2014	金额	0.00	80.00	0.00	0.00	148.10	228.10	228.10
	指数	0.00	104.53	0.00	n.a.	46.02	47.13	39.75

续表

年份		中部地区						总计
		中原华中						
		河南	安徽	江西	湖北	湖南	合计	
2015	金额	302.78	302.66	117.42	0.00	0.00	722.86	723.14
	指数	492.01	395.47	487.54	n.a.	0.00	149.36	126.02
2016	金额	0.00	257.44	0.00	709.91	0.00	967.35	3736.42
	指数	0.00	336.38	0.00	n.a.	0.00	199.88	651.14
2017	金额	0.65	260.37	0.00	971.18	0.00	1232.20	2355.17
	指数	1.06	340.21	0.00	n.a.	0.00	254.61	410.43
2018	金额	495.00	0.50	0.00	88.76	3.00	587.26	2151.45
	指数	804.35	0.65	0.00	n.a.	0.93	121.34	374.93
合计	金额	803.35	900.97	120.42	1809.71	2192.00	5826.45	11731.98
2011—2015 年均值		61.54	76.53	24.08	0.00	321.81	483.96	573.82

表 3-2-12　2005—2018 年民营样本企业海外并购投资来源地金额——西部地区

（单位：百万美元）

年份		西部地区					
		西 北					
		陕西	甘肃	宁夏	青海	新疆	合计
2005	金额	0.00	0.00	0.00	0.00	0.00	0.00
	指数	n.a.	n.a.	n.a.	n.a.	n.a.	n.a.
2006	金额	0.00	0.00	0.00	0.00	0.00	0.00
	指数	n.a.	n.a.	n.a.	n.a.	n.a.	n.a.
2007	金额	0.00	0.00	0.00	0.00	0.00	0.00
	指数	n.a.	n.a.	n.a.	n.a.	n.a.	n.a.
2008	金额	0.00	0.00	0.00	0.00	0.00	0.00
	指数	n.a.	n.a.	n.a.	n.a.	n.a.	n.a.
2009	金额	0.00	0.00	0.00	0.00	0.00	0.00
	指数	n.a.	n.a.	n.a.	n.a.	n.a.	n.a.

续表

年份		西部地区					
		西　北					
		陕西	甘肃	宁夏	青海	新疆	合计
2010	金额	0.00	0.00	0.00	0.00	0.00	0.00
	指数	n.a.	n.a.	n.a.	n.a.	n.a.	n.a.
2011	金额	0.00	0.00	0.00	0.00	0.00	0.00
	指数	n.a.	n.a.	n.a.	n.a.	n.a.	n.a.
2012	金额	0.00	0.00	0.00	0.00	0.00	0.00
	指数	n.a.	n.a.	n.a.	n.a.	n.a.	n.a.
2013	金额	0.00	0.00	0.00	0.00	0.00	0.00
	指数	n.a.	n.a.	n.a.	n.a.	n.a.	n.a.
2014	金额	0.00	0.00	0.00	0.00	0.00	0.00
	指数	n.a.	n.a.	n.a.	n.a.	n.a.	n.a.
2015	金额	0.00	0.00	0.00	0.00	0.00	0.00
	指数	n.a.	n.a.	n.a.	n.a.	n.a.	n.a.
2016	金额	0.00	0.00	0.00	0.00	0.00	0.00
	指数	n.a.	n.a.	n.a.	n.a.	n.a.	n.a.
2017	金额	0.00	0.00	0.00	0.00	40.00	40.00
	指数	n.a.	n.a.	n.a.	n.a.	n.a.	n.a.
2018	金额	107.58	0.00	0.00	0.00	0.00	107.58
	指数	n.a.	n.a.	n.a.	n.a.	n.a.	n.a.
合计	金额	107.58	0.00	0.00	0.00	40.00	147.58
2011—2015年均值		0.00	0.00	0.00	0.00	0.00	0.00

年份		西部地区							总计
		西　南							
		四川	重庆	云南	广西	贵州	西藏	合计	
2005	金额	0.00	0.00	0.00	0.00	0.00	0.00	0.00	0.00
	指数	0.00	0.00	0.00	n.a.	n.a.	n.a.	0.00	0.00
2006	金额	0.00	46.00	0.00	0.00	0.00	0.00	46.00	46.00
	指数	0.00	2403.34	0.00	n.a.	n.a.	n.a.	2.37	2.37

年份		西部地区							总计
		西　南							
		四川	重庆	云南	广西	贵州	西藏	合计	
2007	金额	0.00	0.00	0.00	0.00	0.00	0.00	0.00	0.00
	指数	0.00	0.00	0.00	n.a.	n.a.	n.a.	0.00	0.00
2008	金额	8.96	0.00	0.00	0.00	0.00	0.00	8.96	8.96
	指数	14.75	0.00	0.00	n.a.	n.a.	n.a.	0.46	0.46
2009	金额	0.00	46.00	0.00	0.00	0.00	0.00	46.00	46.00
	指数	0.00	2403.34	0.00	n.a.	n.a.	n.a.	2.37	2.37
2010	金额	0.00	0.00	0.00	0.00	0.00	0.00	0.00	0.00
	指数	0.00	0.00	0.00	n.a.	n.a.	n.a.	0.00	0.00
2011	金额	30.90	0.00	0.00	0.00	0.00	0.00	30.90	30.90
	指数	50.85	0.00	0.00	n.a.	n.a.	n.a.	1.59	1.59
2012	金额	0.00	5.73	0.00	0.00	0.00	0.00	5.73	5.73
	指数	0.00	299.37	0.00	n.a.	n.a.	n.a.	0.30	0.30
2013	金额	203.19	0.00	0.00	0.00	0.00	0.00	203.19	203.19
	指数	334.39	0.00	0.00	n.a.	n.a.	n.a.	10.48	10.48
2014	金额	0.00	0.00	9367.58	0.00	0.00	0.00	9367.58	9367.58
	指数	0.00	0.00	499.31	n.a.	n.a.	n.a.	483.17	483.17
2015	金额	69.73	3.84	12.97	0.00	0.00	0.00	86.54	86.54
	指数	114.76	200.63	0.69	n.a.	n.a.	n.a.	4.46	4.46
2016	金额	15.98	98.60	0.00	0.00	0.00	0.00	114.58	114.58
	指数	26.30	5151.52	0.00	n.a.	n.a.	n.a.	5.91	5.91
2017	金额	794.15	503.84	0.00	0.00	0.00	0.00	1297.99	1337.99
	指数	1306.94	26323.93	0.00	n.a.	n.a.	n.a.	66.95	69.01
2018	金额	0.00	142.89	0.00	0.00	0.00	0.00	142.89	250.47
	指数	0.00	7465.52	0.00	n.a.	n.a.	n.a.	7.37	12.92
合计	金额	1122.91	846.90	9380.55	0.00	0.00	0.00	11350.36	11497.94
2011—2015年均值		60.76	1.91	1876.11	0.00	0.00	0.00	1938.79	1938.79

综合观察 2018 年我国民营样本企业海外并购投资项目数量和金额在各来源地省份的分布情况，可看出在投资项目数量上，排名前五位的分别是北京（21 件）、江苏（16 件）、上海（15 件）、浙江（13 件）和广东（不含深圳）（9 件），其中北京市的民营样本企业 2018 年并购投资项目数量实现了大幅提升，项目数量指数高达 1312.50，较 2017 年增长 133.33%，另外还可发现排名前五位的省份中江苏、浙江、上海均属于长三角地区，可见长三角地区民营样本企业在海外并购投资中表现活跃。在海外并购投资金额上，排名前五位的分别是浙江（85.89 亿美元）、江苏（36.20 亿美元）、广东（不含深圳）（34.79 亿美元）、北京（31.82 亿美元）、山东（28.93 亿美元）。并购投资项目数量和金额的排序有一定程度的变化，这说明各地区的海外并购投资平均金额规模有差异。经测算，2018 年浙江的民营样本企业平均并购投资金额规模在所有来源地省份中排名首位，约为 6.61 亿美元；河南省以 1 件 4.95 亿美元的并购投资交易居其次；排名第三位的是广东（不含深圳）地区，该地区平均并购投资金额规模约为 3.87 亿美元。

第三节　海外并购投资标的国（地区）别指数

本节对我国民营样本企业海外并购投资项目数量与金额规模按照投资标的国（地区）进行划分，其中根据标的国（地区）的经济发展水平不同，将标的国（地区）分为发达经济体、发展中经济体和转型经济体三大类型，本节将针对这三类经济体以及其细分国家（地区）所接受的我国民营样本企业海外并购投资的项目数量与金额规模进行统计分析。

一、民营企业海外并购投资项目数量和金额在不同经济体的分布

1. 民营企业海外并购项目数量在不同经济体的分布

2005—2018 年间，我国民营样本企业进行的海外并购投资项目合计 562 件，其中有 82.74% 都流向发达经济体，14 年间累计向发达经济体进

行了 465 件并购投资。2018 年民营样本企业在不同经济体的并购投资项目数量分布与 14 年来基本一致，发达经济体 2018 年共计接受 94 件并购投资项目，在当年度总并购投资项目数量中占比 78.99%，其中除对欧洲的投资项目数量较 2017 年有所下降外，北美洲、其他发达经济体所接受的并购投资项目数量均有增长；与往年分布特点相似，在发展中经济体，我国民营样本企业的大部分并购投资项目数量仍集中于亚洲，2018 年亚洲共计接受 20 件并购投资项目，占对发展中经济体并购投资项目总量的 80%；另外，根据统计数据显示，我国民营样本企业 2018 年没有对转型经济体进行并购投资。

表 3-3-1　2005—2018 年民营样本企业海外并购投资项目
数量在不同经济体的分布及指数汇总表

（单位：件）

| 年份 | 发达经济体 | | | | | | | |
| | 欧　洲 | | | | 北美洲 | | | |
	项目数	同比增长（%）	占比（%）	指数	项目数	同比增长（%）	占比（%）	指数
2005	1	—	50.00	7.81	0	—	0.00	0.00
2006	2	100.0	66.67	15.63	1	n.a.	33.33	20.00
2007	6	200.0	66.67	46.88	0	−100.0	0.00	0.00
2008	3	−50.0	30.00	23.44	1	n.a.	10.00	20.00
2009	3	0.0	33.33	23.44	0	−100.0	0.00	0.00
2010	6	100.0	40.00	46.88	1	n.a.	6.67	20.00
2011	11	83.3	36.67	85.94	7	600.0	23.33	140.00
2012	10	−9.1	47.62	78.13	4	−42.9	19.05	80.00
2013	9	−10.0	39.13	70.31	4	0.0	17.39	80.00
2014	12	33.3	42.86	93.75	5	25.0	17.86	100.00
2015	22	83.3	46.81	171.88	5	0.0	10.64	100.00
2016	25	13.6	29.07	195.31	19	280.0	22.09	380.00
2017	34	36.0	38.64	265.63	13	−31.6	14.77	260.00
2018	19	−44.1	20.21	148.44	29	123.1	30.85	580.00
合计	163	—	35.05	—	89	—	19.14	—
2011—2015 年均值	12.80	—	—	100.00	5.00	—	—	100.00

续表

年份	发达经济体							
	其他发达经济体				合计			
	项目数	同比增长（%）	占比（%）	指数	项目数	同比增长（%）	占比（%）	指数
2005	1	—	50.00	8.33	2	—	66.67	6.71
2006	0	-100.0	0.00	0.00	3	50.0	75.00	10.07
2007	3	n.a.	33.33	25.00	9	200.0	90.00	30.20
2008	6	100.0	60.00	50.00	10	11.1	90.91	33.56
2009	6	0.0	66.67	50.00	9	-10.0	69.23	30.20
2010	8	33.3	53.33	66.67	15	66.7	93.75	50.34
2011	12	50.0	40.00	100.00	30	100.0	76.92	100.67
2012	7	-41.7	33.33	58.33	21	-30.0	87.50	70.47
2013	10	42.9	43.48	83.33	23	9.5	82.14	77.18
2014	11	10.0	39.29	91.67	28	21.7	87.50	93.96
2015	20	81.8	42.55	166.67	47	67.9	87.04	157.72
2016	42	110.0	48.84	350.00	86	83.0	86.87	288.59
2017	41	-2.4	46.59	341.67	88	2.3	80.00	295.30
2018	46	12.2	48.94	383.33	94	6.8	78.99	315.44
合计	213	—	45.81	—	465	—	82.74	—
2011— 2015 年均值	12.00	—	—	100.00	29.80	—	—	100.00

年份	发展中经济体							
	非洲				亚洲			
	项目数	同比增长（%）	占比（%）	指数	项目数	同比增长（%）	占比（%）	指数
2005	0	—	0.00	0.00	1	—	100.00	55.56
2006	0	n.a.	0.00	0.00	0	-100.0	0.00	0.00
2007	0	n.a.	0.00	0.00	0	n.a.	0.00	0.00
2008	0	n.a.	0.00	0.00	1	n.a.	100.00	55.56
2009	0	n.a.	0.00	0.00	1	0.0	33.33	55.56
2010	1	n.a.	100.00	83.33	0	-100.0	0.00	0.00
2011	0	-100.0	0.00	0.00	3	n.a.	60.00	166.67
2012	1	n.a.	50.00	83.33	0	-100.0	0.00	0.00
2013	1	0.0	25.00	83.33	2	n.a.	50.00	111.11

续表

年份	发展中经济体							
	非洲				亚洲			
	项目数	同比增长（%）	占比（%）	指数	项目数	同比增长（%）	占比（%）	指数
2014	2	100.0	50.00	166.67	1	−50.0	25.00	55.56
2015	2	0.0	33.33	166.67	3	200.0	50.00	166.67
2016	2	0.0	20.00	166.67	8	166.7	80.00	444.44
2017	2	0.0	11.76	166.67	15	87.5	88.24	833.33
2018	2	0.0	8.00	166.67	20	33.3	80.00	1111.11
合计	13	—	16.05	—	55	—	67.90	—
2011—2015 年均值	1.20	—	—	100.00	1.80	—	—	100.00

年份	发展中经济体							
	拉丁美洲和加勒比海地区				合计			
	项目数	同比增长（%）	占比（%）	指数	项目数	同比增长（%）	占比（%）	指数
2005	0	—	0.00	0.00	1	—	33.33	23.81
2006	1	n.a.	100.00	83.33	1	0.0	25.00	23.81
2007	1	0.0	100.00	83.33	1	0.0	10.00	23.81
2008	0	−100.0	0.00	0.00	1	0.0	9.09	23.81
2009	2	n.a.	66.67	166.67	3	200.0	23.08	71.43
2010	0	−100.0	0.00	0.00	1	−66.7	6.25	23.81
2011	2	n.a.	40.00	166.67	5	400.0	12.82	119.05
2012	1	−50.0	50.00	83.33	2	−60.0	8.33	47.62
2013	1	0.0	25.00	83.33	4	100.0	14.29	95.24
2014	1	0.0	25.00	83.33	4	0.0	12.50	95.24
2015	1	0.0	16.67	83.33	6	50.0	11.11	142.86
2016	0	−100.0	0.00	0.00	10	66.7	10.10	238.10
2017	0	n.a.	0.00	0.00	17	70.0	15.45	404.76
2018	3	n.a.	12.00	250.00	25	47.1	21.01	595.24
合计	13	—	16.05	—	81	—	14.41	—
2011—2015 年均值	1.20	—	—	100.00	4.20	—	—	100.00

续表

| 年份 | 转型经济体 | | | | | | | | 总计 | | | |
| | 独联体国家 | | | | 合计 | | | | | | | |
	项目数	同比增长(%)	占比(%)	指数	项目数	同比增长(%)	占比(%)	指数	项目数	同比增长(%)	占比(%)	指数
2005	0	—	n.a.	0.00	0	—	0.00	0.00	3	—	100.00	8.47
2006	0	n.a.	n.a.	0.00	0	n.a.	0.00	0.00	4	33.3	100.00	11.30
2007	0	n.a.	n.a.	0.00	0	n.a.	0.00	0.00	10	150.0	100.00	28.25
2008	0	n.a.	n.a.	0.00	0	n.a.	0.00	0.00	11	10.0	100.00	31.07
2009	1	n.a.	100.00	71.43	1	n.a.	7.69	71.43	13	18.2	100.00	36.72
2010	0	−100.0	n.a.	0.00	0	−100.0	0.00	0.00	16	23.1	100.00	45.20
2011	4	n.a.	100.00	285.71	4	n.a.	10.26	285.71	39	143.8	100.00	110.17
2012	1	−75.0	100.00	71.43	1	−75.0	4.17	71.43	24	−38.5	100.00	67.80
2013	1	0.0	100.00	71.43	1	0.0	3.57	71.43	28	16.7	100.00	79.10
2014	0	−100.0	n.a.	0.00	0	−100.0	0.00	0.00	32	14.3	100.00	90.40
2015	1	n.a.	100.00	71.43	1	n.a.	1.85	71.43	54	68.8	100.00	152.54
2016	3	200.0	100.00	214.29	3	200.0	3.03	214.29	99	83.3	100.00	279.66
2017	5	66.7	100.00	357.14	5	66.7	4.55	357.14	110	11.1	100.00	310.73
2018	0	−100.0	n.a.	0.00	0	−100.0	0.00	0.00	119	8.2	100.00	336.16
合计	16	—	100.00	—	16	—	2.85	—	562	—	100.00	—
2011—2015年均值	1.40	—	100.00	—	1.40	—	100.00	—	35.40	—	—	100.00

注：1. 此处存在重复统计问题，故总计部分与表3-1-1、表3-1-2所示不一致，重复统计的处理方式与第二章相应部分的处理一致，详见表2-2-1脚注；2. 由于样本企业在2005—2018年间均未对东南欧国家进行海外并购投资，因此本表中未列出样本企业对东南欧国家的并购投资项目数量。

2. 民营企业海外并购投资金额在不同经济体的分布

民营样本企业海外并购投资金额在不同经济体的分布与项目数量分布大致相同。据统计，2018年度投向发达经济体的并购金额达250.43亿美元，在我国民营样本企业总并购投资金额中占85.89%，发达经济体仍为我国民营样本企业并购投资金额的最大流向地；发展中经济体在2018年共计接受41.13亿美元的并购投资，较2017年同比下降8.3%。

从并购投资金额指数的变化趋势来看，在发达经济中，欧洲、北美洲、其他发达经济体并购投资金额指数在 2018 年均出现不同程度下滑，且以欧洲的降幅最大，2018 年欧洲所接受的并购投资金额占比为 52.92%，较 2017 年同比下跌 75.2%；在发展中经济体除亚洲并购投资金额指数在 2018 年出现下降外，非洲、拉丁美洲和加勒比海地区所接受的并购投资金额指数均有显著提高，特别是非洲 2018 年接受了 10.05 亿美元的并购投资，并购投资金额规模首度突破 1 亿美元，金额指数高达 3065.15。

表 3-3-2 2005—2018 年民营样本企业海外并购投资金额
在不同经济体的分布及指数汇总表

（单位：百万美元）

年份	发达经济体							
	欧　洲				北美洲			
	金额	同比增长（%）	占比（%）	指数	金额	同比增长（%）	占比（%）	指数
2005	2.00	—	7.04	0.04	0.00	—	0.00	0.00
2006	6.70	235.0	48.91	0.13	7.00	n.a.	51.09	0.24
2007	8.07	20.4	6.25	0.16	0.00	−100.0	0.00	0.00
2008	395.10	4795.9	48.06	7.70	7.00	n.a.	0.85	0.24
2009	0.00	−100.0	0.00	0.00	0.00	−100.0	0.00	0.00
2010	2239.99	n.a.	94.96	43.68	1.30	n.a.	0.06	0.04
2011	3680.84	64.3	89.11	71.77	82.07	6213.1	1.99	2.77
2012	2191.90	−40.5	37.38	42.74	2769.00	3273.9	47.22	93.32
2013	932.31	−57.5	50.73	18.18	61.69	−97.8	3.36	2.08
2014	10191.47	993.1	46.80	198.72	1050.00	1602.1	4.82	35.39
2015	8645.66	−15.2	39.51	168.58	10873.00	935.5	49.69	366.45
2016	4427.20	−48.8	20.39	86.33	7255.81	−33.3	33.41	244.54
2017	53365.21	1105.4	75.83	1040.57	8810.75	21.4	12.52	296.94
2018	13252.73	−75.2	52.92	258.42	4373.51	−50.4	17.46	147.40
合计	99339.18	—	56.27	—	35291.13	—	19.99	—
2011—2015 年均值	5128.44	—	—	100.00	2967.15	—	—	100.00

续表

年份	发达经济体							
	其他发达经济体				合计			
	金额	同比增长（%）	占比（%）	指数	金额	同比增长（%）	占比（%）	指数
2005	26.42	—	92.96	0.88	28.42	—	41.62	0.26
2006	0.00	−100.0	0.00	0.00	13.70	−51.8	22.95	0.12
2007	121.00	n.a.	93.75	4.03	129.07	842.1	100.00	1.16
2008	419.94	247.1	51.09	13.98	822.04	536.9	97.65	7.41
2009	569.63	35.6	100.00	18.97	569.63	−30.7	92.53	5.13
2010	117.58	−79.4	4.98	3.92	2358.87	314.1	100.00	21.25
2011	367.86	212.9	8.91	12.25	4130.77	75.1	62.26	37.22
2012	903.60	145.6	15.41	30.09	5864.50	42.0	99.26	52.84
2013	843.91	−6.6	45.92	28.10	1837.91	−68.7	97.07	16.56
2014	10536.95	1148.6	48.38	350.86	21778.42	1085.0	99.82	196.22
2015	2363.68	−77.6	10.80	78.71	21882.34	0.5	97.76	197.16
2016	10033.43	324.5	46.20	334.09	21716.44	−0.8	91.44	195.66
2017	8194.65	−18.3	11.64	272.86	70370.61	224.0	80.33	634.04
2018	7416.27	−9.5	29.61	246.95	25042.51	−64.4	85.89	225.63
合计	41914.92	—	23.74	—	176545.23	—	86.87	—
2011—2015年均值	3003.20	—	—	100.00	11098.79	—	—	100.00

年份	发展中经济体							
	非洲				亚洲			
	金额	同比增长（%）	占比（%）	指数	金额	同比增长（%）	占比（%）	指数
2005	0.00	—	0.00	0.00	39.86	—	100.00	378.11
2006	0.00	n.a.	0.00	0.00	0.00	−100.0	0.00	0.00
2007	0.00	n.a.	n.a.	0.00	0.00	n.a.	n.a.	0.00
2008	0.00	n.a.	0.00	0.00	19.81	n.a.	100.00	187.92
2009	0.00	n.a.	0.00	0.00	0.00	−100.0	0.00	0.00
2010	0.00	n.a.	n.a.	0.00	0.00	n.a.	n.a.	0.00
2011	0.00	n.a.	0.00	0.00	3.59	n.a.	0.14	34.05
2012	38.36	n.a.	98.97	116.99	0.00	−100.0	0.00	0.00

续表

年份	发展中经济体							
	非洲				亚洲			
	金额	同比增长（%）	占比（%）	指数	金额	同比增长（%）	占比（%）	指数
2013	0.00	−100.0	0.00	0.00	3.87	n.a.	6.98	36.71
2014	38.36	n.a.	98.97	116.99	0.00	−100.0	0.00	0.00
2015	87.22	127.4	65.84	266.01	45.25	n.a.	34.16	429.24
2016	88.38	1.3	4.82	269.55	1745.25	3756.9	95.18	16555.21
2017	3.84	−95.7	0.09	11.71	4481.37	156.8	99.91	42509.68
2018	1005.00	26071.9	24.43	3065.15	2943.44	−34.3	71.56	27921.08
合计	1261.16	—	9.44	—	9282.44	—	69.52	—
2011—2015 年均值	32.79	—	—	100.00	10.54	—	—	100.00

年份	发展中经济体							
	拉丁美洲和加勒比海地区				合计			
	金额	同比增长（%）	占比（%）	指数	金额	同比增长（%）	占比（%）	指数
2005	0.00	—	0.00	0.00	39.86	—	58.38	7.20
2006	46.00	n.a.	100.00	9.01	46.00	15.4	77.05	8.31
2007	0.00	−100.0	n.a.	0.00	0.00	−100.0	0.00	0.00
2008	0.00	−100.0	0.00	0.00	19.81	n.a.	2.35	3.58
2009	46.00	n.a.	100.00	9.01	46.00	132.2	7.47	8.31
2010	0.00	−100.0	n.a.	0.00	0.00	−100.0	0.00	0.00
2011	2500.00	n.a.	99.86	489.74	2503.59	n.a.	37.74	452.07
2012	0.40	−99.6	1.03	0.08	38.76	−98.5	0.66	7.00
2013	51.60	−48.4	93.02	10.11	55.47	43.1	2.93	10.02
2014	0.40	−99.6	1.03	0.08	38.76	−30.1	0.18	7.00
2015	0.00	−100.0	0.00	0.00	132.47	241.8	0.59	23.92
2016	0.00	n.a.	0.00	0.00	1833.63	1284.2	7.72	331.09
2017	0.00	n.a.	0.00	0.00	4485.21	144.6	5.12	809.88
2018	165.00	n.a.	4.01	32.32	4113.44	−8.3	14.11	742.75
合计	2809.40	—	21.04	—	13353.00	—	6.57	—
2011—2015 年均值	510.48	—	—	100.00	553.81	—	—	100.00

续表

| 年份 | 转型经济体 | | | | | | | | 总计 | | | |
| | 独联体国家 | | | | 合计 | | | | | | | |
	金额	同比增长(%)	占比(%)	指数	金额	同比增长(%)	占比(%)	指数	金额	同比增长(%)	占比(%)	指数
2005	0.00	—	n.a.	0.00	0.00	—	0.00	0.00	68.28	—	100.00	0.58
2006	0.00	n.a.	n.a.	0.00	0.00	n.a.	0.00	0.00	59.70	-12.6	100.00	0.51
2007	0.00	n.a.	n.a.	0.00	0.00	n.a.	0.00	0.00	129.07	116.2	100.00	1.10
2008	0.00	n.a.	n.a.	0.00	0.00	n.a.	0.00	0.00	841.85	552.2	100.00	7.18
2009	0.00	n.a.	n.a.	0.00	0.00	n.a.	0.00	0.00	615.63	-26.9	100.00	5.25
2010	0.00	n.a.	n.a.	0.00	0.00	n.a.	0.00	0.00	2358.87	283.2	100.00	20.11
2011	0.00	n.a.	n.a.	0.00	0.00	n.a.	0.00	0.00	6634.36	181.3	100.00	56.57
2012	5.00	n.a.	100.00	6.67	5.00	n.a.	0.08	6.67	5908.26	-10.9	100.00	50.38
2013	0.00	-100.0	n.a.	0.00	0.00	-100.0	0.00	0.00	1893.38	-68.0	100.00	16.14
2014	0.00	n.a.	n.a.	0.00	0.00	n.a.	0.00	0.00	21817.18	1052.3	100.00	186.03
2015	370.00	n.a.	100.00	493.33	370.00	n.a.	1.65	493.33	22384.81	2.6	100.00	190.87
2016	200.60	-45.8	100.00	267.47	200.60	-45.8	0.84	267.47	23750.67	6.1	100.00	202.52
2017	12746.38	6254.1	100.00	16995.17	12746.38	6254.1	14.55	16995.17	87602.20	268.8	100.00	746.97
2018	0.00	-100.0	n.a.	0.00	0.00	-100.0	0.00	0.00	29155.95	-66.7	100.00	248.61
合计	13321.98	—	100.00	—	13321.98	—	6.56	—	203220.21	—	100.00	—
2011—2015年均值	75.00	—	100.00	100.00	75.00	—	—	100.00	11727.60	—	—	100.00

注：1. 此处存在重复统计问题，故总计部分与表3-1-1、表3-1-2所示不一致，重复统计的处理方式与第二章相应部分的处理一致，详见表2-2-1脚注；2. 由于样本企业在2005—2018年间均未对东南欧国家进行海外并购投资，因此本表中未列出样本企业对东南欧国家的并购投资金额。

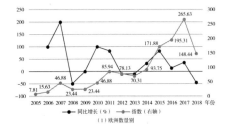

（1）欧洲数量别

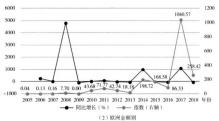

（2）欧洲金额别

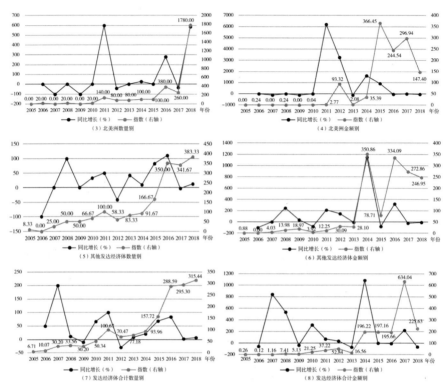

图 3-3-1　2005—2018 年民营样本企业海外并购投资发达
经济体项目数量与金额指数变化图

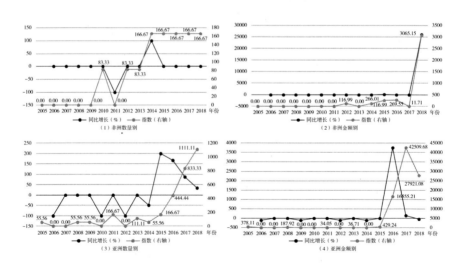

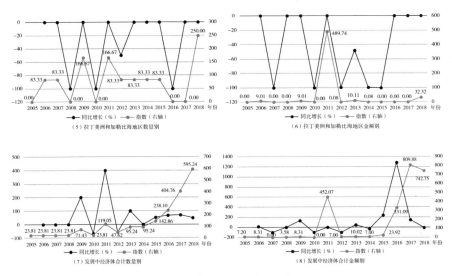

图 3-3-2 2005—2018 年民营样本企业海外并购投资发展中
经济体项目数量与金额指数变化图

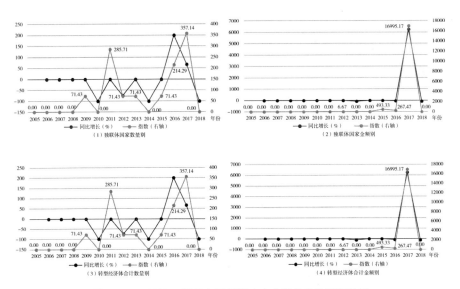

图 3-3-3 2005—2018 年民营样本企业海外并购投资转型
经济体项目数量与金额指数变化图

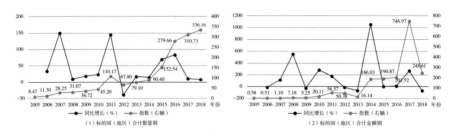

图 3-3-4　2005—2018 年民营样本企业海外并购投资标的国
（地区）项目数量与金额指数变化图

二、民营企业海外并购投资项目数量和金额的标的国（地区）别分布

1. 民营企业海外并购投资项目数量的标的国（地区）别分布

表 3-3-3　2005—2018 年民营样本企业海外并购投资标的
国（地区）项目数量指数——欧洲

（单位：件）

年份		奥地利	比利时	克罗地亚	塞浦路斯	捷克	丹麦	芬兰
2005	数量	0	0	0	0	0	0	0
	指数	0.00	0.00	n.a.	n.a.	0.00	0.00	n.a.
2006	数量	0	0	0	0	0	0	0
	指数	0.00	0.00	n.a.	n.a.	0.00	0.00	n.a.
2007	数量	0	3	0	0	0	0	0
	指数	0.00	1500.00	n.a.	n.a.	0.00	0.00	n.a.
2008	数量	0	0	0	0	0	0	0
	指数	0.00	0.00	n.a.	n.a.	0.00	0.00	n.a.
2009	数量	0	3	0	0	0	0	0
	指数	0.00	1500.00	n.a.	n.a.	0.00	0.00	n.a.
2010	数量	0	0	0	0	0	0	0
	指数	0.00	0.00	n.a.	n.a.	0.00	0.00	n.a.
2011	数量	0	0	0	0	0	0	0
	指数	0.00	0.00	n.a.	n.a.	0.00	0.00	n.a.

续表

年份		奥地利	比利时	克罗地亚	塞浦路斯	捷克	丹麦	芬兰
2012	数量	0	1	0	0	0	0	0
	指数	0.00	500.00	n.a.	n.a.	0.00	0.00	n.a.
2013	数量	2	0	0	0	0	0	0
	指数	250.00	0.00	n.a.	n.a.	0.00	0.00	n.a.
2014	数量	2	0	0	0	1	1	0
	指数	250.00	0.00	n.a.	n.a.	50.00	500.00	n.a.
2015	数量	0	0	0	0	9	0	0
	指数	0.00	0.00	n.a.	n.a.	450.00	0.00	n.a.
2016	数量	1	0	0	0	7	0	0
	指数	125.00	0.00	n.a.	n.a.	350.00	0.00	n.a.
2017	数量	2	1	2	2	3	0	1
	指数	250.00	500.00	n.a.	n.a.	150.00	0.00	n.a.
2018	数量	0	0	0	0	0	0	1
	指数	0.00	0.00	n.a.	n.a.	0.00	0.00	n.a.
合计	数量	7	8	2	2	20	1	2
2011—2015 年均值		0.80	0.20	0.00	0.00	2.00	0.20	0.00

年份		法国	德国	意大利	立陶宛	卢森堡	荷兰	波兰	葡萄牙
2005	数量	0	0	1	0	0	0	0	0
	指数	0.00	0.00	125.00	n.a.	n.a.	0.00	0.00	n.a.
2006	数量	0	1	0	0	0	0	0	0
	指数	0.00	38.46	0.00	n.a.	n.a.	0.00	0.00	n.a.
2007	数量	0	0	2	0	0	0	0	0
	指数	0.00	0.00	250.00	n.a.	n.a.	0.00	0.00	n.a.
2008	数量	0	0	2	0	0	0	0	1
	指数	0.00	0.00	250.00	n.a.	n.a.	0.00	0.00	n.a.
2009	数量	0	0	0	0	0	0	0	0
	指数	0.00	0.00	0.00	n.a.	n.a.	0.00	0.00	n.a.
2010	数量	0	1	0	1	0	0	0	0
	指数	0.00	38.46	0.00	n.a.	n.a.	0.00	0.00	n.a.

续表

年份		法国	德国	意大利	立陶宛	卢森堡	荷兰	波兰	葡萄牙
2011	数量	1	4	2	0	0	1	0	0
	指数	500.00	153.85	250.00	n.a.	n.a.	55.56	0.00	n.a.
2012	数量	0	3	0	0	0	4	0	0
	指数	0.00	115.38	0.00	n.a.	n.a.	222.22	0.00	n.a.
2013	数量	0	2	0	0	0	2	1	0
	指数	0.00	76.92	0.00	n.a.	n.a.	111.11	500.00	n.a.
2014	数量	0	3	0	0	0	0	0	0
	指数	0.00	115.38	0.00	n.a.	n.a.	0.00	0.00	n.a.
2015	数量	0	1	2	0	0	2	0	0
	指数	0.00	38.46	250.00	n.a.	n.a.	111.11	0.00	n.a.
2016	数量	1	5	3	0	0	1	0	0
	指数	500.00	192.31	375.00	n.a.	n.a.	55.56	0.00	n.a.
2017	数量	1	3	1	0	1	4	0	2
	指数	500.00	115.38	125.00	n.a.	n.a.	222.22	0.00	n.a.
2018	数量	0	4	3	0	1	1	0	0
	指数	0.00	153.85	375.00	n.a.	n.a.	55.56	0.00	n.a.
合计	数量	3	27	16	1	2	15	1	3
2011—2015 年均值		0.20	2.60	0.80	0.00	0.00	1.80	0.20	0.00

年份		罗马尼亚	斯洛伐克	西班牙	瑞典	英国	挪威	瑞士	合计
2005	数量	0	0	0	0	0	0	0	1
	指数	0.00	0.00	0.00	n.a.	0.00	n.a.	0.00	7.81
2006	数量	0	0	0	0	1	0	0	2
	指数	0.00	0.00	0.00	n.a.	50.00	n.a.	0.00	15.63
2007	数量	0	0	0	0	1	0	0	6
	指数	0.00	0.00	0.00	n.a.	50.00	n.a.	0.00	46.88
2008	数量	0	0	0	0	0	0	0	3
	指数	0.00	0.00	0.00	n.a.	0.00	n.a.	0.00	23.44

续表

年份		罗马尼亚	斯洛伐克	西班牙	瑞典	英国	挪威	瑞士	合计
2009	数量	0	0	0	0	0	0	0	3
	指数	0.00	0.00	0.00	n.a.	0.00	n.a.	0.00	23.44
2010	数量	0	0	1	1	0	2	0	6
	指数	0.00	0.00	125.00	n.a.	0.00	n.a.	0.00	46.88
2011	数量	0	0	2	0	1	0	0	11
	指数	0.00	0.00	250.00	n.a.	50.00	n.a.	0.00	85.94
2012	数量	0	0	0	0	2	0	0	10
	指数	0.00	0.00	0.00	n.a.	100.00	n.a.	0.00	78.13
2013	数量	0	0	0	0	2	0	0	9
	指数	0.00	0.00	0.00	n.a.	100.00	n.a.	0.00	70.31
2014	数量	1	0	1	0	2	0	1	12
	指数	500.00	0.00	125.00	n.a.	100.00	n.a.	166.67	93.75
2015	数量	0	2	1	0	3	0	2	22
	指数	0.00	500.00	125.00	n.a.	150.00	n.a.	333.33	171.88
2016	数量	0	0	2	1	3	0	1	25
	指数	0.00	0.00	250.00	n.a.	150.00	n.a.	166.67	195.31
2017	数量	1	2	0	1	3	1	3	34
	指数	500.00	500.00	0.00	n.a.	150.00	n.a.	500.00	265.63
2018	数量	0	0	1	1	5	0	2	19
	指数	0.00	0.00	125.00	n.a.	250.00	n.a.	333.33	148.44
合计	数量	2	4	8	4	23	3	9	163
2011—2015年均值		0.20	0.40	0.80	0.00	2.00	0.00	0.60	12.80

表 3-3-4　2005—2018 年民营样本企业海外并购投资标的
国（地区）项目数量指数——北美洲

（单位：件）

年份		加拿大	美国	合计
2005	数量	0	0	0
	指数	0.00	0.00	0.00
2006	数量	0	1	1
	指数	0.00	22.73	20.00
2007	数量	0	0	0
	指数	0.00	0.00	0.00
2008	数量	0	1	1
	指数	0.00	22.73	20.00
2009	数量	0	0	0
	指数	0.00	0.00	0.00
2010	数量	0	1	1
	指数	0.00	22.73	20.00
2011	数量	1	6	7
	指数	166.67	136.36	140.00
2012	数量	0	4	4
	指数	0.00	90.91	80.00
2013	数量	0	4	4
	指数	0.00	90.91	80.00
2014	数量	1	4	5
	指数	166.67	90.91	100.00
2015	数量	1	4	5
	指数	166.67	90.91	100.00
2016	数量	1	18	19
	指数	166.67	409.09	380.00
2017	数量	0	13	13
	指数	0.00	295.45	260.00
2018	数量	3	26	29
	指数	500.00	590.91	580.00
合计	数量	7	82	89
2011—2015 年均值		0.60	4.40	5.00

表 3-3-5　2005—2018 年民营样本企业海外并购投资标的国（地区）
　　　　　项目数量指数——其他发达经济体

（单位：件）

年份		澳大利亚	新西兰	百慕大群岛	开曼群岛	英属维尔京群岛
2005	数量	0	0	0	1	0
	指数	0.00	n.a.	n.a.	35.71	0.00
2006	数量	0	0	0	0	0
	指数	0.00	n.a.	n.a.	0.00	0.00
2007	数量	0	0	0	0	0
	指数	0.00	n.a.	n.a.	0.00	0.00
2008	数量	0	0	0	1	1
	指数	0.00	n.a.	n.a.	35.71	250.00
2009	数量	1	0	0	1	1
	指数	50.00	n.a.	n.a.	35.71	250.00
2010	数量	0	0	2	1	0
	指数	0.00	n.a.	n.a.	35.71	0.00
2011	数量	0	0	0	2	1
	指数	0.00	n.a.	n.a.	71.43	250.00
2012	数量	2	0	0	1	0
	指数	100.00	n.a.	n.a.	35.71	0.00
2013	数量	2	0	0	2	1
	指数	100.00	n.a.	n.a.	71.43	250.00
2014	数量	3	0	0	2	0
	指数	150.00	n.a.	n.a.	71.43	0.00
2015	数量	3	0	0	7	0
	指数	150.00	n.a.	n.a.	250.00	0.00
2016	数量	6	0	1	5	7
	指数	300.00	n.a.	n.a.	178.57	1750.00
2017	数量	4	1	1	10	2
	指数	200.00	n.a.	n.a.	357.14	500.00

续表

年份		澳大利亚	新西兰	百慕大群岛	开曼群岛	英属维尔京群岛
2018	数量	2	0	2	3	4
	指数	100.00	n.a.	n.a.	107.14	1000.00
合计	数量	23	1	6	36	17
2011—2015 年均值		2.00	0.00	0.00	2.80	0.40

年份		以色列	日本	韩国	新加坡	中国台湾	中国香港	合计	总计
2005	数量	0	0	0	0	0	0	1	2
	指数	n.a.	0.00	0.00	0.00	0.00	0.00	8.33	6.71
2006	数量	0	0	0	0	0	0	0	3
	指数	n.a.	0.00	0.00	0.00	0.00	0.00	0.00	10.07
2007	数量	0	0	0	1	0	2	3	9
	指数	n.a.	0.00	0.00	166.67	0.00	43.48	25.00	30.20
2008	数量	0	0	0	0	0	4	6	10
	指数	n.a.	0.00	0.00	0.00	0.00	86.96	50.00	33.56
2009	数量	0	1	0	0	0	2	6	9
	指数	n.a.	500.00	0.00	0.00	0.00	43.48	50.00	30.20
2010	数量	1	2	0	1	0	1	8	15
	指数	n.a.	1000.00	0.00	166.67	0.00	21.74	66.67	50.34
2011	数量	0	0	0	1	0	8	12	30
	指数	n.a.	0.00	0.00	166.67	0.00	173.91	100.00	100.67
2012	数量	0	0	0	1	0	3	7	21
	指数	n.a.	0.00	0.00	166.67	0.00	65.22	58.33	70.47
2013	数量	0	0	1	0	0	4	10	23
	指数	n.a.	0.00	83.33	0.00	0.00	86.96	83.33	77.18
2014	数量	0	1	0	1	0	4	11	28
	指数	n.a.	500.00	0.00	166.67	0.00	86.96	91.67	93.96
2015	数量	0	0	5	0	1	4	20	47
	指数	n.a.	0.00	416.67	0.00	500.00	86.96	166.67	157.72

续表

年份		以色列	日本	韩国	新加坡	中国台湾	中国香港	合计	总计
2016	数量	1	0	2	3	0	17	42	86
	指数	n.a.	0.00	166.67	500.00	0.00	369.57	350.00	288.59
2017	数量	3	3	1	3	1	12	41	88
	指数	n.a.	1500.00	83.33	500.00	500.00	260.87	341.67	295.30
2018	数量	1	1	1	5	0	27	46	94
	指数	n.a.	500.00	83.33	833.33	0.00	586.96	383.33	315.44
合计	数量	6	8	10	16	2	88	213	465
2011—2015年均值		0.00	0.20	1.20	0.60	0.20	4.60	12.00	29.80

表3-3-6　2005—2018年民营样本企业海外并购投资标的
国（地区）项目数量指数——非洲

（单位：件）

年份		埃及	加纳	加蓬	埃塞俄比亚	坦桑尼亚	南非	津巴布韦	合计
2005	数量	0	0	0	0	0	0	0	0
	指数	0.00	n.a.	0.00	n.a.	0.00	0.00	0.00	0.00
2006	数量	0	0	0	0	0	0	0	0
	指数	0.00	n.a.	0.00	n.a.	0.00	0.00	0.00	0.00
2007	数量	0	0	0	0	0	0	0	0
	指数	0.00	n.a.	0.00	n.a.	0.00	0.00	0.00	0.00
2008	数量	0	0	0	0	0	0	0	0
	指数	0.00	n.a.	0.00	n.a.	0.00	0.00	0.00	0.00
2009	数量	0	0	0	0	0	0	0	0
	指数	0.00	n.a.	0.00	n.a.	0.00	0.00	0.00	0.00
2010	数量	0	1	0	0	0	0	0	1
	指数	0.00	n.a.	0.00	n.a.	0.00	0.00	0.00	83.33
2011	数量	0	0	0	0	0	0	0	0
	指数	0.00	n.a.	0.00	n.a.	0.00	0.00	0.00	0.00

年份		埃及	加纳	加蓬	埃塞俄比亚	坦桑尼亚	南非	津巴布韦	合计
2012	数量	0	0	1	0	0	0	0	1
	指数	0.00	n.a.	250.00	n.a.	0.00	0.00	0.00	83.33
2013	数量	0	0	0	0	1	0	0	1
	指数	0.00	n.a.	0.00	n.a.	500.00	0.00	0.00	83.33
2014	数量	0	0	1	0	0	0	1	2
	指数	0.00	n.a.	250.00	n.a.	0.00	0.00	500.00	166.67
2015	数量	1	0	0	0	0	1	0	2
	指数	500.00	n.a.	0.00	n.a.	0.00	500.00	0.00	166.67
2016	数量	0	0	0	1	0	1	0	2
	指数	0.00	n.a.	0.00	n.a.	0.00	500.00	0.00	166.67
2017	数量	2	0	0	0	0	0	0	2
	指数	1000.00	n.a.	0.00	n.a.	0.00	0.00	0.00	166.67
2018	数量	0	0	0	1	0	0	1	2
	指数	0.00	NaN	0.00	n.a.	0.00	0.00	500.00	166.67
合计	数量	3	1	2	2	1	2	2	13
2011—2015 年均值		0.20	0.00	0.40	0.00	0.20	0.20	0.20	1.20

表 3-3-7　2005—2018 年民营样本企业海外并购投资标的
国（地区）项目数量指数——亚洲

（单位：件）

年份		蒙古国	印度尼西亚	老挝	马来西亚	泰国	越南	孟加拉国	印度
2005	数量	0	0	0	0	0	1	0	0
	指数	0.00	n.a.	n.a.	n.a.	0.00	500.00	n.a.	0.00
2006	数量	0	0	0	0	0	0	0	0
	指数	0.00	n.a.	n.a.	n.a.	0.00	0.00	n.a.	0.00
2007	数量	0	0	0	0	0	0	0	0
	指数	0.00	n.a.	n.a.	n.a.	0.00	0.00	n.a.	0.00

年份		蒙古国	印度尼西亚	老挝	马来西亚	泰国	越南	孟加拉国	印度
2008	数量	0	0	0	0	0	0	0	1
	指数	0.00	n.a.	n.a.	n.a.	0.00	0.00	n.a.	500.00
2009	数量	0	0	0	0	0	1	0	0
	指数	0.00	n.a.	n.a.	n.a.	0.00	500.00	n.a.	0.00
2010	数量	0	0	0	0	0	0	0	0
	指数	0.00	n.a.	n.a.	n.a.	0.00	0.00	n.a.	0.00
2011	数量	0	0	0	0	1	0	0	0
	指数	0.00	n.a.	n.a.	n.a.	166.67	0.00	n.a.	0.00
2012	数量	0	0	0	0	0	0	0	0
	指数	0.00	n.a.	n.a.	n.a.	0.00	0.00	n.a.	0.00
2013	数量	1	0	0	0	1	0	0	0
	指数	250.00	n.a.	n.a.	n.a.	166.67	0.00	n.a.	0.00
2014	数量	0	0	0	0	0	0	0	1
	指数	0.00	n.a.	n.a.	n.a.	0.00	0.00	n.a.	500.00
2015	数量	1	0	0	0	1	1	0	0
	指数	250.00	n.a.	n.a.	n.a.	166.67	500.00	n.a.	0.00
2016	数量	0	1	0	1	2	0	0	1
	指数	0.00	n.a.	n.a.	n.a.	333.33	0.00	n.a.	500.00
2017	数量	0	1	0	4	1	1	1	4
	指数	0.00	n.a.	n.a.	n.a.	166.67	500.00	n.a.	2000.00
2018	数量	0	2	1	5	0	0	0	7
	指数	0.00	n.a.	n.a.	n.a.	0.00	0.00	n.a.	3500.00
合计	数量	2	4	1	10	6	4	1	14
2011—2015 年均值		0.40	0.00	0.00	0.00	0.60	0.20	0.00	0.20

年份		马尔代夫	巴基斯坦	斯里兰卡	伊朗	土耳其	阿联酋	合计
2005	数量	0	0	0	0	0	0	1
	指数	n.a.	—	n.a.	n.a.	0.00	n.a.	55.56
2006	数量	0	0	0	0	0	0	0
	指数	n.a.	—	n.a.	n.a.	0.00	n.a.	0.00
2007	数量	0	0	0	0	0	0	0
	指数	n.a.	—	n.a.	n.a.	0.00	n.a.	0.00
2008	数量	0	0	0	0	0	0	1
	指数	n.a.	—	n.a.	n.a.	0.00	n.a.	55.56
2009	数量	0	0	0	0	0	0	1
	指数	n.a.	—	n.a.	n.a.	0.00	n.a.	55.56
2010	数量	0	0	0	0	0	0	0
	指数	n.a.	—	n.a.	n.a.	0.00	n.a.	0.00
2011	数量	0	0	0	0	2	0	3
	指数	n.a.	—	n.a.	n.a.	500.00	n.a.	166.67
2012	数量	0	0	0	0	0	0	0
	指数	n.a.	—	n.a.	n.a.	0.00	n.a.	0.00
2013	数量	0	0	0	0	0	0	2
	指数	n.a.	—	n.a.	n.a.	0.00	n.a.	111.11
2014	数量	0	0	0	0	0	0	1
	指数	n.a.	—	n.a.	n.a.	0.00	n.a.	55.56
2015	数量	0	0	0	0	0	0	3
	指数	n.a.	—	n.a.	n.a.	0.00	n.a.	166.67
2016	数量	0	0	1	0	0	2	8
	指数	n.a.	—	n.a.	n.a.	0.00	n.a.	444.44
2017	数量	1	0	0	1	0	1	15
	指数	n.a.	—	n.a.	n.a.	0.00	n.a.	833.33
2018	数量	0	1	1	0	1	2	20
	指数	—	n.a.	n.a.	—	250.00	n.a.	1111.11
合计	数量	1	1	2	1	3	5	55
2011—2015 年均值		0.00	0.00	0.00	0.00	0.40	0.00	1.80

表 3-3-8 2005—2018 年民营样本企业海外并购投资标的国（地区）
项目数量指数——拉丁美洲和加勒比海地区

（单位：件）

年份		阿根廷	巴西	智利	圭亚那	墨西哥	巴巴多斯	合计	总计
2005	数量	0	0	0	0	0	0	0	1
	指数	n.a.	0.00	n.a.	n.a.	n.a.	0.00	0.00	23.81
2006	数量	0	0	0	1	0	0	1	1
	指数	n.a.	0.00	n.a.	n.a.	n.a.	0.00	83.33	23.81
2007	数量	0	0	1	0	0	0	1	1
	指数	n.a.	0.00	n.a.	n.a.	n.a.	0.00	83.33	23.81
2008	数量	0	0	0	0	0	0	0	1
	指数	n.a.	0.00	n.a.	n.a.	n.a.	0.00	0.00	23.81
2009	数量	0	1	0	1	0	0	2	3
	指数	n.a.	100.00	n.a.	n.a.	n.a.	0.00	166.67	71.43
2010	数量	0	0	0	0	0	0	0	1
	指数	n.a.	0.00	n.a.	n.a.	n.a.	0.00	0.00	23.81
2011	数量	0	1	0	0	0	1	2	5
	指数	n.a.	100.00	n.a.	n.a.	n.a.	500.00	166.67	119.05
2012	数量	0	1	0	0	0	0	1	2
	指数	n.a.	100.00	n.a.	n.a.	—	0.00	83.33	47.62
2013	数量	0	1	0	0	0	0	1	4
	指数	n.a.	100.00	n.a.	n.a.	n.a.	0.00	83.33	95.24
2014	数量	0	1	0	0	0	0	1	4
	指数	n.a.	100.00	n.a.	n.a.	n.a.	0.00	83.33	95.24
2015	数量	0	1	0	0	0	0	1	6
	指数	n.a.	100.00	n.a.	n.a.	n.a.	0.00	83.33	142.86
2016	数量	0	0	0	0	0	0	0	10
	指数	n.a.	0.00	n.a.	n.a.	n.a.	0.00	0.00	238.10
2017	数量	0	0	0	0	0	0	0	17
	指数	n.a.	0.00	n.a.	n.a.	—	0.00	0.00	404.76

年份		阿根廷	巴西	智利	圭亚那	墨西哥	巴巴多斯	合计	总计
2018	数量	2	0	0	0	1	0	3	25
	指数	n.a.	0.00	n.a.	n.a.	n.a.	0.00	250.00	595.24
合计	数量	2	6	1	2	1	1	13	81
2011—2015 年均值		—	0.00	0.00	0.00	—	0.00	1.20	4.20

表 3-3-9　2005—2018 年民营样本企业海外并购投资标的国（地区）项目数量指数——独联体国家

（单位：件）

年份		阿塞拜疆	白俄罗斯	哈萨克斯坦	俄罗斯	乌兹别克斯坦	格鲁吉亚	合计	总计
2005	数量	0	0	0	0	0	0	0	0
	指数	0.00	0.00	0.00	0.00	0.00	n.a.	0.00	0.00
2006	数量	0	0	0	0	0	0	0	0
	指数	0.00	0.00	0.00	0.00	0.00	n.a.	0.00	0.00
2007	数量	0	0	0	0	0	0	0	0
	指数	0.00	0.00	0.00	0.00	0.00	n.a.	0.00	0.00
2008	数量	0	0	0	0	0	0	0	0
	指数	0.00	0.00	0.00	0.00	0.00	n.a.	0.00	0.00
2009	数量	1	0	0	0	0	0	1	1
	指数	500.00	0.00	0.00	0.00	0.00	n.a.	71.43	71.43
2010	数量	0	0	0	0	0	0	0	0
	指数	0.00	0.00	0.00	0.00	0.00	n.a.	0.00	0.00
2011	数量	1	2	0	1	0	0	4	4
	指数	500.00	333.33	0.00	500.00	0.00	n.a.	285.71	285.71
2012	数量	0	0	0	0	1	0	1	1
	指数	0.00	0.00	0.00	0.00	500.00	n.a.	71.43	71.43
2013	数量	0	1	0	0	0	0	1	1
	指数	0.00	166.67	0.00	0.00	0.00	n.a.	71.43	71.43

年份		阿塞拜疆	白俄罗斯	哈萨克斯坦	俄罗斯	乌兹别克斯坦	格鲁吉亚	合计	总计
2014	数量	0	0	0	0	0	0	0	0
	指数	0.00	0.00	0.00	0.00	0.00	n.a.	0.00	0.00
2015	数量	0	0	1	0	0	0	1	1
	指数	0.00	0.00	500.00	0.00	0.00	n.a.	71.43	71.43
2016	数量	0	0	3	0	0	0	3	3
	指数	0.00	0.00	1500.00	0.00	0.00	n.a.	214.29	214.29
2017	数量	0	0	1	3	0	1	5	5
	指数	0.00	0.00	500.00	1500.00	0.00	n.a.	357.14	357.14
2018	数量	0	0	0	0	0	0	0	0
	指数	0.00	0.00	0.00	0.00	0.00	n.a.	0.00	0.00
合计	数量	2	3	5	4	1	1	16	16
2011—2015年均值		0.20	0.60	0.20	0.20	0.20	0.00	1.40	1.40

2. 民营企业海外并购投资金额的标的国（地区）别分布

表3-3-10　2005—2018年民营样本企业海外并购投资标的
国（地区）金额指数——欧洲

（单位：百万美元）

年份		奥地利	比利时	克罗地亚	塞浦路斯	捷克	丹麦	芬兰
2005	金额	0.00	0.00	0.00	0.00	0.00	0.00	0.00
	指数	0.00	0.00	n.a.	n.a.	0.00	n.a.	n.a.
2006	金额	0.00	0.00	0.00	0.00	0.00	0.00	0.00
	指数	0.00	0.00	n.a.	n.a.	0.00	n.a.	n.a.
2007	金额	0.00	0.00	0.00	0.00	0.00	0.00	0.00
	指数	0.00	0.00	n.a.	n.a.	0.00	n.a.	n.a.
2008	金额	0.00	0.00	0.00	0.00	0.00	0.00	0.00
	指数	0.00	0.00	n.a.	n.a.	0.00	n.a.	n.a.

续表

年份		奥地利	比利时	克罗地亚	塞浦路斯	捷克	丹麦	芬兰
2009	金额	0.00	0.00	0.00	0.00	0.00	0.00	0.00
	指数	0.00	0.00	n.a.	n.a.	0.00	n.a.	n.a.
2010	金额	0.00	0.00	0.00	0.00	0.00	0.00	0.00
	指数	0.00	0.00	n.a.	n.a.	0.00	n.a.	n.a.
2011	金额	0.00	0.00	0.00	0.00	0.00	0.00	0.00
	指数	0.00	0.00	n.a.	n.a.	0.00	n.a.	n.a.
2012	金额	0.00	1011.49	0.00	0.00	0.00	0.00	0.00
	指数	0.00	500.00	n.a.	n.a.	0.00	n.a.	n.a.
2013	金额	148.10	0.00	0.00	0.00	0.00	0.00	0.00
	指数	250.00	0.00	n.a.	n.a.	0.00	n.a.	n.a.
2014	金额	148.10	0.00	0.00	0.00	3.23	0.00	0.00
	指数	250.00	0.00	n.a.	n.a.	1.41	n.a.	n.a.
2015	金额	0.00	0.00	0.00	0.00	1139.74	0.00	0.00
	指数	0.00	0.00	n.a.	n.a.	498.59	n.a.	n.a.
2016	金额	0.00	0.00	0.00	0.00	1411.82	0.00	0.00
	指数	0.00	0.00	n.a.	n.a.	617.61	n.a.	n.a.
2017	金额	25.93	0.00	35.82	797.24	1000.00	0.00	0.65
	指数	43.77	0.00	n.a.	n.a.	437.46	n.a.	n.a.
2018	金额	0.00	0.00	0.00	0.00	0.00	0.00	62.29
	指数	0.00	0.00	n.a.	n.a.	0.00	n.a.	n.a.
合计	金额	322.13	1011.49	35.82	797.24	3554.79	0.00	62.94
2011—2015 年均值		59.24	202.30	0.00	0.00	228.59	0.00	0.00

年份		法国	德国	意大利	立陶宛	卢森堡	荷兰	波兰	葡萄牙
2005	金额	0.00	0.00	2.00	0.00	0.00	0.00	0.00	0.00
	指数	n.a.	0.00	0.57	n.a.	n.a.	0.00	n.a.	n.a.

续表

年份		法国	德国	意大利	立陶宛	卢森堡	荷兰	波兰	葡萄牙
2006	金额	0.00	0.00	0.00	0.00	0.00	0.00	0.00	0.00
	指数	n.a.	0.00	0.00	n.a.	n.a.	0.00	n.a.	n.a.
2007	金额	0.00	0.00	2.00	0.00	0.00	0.00	0.00	0.00
	指数	n.a.	0.00	0.57	n.a.	n.a.	0.00	n.a.	n.a.
2008	金额	0.00	0.00	395.10	0.00	0.00	0.00	0.00	0.00
	指数	n.a.	0.00	113.16	n.a.	n.a.	0.00	n.a.	n.a.
2009	金额	0.00	0.00	0.00	0.00	0.00	0.00	0.00	0.00
	指数	n.a.	0.00	0.00	n.a.	n.a.	0.00	n.a.	n.a.
2010	金额	0.00	11.15	0.00	0.00	0.00	0.00	0.00	0.00
	指数	n.a.	0.63	0.00	n.a.	n.a.	0.00	n.a.	n.a.
2011	金额	0.00	681.72	833.45	0.00	0.00	186.40	0.00	0.00
	指数	n.a.	38.59	238.71	n.a.	n.a.	93.93	n.a.	n.a.
2012	金额	0.00	668.79	0.00	0.00	0.00	13.03	0.00	0.00
	指数	n.a.	37.86	0.00	n.a.	n.a.	6.57	n.a.	n.a.
2013	金额	0.00	41.97	0.00	0.00	0.00	199.43	0.00	0.00
	指数	n.a.	2.38	0.00	n.a.	n.a.	100.49	n.a.	n.a.
2014	金额	0.00	7337.76	0.00	0.00	0.00	0.00	0.00	0.00
	指数	n.a.	415.37	0.00	n.a.	n.a.	0.00	n.a.	n.a.
2015	金额	0.00	102.66	912.32	0.00	0.00	593.38	0.00	0.00
	指数	n.a.	5.81	261.29	n.a.	n.a.	299.01	n.a.	n.a.
2016	金额	319.81	335.80	306.64	0.00	0.00	83.38	0.00	0.00
	指数	n.a.	19.01	87.82	n.a.	n.a.	42.02	n.a.	n.a.
2017	金额	0.00	6678.95	83.24	0.00	1767.88	35030.00	0.00	21.13
	指数	n.a.	378.07	23.84	n.a.	n.a.	17651.98	n.a.	n.a.
2018	金额	0.00	2906.75	363.39	0.00	1732.30	0.00	0.00	0.00
	指数	n.a.	164.54	104.08	n.a.	n.a.	0.00	n.a.	n.a.
合计	金额	319.81	18765.55	2898.14	0.00	3500.18	36105.62	0.00	21.13
2011—2015 年均值		0.00	1766.58	349.15	0.00	0.00	198.45	0.00	0.00

续表

年份		罗马尼亚	斯洛伐克	西班牙	瑞典	英国	挪威	瑞士	合计
2005	金额	0.00	0.00	0.00	0.00	0.00	0.00	0.00	2.00
	指数	n.a.	0.00	0.00	n.a.	0.00	n.a.	0.00	0.04
2006	金额	0.00	0.00	0.00	0.00	6.70	0.00	0.00	6.70
	指数	n.a.	0.00	0.00	n.a.	0.80	n.a.	0.00	0.13
2007	金额	0.00	0.00	0.00	0.00	6.07	0.00	0.00	8.07
	指数	n.a.	0.00	0.00	n.a.	0.72	n.a.	0.00	0.16
2008	金额	0.00	0.00	0.00	0.00	0.00	0.00	0.00	395.10
	指数	n.a.	0.00	0.00	n.a.	0.00	n.a.	0.00	7.70
2009	金额	0.00	0.00	0.00	0.00	0.00	0.00	0.00	0.00
	指数	n.a.	0.00	0.00	n.a.	0.00	n.a.	0.00	0.00
2010	金额	0.00	0.00	48.84	1800.00	0.00	380.00	0.00	2239.99
	指数	n.a.	0.00	10.13	n.a.	0.00	n.a.	0.00	43.68
2011	金额	0.00	0.00	876.94	0.00	1102.33	0.00	0.00	3680.84
	指数	n.a.	0.00	181.97	n.a.	131.12	n.a.	0.00	71.77
2012	金额	0.00	0.00	0.00	0.00	498.59	0.00	0.00	2191.90
	指数	n.a.	0.00	0.00	n.a.	59.30	n.a.	0.00	42.74
2013	金额	0.00	0.00	0.00	0.00	542.81	0.00	0.00	932.31
	指数	n.a.	0.00	0.00	n.a.	64.56	n.a.	0.00	18.18
2014	金额	0.00	0.00	0.00	0.00	1541.63	0.00	1160.75	10191.47
	指数	n.a.	0.00	0.00	n.a.	183.37	n.a.	166.67	198.72
2015	金额	0.00	1525.17	1532.63	0.00	518.26	0.00	2321.50	8645.66
	指数	n.a.	500.00	318.03	n.a.	61.64	n.a.	333.33	168.58
2016	金额	0.00	0.00	1300.90	0.00	656.54	0.00	12.31	4427.20
	指数	n.a.	0.00	269.94	n.a.	78.09	n.a.	1.77	86.33
2017	金额	1000.00	1000.00	0.00	3201.16	203.95	7.75	2511.51	53365.21
	指数	n.a.	327.83	0.00	n.a.	24.26	n.a.	360.62	1040.57
2018	金额	0.00	0.00	22.47	3369.79	3600.74	0.00	1195.00	13252.73
	指数	n.a.	0.00	4.66	n.a.	428.29	n.a.	171.58	258.42
合计	金额	1000.00	2525.17	3781.78	8370.95	8677.62	387.75	7201.07	99339.18
2011—2015 年均值		0.00	305.03	481.91	0.00	840.72	0.00	696.45	5128.44

表3-3-11 2005—2018年民营样本企业海外并购投资标的
国（地区）金额指数——北美洲

（单位：百万美元）

年份		加拿大	美国	合计
2005	金额	0.00	0.00	0.00
	指数	0.00	0.00	0.00
2006	金额	0.00	7.00	7.00
	指数	0.00	0.24	0.24
2007	金额	0.00	0.00	0.00
	指数	0.00	0.00	0.00
2008	金额	0.00	7.00	7.00
	指数	0.00	0.24	0.24
2009	金额	0.00	0.00	0.00
	指数	0.00	0.00	0.00
2010	金额	0.00	1.30	1.30
	指数	0.00	0.04	0.04
2011	金额	0.00	82.07	82.07
	指数	0.00	2.77	2.77
2012	金额	0.00	2769.00	2769.00
	指数	0.00	93.40	93.32
2013	金额	0.00	61.69	61.69
	指数	0.00	2.08	2.08
2014	金额	0.00	1050.00	1050.00
	指数	0.00	35.42	35.39
2015	金额	13.00	10860.00	10873.00
	指数	500.00	366.33	366.45
2016	金额	3.60	7252.21	7255.81
	指数	138.46	244.63	244.54
2017	金额	0.00	8810.75	8810.75
	指数	0.00	297.20	296.94
2018	金额	46.14	4327.37	4373.51
	指数	1774.62	145.97	147.40
合计	金额	62.74	35228.39	35291.13
2011—2015年均值		2.60	2964.55	2967.15

表 3-3-12　2005—2018 年民营样本企业海外并购投资标的

国（地区）金额指数——其他发达经济体

（单位：百万美元）

年份		澳大利亚	新西兰	百慕大群岛	开曼群岛	英属维尔京群岛
2005	金额	0.00	0.00	0.00	26.42	0.00
	指数	0.00	n.a.	n.a.	5.18	0.00
2006	金额	0.00	0.00	0.00	0.00	0.00
	指数	0.00	n.a.	n.a.	0.00	0.00
2007	金额	0.00	0.00	0.00	0.00	0.00
	指数	0.00	n.a.	n.a.	0.00	0.00
2008	金额	0.00	0.00	0.00	0.00	289.98
	指数	0.00	n.a.	n.a.	0.00	717.70
2009	金额	138.60	0.00	0.00	0.00	289.98
	指数	6.73	n.a.	n.a.	0.00	717.70
2010	金额	0.00	0.00	52.26	41.06	0.00
	指数	0.00	n.a.	n.a.	8.05	0.00
2011	金额	0.00	0.00	0.00	1.87	202.02
	指数	0.00	n.a.	n.a.	0.37	500.00
2012	金额	490.37	0.00	0.00	353.50	0.00
	指数	23.81	n.a.	n.a.	69.34	0.00
2013	金额	45.81	0.00	0.00	230.86	0.00
	指数	2.22	n.a.	n.a.	45.28	0.00
2014	金额	9367.58	0.00	0.00	277.58	0.00
	指数	454.83	n.a.	n.a.	54.45	0.00
2015	金额	394.19	0.00	0.00	1685.31	0.00
	指数	19.14	n.a.	n.a.	330.57	0.00
2016	金额	1807.68	0.00	41.02	3916.10	905.80
	指数	87.77	n.a.	n.a.	768.13	2241.86

年份		澳大利亚	新西兰	百慕大群岛	开曼群岛	英属维尔京群岛
2017	金额	1325.36	479.58	284.13	1607.05	117.00
	指数	64.35	n.a.	n.a.	315.22	289.58
2018	金额	97.00	0.00	318.97	1268.72	267.07
	指数	4.71	n.a.	n.a.	248.85	661.00
合计	金额	13666.59	479.58	696.38	9408.47	2071.85
2011—2015年均值		2059.59	0.00	0.00	509.82	40.40

年份		以色列	日本	韩国	新加坡	中国台湾	中国香港	合计	总计
2005	金额	0.00	0.00	0.00	0.00	0.00	0.00	26.42	28.42
	指数	n.a.	0.00	0.00	0.00	0.00	0.00	0.88	0.26
2006	金额	0.00	0.00	0.00	0.00	0.00	0.00	0.00	13.70
	指数	n.a.	0.00	0.00	0.00	0.00	0.00	0.00	0.12
2007	金额	0.00	0.00	0.00	0.00	0.00	121.00	121.00	129.07
	指数	n.a.	0.00	0.00	0.00	0.00	46.63	4.03	1.16
2008	金额	0.00	0.00	0.00	0.00	0.00	129.96	419.94	822.04
	指数	n.a.	0.00	0.00	0.00	0.00	50.09	13.98	7.41
2009	金额	0.00	8.82	0.00	0.00	0.00	132.23	569.63	569.63
	指数	n.a.	882.00	0.00	0.00	0.00	50.96	18.97	5.13
2010	金额	0.00	3.26	0.00	0.00	0.00	21.00	117.58	2358.87
	指数	n.a.	326.00	0.00	0.00	0.00	8.09	3.92	21.25
2011	金额	0.00	0.00	0.00	10.00	0.00	153.97	367.86	4130.77
	指数	n.a.	0.00	0.00	384.62	0.00	59.34	12.25	37.22
2012	金额	0.00	0.00	0.00	3.00	0.00	56.73	903.60	5864.50
	指数	n.a.	0.00	0.00	115.38	0.00	21.86	30.09	52.84
2013	金额	0.00	0.00	519.63	0.00	0.00	47.61	843.91	1837.91
	指数	n.a.	0.00	416.46	0.00	0.00	18.35	28.10	16.56
2014	金额	0.00	5.00	0.00	0.00	0.00	886.79	10536.95	21778.42
	指数	n.a.	500.00	0.00	0.00	0.00	341.78	350.86	196.22

续表

年份		以色列	日本	韩国	新加坡	中国台湾	中国香港	合计	总计
2015	金额	0.00	0.00	104.23	0.00	27.73	152.22	2363.68	21882.34
	指数	n.a.	0.00	83.54	0.00	500.00	58.67	78.71	197.16
2016	金额	1.00	0.00	61.31	342.72	0.00	2957.80	10033.43	21716.44
	指数	n.a.	0.00	49.14	13181.54	0.00	1139.97	334.09	195.66
2017	金额	16.50	1805.32	14.73	1348.92	28.04	1168.02	8194.65	70370.61
	指数	n.a.	180532.00	11.81	51881.54	505.59	450.17	272.86	634.04
2018	金额	33.50	0.00	43.34	100.50	0.00	5287.17	7416.27	25042.51
	指数	n.a.	0.00	34.74	3865.38	0.00	2037.73	246.95	225.63
合计	金额	51.00	1822.40	743.24	1805.14	55.77	11114.50	41914.92	176545.23
2011—2015 年均值		0.00	1.00	124.77	2.60	5.55	259.46	3003.20	11098.79

表 3-3-13　2005—2018 年民营样本企业海外并购投资标的国（地区）金额指数——非洲

（单位：百万美元）

年份		埃及	加纳	加蓬	埃塞俄比亚	坦桑尼亚	南非	津巴布韦	合计
2005	金额	0.00	0.00	0.00	0.00	0.00	0.00	0.00	0.00
	指数	0.00	n.a.	0.00	n.a.	n.a.	0.00	n.a.	0.00
2006	金额	0.00	0.00	0.00	0.00	0.00	0.00	0.00	0.00
	指数	0.00	n.a.	0.00	n.a.	n.a.	0.00	n.a.	0.00
2007	金额	0.00	0.00	0.00	0.00	0.00	0.00	0.00	0.00
	指数	0.00	n.a.	0.00	n.a.	n.a.	0.00	n.a.	0.00
2008	金额	0.00	0.00	0.00	0.00	0.00	0.00	0.00	0.00
	指数	0.00	n.a.	0.00	n.a.	n.a.	0.00	n.a.	0.00
2009	金额	0.00	0.00	0.00	0.00	0.00	0.00	0.00	0.00
	指数	0.00	n.a.	0.00	n.a.	n.a.	0.00	n.a.	0.00
2010	金额	0.00	0.00	0.00	0.00	0.00	0.00	0.00	0.00
	指数	0.00	n.a.	0.00	n.a.	n.a.	0.00	n.a.	0.00

续表

年份		埃及	加纳	加蓬	埃塞俄比亚	坦桑尼亚	南非	津巴布韦	合计
2011	金额	0.00	0.00	0.00	0.00	0.00	0.00	0.00	0.00
	指数	0.00	n.a.	0.00	n.a.	n.a.	0.00	n.a.	0.00
2012	金额	0.00	0.00	38.36	0.00	0.00	0.00	0.00	38.36
	指数	0.00	n.a.	250.00	n.a.	n.a.	0.00	n.a.	116.99
2013	金额	0.00	0.00	0.00	0.00	0.00	0.00	0.00	0.00
	指数	0.00	n.a.	0.00	n.a.	n.a.	0.00	n.a.	0.00
2014	金额	0.00	0.00	38.36	0.00	0.00	0.00	0.00	38.36
	指数	0.00	n.a.	250.00	n.a.	n.a.	0.00	n.a.	116.99
2015	金额	3.84	0.00	0.00	0.00	0.00	83.38	0.00	87.22
	指数	500.00	n.a.	0.00	n.a.	n.a.	500.00	n.a.	266.01
2016	金额	0.00	0.00	0.00	5.00	0.00	83.38	0.00	88.38
	指数	0.00	n.a.	0.00	n.a.	n.a.	500.00	n.a.	269.55
2017	金额	3.84	0.00	0.00	0.00	0.00	0.00	0.00	3.84
	指数	500.00	n.a.	0.00	n.a.	n.a.	0.00	n.a.	11.71
2018	金额	0.00	0.00	0.00	5.00	0.00	0.00	1000.00	1005.00
	指数	0.00	n.a.	0.00	n.a.	n.a.	0.00	n.a.	3065.15
合计	金额	7.68	0.00	76.72	10.00	0.00	166.76	1000.00	1261.16
2011—2015 年均值		0.77	0.00	15.34	0.00	0.00	16.68	0.00	32.79

表 3-3-14　2005—2018 年民营样本企业海外并购投资标的国（地区）金额指数——亚洲

（单位：百万美元）

年份		蒙古国	印度尼西亚	老挝	马来西亚	泰国	越南	孟加拉国	印度
2005	金额	0.00	0.00	0.00	0.00	0.00	39.86	0.00	0.00
	指数	0.00	n.a.	n.a.	n.a.	0.00	622.81	n.a.	n.a.
2006	金额	0.00	0.00	0.00	0.00	0.00	0.00	0.00	0.00
	指数	0.00	n.a.	n.a.	n.a.	0.00	0.00	n.a.	n.a.

续表

年份		蒙古国	印度尼西亚	老挝	马来西亚	泰国	越南	孟加拉国	印度
2007	金额	0.00	0.00	0.00	0.00	0.00	0.00	0.00	0.00
	指数	0.00	n.a.	n.a.	n.a.	0.00	0.00	n.a.	n.a.
2008	金额	0.00	0.00	0.00	0.00	0.00	0.00	0.00	19.81
	指数	0.00	n.a.	n.a.	n.a.	0.00	0.00	n.a.	n.a.
2009	金额	0.00	0.00	0.00	0.00	0.00	0.00	0.00	0.00
	指数	0.00	n.a.	n.a.	n.a.	0.00	0.00	n.a.	n.a.
2010	金额	0.00	0.00	0.00	0.00	0.00	0.00	0.00	0.00
	指数	0.00	n.a.	n.a.	n.a.	0.00	0.00	n.a.	n.a.
2011	金额	0.00	0.00	0.00	0.00	3.59	0.00	0.00	0.00
	指数	0.00	n.a.	n.a.	n.a.	89.08	0.00	n.a.	n.a.
2012	金额	0.00	0.00	0.00	0.00	0.00	0.00	0.00	0.00
	指数	0.00	n.a.	n.a.	n.a.	0.00	0.00	n.a.	n.a.
2013	金额	0.28	0.00	0.00	0.00	3.59	0.00	0.00	0.00
	指数	250.00	n.a.	n.a.	n.a.	89.08	0.00	n.a.	n.a.
2014	金额	0.00	0.00	0.00	0.00	0.00	0.00	0.00	0.00
	指数	0.00	n.a.	n.a.	n.a.	0.00	0.00	n.a.	n.a.
2015	金额	0.28	0.00	0.00	0.00	12.97	32.00	0.00	0.00
	指数	250.00	n.a.	n.a.	n.a.	321.84	500.00	n.a.	n.a.
2016	金额	0.00	0.50	0.00	0.00	846.08	0.00	0.00	0.00
	指数	0.00	n.a.	n.a.	n.a.	20994.54	0.00	n.a.	n.a.
2017	金额	0.00	150.00	0.00	109.74	135.80	32.00	10.00	2645.36
	指数	0.00	n.a.	n.a.	n.a.	3369.73	500.00	n.a.	n.a.
2018	金额	0.00	210.50	140.00	360.53	0.00	0.00	0.00	190.92
	指数	0.00	n.a.	n.a.	n.a.	0.00	0.00	n.a.	n.a.
合计	金额	0.56	361.00	140.00	470.27	1002.03	103.86	10.00	2856.09
2011—2015 年均值		0.11	0.00	0.00	0.00	4.03	6.40	0.00	0.00

年份		马尔代夫	巴基斯坦	斯里兰卡	伊朗	土耳其	阿联酋	合计
2005	金额	0.00	0.00	0.00	0.00	0.00	0.00	39.86
	指数	n.a.	n.a.	n.a.	n.a.	n.a.	n.a.	378.11
2006	金额	0.00	0.00	0.00	0.00	0.00	0.00	0.00
	指数	n.a.	n.a.	n.a.	n.a.	n.a.	n.a.	0.00
2007	金额	0.00	0.00	0.00	0.00	0.00	0.00	0.00
	指数	n.a.	n.a.	n.a.	n.a.	n.a.	n.a.	0.00
2008	金额	0.00	0.00	0.00	0.00	0.00	0.00	19.81
	指数	n.a.	n.a.	n.a.	n.a.	n.a.	n.a.	187.92
2009	金额	0.00	0.00	0.00	0.00	0.00	0.00	0.00
	指数	n.a.	n.a.	n.a.	n.a.	n.a.	n.a.	0.00
2010	金额	0.00	0.00	0.00	0.00	0.00	0.00	0.00
	指数	n.a.	n.a.	n.a.	n.a.	n.a.	n.a.	0.00
2011	金额	0.00	0.00	0.00	0.00	0.00	0.00	3.59
	指数	n.a.	n.a.	n.a.	n.a.	n.a.	n.a.	34.05
2012	金额	0.00	0.00	0.00	0.00	0.00	0.00	0.00
	指数	n.a.	n.a.	n.a.	n.a.	n.a.	n.a.	0.00
2013	金额	0.00	0.00	0.00	0.00	0.00	0.00	3.87
	指数	n.a.	n.a.	n.a.	n.a.	n.a.	n.a.	36.71
2014	金额	0.00	0.00	0.00	0.00	0.00	0.00	0.00
	指数	n.a.	n.a.	n.a.	n.a.	n.a.	n.a.	0.00
2015	金额	0.00	0.00	0.00	0.00	0.00	0.00	45.25
	指数	n.a.	n.a.	n.a.	n.a.	n.a.	n.a.	429.24
2016	金额	0.00	0.00	0.20	0.00	0.00	898.47	1745.25
	指数	n.a.	n.a.	n.a.	n.a.	n.a.	n.a.	16555.21
2017	金额	500.00	0.00	0.00	0.00	0.00	898.47	4481.37
	指数	n.a.	n.a.	n.a.	n.a.	n.a.	n.a.	42509.68
2018	金额	0.00	74.62	0.20	0.00	66.67	1900.00	2943.44
	指数	n.a.	n.a.	n.a.	n.a.	n.a.	n.a.	27921.08
合计	金额	500.00	74.62	0.40	0.00	66.67	3696.94	9282.44
2011—2015 年均值		0.00	0.00	0.00	0.00	0.00	0.00	10.54

表 3-3-15　2005—2018 年民营样本企业海外并购投资标的国（地区）
金额指数——拉丁美洲和加勒比海地区

（单位：百万美元）

年份		阿根廷	巴西	智利	圭亚那	墨西哥	巴巴多斯	合计	总计
2005	金额	0.00	0.00	0.00	0.00	0.00	0.00	0.00	39.86
	指数	n.a.	0.00	n.a.	n.a.	n.a.	0.00	0.00	7.20
2006	金额	0.00	0.00	0.00	46.00	0.00	0.00	46.00	46.00
	指数	n.a.	0.00	n.a.	n.a.	n.a.	0.00	9.01	8.31
2007	金额	0.00	0.00	0.00	0.00	0.00	0.00	0.00	0.00
	指数	n.a.	0.00	n.a.	n.a.	n.a.	0.00	0.00	0.00
2008	金额	0.00	0.00	0.00	0.00	0.00	0.00	0.00	19.81
	指数	n.a.	0.00	n.a.	n.a.	n.a.	0.00	0.00	3.58
2009	金额	0.00	0.00	0.00	46.00	0.00	0.00	46.00	46.00
	指数	n.a.	0.00	n.a.	n.a.	n.a.	0.00	9.01	8.31
2010	金额	0.00	0.00	0.00	0.00	0.00	0.00	0.00	0.00
	指数	n.a.	0.00	n.a.	n.a.	n.a.	0.00	0.00	0.00
2011	金额	0.00	0.00	0.00	0.00	0.00	2500.00	2500.00	2503.59
	指数		0.00				500.00	489.74	452.07
2012	金额	0.00	0.40	0.00	0.00	0.00	0.00	0.40	38.76
	指数	n.a.	3.82	n.a.	n.a.	n.a.	0.00	0.08	7.00
2013	金额	0.00	51.60	0.00	0.00	0.00	0.00	51.60	55.47
	指数	n.a.	492.37	n.a.	n.a.	n.a.	0.00	10.11	10.02
2014	金额	0.00	0.40	0.00	0.00	0.00	0.00	0.40	38.76
	指数	n.a.	3.82	n.a.	n.a.	n.a.	0.00	0.08	7.00
2015	金额	0.00	0.00	0.00	0.00	0.00	0.00	0.00	132.47
	指数		0.00				0.00	0.00	23.92
2016	金额	0.00	0.00	0.00	0.00	0.00	0.00	0.00	1833.63
	指数		0.00				0.00	0.00	331.09
2017	金额	0.00	0.00	0.00	0.00	0.00	0.00	0.00	4485.21
	指数	n.a.	0.00	n.a.	n.a.	n.a.	0.00	0.00	809.88

续表

年份		阿根廷	巴西	智利	圭亚那	墨西哥	巴巴多斯	合计	总计
2018	金额	23.00	0.00	0.00	0.00	142.00	0.00	165.00	4113.44
	指数	n.a.	0.00	n.a.	n.a.	n.a.	0.00	32.32	742.75
合计	金额	23.00	52.40	0.00	92.00	142.00	2500.00	2809.40	13353.00
2011—2015 年均值		0.00	0.00	0.00	0.00	0.00	500.00	510.48	553.81

表 3-3-16　2005—2018 年民营样本企业海外并购投资标的
国（地区）金额指数——独联体国家

（单位：百万美元）

年份		阿塞拜疆	白俄罗斯	哈萨克斯坦	俄罗斯	乌兹别克斯坦	格鲁吉亚	合计	总计
2005	金额	0.00	0.00	0.00	0.00	0.00	0.00	0.00	0.00
	指数	n.a.	n.a.	0.00	n.a.	0.00	n.a.	0.00	0.00
2006	金额	0.00	0.00	0.00	0.00	0.00	0.00	0.00	0.00
	指数	n.a.	n.a.	0.00	n.a.	0.00	n.a.	0.00	0.00
2007	金额	0.00	0.00	0.00	0.00	0.00	0.00	0.00	0.00
	指数	n.a.	n.a.	0.00	n.a.	0.00	n.a.	0.00	0.00
2008	金额	0.00	0.00	0.00	0.00	0.00	0.00	0.00	0.00
	指数	n.a.	n.a.	0.00	n.a.	0.00	n.a.	0.00	0.00
2009	金额	0.00	0.00	0.00	0.00	0.00	0.00	0.00	0.00
	指数	n.a.	n.a.	0.00	n.a.	0.00	n.a.	0.00	0.00
2010	金额	0.00	0.00	0.00	0.00	0.00	0.00	0.00	0.00
	指数	n.a.	n.a.	0.00	n.a.	0.00	n.a.	0.00	0.00
2011	金额	0.00	0.00	0.00	0.00	0.00	0.00	0.00	0.00
	指数	n.a.	n.a.	0.00	n.a.	0.00	n.a.	0.00	0.00
2012	金额	0.00	0.00	0.00	0.00	5.00	0.00	5.00	5.00
	指数	n.a.	n.a.	0.00	n.a.	500.00	n.a.	6.67	6.67
2013	金额	0.00	0.00	0.00	0.00	0.00	0.00	0.00	0.00
	指数	n.a.	n.a.	0.00	n.a.	0.00	n.a.	0.00	0.00

续表

年份		阿塞拜疆	白俄罗斯	哈萨克斯坦	俄罗斯	乌兹别克斯坦	格鲁吉亚	合计	总计
2014	金额	0.00	0.00	0.00	0.00	0.00	0.00	0.00	0.00
	指数	n.a.	n.a.	0.00	n.a.	0.00	n.a.	0.00	0.00
2015	金额	0.00	0.00	370.00	0.00	0.00	0.00	370.00	370.00
	指数	n.a.	n.a.	500.00	n.a.	0.00	n.a.	493.33	493.33
2016	金额	0.00	0.00	200.60	0.00	0.00	0.00	200.60	200.60
	指数	n.a.	n.a.	271.08	n.a.	0.00	n.a.	267.47	267.47
2017	金额	0.00	0.00	370.00	12376.38	0.00	0.00	12746.38	12746.38
	指数	n.a.	n.a.	500.00	n.a.	0.00	n.a.	16995.17	16995.17
2018	金额	0.00	0.00	0.00	0.00	0.00	0.00	0.00	0.00
	指数	n.a.	n.a.	0.00	n.a.	0.00	n.a.	0.00	0.00
合计	金额	0.00	0.00	940.60	12376.38	5.00	0.00	13321.98	13321.98
2011—2015 年均值		0.00	0.00	74.00	0.00	1.00	0.00	75.00	75.00

从本报告的统计数据来看，我国民营样本企业 2018 年海外并购投资项目数量最多的标的国（地区）为中国香港，共计接受 27 件并购投资，同比增长 125%，美国以获得 26 件并购投资紧随其后，另外排名前列的还有印度（7 件）、英国（5 件）、新加坡（5 件）和马来西亚（5 件）；民营样本企业 2018 年在标的国（地区）并购投资金额排名前五位均属于发达经济体，分别是中国香港（52.87 亿美元）、美国（43.27 亿美元）、英国（36.01 亿美元）、瑞典（33.70 亿美元）和德国（29.07 亿美元），其中瑞典以 1 件高达 33.70 亿美元的交易成为 2018 年我国民营样本企业平均并购投资金额规模最高的国家。

第四节　海外并购投资行业别指数

本节按照投资标的行业的不同对我国民营样本企业海外并购投资项目

数量和金额分布情况进行分析。本节将投资标的行业分为两大部分，即制造业和非制造业。其中制造业按照 OECD 技术划分标准分为四大类，分别是高技术、中高技术、中低技术和低技术制造业；非制造业则划分为服务业，农、林、牧、渔业，采矿业，电力、热力、燃气及水生产和供应业，建筑业五大部类。

一、海外并购投资项目数量和金额在标的行业的分布

1. 民营企业海外并购投资项目数量在标的行业的分布

2005—2018 年间我国民营样本企业向海外制造业并购投资项目数量累计 230 件，在并购投资项目总数中占比 40.71%，其中有累计 116 件投资流向中高技术制造业；在投向非制造行业累计 335 件的并购投资中，14 年来有89.25% 的并购投资项目均投向服务业。进入 2018 年，我国民营样本企业对海外制造业的并购投资项目数量较 2017 年下降 4.5%，共计进行 42 件并购交易，其中仍以对中高技术、高技术制造业的并购投资为主；非制造业 2018 年接受了民营样本企业 76 件并购投资，且与 14 年来并购投资项目数量在标的行业的总体分布相似，投向非制造业的投资项目数量主要流向服务业。

表 3-4-1　2005—2018 年民营样本企业海外并购投资项目
数量在标的行业的分布及指数汇总表

（单位：件）

| 年份 | 制造业 | | | | | | | | | | | |
| | 高技术 | | | | 中高技术 | | | | 中低技术 | | | |
	项目数	同比增长（%）	占比（%）	指数	项目数	同比增长（%）	占比（%）	指数	项目数	同比增长（%）	占比（%）	指数
2005	1	—	33.33	71.43	1	—	33.33	10.42	1	—	33.33	83.33
2006	1	0.0	50.00	71.43	0	-100.0	0.00	0.00	0	-100.0	0.00	0.00
2007	0	-100.0	0.00	0.00	1	n.a.	16.67	10.42	2	n.a.	33.33	166.67
2008	1	n.a.	12.50	71.43	2	100.0	25.00	20.83	1	-50.0	12.50	83.33
2009	1	0.0	20.00	71.43	3	50.0	60.00	31.25	0	-100.0	0.00	0.00

续表

年份	制造业											
	高技术				中高技术				中低技术			
	项目数	同比增长（%）	占比（%）	指数	项目数	同比增长（%）	占比（%）	指数	项目数	同比增长（%）	占比（%）	指数
2010	2	100.0	28.57	142.86	3	0.0	42.86	31.25	2	n.a.	28.57	166.67
2011	3	50.0	18.75	214.29	11	266.7	68.75	114.58	2	0.0	12.50	166.67
2012	0	-100.0	0.00	0.00	9	-18.2	69.23	93.75	0	-100.0	0.00	0.00
2013	1	n.a.	8.33	71.43	9	0.0	75.00	93.75	1	n.a.	8.33	83.33
2014	0	-100.0	0.00	0.00	10	11.1	62.50	104.17	1	0.0	6.25	83.33
2015	3	n.a.	17.65	214.29	9	-10.0	52.94	93.75	2	100.0	11.76	166.67
2016	5	66.7	12.82	357.14	20	122.2	51.28	208.33	4	100.0	10.26	333.33
2017	13	160.0	29.55	928.57	21	5.0	47.73	218.75	4	0.0	9.09	333.33
2018	13	0.0	30.95	928.57	17	-19.0	40.48	177.08	2	-50.0	4.76	166.67
合计	44	—	19.13	—	116		50.43	—	22		9.57	—
2011—2015 年均值	1.40	—		100.00	9.60	—		100.00	1.20	—		100.00

年份	制造业							
	低技术				合计			
	项目数	同比增长（%）	占比（%）	指数	项目数	同比增长（%）	占比（%）	指数
2005	0	—	0.00	0.00	3	—	100.00	20.27
2006	1	n.a.	50.00	38.46	2	-33.3	50.00	13.51
2007	3	200.0	50.00	115.38	6	200.0	60.00	40.54
2008	4	33.3	50.00	153.85	8	33.3	72.73	54.05
2009	1	-75.0	20.00	38.46	5	-37.5	38.46	33.78
2010	0	-100.0	0.00	0.00	7	40.0	43.75	47.30
2011	0	n.a.	0.00	0.00	16	128.6	41.03	108.11
2012	4	n.a.	30.77	153.85	13	-18.8	50.00	87.84
2013	1	-75.0	8.33	38.46	12	-7.7	42.86	81.08
2014	5	400.0	31.25	192.31	16	33.3	47.06	108.11
2015	3	-40.0	17.65	115.38	17	6.3	31.48	114.86
2016	10	233.3	25.64	384.62	39	129.4	38.61	263.51

续表

年份	制造业							
	低技术				合计			
	项目数	同比增长（%）	占比（%）	指数	项目数	同比增长（%）	占比（%）	指数
2017	6	-40.0	13.64	230.77	44	12.8	40.74	297.30
2018	10	66.7	23.81	384.62	42	-4.5	35.59	283.78
合计	48	—	20.87	—	230	—	40.71	—
2011—2015年均值	2.60	—	—	100.00	14.80	—	—	100.00

年份	非制造业											
	服务业				采矿业				电力、热力、燃气及水生产和供应业			
	项目数	同比增长（%）	占比（%）	指数	项目数	同比增长（%）	占比（%）	指数	项目数	同比增长（%）	占比（%）	指数
2005	0	—	n.a.	0.00	0	—	n.a.	0.00	0	—	n.a.	0.00
2006	1	n.a.	50.00	5.10	1	n.a.	50.00	100.00	0	n.a.	0.00	0.00
2007	4	300.0	100.00	20.41	0	-100.0	0.00	0.00	0	n.a.	0.00	0.00
2008	3	-25.0	100.00	15.31	0	0.00	0.00	0	n.a.	0.00	0.00
2009	7	133.3	87.50	35.71	1	n.a.	12.50	100.00	0	n.a.	0.00	0.00
2010	9	28.6	100.00	45.92	0	-100.0	0.00	0.00	0	n.a.	0.00	0.00
2011	22	144.4	95.65	112.24	1	n.a.	4.35	100.00	0	n.a.	0.00	0.00
2012	10	-54.5	76.92	51.02	1	0.0	7.69	100.00	1	n.a.	7.69	250.00
2013	15	50.0	93.75	76.53	1	0.0	6.25	100.00	0	-100.0	0.00	0.00
2014	17	13.3	94.44	86.73	0	-100.0	0.00	0.00	0		0.00	0.00
2015	34	100.0	91.89	173.47	2	n.a.	5.41	200.00	1	n.a.	2.70	250.00
2016	53	55.9	85.48	270.41	3	50.0	4.84	300.00	5	400.0	8.06	1250.00
2017	56	5.7	87.50	285.71	7	133.3	10.94	700.00	1	-80.0	1.56	250.00
2018	68	21.4	89.47	346.94	5	-28.6	6.58	500.00	2	100.0	2.63	500.00
合计	299	—	89.25	—	22	—	6.57	—	10	—	2.99	—
2011—2015年均值	19.60	—	—	100.00	1	—	—	100.00	0.40	—	—	100.00

续表

年份	非制造业								总计			
	建筑业				合计							
	项目数	同比增长（%）	占比（%）	指数	项目数	同比增长（%）	占比（%）	指数	项目数	同比增长（%）	占比（%）	指数
2005	0	—	n.a.	0.00	0	—	0.00	0.00	3	—	100.00	8.29
2006	0	n.a.	0.00	0.00	2	n.a.	50.00	9.35	4	33.3	100.00	11.05
2007	0	n.a.	0.00	0.00	4	100.0	40.00	18.69	10	150.0	100.00	27.62
2008	0	n.a.	0.00	0.00	3	−25.0	27.27	14.02	11	10.0	100.00	30.39
2009	0	n.a.	0.00	0.00	8	166.7	61.54	37.38	13	18.2	100.00	35.91
2010	0	n.a.	0.00	0.00	9	12.5	56.25	42.06	16	23.1	100.00	44.20
2011	0	n.a.	0.00	0.00	23	155.6	58.97	107.48	39	143.8	100.00	107.73
2012	1	n.a.	7.69	250.00	13	−43.5	50.00	60.75	26	−33.3	100.00	71.82
2013	0	−100.0	0.00	0.00	16	23.1	57.14	74.77	28	7.7	100.00	77.35
2014	1	n.a.	5.56	250.00	18	12.5	52.94	84.11	34	21.4	100.00	93.92
2015	0	−100.0	0.00	0.00	37	105.6	68.52	172.90	54	58.8	100.00	149.17
2016	1	n.a.	1.61	250.00	62	67.6	61.39	289.72	101	87.0	100.00	279.01
2017	0	−100.0	0.00	0.00	64	3.2	59.26	299.07	108	6.9	100.00	298.34
2018	1	n.a.	1.32	250.00	76	18.8	64.41	355.14	118	9.3	100.00	325.97
合计	4	—	1.19	—	335	—	59.29	—	565	—	100.00	—
2011—2015 年均值	0.40	—	—	100.00	21.40	—	—	100.00	36.20	—	—	100.00

注：此处存在重复统计问题，故总计部分与表 3-1-1、表 3-1-2 所示不一致，重复统计的处理方式与第二章相应部分的处理一致，详见表 2-2-1 脚注。

2. 民营企业海外并购投资金额在标的行业的分布

2018 年，受并购投资金额总量减少影响，我国民营样本企业对海外制造业、非制造业的并购投资金额规模较 2017 年均有不同程度下降。其中，投向制造业的金额合计 160.66 亿美元，占比总金额规模的 55.11%；投向非制造业的并购投资金额合计 130.85 亿美元，较 2017 年同比下降 64%。从投向制造业的并购金额规模变化来看，尽管 2018 年整体并购投资金额呈下降趋势，但民营样本企业对高技术、低技术制造业的并购投资金额却有显著提升，其中对高技术制造业的投资规模增幅最大，同比增长 45.1%，共计投资 46.30 亿美元。另外，民营样本企业对中高技术制造业并购投资金额虽然于 2018 年出现 79.3% 的下降，但是中高技术制造业在制造业所获得的并购投资总金额中仍然占比过半，达到 54.06%。在对非制造业的投资中，2018 年投向服务业的金额为 118.71 亿美元，占比非制造行业所接受并购投资金额规模的 90.72%；其次是采矿业，电力、热力、燃气及水生产和供应业，分别为 10.42 亿美元和 1.71 亿美元，且对电力、热力、燃气及水生产和供应业的并购投资金额在 2018 年出现飞速增长，金额指数达 229.92；民营样本企业对建筑业的并购投资金额在非制造业中占比最少，2018 年共计获得 20 万美元的投资。

表 3-4-2　2005—2018 年民营样本企业海外并购投资金额
在标的行业的分布及指数汇总表

（单位：百万美元）

年份	制造业											
	高技术				中高技术				中低技术			
	金额	同比增长（%）	占比（%）	指数	金额	同比增长（%）	占比（%）	指数	金额	同比增长（%）	占比（%）	指数
2005	26.42	—	38.69	68.64	39.86	—	58.38	6.83	2.00	—	2.93	0.39
2006	7.00	-73.5	51.09	18.19	0.00	-100.00	0.00	0.00	0.00	-100.00	0.00	0.00
2007	0.00	-100.0	0.00	0.00	0.00	n.a.	0.00	0.00	2.00	n.a.	1.55	0.39
2008	7.00	n.a.	0.84	18.19	685.08	n.a.	82.25	117.46	19.81	890.50	2.38	3.89
2009	0.00	-100.0	0.00	0.00	289.98	-57.67	100.00	49.72	0.00	-100.00	0.00	0.00
2010	53.97	n.a.	2.89	140.23	1811.15	524.58	97.04	310.53	1.30	n.a.	0.07	0.26
2011	0.00	-100.0	0.00	0.00	908.82	-49.82	52.93	155.82	808.21	62070.00	47.07	158.54
2012	0.00	n.a.	0.00	0.00	766.22	-15.69	88.97	131.37	0.00	-100.00	0.00	0.00
2013	135.44	n.a.	21.69	351.90	446.94	-41.67	71.58	76.63	0.00	n.a.	0.00	0.00
2014	0.00	-100.0	0.00	0.00	176.48	-60.51	14.53	30.26	0.00	n.a.	0.00	0.00
2015	57.00	n.a.	2.26	148.10	617.73	250.03	24.53	105.91	1740.65	n.a.	69.13	341.46
2016	53.60	-6.0	1.01	139.26	1035.61	67.65	19.48	177.56	154.63	-91.12	2.91	30.33
2017	3191.08	5853.5	6.62	8291.10	41861.09	3942.17	86.79	7177.36	1289.75	734.09	2.67	253.01
2018	4629.79	45.1	28.82	12029.18	8684.67	-79.3	54.06	1489.04	410.00	-68.2	2.55	80.43
合计	8161.30	—	10.23	—	57323.63	—	71.88	—	4428.35	—	5.55	—
2011—2015 年均值	38.49	—	—	100.00	583.24	—	—	100.00	509.77	—	—	100.00

续表

年份	制造业							
	低技术				合计			
	金额	同比增长（%）	占比（%）	指数	金额	同比增长（%）	占比（%）	指数
2005	0.00	—	0.00	0.00	68.28	—	100.00	4.92
2006	6.70	n.a.	48.91	2.62	13.70	−79.94	22.95	0.99
2007	127.07	1796.6	98.45	49.72	129.07	842.12	100.00	9.31
2008	121.00	−4.8	14.53	47.34	832.89	545.30	98.94	60.05
2009	0.00	−100.0	0.00	0.00	289.98	−65.18	47.10	20.91
2010	0.00	n.a.	0.00	0.00	1866.42	543.64	79.12	134.56
2011	0.00	n.a.	0.00	0.00	1717.03	−8.00	25.88	123.79
2012	94.99	n.a.	11.03	37.16	861.21	−49.84	14.39	62.09
2013	41.97	−55.8	6.72	16.42	624.35	−27.50	32.98	45.01
2014	1038.36	2374.1	85.47	406.25	1214.84	94.58	5.55	87.58
2015	102.66	−90.1	4.08	40.16	2518.04	107.27	11.29	181.53
2016	4073.53	3868.0	76.61	1593.74	5317.37	111.17	22.02	383.35
2017	1892.61	−53.5	3.92	740.47	48234.53	807.11	57.01	3477.38
2018	2341.35	23.7	14.57	916.04	16065.81	−66.70	55.11	1158.24
合计	9840.24	—	12.34	—	79753.52	—	39.74	—
2011—2015 年均值	255.60	—	—	100.00	1387.09	—	—	100.00

年份	非制造业											
	服务业				采矿业				电力、热力、燃气及水生产和供应业			
	金额	同比增长（%）	占比（%）	指数	金额	同比增长（%）	占比（%）	指数	金额	同比增长（%）	占比（%）	指数
2005	0.00	—	n.a.	0.00	0.00	—	n.a.	0.00	0.00	—	n.a.	0.00
2006	46.00	n.a.	100.00	0.57	0.00	n.a.	0.00	0.00	0.00	n.a.	0.00	0.00
2007	0.00	−100.0	n.a.	0.00	0.00	n.a.	0.00	0.00	0.00	n.a.	0.00	0.00
2008	8.96	n.a.	100.00	0.11	0.00	n.a.	0.00	0.00	0.00	n.a.	0.00	0.00
2009	187.05	1987.6	57.44	2.30	138.60	n.a.	42.56	52.86	0.00	n.a.	0.00	0.00
2010	492.45	163.3	100.00	6.06	0.00	−100.0	0.00	0.00	0.00	n.a.	0.00	0.00

续表

年份	非制造业											
	服务业				采矿业				电力、热力、燃气及水生产和供应业			
	金额	同比增长(%)	占比(%)	指数	金额	同比增长(%)	占比(%)	指数	金额	同比增长(%)	占比(%)	指数
2011	4917.33	898.5	100.00	60.49	0.00	n.a.	0.00	0.00	0.00	n.a.	0.00	0.00
2012	4597.03	-6.5	89.72	56.55	448.74	n.a.	8.76	171.15	3.00	n.a.	0.06	4.02
2013	1269.03	-72.4	100.00	15.61	0.00	-100.0	0.00	0.00	0.00	-100.0	0.00	0.00
2014	11311.48	791.3	54.70	139.15	0.00	n.a.	0.00	0.00	0.00	n.a.	0.00	0.00
2015	18551.20	64.0	93.77	228.20	862.19	n.a.	4.36	328.85	370.00	n.a.	1.87	495.98
2016	17301.64	-6.7	91.86	212.83	1059.87	22.9	5.63	404.24	200.95	-45.7	1.07	269.37
2017	22159.64	28.1	60.93	272.59	14188.03	1238.7	39.02	5411.44	20.00	-90.0	0.05	26.81
2018	11870.59	-46.4	90.72	146.02	1042.31	-92.7	7.97	397.55	171.52	757.6	1.31	229.92
合计	92712.40	—	76.66	—	17739.74	—	14.67	—	765.47	—	0.63	—
2011—2015年均值	8129.21	—	—	100.00	262.19	—	—	100.00	74.60	—	—	100.00

年份	非制造业								总计			
	建筑业				合计							
	金额	同比增长(%)	占比(%)	指数	金额	同比增长(%)	占比(%)	指数	金额	同比增长(%)	占比(%)	指数
2005	0.00	—	n.a.	0.00	0.00	—	0.00	0.00	68.28	—	100.00	0.58
2006	0.00	n.a.	0.00	0.00	46.00	n.a.	77.05	0.44	59.70	-12.6	100.00	0.51
2007	0.00	n.a.	n.a.	0.00	0.00	-100.0	0.00	0.00	129.07	116.2	100.00	1.10
2008	0.00	n.a.	0.00	0.00	8.96	n.a.	1.06	0.09	841.85	552.2	100.00	7.17
2009	0.00	n.a.	0.00	0.00	325.65	3534.5	52.90	3.15	615.63	-26.9	100.00	5.24
2010	0.00	n.a.	0.00	0.00	492.45	51.2	20.88	4.76	2358.87	283.2	100.00	20.09
2011	0.00	n.a.	0.00	0.00	4917.33	898.5	74.12	47.49	6634.36	181.3	100.00	56.50
2012	75.00	n.a.	1.46	3.97	5123.77	4.2	85.61	49.48	5984.98	-9.8	100.00	50.97

续表

| 年份 | 非制造业 | | | | | | | | 总计 | | | |
| | 建筑业 | | | | 合计 | | | | | | | |
	金额	同比增长（%）	占比（%）	指数	金额	同比增长（%）	占比（%）	指数	金额	同比增长（%）	占比（%）	指数
2013	0.00	-100.0	0.00	0.00	1269.03	-75.2	67.02	12.26	1893.38	-68.4	100.00	16.13
2014	9367.58	n.a.	45.30	496.03	20679.06	1529.5	94.45	199.71	21893.90	1056.3	100.00	186.46
2015	0.00	-100.0	0.00	0.00	19783.39	-4.3	88.71	191.06	22301.43	1.9	100.00	189.94
2016	273.24	n.a.	1.45	14.47	18835.70	-4.8	77.98	181.91	24153.07	8.3	100.00	205.70
2017	0.00	-100.0	0.00	0.00	36367.67	93.1	42.99	351.23	84602.20	250.3	100.00	720.53
2018	0.20	n.a.	0.00	0.01	13084.62	-64.0	44.89	126.37	29150.43	-65.5	100.00	248.27
合计	9716.02	—	8.03	—	120933.63	—	60.26	—	200687.15	—	100.00	—
2011—2015 年均值	1888.52	—	—	100.00	10354.51	—	—	100.00	11741.61	—	—	100.00

注：此处存在重复统计问题，故总计部分与表 3-1-1、表 3-1-2 所示不一致，重复统计的处理方式与第二章相应部分的处理一致，详见表 2-2-1 脚注。

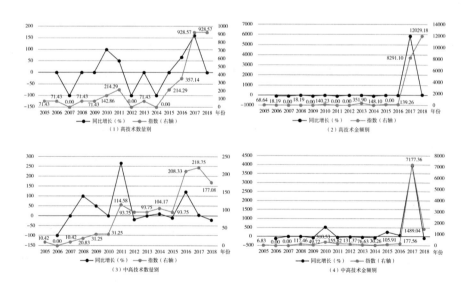

（1）高技术数量别　（2）高技术金额别　（3）中高技术数量别　（4）中高技术金额别

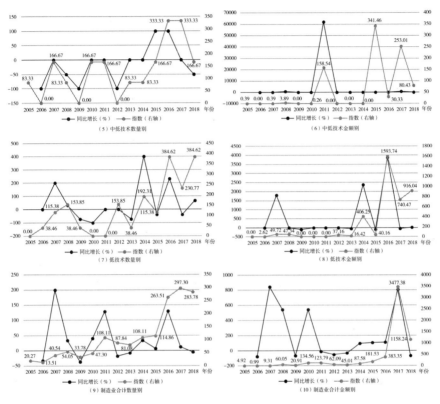

图 3-4-1 2005—2018 年海外并购投资制造业项目数量和金额指数变化图

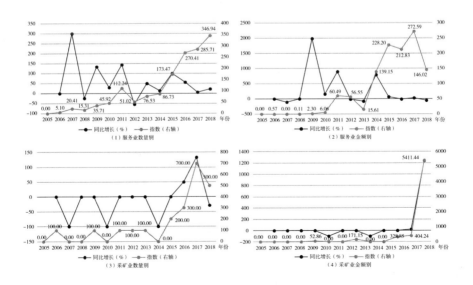

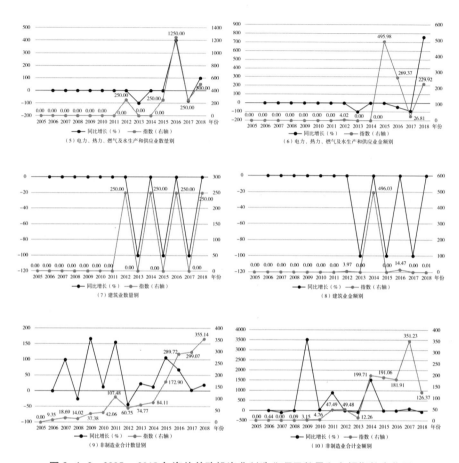

图 3-4-2 2005—2018 年海外并购投资非制造业项目数量和金额指数变化图

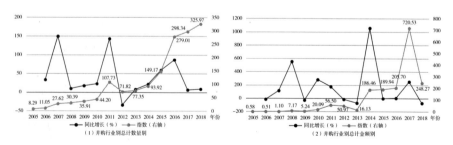

图 3-4-3 2005—2018 年海外并购投资行业别项目数量和金额指数变化图

二、民营企业海外并购投资项目数量和金额在各细分标的行业的分布

1. 民营企业海外并购投资项目数量在各细分标的行业的分布

表 3-4-3　2005—2018 年民营样本企业海外并购投资项目
行业别项目数量指数——制造业

（单位：件）

年份		高技术					
		航空航天	医药制造	办公、会计和计算机设备	广播、电视和通信设备	医疗器械、精密仪器和光学仪器、钟表	合计
2005	数量	0	0	0	0	1	1
	指数	n.a.	0.00	n.a.	0.00	500.00	71.43
2006	数量	0	0	0	1	0	1
	指数	n.a.	0.00	n.a.	166.67	0.00	71.43
2007	数量	0	0	0	0	0	0
	指数	n.a.	0.00	n.a.	0.00	0.00	0.00
2008	数量	0	0	0	1	0	1
	指数	n.a.	0.00	n.a.	166.67	0.00	71.43
2009	数量	0	1	0	0	0	1
	指数	n.a.	166.67	n.a.	0.00	0.00	71.43
2010	数量	0	0	1	0	1	2
	指数	n.a.	0.00	n.a.	0.00	500.00	142.86
2011	数量	0	1	0	2	0	3
	指数	n.a.	166.67	n.a.	333.33	0.00	214.29
2012	数量	0	0	0	0	0	0
	指数	n.a.	0.00	n.a.	0.00	0.00	0.00
2013	数量	0	1	0	0	0	1
	指数	n.a.	166.67	n.a.	0.00	0.00	71.43
2014	数量	0	0	0	0	0	0
	指数	n.a.	0.00	n.a.	0.00	0.00	0.00

续表

年份		高技术					
		航空航天	医药制造	办公、会计和计算机设备	广播、电视和通信设备	医疗器械、精密仪器和光学仪器、钟表	合计
2015	数量	0	1	0	1	1	3
	指数	n.a.	166.67	n.a.	166.67	500.00	214.29
2016	数量	0	3	0	0	2	5
	指数	n.a.	500.00	n.a.	0.00	1000.00	357.14
2017	数量	0	5	4	3	1	13
	指数	n.a.	833.33	n.a.	500.00	500.00	928.57
2018	数量	0	3	0	4	6	13
	指数	n.a.	500	n.a.	666.67	3000.00	928.57
合计	数量	0	15	5	12	12	44
2011—2015 年均值		0.00	0.60	0.00	0.60	0.20	1.40

年份		中高技术					
		其他电气机械和设备	汽车、挂车和半挂车	化学品及化学制品（不含制药）	其他铁道设备和运输设备	其他机械设备	合计
2005	数量	0	0	1	0	0	1
	指数	0.00	0.00	500.00	0.00	0.00	10.42
2006	数量	0	0	0	0	0	0
	指数	0.00	0.00	0.00	0.00	0.00	0.00
2007	数量	0	0	0	1	0	1
	指数	0.00	0.00	0.00	500.00	0.00	10.42
2008	数量	0	1	0	0	1	2
	指数	0.00	25.00	0.00	0.00	125.00	20.83
2009	数量	0	3	0	0	0	3
	指数	0.00	75.00	0.00	0.00	0.00	31.25
2010	数量	0	2	0	0	1	3
	指数	0.00	50.00	0.00	0.00	125.00	31.25
2011	数量	4	4	0	0	3	11
	指数	90.91	100.00	0.00	0.00	375.00	114.58

年份		中高技术					
		其他电气机械和设备	汽车、挂车和半挂车	化学品及化学制品（不含制药）	其他铁道设备和运输设备	其他机械设备	合计
2012	数量	2	6	0	0	1	9
	指数	45.45	150.00	0.00	0.00	125.00	93.75
2013	数量	5	4	0	0	0	9
	指数	113.64	100.00	0.00	0.00	0.00	93.75
2014	数量	7	2	1	0	0	10
	指数	159.09	50.00	500.00	0.00	0.00	104.17
2015	数量	4	4	0	1	0	9
	指数	90.91	100.00	0.00	500.00	0.00	93.75
2016	数量	7	12	0	0	1	20
	指数	159.09	300.00	0.00	0.00	125.00	208.33
2017	数量	8	6	0	6	1	21
	指数	181.82	150.00	0.00	3000.00	125.00	218.75
2018	数量	5	7	0	1	4	17
	指数	113.64	175	0	500	500	177.08
合计	数量	42	51	2	9	12	116
2011—2015 年均值		4.40	4.00	0.20	0.20	0.80	9.60

年份		中低技术					
		船舶制造和修理	橡胶和塑料制品	焦炭、精炼石油产品及核燃料	其他非金属矿物制品	基本金属和金属制品	合计
2005	数量	0	0	0	0	1	1
	指数	n.a.	n.a.	n.a.	n.a.	83.33	83.33
2006	数量	0	0	0	0	0	0
	指数	n.a.	n.a.	n.a.	n.a.	0.00	0.00
2007	数量	0	0	1	0	1	2
	指数	n.a.	n.a.	n.a.	n.a.	83.33	166.67

续表

年份		中低技术					
		船舶制造和修理	橡胶和塑料制品	焦炭、精炼石油产品及核燃料	其他非金属矿物制品	基本金属和金属制品	合计
2008	数量	0	1	0	0	0	1
	指数	n.a.	n.a.	n.a.	n.a.	0.00	83.33
2009	数量	0	0	0	0	0	0
	指数	n.a.	n.a.	n.a.	n.a.	0.00	0.00
2010	数量	0	0	1	0	1	2
	指数	n.a.	n.a.	n.a.	n.a.	83.33	166.67
2011	数量	0	0	0	0	2	2
	指数	n.a.	n.a.	n.a.	n.a.	166.67	166.67
2012	数量	0	0	0	0	0	0
	指数	n.a.	n.a.	n.a.	n.a.	0.00	0.00
2013	数量	0	0	0	0	1	1
	指数	n.a.	n.a.	n.a.	n.a.	83.33	83.33
2014	数量	0	0	0	0	1	1
	指数	n.a.	n.a.	n.a.	n.a.	83.33	83.33
2015	数量	0	0	0	0	2	2
	指数	n.a.	n.a.	n.a.	n.a.	166.67	166.67
2016	数量	0	1	0	0	3	4
	指数	n.a.	n.a.	n.a.	n.a.	250.00	333.33
2017	数量	0	1	0	0	3	4
	指数	n.a.	n.a.	n.a.	n.a.	250.00	333.33
2018	数量	0	0	0	1	1	2
	指数	n.a.	n.a.	n.a.	n.a.	83.33	166.67
合计	数量	0	3	2	1	16	22
2011—2015 年均值		0.00	0.00	0.00	0.00	1.20	1.20

年份		低技术					总计
		其他制造业和再生产品	木材、纸浆、纸张、纸制品、印刷及出版	食品、饮料和烟草	纺织、纺织品、皮革及制鞋	合计	
2005	数量	0	0	0	0	0	3
	指数	0.00	0.00	0.00	0.00	0.00	20.27
2006	数量	1	0	0	0	1	2
	指数	166.67	0.00	0.00	0.00	38.46	13.51
2007	数量	1	0	1	1	3	6
	指数	166.67	0.00	125.00	250.00	115.38	40.54
2008	数量	0	0	0	4	4	8
	指数	0.00	0.00	0.00	1000.00	153.85	54.05
2009	数量	0	1	0	0	1	5
	指数	0.00	125.00	0.00	0.00	38.46	33.78
2010	数量	0	0	0	0	0	7
	指数	0.00	0.00	0.00	0.00	0.00	47.30
2011	数量	0	0	0	0	0	16
	指数	0.00	0.00	0.00	0.00	0.00	108.11
2012	数量	1	2	1	0	4	13
	指数	166.67	250.00	125.00	0.00	153.85	87.84
2013	数量	1	0	0	0	1	12
	指数	166.67	0.00	0.00	0.00	38.46	81.08
2014	数量	0	1	2	2	5	16
	指数	0.00	125.00	250.00	500.00	192.31	108.11
2015	数量	1	1	1	0	3	17
	指数	166.67	125.00	125.00	0.00	115.38	114.86

续表

年份		低技术					总计
		其他制造业和再生产品	木材、纸浆、纸张、纸制品、印刷及出版	食品、饮料和烟草	纺织、纺织品、皮革及制鞋	合计	
2016	数量	2	1	4	3	10	39
	指数	333.33	125.00	500.00	750.00	384.62	263.51
2017	数量	0	1	2	3	6	44
	指数	0.00	125.00	250.00	750.00	230.77	297.30
2018	数量	4	2	1	3	10	42
	指数	666.67	250.00	125.00	750.00	384.62	283.78
合计	数量	11	9	12	16	48	230
2011—2015 年均值		0.60	0.80	0.80	0.40	2.60	14.80

表 3-4-4 2005—2018 年民营样本企业海外并购投资项目
行业别项目数量指数——非制造业

(单位：件)

年份		服务业							
		批发和零售业	交通运输、仓储和邮政业	住宿和餐饮业	信息传输、软件和信息技术服务业	金融业	房地产业	租赁和商务服务业	科学研究和技术服务业
2005	数量	0	0	0	0	0	0	0	0
	指数	0.00	0.00	0.00	0.00	0.00	0.00	0.00	n.a.
2006	数量	0	0	0	0	0	0	0	1
	指数	0.00	0.00	0.00	0.00	0.00	0.00	0.00	n.a.
2007	数量	0	0	3	0	1	0	0	0
	指数	0.00	0.00	214.29	0.00	33.33	0.00	0.00	n.a.
2008	数量	0	2	0	0	1	0	0	0
	指数	0.00	200.00	0.00	0.00	33.33	0.00	0.00	n.a.

年份		服务业							
		批发和零售业	交通运输、仓储和邮政业	住宿和餐饮业	信息传输、软件和信息技术服务业	金融业	房地产业	租赁和商务服务业	科学研究和技术服务业
2009	数量	3	0	3	0	0	0	0	1
	指数	38.46	0.00	214.29	0.00	0.00	0.00	0.00	n.a.
2010	数量	1	4	0	1	0	0	0	2
	指数	12.82	400.00	0.00	83.33	0.00	0.00	0.00	n.a.
2011	数量	11	3	2	0	4	0	2	0
	指数	141.03	300.00	142.86	0.00	133.33	0.00	500.00	n.a.
2012	数量	4	0	1	0	1	1	0	0
	指数	51.28	0.00	71.43	0.00	33.33	250.00	0.00	n.a.
2013	数量	8	0	0	0	3	0	0	0
	指数	102.56	0.00	0.00	0.00	100.00	0.00	0.00	n.a.
2014	数量	5	0	2	3	2	0	0	0
	指数	64.10	0.00	142.86	250.00	66.67	0.00	0.00	n.a.
2015	数量	11	2	2	3	5	1	0	0
	指数	141.03	200.00	142.86	250.00	166.67	250.00	0.00	n.a.
2016	数量	10	1	2	4	11	1	3	0
	指数	128.21	100.00	142.86	333.33	366.67	250.00	750.00	n.a.
2017	数量	11	4	1	5	18	2	0	1
	指数	141.03	400.00	71.43	416.67	600.00	500.00	0.00	n.a.
2018	数量	16	2	0	13	20	0	5	7
	指数	205.13	200.00	0	1083.33	666.67	0	1250	n.a.
合计	数量	80	18	16	29	66	5	10	12
2011—2015年均值		7.80	1.00	1.40	1.20	3.00	0.40	0.40	0.00

续表

年份		服务业							
		水利、环境和公共设施管理业	居民服务、修理和其他服务业	教育	卫生和社会工作	文化、体育和娱乐业	公共管理、社会保障和社会组织	国际组织	合计
2005	数量	0	0	0	0	0	0	0	0
	指数	n.a.	0.00	n.a.	n.a.	0.00	n.a.	n.a.	0.00
2006	数量	0	0	0	0	0	0	0	1
	指数	n.a.	0.00	n.a.	n.a.	0.00	n.a.	n.a.	5.10
2007	数量	0	0	0	0	0	0	0	4
	指数	n.a.	0.00	n.a.	n.a.	0.00	n.a.	n.a.	20.41
2008	数量	0	0	0	0	0	0	0	3
	指数	n.a.	0.00	n.a.	n.a.	0.00	n.a.	n.a.	15.31
2009	数量	0	0	0	0	0	0	0	7
	指数	n.a.	0.00	n.a.	n.a.	0.00	n.a.	n.a.	35.71
2010	数量	0	1	0	0	0	0	0	9
	指数	n.a.	55.56	n.a.	n.a.	0.00	n.a.	n.a.	45.92
2011	数量	0	0	0	0	0	0	0	22
	指数	n.a.	0.00	n.a.	n.a.	0.00	n.a.	n.a.	112.24
2012	数量	0	2	0	0	1	0	0	10
	指数	n.a.	111.11	n.a.	n.a.	38.46	n.a.	n.a.	51.02
2013	数量	0	3	0	0	1	0	0	15
	指数	n.a.	166.67	n.a.	n.a.	38.46	n.a.	n.a.	76.53
2014	数量	0	3	0	0	2	0	0	17
	指数	n.a.	166.67	n.a.	n.a.	76.92	n.a.	n.a.	86.73
2015	数量	0	1	0	0	9	0	0	34
	指数	n.a.	55.56	n.a.	n.a.	346.15	n.a.	n.a.	173.47
2016	数量	0	5	0	1	15	0	0	53
	指数	n.a.	277.78	n.a.	n.a.	576.92	n.a.	n.a.	270.41

年份		服务业							
		水利、环境和公共设施管理业	居民服务、修理和其他服务业	教育	卫生和社会工作	文化、体育和娱乐业	公共管理、社会保障和社会组织	国际组织	合计
2017	数量	0	3	0	1	10	0	0	56
	指数	n.a.	166.67	n.a.	n.a.	384.62	n.a.	n.a.	285.71
2018	数量	0	0	0	2	3	0	0	68
	指数	n.a.	0	n.a.	n.a.	115.38	n.a.	n.a.	346.94
合计	数量	0	18	0	4	41	0	0	299
2011—2015 年均值		0.00	1.80	0.00	0.00	2.60	0.00	0.00	19.60

年份		采矿业							
		煤炭开采和洗选业	石油和天然气开采业	黑色金属矿采选业	有色金属矿采选业	非金属矿采选业	开采专业及辅助性活动	其他采矿业	合计
2005	数量	0	0	0	0	0	0	0	0
	指数	0.00	0.00	0.00	n.a.	n.a.	n.a.	n.a.	0.00
2006	数量	0	0	0	0	0	1	0	1
	指数	0.00	0.00	0.00	n.a.	n.a.	n.a.	n.a.	100.00
2007	数量	0	0	0	0	0	0	0	0
	指数	0.00	0.00	0.00	n.a.	n.a.	n.a.	n.a.	0.00
2008	数量	0	0	0	0	0	0	0	0
	指数	0.00	0.00	0.00	n.a.	n.a.	n.a.	n.a.	0.00
2009	数量	0	0	1	0	0	0	0	1
	指数	0.00	0.00	500.00	n.a.	n.a.	n.a.	n.a.	100.00
2010	数量	0	0	0	0	0	0	0	0
	指数	0.00	0.00	0.00	n.a.	n.a.	n.a.	n.a.	0.00
2011	数量	1	0	0	0	0	0	0	1
	指数	250.00	0.00	0.00	n.a.	n.a.	n.a.	n.a.	100.00

续表

年份		采矿业							
		煤炭开采和洗选业	石油和天然气开采业	黑色金属矿采选业	有色金属矿采选业	非金属矿采选业	开采专业及辅助性活动	其他采矿业	合计
2012	数量	0	0	1	0	0	0	0	1
	指数	0.00	0.00	500.00	n.a.	n.a.	n.a.	n.a.	100.00
2013	数量	1	0	0	0	0	0	0	1
	指数	250.00	0.00	0.00	n.a.	n.a.	n.a.	n.a.	100.00
2014	数量	0	0	0	0	0	0	0	0
	指数	0.00	0.00	0.00	n.a.	n.a.	n.a.	n.a.	0.00
2015	数量	0	2	0	0	0	0	0	2
	指数	0.00	500.00	0.00	n.a.	n.a.	n.a.	n.a.	200.00
2016	数量	0	3	0	0	0	0	0	3
	指数	0.00	750.00	0.00	n.a.	n.a.	n.a.	n.a.	300.00
2017	数量	0	6	1	0	0	0	0	7
	指数	0.00	1500.00	500.00	n.a.	n.a.	n.a.	n.a.	700.00
2018	数量	0	2	1	2	0	0	0	5
	指数	0	500	500	n.a.	n.a.	n.a.	n.a.	500
合计	数量	2	13	4	2	0	1	0	22
2011—2015 年均值		0.40	0.40	0.20	0.00	0.00	0.00	0.00	1.00

年份		电力、热力、燃气及水生产和供应业			
		电力、热力生产和供应业	燃气生产和供应业	水生产和供应业	合计
2005	数量	0	0	0	0
	指数	0.00	n.a.	n.a.	0.00
2006	数量	0	0	0	0
	指数	0.00	n.a.	n.a.	0.00
2007	数量	0	0	0	0
	指数	0.00	n.a.	n.a.	0.00

年份		电力、热力、燃气及水生产和供应业			
		电力、热力生产和供应业	燃气生产和供应业	水生产和供应业	合计
2008	数量	0	0	0	0
	指数	0.00	n.a.	n.a.	0.00
2009	数量	0	0	0	0
	指数	0.00	n.a.	n.a.	0.00
2010	数量	0	0	0	0
	指数	0.00	n.a.	n.a.	0.00
2011	数量	0	0	0	0
	指数	0.00	n.a.	n.a.	0.00
2012	数量	1	0	0	1
	指数	250.00	n.a.	n.a.	250.00
2013	数量	0	0	0	0
	指数	0.00	n.a.	n.a.	0.00
2014	数量	0	0	0	0
	指数	0.00	n.a.	n.a.	0.00
2015	数量	1	0	0	1
	指数	250.00	n.a.	n.a.	250.00
2016	数量	5	0	0	5
	指数	1250.00	n.a.	n.a.	1250.00
2017	数量	1	0	0	1
	指数	250.00	n.a.	n.a.	250.00
2018	数量	1	0	1	2
	指数	250	n.a.	n.a.	500
合计	数量	9	0	1	10
2011—2015 年均值		0.40	0.00	0.00	0.40

年份		建筑业					总计
		房屋建筑业	土木工程建筑业	建筑安装业	建筑装饰、装修和其他建筑业	合计	
2005	数量	0	0	0	0	0	0
	指数	0.00	n.a.	n.a.	0.00	0.00	0.00
2006	数量	0	0	0	0	0	2
	指数	0.00	n.a.	n.a.	0.00	0.00	9.35
2007	数量	0	0	0	0	0	4
	指数	0.00	n.a.	n.a.	0.00	0.00	18.69
2008	数量	0	0	0	0	0	3
	指数	0.00	n.a.	n.a.	0.00	0.00	14.02
2009	数量	0	0	0	0	0	8
	指数	0.00	n.a.	n.a.	0.00	0.00	37.38
2010	数量	0	0	0	0	0	9
	指数	0.00	n.a.	n.a.	0.00	0.00	42.06
2011	数量	0	0	0	0	0	23
	指数	0.00	n.a.	n.a.	0.00	0.00	107.48
2012	数量	0	0	0	1	1	13
	指数	0.00	n.a.	n.a.	500.00	250.00	60.75
2013	数量	0	0	0	0	0	16
	指数	0.00	n.a.	n.a.	0.00	0.00	74.77
2014	数量	1	0	0	0	1	18
	指数	500.00	n.a.	n.a.	0.00	250.00	84.11
2015	数量	0	0	0	0	0	37
	指数	0.00	n.a.	n.a.	0.00	0.00	172.90
2016	数量	0	0	0	1	1	62
	指数	0.00	n.a.	n.a.	500.00	250.00	289.72
2017	数量	0	0	0	0	0	64
	指数	0.00	n.a.	n.a.	0.00	0.00	299.07

年份		建筑业					总计
		房屋建筑业	土木工程建筑业	建筑安装业	建筑装饰、装修和其他建筑	合计	
2018	数量	0	0	0	1	1	76
	指数	0	n.a.	n.a.	500	250	355.1402
合计	数量	1	0	0	3	4	335
2011—2015年均值		0.20	0.00	0.00	0.20	0.40	21.40

2. 民营企业海外并购投资金额在各细分标的行业的分布

表 3-4-5　2005—2018 年民营样本企业海外并购投资项目
行业别金额指数——制造业

（单位：百万美元）

年份		高技术					合计
		航空航天	医药制造	办公、会计和计算机设备	广播、电视和通信设备	医疗器械、精密仪器和光学仪器、钟表	
2005	金额	0.00	0.00	0.00	0.00	26.42	26.42
	指数	n.a.	0.00	n.a.	0.00	660.50	68.64
2006	金额	0.00	0.00	0.00	7.00	0.00	7.00
	指数	n.a.	0.00	n.a.	109.38	0.00	18.19
2007	金额	0.00	0.00	0.00	0.00	0.00	0.00
	指数	n.a.	0.00	n.a.	0.00	0.00	0.00
2008	金额	0.00	0.00	0.00	7.00	0.00	7.00
	指数	n.a.	0.00	n.a.	109.38	0.00	18.19
2009	金额	0.00	0.00	0.00	0.00	0.00	0.00
	指数	n.a.	0.00	n.a.	0.00	0.00	0.00
2010	金额	0.00	0.00	41.06	0.00	12.91	53.97
	指数	n.a.	0.00	n.a.	0.00	322.75	140.23

续表

年份		高技术					
		航空航天	医药制造	办公、会计和计算机设备	广播、电视和通信设备	医疗器械、精密仪器和光学仪器、钟表	合计
2011	金额	0.00	0.00	0.00	0.00	0.00	0.00
	指数	n.a.	0.00	n.a.	0.00	0.00	0.00
2012	金额	0.00	0.00	0.00	0.00	0.00	0.00
	指数	n.a.	0.00	n.a.	0.00	0.00	0.00
2013	金额	0.00	135.44	0.00	0.00	0.00	135.44
	指数	n.a.	482.20	n.a.	0.00	0.00	351.90
2014	金额	0.00	0.00	0.00	0.00	0.00	0.00
	指数	n.a.	0.00	n.a.	0.00	0.00	0.00
2015	金额	0.00	5.00	0.00	32.00	20.00	57.00
	指数	n.a.	17.80	n.a.	500.00	500.00	148.10
2016	金额	0.00	28.75	0.00	0.00	24.85	53.60
	指数	n.a.	102.36	n.a.	0.00	621.25	139.26
2017	金额	0.00	1138.68	247.08	1805.32	0.00	3191.08
	指数	n.a.	4053.97	n.a.	28208.13	0.00	8291.10
2018	金额	0	2035.00	0.00	1092.00	1502.79	4629.79
	指数	n.a.	7245.09	n.a.	17062.50	37569.75	12029.18
合计	金额	0	3342.87	288.14	2943.32	1586.97	8161.3
2011—2015 年均值		0.00	28.09	0.00	6.40	4.00	38.49

年份		中高技术					
		其他电气机械和设备	汽车、挂车和半挂车	化学品及化学制品（不含制药）	其他铁道设备和运输设备	其他机械设备	合计
2005	金额	0.00	0.00	39.86	0.00	0.00	39.86
	指数	0.00	0.00	n.a.	0.00	0.00	6.83

续表

年份		中高技术					
		其他电气机械和设备	汽车、挂车和半挂车	化学品及化学制品（不含制药）	其他铁道设备和运输设备	其他机械设备	合计
2006	金额	0.00	0.00	0.00	0.00	0.00	0.00
	指数	0.00	0.00	n.a.	0.00	0.00	0.00
2007	金额	0.00	0.00	0.00	0.00	0.00	0.00
	指数	0.00	0.00	n.a.	0.00	0.00	0.00
2008	金额	0.00	289.98	0.00	0.00	395.10	685.08
	指数	0.00	172.15	n.a.	0.00	147.63	117.46
2009	金额	0.00	289.98	0.00	0.00	0.00	289.98
	指数	0.00	172.15	n.a.	0.00	0.00	49.72
2010	金额	0.00	1800.00	0.00	0.00	11.15	1811.15
	指数	0.00	1068.59	n.a.	0.00	4.17	310.53
2011	金额	40.70	186.40	0.00	0.00	681.72	908.82
	指数	27.80	110.66	n.a.	0.00	254.73	155.82
2012	金额	0.40	109.40	0.00	0.00	656.42	766.22
	指数	0.27	64.95	n.a.	0.00	245.27	131.37
2013	金额	203.29	243.65	0.00	0.00	0.00	446.94
	指数	138.86	144.65	n.a.	0.00	0.00	76.63
2014	金额	176.48	0.00	0.00	0.00	0.00	176.48
	指数	120.55	0.00	n.a.	0.00	0.00	30.26
2015	金额	311.11	302.78	0.00	3.84	0.00	617.73
	指数	212.51	179.75	n.a.	500.00	0.00	105.91
2016	金额	335.06	670.55	0.00	0.00	30.00	1035.61
	指数	228.87	398.08	n.a.	0.00	11.21	177.56
2017	金额	238.88	38379.96	0.00	3228.58	13.67	41861.09
	指数	163.17	22784.73	n.a.	420388.02	5.11	7177.36
2018	金额	235.74	5031.70	0.00	28.26	3388.97	8684.67
	指数	161.03	2987.13	n.a.	3679.69	1266.30	1489.04
合计	金额	1541.66	47304.4	39.86	3260.68	5177.03	57323.63
2011—2015年均值		146.40	168.45	0.00	0.77	267.63	583.24

续表

年份		中低技术					
		船舶制造和修理	橡胶和塑料制品	焦炭、精炼石油产品及核燃料	其他非金属矿物制品	基本金属和金属制品	合计
2005	金额	0.00	0.00	0.00	0.00	2.00	2.00
	指数	n.a.	n.a.	n.a.	n.a.	0.39	0.39
2006	金额	0.00	0.00	0.00	0.00	0.00	0.00
	指数	n.a.	n.a.	n.a.	n.a.	0.00	0.00
2007	金额	0.00	0.00	0.00	0.00	2.00	2.00
	指数	n.a.	n.a.	n.a.	n.a.	0.39	0.39
2008	金额	0.00	19.81	0.00	0.00	0.00	19.81
	指数	n.a.	n.a.	n.a.	n.a.	0.00	3.89
2009	金额	0.00	0.00	0.00	0.00	0.00	0.00
	指数	n.a.	n.a.	n.a.	n.a.	0.00	0.00
2010	金额	0.00	0.00	0.00	0.00	1.30	1.30
	指数	n.a.	n.a.	n.a.	n.a.	0.26	0.26
2011	金额	0.00	0.00	0.00	0.00	808.21	808.21
	指数	n.a.	n.a.	n.a.	n.a.	158.54	158.54
2012	金额	0.00	0.00	0.00	0.00	0.00	0.00
	指数	n.a.	n.a.	n.a.	n.a.	0.00	0.00
2013	金额	0.00	0.00	0.00	0.00	0.00	0.00
	指数	n.a.	n.a.	n.a.	n.a.	0.00	0.00
2014	金额	0.00	0.00	0.00	0.00	0.00	0.00
	指数	n.a.	n.a.	n.a.	n.a.	0.00	0.00
2015	金额	0.00	0.00	0.00	0.00	1740.65	1740.65
	指数	n.a.	n.a.	n.a.	n.a.	341.46	341.46
2016	金额	0.00	0.50	0.00	0.00	154.13	154.63
	指数	n.a.	n.a.	n.a.	n.a.	30.24	30.33
2017	金额	0.00	800.00	0.00	0.00	489.75	1289.75
	指数	n.a.	n.a.	n.a.	n.a.	96.07	253.01

续表

年份		中低技术					
		船舶制造和修理	橡胶和塑料制品	焦炭、精炼石油产品及核燃料	其他非金属矿物制品	基本金属和金属制品	合计
2018	金额	0	0.00	0.00	200.00	210.00	410.00
	指数	n.a.	n.a.	n.a.	n.a.	41.19	80.43
合计	金额	0	820.31	0	200	3408.04	4428.35
2011—2015年均值		0.00	0.00	0.00	0.00	509.77	509.77

年份		低技术					总计
		其他制造业和再生产品	木材、纸浆、纸张、纸制品、印刷及出版	食品、饮料和烟草	纺织、纺织品、皮革及制鞋	合计	
2005	金额	0.00	0.00	0.00	0.00	0.00	68.28
	指数	0.00	0.00	0.00	n.a.	0.00	4.92
2006	金额	6.70	0.00	0.00	0.00	6.70	13.70
	指数	22.39	0.00	0.00	n.a.	2.62	0.99
2007	金额	6.07	0.00	0.00	121.00	127.07	129.07
	指数	20.28	0.00	0.00	n.a.	49.72	9.31
2008	金额	0.00	0.00	0.00	121.00	121.00	832.89
	指数	0.00	0.00	0.00	n.a.	47.34	60.05
2009	金额	0.00	0.00	0.00	0.00	0.00	289.98
	指数	0.00	0.00	0.00	n.a.	0.00	20.91
2010	金额	0.00	0.00	0.00	0.00	0.00	1866.42
	指数	0.00	0.00	0.00	n.a.	0.00	134.56
2011	金额	0.00	0.00	0.00	0.00	0.00	1717.03
	指数	0.00	0.00	0.00	n.a.	0.00	123.79
2012	金额	5.00	48.36	41.63	0.00	94.99	861.21
	指数	16.71	278.83	19.98	n.a.	37.16	62.09

年份		低技术					总计
		其他制造业和再生产品	木材、纸浆、纸张、纸制品、印刷及出版	食品、饮料和烟草	纺织、纺织品、皮革及制鞋	合计	
2013	金额	41.97	0.00	0.00	0.00	41.97	624.35
	指数	140.25	0.00	0.00	n.a.	16.42	45.01
2014	金额	0.00	38.36	1000.00	0.00	1038.36	1214.84
	指数	0.00	221.17	480.02	n.a.	406.25	87.58
2015	金额	102.66	0.00	0.00	0.00	102.66	2518.04
	指数	343.05	0.00	0.00	n.a.	40.16	181.53
2016	金额	200.00	0.00	3675.47	198.06	4073.53	5317.37
	指数	668.32	0.00	1764.29	n.a.	1593.74	383.35
2017	金额	0.00	400.00	766.11	726.50	1892.61	48234.53
	指数	0.00	2306.27	367.75	n.a.	740.47	3477.38
2018	金额	1170.59	193.32	74.62	902.82	2341.35	16065.81
	指数	3911.62	1114.62	35.82	n.a.	916.04	1158.24
合计	金额	1532.99	680.04	5557.83	2069.38	9840.24	79753.52
2011—2015 年均值		29.93	17.34	208.33	0.00	255.60	1387.09

表 3-4-6　2005—2018 年民营样本企业海外并购投资项目
行业别金额指数——非制造业

（单位：百万美元）

年份		服务业							
		批发和零售业	交通运输、仓储和邮政业	住宿和餐饮业	信息传输、软件和信息技术服务业	金融业	房地产业	租赁和商务服务业	科学研究和技术服务业
2005	金额	0.00	0.00	0.00	0.00	0.00	0.00	0.00	0.00
	指数	0.00	n.a.	0.00	0.00	0.00	0.00	0.00	n.a.
2006	金额	0.00	0.00	0.00	0.00	0.00	0.00	0.00	46.00
	指数	0.00	n.a.	0.00	0.00	0.00	0.00	0.00	n.a.

年份		服务业							
		批发和零售业	交通运输、仓储和邮政业	住宿和餐饮业	信息传输、软件和信息技术服务业	金融业	房地产业	租赁和商务服务业	科学研究和技术服务业
2007	金额	0.00	0.00	0.00	0.00	0.00	0.00	0.00	0.00
	指数	0.00	n.a.	0.00	0.00	0.00	0.00	0.00	n.a.
2008	金额	0.00	0.00	0.00	0.00	8.96	0.00	0.00	0.00
	指数	0.00	n.a.	0.00	0.00	0.43	0.00	0.00	n.a.
2009	金额	141.05	0.00	0.00	0.00	0.00	0.00	0.00	46.00
	指数	12.17	n.a.	0.00	0.00	0.00	0.00	0.00	n.a.
2010	金额	21.00	428.84	0.00	3.26	0.00	0.00	0.00	0.00
	指数	1.81	n.a.	0.00	0.70	0.00	0.00	0.00	n.a.
2011	金额	205.14	0.00	876.94	0.00	232.92	0.00	3602.33	0.00
	指数	17.69	n.a.	110.97	0.00	11.11	0.00	500.00	n.a.
2012	金额	563.68	0.00	0.00	0.00	1011.49	353.50	0.00	0.00
	指数	48.62	n.a.	0.00	0.00	48.24	482.30	0.00	n.a.
2013	金额	586.23	0.00	0.00	0.00	67.75	0.00	0.00	0.00
	指数	50.57	n.a.	0.00	0.00	3.23	0.00	0.00	n.a.
2014	金额	1517.67	0.00	1541.63	837.83	7340.99	0.00	0.00	0.00
	指数	130.91	n.a.	195.08	179.82	350.07	0.00	0.00	n.a.
2015	金额	2924.06	0.00	1532.63	1491.78	1831.74	12.97	0.00	0.00
	指数	252.21	n.a.	193.94	320.18	87.35	17.70	0.00	n.a.
2016	金额	1723.22	0.00	905.12	1271.71	2585.06	292.72	630.60	0.00
	指数	148.64	n.a.	114.54	272.94	123.28	399.38	87.53	n.a.
2017	金额	2224.50	552.34	6500.00	949.89	7154.42	383.24	0.00	10.00
	指数	191.87	n.a.	822.53	203.87	341.18	522.88	0.00	n.a.
2018	金额	4500.81	0.15	0.00	380.67	4112.39	0.00	2375.47	52.55
	指数	388.22	n.a.	0.00	81.70	196.11	0.00	329.71	n.a.
合计	金额	14407.36	981.33	11356.32	4935.14	24345.72	1042.43	6608.4	154.55
2011—2015年均值		1159.36	0.00	790.24	465.92	2096.98	73.29	720.47	0.00

续表

年份		服务业							
		水利、环境和公共设施管理业	居民服务、修理和其他服务业	教育	卫生和社会工作	文化、体育和娱乐业	公共管理、社会保障和社会组织	国际组织	合计
2005	金额	0.00	0.00	0.00	0.00	0.00	0.00	0.00	0.00
	指数	n.a.	0.00	n.a.	n.a.	0.00	n.a.	n.a.	0.00
2006	金额	0.00	0.00	0.00	0.00	0.00	0.00	0.00	46.00
	指数	n.a.	0.00	n.a.	n.a.	0.00	n.a.	n.a.	0.57
2007	金额	0.00	0.00	0.00	0.00	0.00	0.00	0.00	0.00
	指数	n.a.	0.00	n.a.	n.a.	0.00	n.a.	n.a.	0.00
2008	金额	0.00	0.00	0.00	0.00	0.00	0.00	0.00	8.96
	指数	n.a.	0.00	n.a.	n.a.	0.00	n.a.	n.a.	0.11
2009	金额	0.00	0.00	0.00	0.00	0.00	0.00	0.00	187.05
	指数	n.a.	0.00	n.a.	n.a.	0.00	n.a.	n.a.	2.30
2010	金额	0.00	39.35	0.00	0.00	0.00	0.00	0.00	492.45
	指数	n.a.	59.16	n.a.	n.a.	0.00	n.a.	n.a.	6.06
2011	金额	0.00	0.00	0.00	0.00	0.00	0.00	0.00	4917.33
	指数	n.a.	0.00	n.a.	n.a.	0.00	n.a.	n.a.	60.49
2012	金额	0.00	68.36	0.00	0.00	2600.00	0.00	0.00	4597.03
	指数	n.a.	102.78	n.a.	n.a.	94.32	n.a.	n.a.	56.55
2013	金额	0.00	95.42	0.00	0.00	519.63	0.00	0.00	1269.03
	指数	n.a.	143.46	n.a.	n.a.	18.85	n.a.	n.a.	15.61
2014	金额	0.00	73.36	0.00	0.00	0.00	0.00	0.00	11311.48
	指数	n.a.	110.30	n.a.	n.a.	0.00	n.a.	n.a.	139.15
2015	金额	0.00	95.42	0.00	0.00	10662.60	0.00	0.00	18551.20
	指数	n.a.	143.46	n.a.	n.a.	386.82	n.a.	n.a.	228.20
2016	金额	0.00	485.83	0.00	43.35	9364.03	0.00	0.00	17301.64
	指数	n.a.	730.44	n.a.	n.a.	339.71	n.a.	n.a.	212.83

年份		服务业							
		水利、环境和公共设施管理业	居民服务、修理和其他服务业	教育	卫生和社会工作	文化、体育和娱乐业	公共管理、社会保障和社会组织	国际组织	合计
2017	金额	0.00	60.37	0.00	337.61	3987.27	0.00	0.00	22159.64
	指数	n.a.	90.77	n.a.	n.a.	144.65	n.a.	n.a.	272.59
2018	金额	0	0.00	0	43.34	405.21	0	0	11870.59
	指数	n.a.	0.00	n.a.	n.a.	14.70	n.a.	n.a.	146.02
合计	金额	0	918.11	0	424.3	27538.74	0	0	92712.4
2011—2015 年均值		0.00	66.51	0.00	0.00	2756.45	0.00	0.00	8129.21

年份		采矿业							
		煤炭开采和洗选业	石油和天然气开采业	黑色金属矿采选业	有色金属矿采选业	非金属矿采选业	开采专业及辅助性活动	其他采矿业	合计
2005	金额	0.00	0.00	0.00	0.00	0.00	0.00	0.00	0.00
	指数	n.a.	0.00	0.00	n.a.	n.a.	n.a.	n.a.	0.00
2006	金额	0.00	0.00	0.00	0.00	0.00	0.00	0.00	0.00
	指数	n.a.	0.00	0.00	n.a.	n.a.	n.a.	n.a.	0.00
2007	金额	0.00	0.00	0.00	0.00	0.00	0.00	0.00	0.00
	指数	n.a.	0.00	0.00	n.a.	n.a.	n.a.	n.a.	0.00
2008	金额	0.00	0.00	0.00	0.00	0.00	0.00	0.00	0.00
	指数	n.a.	0.00	0.00	n.a.	n.a.	n.a.	n.a.	0.00
2009	金额	0.00	0.00	138.60	0.00	0.00	0.00	0.00	138.60
	指数	n.a.	0.00	154.43	n.a.	n.a.	n.a.	n.a.	52.86
2010	金额	0.00	0.00	0.00	0.00	0.00	0.00	0.00	0.00
	指数	n.a.	0.00	0.00	n.a.	n.a.	n.a.	n.a.	0.00
2011	金额	0.00	0.00	0.00	0.00	0.00	0.00	0.00	0.00
	指数	n.a.	0.00	0.00	n.a.	n.a.	n.a.	n.a.	0.00

续表

年份		采矿业							
		煤炭开采和洗选业	石油和天然气开采业	黑色金属矿采选业	有色金属矿采选业	非金属矿采选业	开采专业及辅助性活动	其他采矿业	合计
2012	金额	0.00	0.00	448.74	0.00	0.00	0.00	0.00	448.74
	指数	n.a.	0.00	500.00	n.a.	n.a.	n.a.	n.a.	171.15
2013	金额	0.00	0.00	0.00	0.00	0.00	0.00	0.00	0.00
	指数	n.a.	0.00	0.00	n.a.	n.a.	n.a.	n.a.	0.00
2014	金额	0.00	0.00	0.00	0.00	0.00	0.00	0.00	0.00
	指数	n.a.	0.00	0.00	n.a.	n.a.	n.a.	n.a.	0.00
2015	金额	0.00	862.19	0.00	0.00	0.00	0.00	0.00	862.19
	指数	n.a.	500.00	0.00	n.a.	n.a.	n.a.	n.a.	328.85
2016	金额	0.00	1059.87	0.00	0.00	0.00	0.00	0.00	1059.87
	指数	n.a.	614.64	0.00	n.a.	n.a.	n.a.	n.a.	404.24
2017	金额	0.00	14154.85	33.18	0.00	0.00	0.00	0.00	14188.03
	指数	n.a.	8208.66	36.97	n.a.	n.a.	n.a.	n.a.	5411.44
2018	金额	0.00	915.00	36.77	90.54	0	0	0	1042.31
	指数	n.a.	530.63	40.97	n.a.	n.a.	n.a.	n.a.	397.55
合计	金额	0	16991.91	657.2937	90.54	0	0	0	17739.744
2011—2015 年均值		0.00	172.44	89.75	0.00	0.00	0.00	0.00	262.19

年份		电力、热力、燃气及水生产和供应业			
		电力、热力生产和供应业	燃气生产和供应业	水生产和供应业	合计
2005	金额	0.00	0.00	0.00	0.00
	指数	0.00	n.a.	n.a.	0.00
2006	金额	0.00	0.00	0.00	0.00
	指数	0.00	n.a.	n.a.	0.00
2007	金额	0.00	0.00	0.00	0.00
	指数	0.00	n.a.	n.a.	0.00

年份		电力、热力、燃气及水生产和供应业			
		电力、热力生产和供应业	燃气生产和供应业	水生产和供应业	合计
2008	金额	0.00	0.00	0.00	0.00
	指数	0.00	n.a.	n.a.	0.00
2009	金额	0.00	0.00	0.00	0.00
	指数	0.00	n.a.	n.a.	0.00
2010	金额	0.00	0.00	0.00	0.00
	指数	0.00	n.a.	n.a.	0.00
2011	金额	0.00	0.00	0.00	0.00
	指数	0.00	n.a.	n.a.	0.00
2012	金额	3.00	0.00	0.00	3.00
	指数	4.02	n.a.	n.a.	4.02
2013	金额	0.00	0.00	0.00	0.00
	指数	0.00	n.a.	n.a.	0.00
2014	金额	0.00	0.00	0.00	0.00
	指数	0.00	n.a.	n.a.	0.00
2015	金额	370.00	0.00	0.00	370.00
	指数	495.98	n.a.	n.a.	495.98
2016	金额	200.95	0.00	0.00	200.95
	指数	269.37	n.a.	n.a.	269.37
2017	金额	20.00	0.00	0.00	20.00
	指数	26.81	n.a.	n.a.	26.81
2018	金额	44.58	0	126.94	171.52
	指数	59.76	n.a.	n.a.	229.92
合计	金额	638.53	0	126.94	765.47
2011—2015 年均值		74.60	0.00	0.00	74.60

续表

年份		建筑业					总计
		房屋建筑业	土木工程建筑业	建筑安装业	建筑装饰、装修和其他建筑业	合计	
2005	金额	0.00	0.00	0.00	0.00	0.00	0.00
	指数	0.00	n.a.	n.a.	0.00	0.00	0.00
2006	金额	0.00	0.00	0.00	0.00	0.00	46.00
	指数	0.00	n.a.	n.a.	0.00	0.00	0.44
2007	金额	0.00	0.00	0.00	0.00	0.00	0.00
	指数	0.00	n.a.	n.a.	0.00	0.00	0.00
2008	金额	0.00	0.00	0.00	0.00	0.00	8.96
	指数	0.00	n.a.	n.a.	0.00	0.00	0.09
2009	金额	0.00	0.00	0.00	0.00	0.00	325.65
	指数	0.00	n.a.	n.a.	0.00	0.00	3.15
2010	金额	0.00	0.00	0.00	0.00	0.00	492.45
	指数	0.00	n.a.	n.a.	0.00	0.00	4.76
2011	金额	0.00	0.00	0.00	0.00	0.00	4917.33
	指数	0.00	n.a.	n.a.	0.00	0.00	47.49
2012	金额	0.00	0.00	0.00	75.00	75.00	5123.77
	指数	0.00	n.a.	n.a.	500.00	3.97	49.48
2013	金额	0.00	0.00	0.00	0.00	0.00	1269.03
	指数	0.00	n.a.	n.a.	0.00	0.00	12.26
2014	金额	9367.58	0.00	0.00	0.00	9367.58	20679.06
	指数	500.00	n.a.	n.a.	0.00	496.03	199.71
2015	金额	0.00	0.00	0.00	0.00	0.00	19783.39
	指数	0.00	n.a.	n.a.	0.00	0.00	191.06
2016	金额	0.00	0.00	0.00	273.24	273.24	18835.70
	指数	0.00	n.a.	n.a.	1821.60	14.47	181.91
2017	金额	0.00	0.00	0.00	0.00	0.00	36367.67
	指数	0.00	n.a.	n.a.	0.00	0.00	351.23

续表

年份		建筑业					总计
		房屋 建筑业	土木工程 建筑业	建筑 安装业	建筑装饰、 装修和其 他建筑业	合计	
2018	金额	0.00	0	0	0.20	0.20	13084.62
	指数	0.00	n.a.	n.a.	1.33	0.01	126.37
合计	金额	9367.58	0	0	348.44	9716.02	120933.63
2011—2015 年均值		1873.52	0.00	0.00	15.00	1888.52	10354.52

2018 年，金融业仍然是接受我国民营样本企业海外并购投资项目数量最多的行业，保持 2017 年领先的特点，共计于 2018 年接受 20 件并购投资；批发和零售业以获得 16 件投资项目居其次，其他接受并购投资项目数量排名前五位的标的行业还有信息传输、软件和信息技术服务业（13 件），汽车、挂车和半挂车（7 件），科学研究和技术服务业（7 件），在排名前五位的行业中除汽车、挂车和半挂车属于制造业外，其余 4 个行业均属于非制造业中的服务业。在并购投资金额的排名中，汽车、挂车和半挂车行业 2018 年共计获得民营样本企业 50.32 亿美元的投资，在所有细分标的行业中排名首位，批发和零售业（45.01 亿美元）、金融业（41.12 亿美元）、其他机械设备（33.89 亿美元）、租赁和商务服务业（23.75 亿美元）分别占据第二、三、四、五位。其中，其他机械设备，汽车、挂车和半挂车，医药制造行业在所有的标的行业所获得的平均并购投资金额规模中排名前列，分别约为 8.47 亿美元、7.19 亿美元、6.78 亿美元，且根据对制造业技术水平的划分，这三类行业归属于中高技术制造业（其他机械设备，汽车、挂车和半挂车）和高技术制造业（医药制造）。

第五节　海外并购投资融资模式别指数

本节通过筛选中国民营企业 500 强在海外并购时的融资渠道和支付方

式相关数据作为样本,分析中国民营样本企业海外并购融资模式。

按照并购投资时的两种融资类型,本节计算出单一渠道融资指数和多渠道融资指数,以及包含于其中的各种具体融资渠道的指数。另外,本节还计算了以现金为主的各种支付方式的指数。

一、海外并购融资渠道的总体情况

海外并购融资渠道,按照国内大多数研究采用的标准,分为内源融资和外源融资,而外源融资又可以分为 4 类,债务融资方式、股权融资方式、混合融资方式和特殊融资方式[①]。为了保证数据的一致性,本报告采用了 BvD-Zephyr 数据库的分类标准,将海外并购融资渠道分为 18 种,分别为:增资(capital increase)、增资—可转债(capital increase-converted debt)、增资—卖方配售(capital increase-vendor placing)、注资(capital injection)、发行可转债(convertible loan issue)、可转债证明(convertible loan notes)、企业风险投资(corporate venturing)、众筹(crowd funding)、杠杆收购(leveraged buy out)、夹层融资(mezzanine)、新银行信贷便利(new bank facilities)、通道融资(PIPE)、配售(placing)、私募股权(private equity)、私人配售(private placing)、公募(public offer)、新股发行(rights issue)、风险资本(venture capital)。按照这个标准,本节统计了 BvD-Zephyr 数据库中有明确融资渠道信息的中国民营企业 500 强海外并购交易样本,共 244 件。

表 3-5-1　2005—2018 年民营样本企业海外并购融资渠道汇总表

融资渠道	并购项目(件)	并购金额(百万美元)	并购金额涉及的并购项目(件)
增资	69	5246.57	69
增资—可转债	1	5.52	1
增资—卖方配售	9	2110.84	9

① 刘坪:《不同类型中国企业的海外并购融资方式研究》,北京交通大学硕士学位论文,2014 年。

续表

融资渠道	并购项目（件）	并购金额（百万美元）	并购金额涉及的并购项目（件）
注资	69	5949.54	69
发行可转债	2	190.84	2
可转债证明	2	26.06	2
企业风险投资	33	5966.72	29
众筹	0	0.00	0
杠杆收购	5	13416.54	5
夹层融资	0	0.00	0
新银行信贷便利	8	16355.86	8
通道融资	1	13.54	1
配售	1	77.00	1
私募股权	48	24963.29	40
私人配售	72	7864.03	67
公募	0	0.00	0
新股发行	1	138.60	1
风险资本	26	797.35	22
合计	347	83122.30	326

注：此处存在重复统计问题，重复统计的原因及处理方式详见表 2-2-1 脚注。

通过这些民营样本企业数据可以看出，中国民营企业 500 强的海外并购融资模式有 3 个显著的特征：第一，从并购投资项目数量上看，以增资、注资、私募股权和私人配售 4 种融资方式为主；第二，从并购投资项目金额上看，杠杆收购、新银行贷款便利和私募股权 3 种融资渠道涉及的资金明显大于其他几种融资渠道；第三，随着国内金融市场的发展，风险资本、杠杆收购和通道融资 3 种融资模式开始出现，26 个涉及风险资本融资的并购项目分别出现在 2010 年、2012 年、2014 年、2015 年、2017 年和 2018 年，5 个涉及杠杆收购的并购项目分别出现在 2014 年、2016 年和 2017 年，1 个涉及通道融资的并购项目出现在 2018 年。另外，相比较于 2017 年及其之前的融资模式[①]，2018 年出现了两个新现象：一是企业风险

①　详细数据见薛军等：《中国民营企业海外直接投资指数 2018 年度报告——基于中国民企 500 强的数据分析》，人民出版社 2019 年版。

投资和风险资本这两种融资渠道的使用频率明显提高；二是首次出现了增资—可转债、通道融资和配售这 3 种融资模式。

表 3-5-2   2005—2018 年民营样本企业海外并购融资渠道的数量分布

（单位：件）

年份		增资	增资—可转债	增资—卖方配售	注资	发行可转债	可转债证明	企业风险投资	众筹	杠杆收购
2005	数量	0	0	0	0	0	0	0	0	0
	指数	0.00	n.a.	0.00	0.00	0.00	0.00	0.00	n.a.	0.00
2006	数量	0	0	0	0	0	0	0	0	0
	指数	0.00	n.a.	0.00	0.00	0.00	0.00	0.00	n.a.	0.00
2007	数量	0	0	0	0	0	0	0	0	0
	指数	0.00	n.a.	0.00	0.00	0.00	0.00	0.00	n.a.	0.00
2008	数量	0	0	1	0	0	0	0	0	0
	指数	0.00	n.a.	125.00	0.00	0.00	0.00	0.00	n.a.	0.00
2009	数量	0	0	1	0	0	0	0	0	0
	指数	0.00	n.a.	125.00	0.00	0.00	0.00	0.00	n.a.	0.00
2010	数量	1	0	0	1	0	0	1	0	0
	指数	22.73	n.a.	0.00	23.81	0.00	0.00	166.67	n.a.	0.00
2011	数量	5	0	2	5	0	0	0	0	0
	指数	113.64	n.a.	250.00	119.05	0.00	0.00	0.00	n.a.	0.00
2012	数量	4	0	0	4	0	1	0	0	0
	指数	90.91	n.a.	0.00	95.24	0.00	250.00	0.00	n.a.	0.00
2013	数量	4	0	2	4	1	1	0	0	0
	指数	90.91	n.a.	250.00	95.24	250.00	250.00	0.00	n.a.	0.00
2014	数量	3	0	0	3	0	0	0	0	1
	指数	68.18	n.a.	0.00	71.43	0.00	0.00	0.00	n.a.	500.00
2015	数量	6	0	0	5	1	0	3	0	0
	指数	136.36	n.a.	0.00	119.05	250.00	0.00	500.00	n.a.	0.00

续表

年份		增资	增资—可转债	增资—卖方配售	注资	发行可转债	可转债证明	企业风险投资	众筹	杠杆收购
2016	数量	17	0	1	16	0	0	4	0	1
	指数	386.36	n.a.	125.00	380.95	0.00	0.00	666.67	n.a.	500.00
2017	数量	14	0	1	13	0	0	6	0	3
	指数	318.18	n.a.	125.00	309.52	0.00	0.00	1000.00	n.a.	1500.00
2018	数量	15	1	1	18	0	0	19	0	0
	指数	340.91	n.a.	125.00	428.57	0.00	0.00	3166.67	n.a.	0.00
合计	数量	69	1	9	69	2	2	33	0	5
2011—2015 年均值		4.40	0.00	0.80	4.20	0.40	0.40	0.60	0.00	0.20

年份		夹层融资	新银行信贷便利	通道融资	配售	私募股权	私人配售	公募	新股发行	风险资本	合计
2005	数量	0	0	0	0	1	0	0	0	0	1
	指数	n.a.	0.00	n.a.	n.a.	33.33	0.00	n.a.	n.a.	0.00	4.81
2006	数量	0	0	0	0	0	0	0	0	0	0
	指数	n.a.	0.00	n.a.	n.a.	0.00	0.00	n.a.	n.a.	0.00	0.00
2007	数量	0	0	0	0	0	0	0	0	0	0
	指数	n.a.	0.00	n.a.	n.a.	0.00	0.00	n.a.	n.a.	0.00	0.00
2008	数量	0	1	0	0	2	0	0	0	0	4
	指数	n.a.	166.67	n.a.	n.a.	66.67	0.00	n.a.	n.a.	0.00	19.23
2009	数量	0	0	0	0	0	1	0	1	0	3
	指数	n.a.	0.00	n.a.	n.a.	0.00	18.52	n.a.	n.a.	0.00	14.42
2010	数量	0	0	0	0	1	3	0	0	1	8
	指数	n.a.	0.00	n.a.	n.a.	33.33	55.56	n.a.	n.a.	125.00	38.46
2011	数量	0	1	0	0	5	4	0	0	0	22
	指数	n.a.	166.67	n.a.	n.a.	166.67	74.07	n.a.	n.a.	0.00	105.77
2012	数量	0	0	0	0	2	3	0	0	1	15
	指数	n.a.	0.00	n.a.	n.a.	66.67	55.56	n.a.	n.a.	125.00	72.12

续表

年份		夹层融资	新银行信贷便利	通道融资	配售	私募股权	私人配售	公募	新股发行	风险资本	合计
2013	数量	0	1	0	0	1	3	0	0	0	17
	指数	n.a.	166.67	n.a.	n.a.	33.33	55.56	n.a.	n.a.	0.00	81.73
2014	数量	0	1	0	0	2	4	0	0	1	15
	指数	n.a.	166.67	n.a.	n.a.	66.67	74.07	n.a.	n.a.	125.00	72.12
2015	数量	0	0	0	0	5	13	0	0	2	35
	指数	n.a.	0.00	n.a.	n.a.	166.67	240.74	n.a.	n.a.	250.00	168.27
2016	数量	0	1	0	0	9	8	0	0	0	57
	指数	n.a.	166.67	n.a.	n.a.	300.00	148.15	n.a.	n.a.	0.00	274.04
2017	数量	0	3	0	0	9	17	0	0	6	72
	指数	n.a.	500.00	n.a.	n.a.	300.00	314.81	n.a.	n.a.	750.00	346.15
2018	数量	0	0	1	1	11	16	0	0	15	98
	指数	n.a.	0.00	n.a.	n.a.	366.67	296.30	n.a.	n.a.	1875.00	471.15
合计	数量	0	8	1	1	48	72	0	1	26	347
2011—2015 年均值		0.00	0.60	0.00	0.00	3.00	5.40	0.00	0.00	0.80	20.80

注：此处存在重复统计问题，重复统计的原因及处理方式详见表 2-2-1 脚注。

表 3-5-3 2005—2018 年民营样本企业海外并购融资渠道的金额分布

（单位：百万美元）

年份		增资	增资—可转债	增资—卖方配售	注资	发行可转债	可转债证明	企业风险投资	众筹	杠杆收购
2005	金额	0.00	0.00	0.00	0.00	0.00	0.00	0.00	0.00	0.00
	指数	0.00	n.a.	0.00	0.00	0.00	0.00	0.00	n.a.	0.00
2006	金额	0.00	0.00	0.00	0.00	0.00	0.00	0.00	0.00	0.00
	指数	0.00	n.a.	0.00	0.00	0.00	0.00	0.00	n.a.	0.00
2007	金额	0.00	0.00	0.00	0.00	0.00	0.00	0.00	0.00	0.00
	指数	0.00	n.a.	0.00	0.00	0.00	0.00	0.00	n.a.	0.00

续表

年份		增资	增资—可转债	增资—卖方配售	注资	发行可转债	可转债证明	企业风险投资	众筹	杠杆收购
2008	金额	0.00	0.00	289.98	0.00	0.00	0.00	0.00	0.00	0.00
	指数	0.00	n.a.	2294.51	0.00	0.00	0.00	0.00	n.a.	0.00
2009	金额	0.00	0.00	289.98	0.00	0.00	0.00	0.00	0.00	0.00
	指数	0.00	n.a.	2294.51	0.00	0.00	0.00	0.00	n.a.	0.00
2010	金额	21.00	0.00	0.00	21.00	0.00	0.00	0.00	0.00	0.00
	指数	14.05	n.a.	0.00	19.18	0.00	0.00	0.00	n.a.	0.00
2011	金额	64.08	0.00	32.44	64.08	0.00	0.00	0.00	0.00	0.00
	指数	42.86	n.a.	256.69	58.52	0.00	0.00	0.00	n.a.	0.00
2012	金额	66.73	0.00	0.00	66.73	0.00	13.03	0.00	0.00	0.00
	指数	44.63	n.a.	0.00	60.94	0.00	250.00	0.00	n.a.	0.00
2013	金额	97.50	0.00	30.75	97.50	95.42	13.03	0.00	0.00	0.00
	指数	65.21	n.a.	243.31	89.04	250.00	250.00	0.00	n.a.	0.00
2014	金额	115.00	0.00	0.00	115.00	0.00	0.00	0.00	0.00	1541.63
	指数	76.92	n.a.	0.00	105.02	0.00	0.00	0.00	n.a.	500.00
2015	金额	404.22	0.00	0.00	204.22	95.42	0.00	868.50	0.00	0.00
	指数	270.37	n.a.	0.00	186.49	250.00	0.00	500.00	n.a.	0.00
2016	金额	2528.55	0.00	404.47	2525.35	0.00	0.00	2500.00	0.00	1510.07
	指数	1691.27	n.a.	3200.43	2306.13	0.00	0.00	1439.26	n.a.	489.76
2017	金额	1119.71	0.00	188.46	919.71	0.00	0.00	361.73	0.00	10364.84
	指数	748.92	n.a.	1490.98	839.84	0.00	0.00	208.25	n.a.	3361.61
2018	金额	829.78	5.52	874.76	1935.95	0.00	0.00	2236.49	0.00	0.00
	指数	555.00	n.a.	6920.57	1767.83	0.00	0.00	1287.56	n.a.	0.00
合计	金额	5246.57	5.52	2110.84	5949.54	190.84	26.06	5966.72	0.00	13416.54
2011—2015 年均值		149.51	0.00	12.64	109.51	38.17	5.21	173.70	0.00	308.33

续表

年份		夹层融资	新银行信贷便利	通道融资	配售	私募股权	私人配售	公募	新股发行	风险资本	合计
2005	金额	0.00	0.00	0.00	0.00	26.42	0.00	0.00	0.00	0.00	26.42
	指数	n.a.	0.00	n.a.	0.00	1.14	0.00	n.a.	n.a.	0.00	0.61
2006	金额	0.00	0.00	0.00	0.00	0.00	0.00	0.00	0.00	0.00	0.00
	指数	n.a.	0.00	n.a.	0.00	0.00	0.00	n.a.	n.a.	0.00	0.00
2007	金额	0.00	0.00	0.00	0.00	0.00	0.00	0.00	0.00	0.00	0.00
	指数	n.a.	0.00	n.a.	0.00	0.00	0.00	n.a.	n.a.	0.00	0.00
2008	金额	0.00	395.10	0.00	0.00	395.10	0.00	0.00	0.00	0.00	1080.18
	指数	n.a.	48.35	n.a.	0.00	17.07	0.00	n.a.	n.a.	0.00	25.09
2009	金额	0.00	0.00	0.00	0.00	0.00	138.60	0.00	138.60	0.00	567.18
	指数	n.a.	0.00	n.a.	125.00	0.00	39.44	n.a.	n.a.	0.00	13.17
2010	金额	0.00	0.00	0.00	0.00	41.06	55.52	0.00	0.00	0.00	138.58
	指数	n.a.	0.00	n.a.	0.00	1.77	15.80	n.a.	n.a.	0.00	3.22
2011	金额	0.00	2500.00	0.00	0.00	5065.09	925.09	0.00	0.00	0.00	8650.78
	指数	n.a.	305.93	n.a.	500.00	218.90	263.27	n.a.	n.a.	0.00	200.91
2012	金额	0.00	0.00	0.00	0.00	1667.91	28.40	0.00	0.00	84.00	1926.80
	指数	n.a.	0.00	n.a.	0.00	72.08	8.08	n.a.	n.a.	319.46	44.75
2013	金额	0.00	44.22	0.00	0.00	519.63	108.12	0.00	0.00	0.00	1006.17
	指数	n.a.	5.41	n.a.	0.00	22.46	30.77	n.a.	n.a.	0.00	23.37
2014	金额	0.00	1541.63	0.00	0.00	2541.63	155.26	0.00	0.00	0.00	6010.15
	指数	n.a.	188.65	n.a.	0.00	109.84	44.18	n.a.	n.a.	0.00	139.58
2015	金额	0.00	0.00	0.00	0.00	1775.32	540.07	0.00	0.00	47.47	3935.22
	指数	n.a.	0.00	n.a.	0.00	76.72	153.70	n.a.	n.a.	180.54	91.39
2016	金额	0.00	1510.07	0.00	0.00	5140.06	346.23	0.00	0.00	0.00	16464.80
	指数	n.a.	184.79	n.a.	500.00	222.14	98.53	n.a.	n.a.	0.00	382.38
2017	金额	0.00	10364.84	0.00	0.00	3969.73	832.83	0.00	0.00	91.73	28213.58
	指数	n.a.	1268.38	n.a.	n.a.	171.56	237.01	n.a.	n.a.	348.92	655.24
2018	金额	0.00	0.00	13.54	77.00	3821.34	4733.91	0.00	0.00	574.15	15102.44
	指数	n.a.	0.00	n.a.	n.a.	165.15	1347.20	n.a.	n.a.	2183.91	350.74
合计	金额	0.00	16355.86	13.54	77.00	24963.29	7864.03	0.00	138.60	797.35	83122.30
2011—2015 年均值		0.00	817.17	0.00	0.00	2313.92	351.39	0.00	0.00	26.29	4305.82

注：此处存在重复统计问题，重复统计的原因及处理方式详见表 2-2-1 脚注。

二、单一渠道融资和多渠道融资的选择

在民营样本企业跨国并购的融资渠道方面，单一渠道融资和多渠道融资的使用并没有太大的偏向性，单一渠道融资的为 145 件并购项目，多渠道融资的为 99 件并购案件（涉及年份的重复统计，处理方式和报告前文一致）。

表 3-5-4　2005—2018 年民营样本企业海外并购投资中
单一渠道融资和多渠道融资汇总表

项目	融资模式	并购项目（件）	并购金额（百万美元）	并购金额涉及的并购项目（件）
单一渠道融资	增资	16	1145.55	16
	增资—可转债	0	0.00	0
	增资—卖方配售	8	1922.38	8
	注资	15	1843	15
	发行可转债	2	190.84	2
	可转债证明	0	0.00	0
	企业风险投资	0	0.00	0
	众筹	0	0.00	0
	杠杆收购	0	0.00	0
	夹层融资	0	0.00	0
	新银行信贷便利	1	44.22	1
	通道融资	0	0.00	0
	配售	0	0.00	0
	私募股权	28	14085.76	22
	私人配售	67	7608.83	62
	公募	0	0.00	0
	新股发行	0	0.00	0
	风险资本	8	282.97	6
	合计	145	27123.55	132

续表

项目	融资模式	并购项目（件）	并购金额（百万美元）	并购金额涉及的并购项目（件）
多渠道融资	增资+注资	53	4101.02	53
	企业风险投资+私募股权	15	5452.34	13
	新银行信贷便利+杠杆收购	2	10886.45	2
	新银行信贷便利+私募股权	2	2895.10	2
	私人配售+可转债证明	2	26.06	2
	私人配售+新股发行	1	138.60	1
	风险资本+企业风险投资	18	514.38	16
	新银行信贷便利+杠杆收购+私募股权	2	2341.63	2
	增资—卖方配售+新银行信贷便利+杠杆收购+私募股权	1	188.46	1
	增资—可转债+注资	1	5.52	1
	通道融资+私人配售	1	13.54	1
	配售+私人配售	1	77.00	1
	合计	99	26640.10	95

通过进一步的展开分析，可以发现两种不同选择下有 4 个特点：第一，通道融资、可转债证明、企业风险投资、杠杠收购和新股发行只出现在多渠道融资方式中，没有作为单一渠道融资方式出现；第二，从整体上而言，多渠道融资方式所涉及的并购项目金额高于单一渠道融资方式下的并购项目；第三，从整体上看，单一渠道融资主要集中在私募股权和私人配售两种渠道，多渠道融资模式就交易项目数量而言，集中在"增资+注资"模式，而在金额上来说，主要分布在"增资+注资"、"企业风险投资+私募股权"和"新银行信贷便利+杠杆收购"；第四，从平均单个项目融资金融来看，"新银行信贷便利+杠杆收购"的融资能力最强，平均每个项目的融资金额为 54.43 亿美元，远远高于其他的融资模式。

表 3-5-5　2005—2018 年民营样本企业海外并购
投资中单一渠道融资的数量分布

（单位：件）

年份		增资	增资—可转债	增资—卖方配售	注资	发行可转债	可转债证明	企业风险投资	众筹	杠杆收购
2005	数量	0	0	0	0	0	0	0	0	0
	指数	0.00	n.a.	0.00	n.a.	0.00	n.a.	n.a.	n.a.	n.a.
2006	数量	0	0	0	0	0	0	0	0	0
	指数	0.00	n.a.	0.00	n.a.	0.00	n.a.	n.a.	n.a.	n.a.
2007	数量	0	0	0	0	0	0	0	0	0
	指数	0.00	n.a.	0.00	n.a.	0.00	n.a.	n.a.	n.a.	n.a.
2008	数量	0	0	1	0	0	0	0	0	0
	指数	0.00	n.a.	125.00	n.a.	0.00	n.a.	n.a.	n.a.	n.a.
2009	数量	0	0	1	0	0	0	0	0	0
	指数	0.00	n.a.	125.00	n.a.	0.00	n.a.	n.a.	n.a.	n.a.
2010	数量	0	0	0	0	0	0	0	0	0
	指数	0.00	n.a.	0.00	n.a.	0.00	n.a.	n.a.	n.a.	n.a.
2011	数量	0	0	2	0	0	0	0	0	0
	指数	0.00	n.a.	250.00	n.a.	0.00	n.a.	n.a.	n.a.	n.a.
2012	数量	0	0	0	0	0	0	0	0	0
	指数	0.00	n.a.	0.00	n.a.	0.00	n.a.	n.a.	n.a.	n.a.
2013	数量	0	0	2	0	1	0	0	0	0
	指数	0.00	n.a.	250.00	n.a.	250.00	n.a.	n.a.	n.a.	n.a.
2014	数量	0	0	0	0	0	0	0	0	0
	指数	0.00	n.a.	0.00	n.a.	0.00	n.a.	n.a.	n.a.	n.a.
2015	数量	1	0	0	0	1	0	0	0	0
	指数	500.00	n.a.	0.00	n.a.	250.00	n.a.	n.a.	n.a.	n.a.
2016	数量	1	0	1	0	0	0	0	0	0
	指数	500.00	n.a.	125.00	n.a.	0.00	n.a.	n.a.	n.a.	n.a.
2017	数量	1	0	0	0	0	0	0	0	0
	指数	500.00	n.a.	0.00	n.a.	0.00	n.a.	n.a.	n.a.	n.a.

续表

年份		增资	增资—可转债	增资—卖方配售	注资	发行可转债	可转债证明	企业风险投资	众筹	杠杆收购
2018	数量	13	0	1	15	0	0	0	0	0
	指数	6500.00	n.a.	125.00	n.a.	0.00	n.a.	n.a.	n.a.	n.a.
合计	数量	16	0	8	15	2	0	0	0	0
2011—2015 年均值		0.20	0.00	0.80	0.00	0.40	0.00	0.00	0.00	0.00

年份		夹层融资	新银行信贷便利	通道融资	配售	私募股权	私人配售	公募	新股发行	风险资本	合计
2005	数量	0	0	0	0	1	0	0	0	0	1
	指数	n.a.	0.00	n.a.	n.a.	45.45	0.00	n.a.	n.a.	0.00	10.64
2006	数量	0	0	0	0	0	0	0	0	0	0
	指数	n.a.	0.00	n.a.	n.a.	0.00	0.00	n.a.	n.a.	0.00	0.00
2007	数量	0	0	0	0	0	0	0	0	0	0
	指数	n.a.	0.00	n.a.	n.a.	0.00	0.00	n.a.	n.a.	0.00	0.00
2008	数量	0	0	0	0	1	0	0	0	0	2
	指数	n.a.	0.00	n.a.	n.a.	45.45	0.00	n.a.	n.a.	0.00	21.28
2009	数量	0	0	0	0	0	0	0	0	0	1
	指数	n.a.	0.00	n.a.	n.a.	0.00	0.00	n.a.	n.a.	0.00	10.64
2010	数量	0	0	0	0	1	3	0	0	0	4
	指数	n.a.	0.00	n.a.	n.a.	45.45	60.00	n.a.	n.a.	0.00	42.55
2011	数量	0	0	0	0	4	4	0	0	0	10
	指数	n.a.	0.00	n.a.	n.a.	181.82	80.00	n.a.	n.a.	0.00	106.38
2012	数量	0	0	0	0	2	2	0	0	1	5
	指数	n.a.	0.00	n.a.	n.a.	90.91	40.00	n.a.	n.a.	166.67	53.19
2013	数量	0	1	0	0	1	2	0	0	0	7
	指数	n.a.	500.00	n.a.	n.a.	45.45	40.00	n.a.	n.a.	0.00	74.47

续表

年份		夹层融资	新银行信贷便利	通道融资	配售	私募股权	私人配售	公募	新股发行	风险资本	合计
2014	数量	0	0	0	0	1	4	0	0	1	6
	指数	n.a.	0.00	n.a.	n.a.	45.45	80.00	n.a.	n.a.	166.67	63.83
2015	数量	0	0	0	0	3	13	0	0	1	19
	指数	n.a.	0.00	n.a.	n.a.	136.36	260.00	n.a.	n.a.	166.67	202.13
2016	数量	0	0	0	0	5	8	0	0	0	15
	指数	n.a.	0.00	n.a.	n.a.	227.27	160.00	n.a.	n.a.	0.00	159.57
2017	数量	0	0	0	0	6	17	0	0	1	25
	指数	n.a.	0.00	n.a.	n.a.	272.73	340.00	n.a.	n.a.	166.67	265.96
2018	数量	0	0	0	0	3	14	0	0	4	50
	指数	n.a.	0.00	n.a.	n.a.	136.36	280.00	n.a.	n.a.	666.67	531.91
合计	数量	0	1	0	0	28	67	0	0	8	145
2011—2015年均值		0.00	0.20	0.00	0.00	2.20	5.00	0.00	0.00	0.60	9.40

表 3-5-6 2005—2018 年民营样本企业海外并购投资中单一渠道融资的金额分布

（单位：百万美元）

年份		增资	增资—可转债	增资—卖方配售	注资	发行可转债	可转债证明	企业风险投资	众筹	杠杆收购
2005	金额	0.00	0.00	0.00	0.00	0.00	0.00	0.00	0.00	0.00
	指数	0.00	n.a.	0.00	n.a.	0.00	n.a.	n.a.	n.a.	n.a.
2006	金额	0.00	0.00	0.00	0.00	0.00	0.00	0.00	0.00	0.00
	指数	0.00	n.a.	0.00	n.a.	0.00	n.a.	n.a.	n.a.	n.a.
2007	金额	0.00	0.00	0.00	0.00	0.00	0.00	0.00	0.00	0.00
	指数	0.00	n.a.	0.00	n.a.	0.00	n.a.	n.a.	n.a.	n.a.
2008	金额	0.00	0.00	289.98	0.00	0.00	0.00	0.00	0.00	0.00
	指数	0.00	n.a.	2294.51	n.a.	0.00	n.a.	n.a.	n.a.	n.a.

续表

年份		增资	增资—可转债	增资—卖方配售	注资	发行可转债	可转债证明	企业风险投资	众筹	杠杆收购
2009	金额	0.00	0.00	289.98	0.00	0.00	0.00	0.00	0.00	0.00
	指数	0.00	n.a.	2294.51	n.a.	0.00	n.a.	n.a.	n.a.	n.a.
2010	金额	0.00	0.00	0.00	0.00	0.00	0.00	0.00	0.00	0.00
	指数	0.00	n.a.	0.00	n.a.	0.00	n.a.	n.a.	n.a.	n.a.
2011	金额	0.00	0.00	32.44	0.00	0.00	0.00	0.00	0.00	0.00
	指数	0.00	n.a.	256.69	n.a.	0.00	n.a.	n.a.	n.a.	n.a.
2012	金额	0.00	0.00	0.00	0.00	0.00	0.00	0.00	0.00	0.00
	指数	0.00	n.a.	0.00	n.a.	0.00	n.a.	n.a.	n.a.	n.a.
2013	金额	0.00	0.00	30.75	0.00	95.42	0.00	0.00	0.00	0.00
	指数	0.00	n.a.	243.31	n.a.	250.00	n.a.	n.a.	n.a.	n.a.
2014	金额	0.00	0.00	0.00	0.00	0.00	0.00	0.00	0.00	0.00
	指数	0.00	n.a.	0.00	n.a.	0.00	n.a.	n.a.	n.a.	n.a.
2015	金额	200.00	0.00	0.00	0.00	95.42	0.00	0.00	0.00	0.00
	指数	500.00	n.a.	0.00	n.a.	250.00	n.a.	n.a.	n.a.	n.a.
2016	金额	3.20	0.00	404.47	0.00	0.00	0.00	0.00	0.00	0.00
	指数	8.00	n.a.	3200.43	n.a.	0.00	n.a.	n.a.	n.a.	n.a.
2017	金额	200.00	0.00	0.00	0.00	0.00	0.00	0.00	0.00	0.00
	指数	500.00	n.a.	0.00	n.a.	0.00	n.a.	n.a.	n.a.	n.a.
2018	金额	742.35	0.00	874.76	1843.00	0.00	0.00	0.00	0.00	0.00
	指数	1855.88	n.a.	6920.57	n.a.	0.00	n.a.	n.a.	n.a.	n.a.
合计	金额	1145.55	0.00	1922.38	1843.00	190.84	0.00	0.00	0.00	0.00
2011— 2015 年均值		40.00	0.00	12.64	0.00	38.17	0.00	0.00	0.00	0.00

年份		夹层融资	新银行信贷便利	通道融资	配售	私募股权	私人配售	公募	新股发行	风险资本	合计
2005	金额	0.00	0.00	0.00	0.00	26.42	0.00	0.00	0.00	0.00	26.42
	指数	n.a.	0.00	n.a.	n.a.	1.98	0.00	n.a.	n.a.	0.00	1.46

续表

年份		夹层融资	新银行信贷便利	通道融资	配售	私募股权	私人配售	公募	新股发行	风险资本	合计
2006	金额	0.00	0.00	0.00	0.00	0.00	0.00	0.00	0.00	0.00	0.00
	指数	n.a.	0.00	n.a.	n.a.	0.00	0.00	n.a.	n.a.	0.00	0.00
2007	金额	0.00	0.00	0.00	0.00	0.00	0.00	0.00	0.00	0.00	0.00
	指数	n.a.	0.00	n.a.	n.a.	0.00	0.00	n.a.	n.a.	0.00	0.00
2008	金额	0.00	0.00	0.00	0.00	0.00	0.00	0.00	0.00	0.00	289.98
	指数	n.a.	0.00	n.a.	n.a.	0.00	0.00	n.a.	n.a.	0.00	16.07
2009	金额	0.00	0.00	0.00	0.00	0.00	0.00	0.00	0.00	0.00	289.98
	指数	n.a.	0.00	n.a.	n.a.	0.00	0.00	n.a.	n.a.	0.00	16.07
2010	金额	0.00	0.00	0.00	0.00	41.06	55.52	0.00	0.00	0.00	96.58
	指数	n.a.	0.00	n.a.	n.a.	3.08	16.04	n.a.	n.a.	0.00	5.35
2011	金额	0.00	0.00	0.00	0.00	2565.09	925.09	0.00	0.00	0.00	3522.62
	指数	n.a.	0.00	n.a.	n.a.	192.43	267.23	n.a.	n.a.	0.00	195.27
2012	金额	0.00	0.00	0.00	0.00	1667.91	15.37	0.00	0.00	84.00	1767.28
	指数	n.a.	0.00	n.a.	n.a.	125.13	4.44	n.a.	n.a.	333.41	97.96
2013	金额	0.00	44.22	0.00	0.00	519.63	95.09	0.00	0.00	0.00	785.11
	指数	n.a.	500.00	n.a.	n.a.	38.98	27.47	n.a.	n.a.	0.00	43.52
2014	金额	0.00	0.00	0.00	0.00	1000.00	155.26	0.00	0.00	0.00	1155.26
	指数	n.a.	0.00	n.a.	n.a.	75.02	44.85	n.a.	n.a.	0.00	64.04
2015	金额	0.00	0.00	0.00	0.00	912.32	540.07	0.00	0.00	41.97	1789.78
	指数	n.a.	0.00	n.a.	n.a.	68.44	156.01	n.a.	n.a.	166.59	99.21
2016	金额	0.00	0.00	0.00	0.00	2640.06	346.23	0.00	0.00	0.00	3393.96
	指数	n.a.	0.00	n.a.	n.a.	198.06	100.02	n.a.	n.a.	0.00	188.13
2017	金额	0.00	0.00	0.00	0.00	2701.27	832.83	0.00	0.00	10.00	3744.10
	指数	n.a.	0.00	n.a.	n.a.	202.65	240.58	n.a.	n.a.	39.70	207.54
2018	金额	0.00	0.00	0.00	0.00	2012.00	4643.37	0.00	0.00	147.00	10262.48
	指数	n.a.	0.00	n.a.	n.a.	150.94	1341.32	n.a.	n.a.	583.56	568.87
合计	金额	0.00	44.22	0.00	0.00	14085.76	7608.83	0.00	0.00	282.97	27123.55
2011—2015年均值		0.00	8.84	0.00	0.00	1332.99	346.18	0.00	0.00	25.19	1804.01

表 3-5-7 2005—2018 年民营样本企业海外并购

投资中多渠道融资的数量分布

（单位：件）

年份		增资+注资	企业风险投资+私募股权	新银行信贷便利+杠杆收购	新银行信贷便利+私募股权	私人配售+可转债证明	私人配售+新股发行
2005	数量	0	0	0	0	0	0
	指数	0.00	0.00	n.a.	0.00	0.00	n.a.
2006	数量	0	0	0	0	0	0
	指数	0.00	0.00	n.a.	0.00	0.00	n.a.
2007	数量	0	0	0	0	0	0
	指数	0.00	0.00	n.a.	0.00	0.00	n.a.
2008	数量	0	0	0	1	0	0
	指数	0.00	0.00	n.a.	500.00	0.00	n.a.
2009	数量	0	0	0	0	0	1
	指数	0.00	0.00	n.a.	0.00	0.00	n.a.
2010	数量	1	0	0	0	0	0
	指数	23.81	0.00	n.a.	0.00	0.00	n.a.
2011	数量	5	0	0	1	0	0
	指数	119.05	0.00	n.a.	500.00	0.00	n.a.
2012	数量	4	0	0	0	1	0
	指数	95.24	0.00	n.a.	0.00	250.00	n.a.
2013	数量	4	0	0	0	1	0
	指数	95.24	0.00	n.a.	0.00	250.00	n.a.
2014	数量	3	0	0	0	0	0
	指数	71.43	0.00	n.a.	0.00	0.00	n.a.
2015	数量	5	2	0	0	0	0
	指数	119.05	500.00	n.a.	0.00	0.00	n.a.
2016	数量	16	4	1	0	0	0
	指数	380.95	1000.00	n.a.	0.00	0.00	n.a.
2017	数量	13	1	1	0	0	0
	指数	309.52	250.00	n.a.	0.00	0.00	n.a.

续表

年份		增资+注资	企业风险投资+私募股权	新银行信贷便利+杠杆收购	新银行信贷便利+私募股权	私人配售+可转债证明	私人配售+新股发行
2018	数量	2	8	0	0	0	0
	指数	47.62	2000.00	n.a.	0.00	0.00	n.a.
合计	数量	53	15	2	2	2	1
2011—2015年均值		4.2	0.4	0	0.2	0.4	0

年份		风险资本+企业风险投资	新银行信贷便利+杠杆收购+私募股权	增资—卖方配售+新银行信贷便利+杠杆收购+私募股权	增资—可转债+注资	通道融资+私人配售	配售+私人配售	合计
2005	数量	0	0	0	0	0	0	0
	指数	0.00	0.00	n.a.	n.a.	n.a.	n.a.	0.00
2006	数量	0	0	0	0	0	0	0
	指数	0.00	0.00	n.a.	n.a.	n.a.	n.a.	0.00
2007	数量	0	0	0	0	0	0	0
	指数	0.00	0.00	n.a.	n.a.	n.a.	n.a.	0.00
2008	数量	0	0	0	0	0	0	1
	指数	0.00	0.00	n.a.	n.a.	n.a.	n.a.	17.86
2009	数量	0	0	0	0	0	0	1
	指数	0.00	0.00	n.a.	n.a.	n.a.	n.a.	17.86
2010	数量	1	0	0	0	0	0	2
	指数	500.00	0.00	n.a.	n.a.	n.a.	n.a.	35.71
2011	数量	0	0	0	0	0	0	6
	指数	0.00	0.00	n.a.	n.a.	n.a.	n.a.	107.14
2012	数量	0	0	0	0	0	0	5
	指数	0.00	0.00	n.a.	n.a.	n.a.	n.a.	89.29
2013	数量	0	0	0	0	0	0	5
	指数	0.00	0.00	n.a.	n.a.	n.a.	n.a.	89.29
2014	数量	0	1	0	0	0	0	4
	指数	0.00	500.00	n.a.	n.a.	n.a.	n.a.	71.43

年份		风险资本+企业风险投资	新银行信贷便利+杠杆收购+私募股权	增资—卖方配售+新银行信贷便利+杠杆收购+私募股权	增资—可转债+注资	通道融资+私人配售	配售+私人配售	合计
2015	数量	1	0	0	0	0	0	8
	指数	500.00	0.00	n.a.	n.a.	n.a.	n.a.	142.86
2016	数量	0	0	0	0	0	0	21
	指数	0.00	0.00	n.a.	n.a.	n.a.	n.a.	375.00
2017	数量	5	1	1	0	0	0	22
	指数	2500.00	500.00	n.a.	n.a.	n.a.	n.a.	392.86
2018	数量	11	0	0	1	1	1	24
	指数	5500.00	0.00	n.a.	n.a.	n.a.	n.a.	428.57
合计	数量	18	2	1	1	1	1	99
2011—2015 年均值		0.2	0.2	0	0	0	0	5.6

表 3-5-8　2005—2018 年民营样本企业海外并购
投资中多渠道融资的金额分布

(单位：百万美元)

年份		增资+注资	企业风险投资+私募股权	新银行信贷便利+杠杆收购	新银行信贷便利+私募股权	私人配售+可转债证明	私人配售+新股发行
2005	金额	0.00	0.00	0.00	0.00	0.00	0.00
	指数	0.00	0.00	n.a.	0.00	0.00	n.a.
2006	金额	0.00	0.00	0.00	0.00	0.00	0.00
	指数	0.00	0.00	n.a.	0.00	0.00	n.a.
2007	金额	0.00	0.00	0.00	0.00	0.00	0.00
	指数	0.00	0.00	n.a.	0.00	0.00	n.a.
2008	金额	0.00	0.00	0.00	395.10	0.00	0.00
	指数	0.00	0.00	n.a.	79.02	0.00	n.a.
2009	金额	0.00	0.00	0.00	0.00	0.00	138.60
	指数	0.00	0.00	n.a.	0.00	0.00	n.a.

续表

年份		增资+注资	企业风险投资+私募股权	新银行信贷便利+杠杆收购	新银行信贷便利+私募股权	私人配售+可转债证明	私人配售+新股发行
2010	金额	21.00	0.00	0.00	0.00	0.00	0.00
	指数	19.18	0.00	n.a.	0.00	0.00	n.a.
2011	金额	64.08	0.00	0.00	2500.00	0.00	0.00
	指数	58.52	0.00	n.a.	500.00	0.00	n.a.
2012	金额	66.73	0.00	0.00	0.00	13.03	0.00
	指数	60.94	0.00	n.a.	0.00	250.00	n.a.
2013	金额	97.50	0.00	0.00	0.00	13.03	0.00
	指数	89.04	0.00	n.a.	0.00	250.00	n.a.
2014	金额	115.00	0.00	0.00	0.00	0.00	0.00
	指数	105.02	0.00	n.a.	0.00	0.00	n.a.
2015	金额	204.22	863.00	0.00	0.00	0.00	0.00
	指数	186.49	500.00	n.a.	0.00	0.00	n.a.
2016	金额	2525.35	2500.00	1510.07	0.00	0.00	0.00
	指数	2306.13	1448.44	n.a.	0.00	0.00	n.a.
2017	金额	919.71	280.00	9376.38	0.00	0.00	0.00
	指数	839.87	162.22	n.a.	0.00	0.00	n.a.
2018	金额	87.43	1809.34	0.00	0.00	0.00	0.00
	指数	79.84	1048.29	n.a.	0.00	0.00	n.a.
合计	金额	4101.02	5452.34	10886.45	2895.10	26.06	138.60
2011—2015 年均值		109.506	172.6	0	500	5.212	0

年份		风险资本+企业风险投资	新银行信贷便利+杠杆收购+私募股权	增资—卖方配售+新银行信贷便利+杠杆收购+私募股权	增资—可转债+注资	通道融资+私人配售	配售+私人配售	合计
2005	金额	0.00	0.00	0.00	0.00	0.00	0.00	0.00
	指数	0.00	0.00	n.a.	n.a.	n.a.	n.a.	0.00
2006	金额	0.00	0.00	0.00	0.00	0.00	0.00	0.00
	指数	0.00	0.00	n.a.	n.a.	n.a.	n.a.	0.00

续表

年份		风险资本+企业风险投资	新银行信贷便利+杠杆收购+私募股权	增资—卖方配售+新银行信贷便利+杠杆收购+私募股权	增资—可转债+注资	通道融资+私人配售	配售+私人配售	合计
2007	金额	0.00	0.00	0.00	0.00	0.00	0.00	0.00
	指数	0.00	0.00	n.a.	n.a.	n.a.	n.a.	0.00
2008	金额	0.00	0.00	0.00	0.00	0.00	0.00	395.10
	指数	0.00	0.00	n.a.	n.a.	n.a.	n.a.	36.02
2009	金额	0.00	0.00	0.00	0.00	0.00	0.00	138.60
	指数	0.00	0.00	n.a.	n.a.	n.a.	n.a.	12.64
2010	金额	0.00	0.00	0.00	0.00	0.00	0.00	21.00
	指数	0.00	0.00	n.a.	n.a.	n.a.	n.a.	1.91
2011	金额	0.00	0.00	0.00	0.00	0.00	0.00	2564.08
	指数	0.00	0.00	n.a.	n.a.	n.a.	n.a.	233.79
2012	金额	0.00	0.00	0.00	0.00	0.00	0.00	79.76
	指数	0.00	0.00	n.a.	n.a.	n.a.	n.a.	7.27
2013	金额	0.00	0.00	0.00	0.00	0.00	0.00	110.53
	指数	0.00	0.00	n.a.	n.a.	n.a.	n.a.	10.08
2014	金额	0.00	1541.63	0.00	0.00	0.00	0.00	1656.63
	指数	0.00	500.00	n.a.	n.a.	n.a.	n.a.	151.05
2015	金额	5.50	0.00	0.00	0.00	0.00	0.00	1072.72
	指数	500.00	0.00	n.a.	n.a.	n.a.	n.a.	97.81
2016	金额	0.00	0.00	0.00	0.00	0.00	0.00	6535.42
	指数	0.00	0.00	n.a.	n.a.	n.a.	n.a.	595.89
2017	金额	81.73	800.00	188.46	0.00	0.00	0.00	11646.28
	指数	7430.00	259.47	n.a.	n.a.	n.a.	n.a.	1061.90
2018	金额	427.15	0.00	0.00	5.52	13.54	77.00	2419.98
	指数	38831.82	0.00	n.a.	n.a.	n.a.	n.a.	220.65
合计	金额	514.38	2341.63	188.46	5.52	13.54	77.00	26640.10
2011—2015年均值		1.1	308.33	0	0	0	0	1096.74

三、海外并购投资支付方式的总体情况

本报告采用 BvD-Zephyr 数据库的分类方式，把海外并购投资的支付方式分为 9 类，分别为：现金（cash）、现金承担（cash assumed）、可转债（converted debt）、债务承担（debt assumed）、延期支付（deferred payment）、支付计划（earn-out）、银行授信（loan notes）、股份（shares）和其他（other）。依照这个标准，本小节统计了 BvD-Zephyr 数据库中有明确支付方式的中国民营企业 500 强的海外并购项目，共 319 件①。

表 3-5-9 2005—2018 年民营样本企业海外并购投资的支付方式汇总表

支付方式	并购项目（件）	并购金额（百万美元）	并购金额涉及的并购项目（件）
现金	291	45173.15	276
现金承担	0	0.00	0
可转债	2	30.52	2
债务承担	26	12202.35	25
延期支付	10	1810.58	9
支付计划	0	0.00	0
银行授信	1	1800.00	1
股份	9	2110.84	9
其他	6	258.62	5
合计	345	63386.06	327

注：此处存在重复统计问题，重复统计的原因及处理方式详见表 2-2-1 脚注。

如表 3-5-9 所示，中国民营样本企业海外并购投资的支付方式特征显著，具体如下：第一，从整体上看，涉及的支付方式有现金、可转债、债务承担、延期支付、银行授信、股份和其他方式，现金承担和支付计划两

---

① 此处指 BvD-Zephyr 数据库中有明确支付方式的中国民企 500 强的海外并购项目数量共计 319 件，由于每笔交易可选择使用单一支付方式或多支付方式，故与包含重复统计的表 3-5-9 中的结果不一致。

种方式没有出现；第二，支付方式以现金为主，占比达到 84% 以上；第三，涉及银行授信的并购项目金额远远大于其他方式的平均值。

表 3-5-10　2005—2018 年民营样本企业海外并购投资支付方式的数量分布

（单位：件）

年份		现金	现金承担	可转债务	债务承担	延期支付	支付计划	银行授信	股份	其他	合计
2005	数量	2	0	0	0	0	0	0	0	0	2
	指数	13.51	n.a.	n.a.	0.00	0.00	n.a.	n.a.	0.00	0.00	10.99
2006	数量	1	0	0	1	0	0	0	0	0	2
	指数	6.76	n.a.	n.a.	71.43	0.00	n.a.	n.a.	0.00	0.00	10.99
2007	数量	1	0	0	0	0	0	0	0	0	1
	指数	6.76	n.a.	n.a.	0.00	0.00	n.a.	n.a.	0.00	0.00	5.49
2008	数量	3	0	0	0	0	0	0	1	0	4
	指数	20.27	n.a.	n.a.	0.00	0.00	n.a.	n.a.	125.00	0.00	21.98
2009	数量	4	0	0	1	0	0	0	1	0	6
	指数	27.03	n.a.	n.a.	71.43	0.00	n.a.	n.a.	125.00	0.00	32.97
2010	数量	9	0	0	0	0	0	1	0	0	10
	指数	60.81	n.a.	n.a.	0.00	0.00	n.a.	n.a.	0.00	0.00	54.95
2011	数量	12	0	0	2	0	0	0	2	1	17
	指数	81.08	n.a.	n.a.	142.86	0.00	n.a.	n.a.	250.00	500.00	93.41
2012	数量	10	0	0	2	1	0	0	0	0	13
	指数	67.57	n.a.	n.a.	142.86	100.00	n.a.	n.a.	0.00	0.00	71.43
2013	数量	10	0	0	0	1	0	0	2	0	13
	指数	67.57	n.a.	n.a.	0.00	100.00	n.a.	n.a.	250.00	0.00	71.43
2014	数量	11	0	0	1	1	0	0	0	0	13
	指数	74.32	n.a.	n.a.	71.43	100.00	n.a.	n.a.	0.00	0.00	71.43
2015	数量	31	0	0	2	2	0	0	0	0	35
	指数	209.46	n.a.	n.a.	142.86	200.00	n.a.	n.a.	0.00	0.00	192.31

年份		现金	现金承担	可转债务	债务承担	延期支付	支付计划	银行授信	股份	其他	合计
2016	数量	53	0	1	9	3	0	0	1	2	69
	指数	358.11	n.a.	n.a.	642.86	300.00	n.a.	n.a.	125.00	1000.00	379.12
2017	数量	55	0	0	4	1	0	0	1	2	63
	指数	371.62	n.a.	n.a.	285.71	100.00	n.a.	n.a.	125.00	1000.00	346.15
2018	数量	89	0	1	4	1	0	0	1	1	97
	指数	601.35	n.a.	n.a.	285.71	100.00	n.a.	n.a.	125.00	500.00	532.97
合计	数量	291	0	2	26	10	0	1	9	6	345
2011—2015年均值		14.80	0.00	0.00	1.40	1.00	0.00	0.00	0.80	0.20	18.20

表3-5-11　2005—2018年民营样本企业海外并购投资支付方式的金额分布

（单位：百万美元）

年份		现金	现金承担	可转债务	债务承担	延期支付	支付计划	银行授信	股份	其他	合计
2005	金额	66.28	0.00	0.00	0.00	0.00	0.00	0.00	0.00	0.00	66.28
	指数	5.41	n.a.	n.a.	0.00	0.00	n.a.	n.a.	0.00	0.00	2.24
2006	金额	46.00	0.00	0.00	46.00	0.00	0.00	0.00	0.00	0.00	92.00
	指数	3.76	n.a.	n.a.	3.22	0.00	n.a.	n.a.	0.00	0.00	3.11
2007	金额	121.00	0.00	0.00	0.00	0.00	0.00	0.00	0.00	0.00	121.00
	指数	9.88	n.a.	n.a.	0.00	0.00	n.a.	n.a.	0.00	0.00	4.09
2008	金额	525.06	0.00	0.00	0.00	0.00	0.00	0.00	289.98	0.00	815.04
	指数	42.89	n.a.	n.a.	0.00	0.00	n.a.	n.a.	2294.51	0.00	27.52
2009	金额	316.83	0.00	0.00	46.00	0.00	0.00	0.00	289.98	0.00	652.81
	指数	25.88	n.a.	n.a.	3.22	0.00	n.a.	n.a.	2294.51	0.00	22.04
2010	金额	1930.03	0.00	0.00	0.00	0.00	0.00	1800.00	0.00	0.00	3730.03
	指数	157.66	n.a.	n.a.	0.00	0.00	n.a.	n.a.	0.00	0.00	125.93

年份		现金	现金承担	可转债务	债务承担	延期支付	支付计划	银行授信	股份	其他	合计
2011	金额	1061.70	0.00	0.00	3156.42	0.00	0.00	0.00	32.44	10.00	4260.56
	指数	86.73	n.a.	n.a.	220.85	0.00	n.a.	n.a.	256.69	500.00	143.84
2012	金额	627.87	0.00	0.00	3256.42	13.03	0.00	0.00	0.00	0.00	3897.32
	指数	51.29	n.a.	n.a.	227.84	4.43	n.a.	n.a.	0.00	0.00	131.58
2013	金额	380.01	0.00	0.00	0.00	13.03	0.00	0.00	30.75	0.00	423.79
	指数	31.04	n.a.	n.a.	0.00	4.43	n.a.	n.a.	243.31	0.00	14.31
2014	金额	621.89	0.00	0.00	0.00	238.56	0.00	0.00	0.00	0.00	860.45
	指数	50.80	n.a.	n.a.	0.00	81.15	n.a.	n.a.	0.00	0.00	29.05
2015	金额	3429.45	0.00	0.00	733.38	1205.24	0.00	0.00	0.00	0.00	5368.07
	指数	280.14	n.a.	n.a.	51.31	409.98	n.a.	n.a.	0.00	0.00	181.23
2016	金额	12359.66	0.00	25.00	2618.17	295.99	0.00	0.00	404.47	3.16	15706.45
	指数	1009.62	n.a.	n.a.	183.19	100.69	n.a.	n.a.	3200.43	158.00	530.26
2017	金额	12221.50	0.00	0.00	2032.64	0.00	0.00	0.00	188.46	230.46	14673.06
	指数	998.34	n.a.	n.a.	142.22	0.00	n.a.	n.a.	1490.98	11523.00	495.37
2018	金额	11465.87	0.00	5.52	313.32	44.73	0.00	0.00	874.76	15.00	12719.20
	指数	936.62	n.a.	n.a.	21.92	15.22	n.a.	n.a.	6920.57	750.00	429.41
合计	金额	45173.15	0.00	30.52	12202.35	1810.58	0.00	1800.00	2110.84	258.62	63386.06
2011—2015年均值		1224.18	0.00	0.00	1429.24	293.97	0.00	0.00	12.64	2.00	2962.04

四、单一支付方式和多支付方式的选择

在民营样本企业跨国并购的支付方式方面，单一支付方式和多支付方式的使用偏向显著，单一支付方式为 294 件并购项目，多支付方式为 25 件并购案件（涉及年份的重复统计，处理方式和报告前文一致）。

表 3-5-12 2005—2018 年民营样本企业海外并购投资中
单一支付方式和多支付方式汇总表

项目	支付方式	并购项目（件）	并购金额（百万美元）	并购金额涉及的并购项目（件）
单一支付方式	现金	266	39468.35	252
	现金承担	0	0.00	0
	可转债	2	30.52	2
	债务承担	15	9842.06	14
	延期支付	2	576.46	1
	支付计划	0	0.00	0
	银行授信	0	0.00	0
	股份	7	1517.91	7
	其他	2	136.69	2
	合计	294	51571.99	278
多支付方式	现金+债务承担	10	1955.82	10
	现金+延期支付	8	1234.12	8
	现金+其他	4	121.93	3
	现金+银行授信	1	1800.00	1
	现金+股份	1	188.46	1
	现金+股份+债务承担	1	404.47	1
	合计	25	5704.80	24

通过进一步的展开分析，可以发现两种不同选择下有 3 个特点：第一，单一支付方式中现金支付是最主要的方式，占比超过 90%；第二，多支付方式中都包含现金支付；第三，就支付方式涉及的金额而言，"现金+银行授信"这一方式具有最强的支付能力。

表 3-5-13　2005—2018 年民营样本企业海外并购投资中
单一支付方式的项目数量分布

（单位：件）

年份		现金	现金承担	可转债务	债务承担	延期支付	支付计划	银行授信	股份	其他	合计
2005	数量	2	0	0	0	0	0	0	0	0	2
	指数	14.71	n.a.	n.a.	0.00	0.00	n.a.	n.a.	0.00	n.a.	12.66
2006	数量	0	0	0	0	0	0	0	0	0	0
	指数	0.00	n.a.	n.a.	0.00	0.00	n.a.	n.a.	0.00	n.a.	0.00
2007	数量	1	0	0	0	0	0	0	0	0	1
	指数	7.35	n.a.	n.a.	0.00	0.00	n.a.	n.a.	0.00	n.a.	6.33
2008	数量	3	0	0	0	0	0	0	1	0	4
	指数	22.06	n.a.	n.a.	0.00	0.00	n.a.	n.a.	125.00	n.a.	25.32
2009	数量	3	0	0	0	0	0	0	1	0	4
	指数	22.06	n.a.	n.a.	0.00	0.00	n.a.	n.a.	125.00	n.a.	25.32
2010	数量	8	0	0	0	0	0	0	0	0	8
	指数	58.82	n.a.	n.a.	0.00	0.00	n.a.	n.a.	0.00	n.a.	50.63
2011	数量	11	0	0	2	0	0	0	2	0	15
	指数	80.88	n.a.	n.a.	166.67	0.00	n.a.	n.a.	250.00	n.a.	94.94
2012	数量	9	0	0	2	0	0	0	0	0	11
	指数	66.18	n.a.	n.a.	166.67	0.00	n.a.	n.a.	0.00	n.a.	69.62
2013	数量	9	0	0	0	0	0	0	2	0	11
	指数	66.18	n.a.	n.a.	0.00	0.00	n.a.	n.a.	250.00	n.a.	69.62
2014	数量	10	0	0	1	0	0	0	0	0	11
	指数	73.53	n.a.	n.a.	83.33	0.00	n.a.	n.a.	0.00	n.a.	69.62
2015	数量	29	0	0	1	1	0	0	0	0	31
	指数	213.24	n.a.	n.a.	83.33	500.00	n.a.	n.a.	0.00	n.a.	196.20
2016	数量	43	0	1	4	0	0	0	0	0	48
	指数	316.18	n.a.	n.a.	333.33	0.00	n.a.	n.a.	0.00	n.a.	303.80
2017	数量	51	0	0	2	1	0	0	0	1	55
	指数	375.00	n.a.	n.a.	166.67	500.00	n.a.	n.a.	0.00	n.a.	348.10

年份		现金	现金承担	可转债务	债务承担	延期支付	支付计划	银行授信	股份	其他	合计
2018	数量	87	0	1	3	0	0	0	1	1	93
	指数	639.71	n.a.	n.a.	250.00	0.00	n.a.	n.a.	125.00	n.a.	588.61
合计	数量	266	0	2	15	2	0	0	7	2	294
2011—2015 年均值		13.60	0.00	0.00	1.20	0.20	0.00	0.00	0.80	0.00	15.80

表 3-5-14　2005—2018 年民营样本企业海外并购投资中
单一支付方式的金额分布

（单位：百万美元）

年份		现金	现金承担	可转债务	债务承担	延期支付	支付计划	银行授信	股份	其他	合计
2005	金额	66.28	0.00	0.00	0.00	0.00	0.00	0.00	0.00	0.00	66.28
	指数	6.45	n.a.	n.a.	0.00	0.00	n.a.	n.a.	0.00	n.a.	2.58
2006	金额	0.00	0.00	0.00	0.00	0.00	0.00	0.00	0.00	0.00	0.00
	指数	0.00	n.a.	n.a.	0.00	0.00	n.a.	n.a.	0.00	n.a.	0.00
2007	金额	121.00	0.00	0.00	0.00	0.00	0.00	0.00	0.00	0.00	121.00
	指数	11.78	n.a.	n.a.	0.00	0.00	n.a.	n.a.	0.00	n.a.	4.71
2008	金额	525.06	0.00	0.00	0.00	0.00	0.00	0.00	289.98	0.00	815.04
	指数	51.13	n.a.	n.a.	0.00	0.00	n.a.	n.a.	2294.51	n.a.	31.75
2009	金额	270.83	0.00	0.00	0.00	0.00	0.00	0.00	289.98	0.00	560.81
	指数	26.38	n.a.	n.a.	0.00	0.00	n.a.	n.a.	2294.51	n.a.	21.84
2010	金额	130.03	0.00	0.00	0.00	0.00	0.00	0.00	0.00	0.00	130.03
	指数	12.66	n.a.	n.a.	0.00	0.00	n.a.	n.a.	0.00	n.a.	5.06
2011	金额	1051.70	0.00	0.00	3156.42	0.00	0.00	0.00	32.44	0.00	4240.56
	指数	102.42	n.a.	n.a.	223.45	0.00	n.a.	n.a.	256.69	n.a.	165.17
2012	金额	614.84	0.00	0.00	3256.42	0.00	0.00	0.00	0.00	0.00	3871.26
	指数	59.88	n.a.	n.a.	230.53	0.00	n.a.	n.a.	0.00	n.a.	150.79
2013	金额	366.98	0.00	0.00	0.00	0.00	0.00	0.00	30.75	0.00	397.73
	指数	35.74	n.a.	n.a.	0.00	0.00	n.a.	n.a.	243.31	n.a.	15.49

年份		现金	现金承担	可转债务	债务承担	延期支付	支付计划	银行授信	股份	其他	合计
2014	金额	383.33	0.00	0.00	0.00	0.00	0.00	0.00	0.00	0.00	383.33
	指数	37.33	n.a.	n.a.	0.00	0.00	n.a.	n.a.	0.00	n.a.	14.93
2015	金额	2717.29	0.00	0.00	650.00	576.46	0.00	0.00	0.00	0.00	3943.75
	指数	264.63	n.a.	n.a.	46.02	500.00	n.a.	n.a.	0.00	n.a.	153.61
2016	金额	10968.45	0.00	25.00	1526.11	0.00	0.00	0.00	0.00	0.00	12519.56
	指数	1068.19	n.a.	n.a.	108.04	0.00	n.a.	n.a.	0.00	n.a.	487.65
2017	金额	11029.24	0.00	0.00	1137.61	0.00	0.00	0.00	0.00	121.69	12288.54
	指数	1074.11	n.a.	n.a.	80.53	0.00	n.a.	n.a.	0.00	n.a.	478.65
2018	金额	11223.32	0.00	5.52	115.50	0.00	0.00	0.00	874.76	15.00	12234.10
	指数	1093.01	n.a.	n.a.	8.18	0.00	n.a.	n.a.	6920.57	n.a.	476.53
合计	金额	39468.35	0.00	30.52	9842.06	576.46	0.00	0.00	1517.91	136.69	51571.99
2011—2015 年均值		1026.83	0.00	0.00	1412.57	115.29	0.00	0.00	12.64	0.00	2567.33

表 3-5-15　2005—2018 年民营样本企业海外并购投资中多支付方式的项目数量分布

（单位：件）

年份		现金+债务承担	现金+延期支付	现金+其他	现金+银行授信	现金+股份	现金+股份+债务承担	合计
2005	数量	0	0	0	0	0	0	0
	指数	0.00	0.00	0.00	n.a.	n.a.	n.a.	0.00
2006	数量	1	0	0	0	0	0	1
	指数	500.00	0.00	0.00	n.a.	n.a.	n.a.	83.33
2007	数量	0	0	0	0	0	0	0
	指数	0.00	0.00	0.00	n.a.	n.a.	n.a.	0.00

续表

年份		现金+债务承担	现金+延期支付	现金+其他	现金+银行授信	现金+股份	现金+股份+债务承担	合计
2008	数量	0	0	0	0	0	0	0
	指数	0.00	0.00	0.00	n.a.	n.a.	n.a.	0.00
2009	数量	1	0	0	0	0	0	1
	指数	500.00	0.00	0.00	n.a.	n.a.	n.a.	83.33
2010	数量	0	0	0	1	0	0	1
	指数	0.00	0.00	0.00	n.a.	n.a.	n.a.	83.33
2011	数量	0	0	1	0	0	0	1
	指数	0.00	0.00	500.00	n.a.	n.a.	n.a.	83.33
2012	数量	0	1	0	0	0	0	1
	指数	0.00	125.00	0.00	n.a.	n.a.	n.a.	83.33
2013	数量	0	1	0	0	0	0	1
	指数	0.00	125.00	0.00	n.a.	n.a.	n.a.	83.33
2014	数量	0	1	0	0	0	0	1
	指数	0.00	125.00	0.00	n.a.	n.a.	n.a.	83.33
2015	数量	1	1	0	0	0	0	2
	指数	500.00	125.00	0.00	n.a.	n.a.	n.a.	166.67
2016	数量	4	3	2	0	0	1	10
	指数	2000.00	375.00	1000.00	n.a.	n.a.	n.a.	833.33
2017	数量	2	0	1	0	1	0	4
	指数	1000.00	0.00	500.00	n.a.	n.a.	n.a.	333.33
2018	数量	1	1	0	0	0	0	2
	指数	500.00	125.00	0.00	n.a.	n.a.	n.a.	166.67
合计	数量	10	8	4	1	1	1	25
2011—2015年均值		0.20	0.80	0.20	0.00	0.00	0.00	1.20

表 3-5-16　2005—2018 年民营样本企业海外并购投资中
多支付方式的金额分布

（单位：百万美元）

年份		现金+债务承担	现金+延期支付	现金+其他	现金+银行授信	现金+股份	现金+股份+债务承担	合计
2005	金额	0.00	0.00	0.00	0.00	0.00	0.00	0.00
	指数	0.00	0.00	0.00	n.a.	n.a.	n.a.	0.00
2006	金额	46.00	0.00	0.00	0.00	0.00	0.00	46.00
	指数	275.85	0.00	0.00	n.a.	n.a.	n.a.	23.31
2007	金额	0.00	0.00	0.00	0.00	0.00	0.00	0.00
	指数	0.00	0.00	0.00	n.a.	n.a.	n.a.	0.00
2008	金额	0.00	0.00	0.00	0.00	0.00	0.00	0.00
	指数	0.00	0.00	0.00	n.a.	n.a.	n.a.	0.00
2009	金额	46.00	0.00	0.00	0.00	0.00	0.00	46.00
	指数	275.85	0.00	0.00	n.a.	n.a.	n.a.	23.31
2010	金额	0.00	0.00	0.00	1800.00	0.00	0.00	1800.00
	指数	0.00	0.00	0.00	n.a.	n.a.	n.a.	912.06
2011	金额	0.00	0.00	10.00	0.00	0.00	0.00	10.00
	指数	0.00	0.00	500.00	n.a.	n.a.	n.a.	5.07
2012	金额	0.00	13.03	0.00	0.00	0.00	0.00	13.03
	指数	0.00	7.29	0.00	n.a.	n.a.	n.a.	6.60
2013	金额	0.00	13.03	0.00	0.00	0.00	0.00	13.03
	指数	0.00	7.29	0.00	n.a.	n.a.	n.a.	6.60
2014	金额	0.00	238.56	0.00	0.00	0.00	0.00	238.56
	指数	0.00	133.51	0.00	n.a.	n.a.	n.a.	120.88
2015	金额	83.38	628.78	0.00	0.00	0.00	0.00	712.16
	指数	500.00	351.90	0.00	n.a.	n.a.	n.a.	360.85
2016	金额	687.59	295.99	3.16	0.00	0.00	404.47	1391.21
	指数	4123.23	165.65	158.00	n.a.	n.a.	n.a.	704.92
2017	金额	895.03	0.00	108.77	0.00	188.46	0.00	1192.26
	指数	5367.17	0.00	5438.50	n.a.	n.a.	n.a.	604.12

续表

年份		现金+债务承担	现金+延期支付	现金+其他	现金+银行授信	现金+股份	现金+股份+债务承担	合计
2018	金额	197.82	44.73	0.00	0.00	0.00	0.00	242.55
	指数	1185.97	25.03	0.00	n.a.	n.a.	n.a.	122.90
合计	金额	1955.82	1234.12	121.93	1800.00	188.46	404.47	5704.80
2011—2015 年均值		16.68	178.68	2.00	0.00	0.00	0.00	197.36

五、海外并购投资的融资渠道和支付方式指数

表 3-5-17 2005—2018 年民营样本企业海外并购投资的融资指数

年份	融资指数					
	融资渠道汇总指数		单一渠道融资指数		多渠道融资指数	
	数量	金额	数量	金额	数量	金额
2005	4.81	0.61	10.64	1.46	0.00	0.00
2006	0.00	0.00	0.00	0.00	0.00	0.00
2007	0.00	0.00	0.00	0.00	0.00	0.00
2008	19.23	25.09	21.28	16.07	17.86	36.02
2009	14.42	13.17	10.64	16.07	17.86	12.64
2010	38.46	3.22	42.55	5.35	35.71	1.91
2011	105.77	200.91	106.38	195.27	107.14	233.79
2012	72.12	44.75	53.19	97.96	89.29	7.27
2013	81.73	23.37	74.47	43.52	89.29	10.08
2014	72.12	139.58	63.83	64.04	71.43	151.05
2015	168.27	91.39	202.13	99.21	142.86	97.81
2016	274.04	382.38	159.57	188.13	375.00	595.89
2017	346.15	655.24	265.96	207.54	392.86	1061.90
2018	471.15	350.74	531.91	568.87	428.57	220.65

注：指数以 2011—2015 年均值为基期值计算得出。

表 3-5-18　2005—2018 年民营样本企业海外并购投资的支付指数

年份	支付指数					
	支付方式汇总指数		单一支付方式指数		多支付方式指数	
	数量	金额	数量	金额	数量	金额
2005	10.99	2.24	12.66	2.58	0.00	0.00
2006	10.99	3.11	0.00	0.00	83.33	23.31
2007	5.49	4.09	6.33	4.71	0.00	0.00
2008	21.98	27.52	25.32	31.75	0.00	0.00
2009	32.97	22.04	25.32	21.84	83.33	23.31
2010	54.95	125.93	50.63	5.06	83.33	912.06
2011	93.41	143.84	94.94	165.17	83.33	5.07
2012	71.43	131.58	69.62	150.79	83.33	6.60
2013	71.43	14.31	69.62	15.49	83.33	6.60
2014	71.43	29.05	69.62	14.93	83.33	120.88
2015	192.31	181.23	196.20	153.61	166.67	360.85
2016	379.12	530.26	303.80	487.65	833.33	704.92
2017	346.15	495.37	348.10	478.65	333.33	604.12
2018	532.97	429.41	588.61	476.53	166.67	122.90

注：指数以 2011—2015 年均值为基期值计算得出。

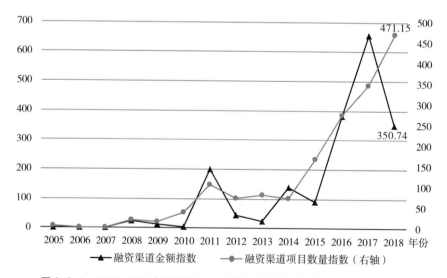

图 3-5-1　2005—2018 年民营样本企业海外并购投资的融资渠道指数变化图

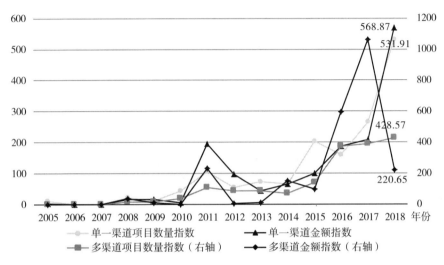

**图 3-5-2　2005—2018 年民营样本企业海外并购投资的
单一渠道和多渠道指数变化图**

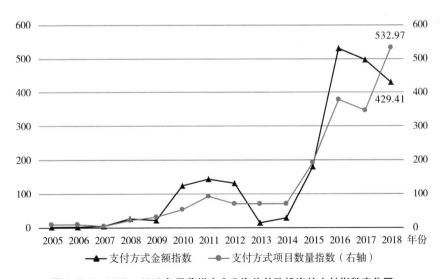

图 3-5-3　2005—2018 年民营样本企业海外并购投资的支付指数变化图

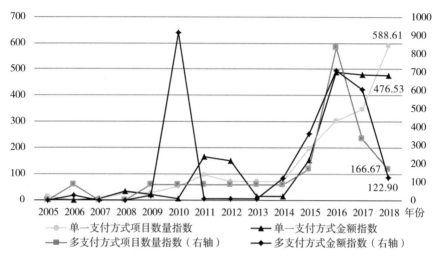

图 3-5-4　2005—2018 年民营样本企业海外并购投资的
单一支付方式和多支付方式指数变化图

　　通过对指数的分析，我们发现：第一，无论是融资指数还是支付指数，都在近几年实现非常大的增长，融资数量指数从 2014 年的 72.12 增长到 2018 年的 471.15，融资金额指数从 2013 年的 23.37 增长到 2017 年的 655.24；单一渠道融资数量指数从 2014 年的 63.83 增长到 2018 年的 531.91，单一渠道融资金额指数从 2013 年的 43.52 增长到 2018 年的 568.87；多渠道融资数量指数从 2014 年的 71.43 增长到 2018 年的 428.57，多渠道融资金额指数从 2013 年的 10.08 增长到 2017 年的 1061.90。支付数量指数从 2014 年的 71.43 增长到 2018 年的 532.97，支付金额指数从 2013 年的 14.31 增长到 2016 年的 530.26；单一支付方式数量指数从 2014 年的 69.62 增长到 2018 年的 588.61，单一支付方式金额指数从 2014 年的 14.93 增长到 2016 年的 487.65；多支付方式数量指数从 2014 年的 83.33 增长到 2016 年的 833.33，多支付方式金额指数从 2013 年的 6.60 增长到 2016 年的 704.92。第二，融资渠道汇总指数和支付方式汇总指数同时在 2011 年达到了新的增长阶段，也从侧面佐证了本研究课题组指出的 2011 年是中国民营企业"走出去"元年这个提法。另外，相比较于 2017 年及其之前的融资模式①，2018 年出现了两个新特征：一是无论从融资指数还是支付指数来看，2018 年的增长并没有延续之前的高速增长趋势，增长出现了一定程度的放缓甚至减少；二是融资渠道的数量指数和金额指数在 2018 年出现了进一步分化，特别是多渠道融资指数——多渠道融资数量指数从 2017 年的 392.86 增长到 2018 年的 428.57，而多渠道融资金额指数从 2017 年的 1061.90 骤降至 2018 年的 220.65。

本章小结

一、全国企业海外并购投资金额在 2018 年持续下滑，其中民营样本企业投资金额降幅显著

2018 年全国企业海外并购投资总金额约为 920 亿美元，较 2017 年同比下降 5.1%，持续了 2017 年的下降趋势。而作为我国企业"走出去"过程中重要组成部分的民营企业，其并购投资金额规模下降更为明显。

本报告统计显示，我国民营样本企业海外并购投资金额在 2017 年高速增长之后于 2018 年大幅下降。民营样本企业 2018 年海外并购投资总额约为 290 亿美元，相比于 2017 年下降 65.7%，也是自 2014 年以来民营样本企业海外并购投资金额规模的首次下降。与投资金额的下降相反，我国民营样本企业海外并购投资项目数量却在 2018 年稳步增长，并购投资项目数量与金额的反向变化意味着 2018 年民营样本企业平均海外并购投资金额规模的缩减，这也反映出 2018 年我国民营样本企业在进行海外并购时更注重分散化投资，投资态度日趋审慎。

---

① 详细数据见薛军等：《中国民营企业海外直接投资指数 2018 年度报告——基于中国民企 500 强的数据分析》，人民出版社 2019 年版。

二、从投资来源地看，在全国民营企业并购投资形势严峻的情况下，中部地区并购投资发展较为稳定

综合并购投资项目数量和金额变化情况来看，2018 年我国民营样本企业海外并购投资项目数量虽有小幅提升，但投资金额却相比于 2017 年而言下降显著，这也反映出 2018 年我国民营样本企业海外并购投资情况整体不容乐观。在此情况下，中部地区民营样本企业海外并购投资依然稳定发展，2018 年中部地区共计进行 13 件并购投资，金额达 21.51 亿美元，体现出较高的增长潜力。特别是位于华北东北地区的民营样本企业在并购投资过程中表现突出，该地区当年度并购投资项目数量共计 8 件，同比提高 300%；投资金额由 2017 年的 11.23 亿美元增长至 2018 年的 15.64 亿美元，增长了 39.3%。

三、从投资标的国（地区）看，民营样本企业对发展中经济体的并购投资项目数量在并购投资总量中所占份额明显提高，而发达国家则略有下降

发达国家（地区）凭借良好的投资环境、完善的金融体系以及较高的技术水平，仍然是我国民营样本企业 2018 年进行海外并购投资项目数量最多的标的国（地区），2018 年共计接受 94 件、合计为 250.43 亿美元的并购投资。但是从并购投资项目数量在不同经济体的分布情况来看，发达经济体 2018 年所接受的并购投资项目数量在并购投资总量中的占比出现下降。据统计，2005—2017 年间我国民营样本企业平均每年有 82.56%的并购投资项目数量流向发达国家（地区），而 2018 年该比重约为 78.99%。与此相反，2018 年民营样本企业向发展中经济体并购投资的项目数量在并购投资总量中所占份额明显提高。我国民营样本企业 2018 年的并购投资项目中有 25 件投向发展中国家（地区），较 2017 年同比增长 47.1%，在并购总投资项目数量中占比 21.01%，而往年平均占比约为 14.72%。

四、从投资标的行业看，我国民营样本企业对高技术制造业的平均并购投资金额规模显著提升

2018 年我国民营样本企业对高技术制造业共计进行 46.30 亿美元的并购投资，同比增长 45.1%，由 2017 年在制造业并购投资总额中 6.62% 的占比提高为 2018 年的 28.82%。而与此同时民营样本企业对高技术制造业的并购投资项目数量维持 2017 年 13 件投资的水平，可见我国民营样本企业对高技术制造业的平均并购投资金额规模在 2018 年得到显著提升。从细分行业来看，民营样本企业在高技术制造业的并购投资金额的增加主要集中在医药制造业和医疗器械、精密仪器和光学仪器、钟表业上，其中医药制造业 2018 年获得的平均并购投资金额规模在所有细分行业中排列第三位，约为 6.78 亿美元。

五、从并购投资融资模式别看，并购融资渠道项目数量和金额指数、并购投资支付方式项目数量和金额指数均分化明显

从我国并购投资融资渠道指数在 2018 年的变化可发现，融资渠道项目数量指数与金额指数的分化在 2018 年尤为明显，融资渠道项目数量指数高速增长至 471.15 的同时，金额指数由 2017 年的 655.24 下降至 350.74，其中以民营样本企业采用杠杆收购、新银行信贷便利两种渠道进行并购融资金额规模的下降为主。项目数量和金额的分化也在并购投资支付方式指数中有明显体现。2017 年由于以现金支付方式进行交易的并购投资项目数量快速增长，支付方式项目数量指数由 346.15 增长到 2018 年的 532.97，但是支付方式金额指数的变化却维持了 2017 年的下降趋势，这也是 14 年来支付方式项目数量指数与金额指数首次出现较大程度的分化。

第四章　中国民营企业海外直接投资指数：绿地投资篇

本章对我国民营企业海外绿地投资的项目数量和金额分布情况进行统计描述，从总量出发，分别按照海外绿地投资来源地、投资标的国（地区）、投资标的行业3种分类方式对样本数据进行指数测算。此外，本章还通过对绿地投资就业贡献指数的测算，全面分析我国民营企业海外绿地投资特征变化。

第一节　海外绿地投资指数

本节对民营企业海外绿地投资进行总体分析。

一、民营企业海外绿地投资与全国海外绿地投资的比较

2005—2018年间我国民营样本企业海外绿地投资在项目数量和金额上总体呈现增长趋势，民营样本企业在这14年间，绿地投资项目数量总和占到全国总和的14.8%，绿地投资金额总和占到全国总和的20%。

单从2018年的变化来看，我国民营样本企业海外绿地投资在项目数量和金额上的增长幅度显著大于全国的增长幅度。2018年民营样本企业海外绿地投资项目数量大幅增加，同比增长82.5%，而全国企业的海外绿地投资项目数量由2017年的576件增长至842件，同比增长46.2%；在我国民营样本企业海外绿地投资金额方面，2005—2016年间海外绿地投资金额呈现波动增长的趋势，2017年出现显著下降，2018年又有大幅增长，同比增

长 162.5%。民营样本企业海外绿地投资金额涨幅显著高于项目数量涨幅，可见 2018 年我国民营样本企业海外绿地投资平均金额规模较大。

表 4-1-1 2005—2018 年民营样本企业海外绿地投资项目数量
和金额汇总及与全国海外绿地的比较

（单位：件、亿美元、%）

年份	民营样本企业海外绿地投资				全国海外绿地投资			
	数量	同比增长	金额	同比增长	数量	同比增长	金额	同比增长
2005	4	—	0.6	—	126	—	84	—
2006	4	0.0	2	224.3	123	−2.4	158	89.3
2007	15	275.0	21	1067.3	220	78.9	312	97.2
2008	32	113.3	23	9.4	276	25.5	476	52.6
2009	24	−25.0	13	−42.6	340	23.2	262	−45.0
2010	19	−20.8	14	9.4	354	4.1	198	−24.3
2011	60	215.8	76	423.8	430	21.5	389	96.5
2012	44	−26.7	29	−61.9	353	−17.9	115	−70.4
2013	45	2.3	20	−29.2	322	−8.8	132	14.5
2014	56	24.4	180	783.6	378	17.4	539	309.3
2015	65	16.1	82	−54.5	483	27.8	531	−1.5
2016	119	83.1	426	419.9	632	30.8	1103	107.9
2017	114	−4.2	73	−82.9	576	−8.9	527	−52.3
2018	208	82.5	191	162.5	842	46.2	925	75.5
合计	809	—	1151	—	5455	—	5749	—

注：1. 表中涉及金额的同比增长率均按照数据库中原始数据进行计算；2. 对于表中金额小于 1 亿
美元的保留一位小数，等于或大于 1 亿美元的保留整数；3. 此处民营样本企业海外绿地投资
与全国海外绿地投资统计标准不同，详见第一章第二节。

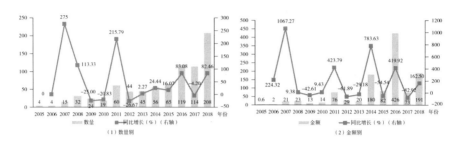

图 4-1-1　2005—2018 年民营样本企业海外绿地投资项目数量和金额增长变化图

二、民营企业海外绿地投资项目数量指数和金额指数

从表 4-1-2 和图 4-1-2 可以看出，我国民营样本企业海外绿地投资项目数量指数和金额指数在 2018 年均大幅增长，一改 2017 年两指数下降的低迷走势。2018 年民营样本企业海外绿地投资项目数量指数由 2017 年的 211. 11 增长为 385. 19，实现了 14 年来的最大增幅；在海外绿地投资金额指数方面，民营样本企业在 2018 年实现投资金额指数的触底反弹，在 2017 年的大幅下降之后于 2018 年增长至 246. 19。

表 4-1-2　2005—2018 年民营样本企业海外绿地投资项目数量和金额指数

年份	项目数量指数	金额指数
2005	7. 41	0. 72
2006	7. 41	2. 33
2007	27. 78	27. 15
2008	59. 26	29. 69
2009	44. 44	17. 04
2010	35. 19	18. 65
2011	111. 11	97. 66
2012	81. 48	37. 22
2013	83. 33	26. 36
2014	103. 70	232. 89
2015	120. 37	105. 87
2016	220. 37	550. 46
2017	211. 11	94. 00
2018	385. 19	246. 19
2011—2015 年均值	100. 00	100. 00

注：此处金额指数按照数据库中的原始数据进行测算。

图 4-1-2　2005—2018 年民营样本企业海外绿地投资项目数量和金额指数变化图

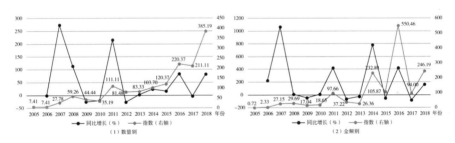

图 4-1-3　2005—2018 年民营样本企业海外绿地投资项目
数量和金额指数及其同比增长率变化图

第二节　海外绿地投资来源地别指数

本节对民营企业海外绿地投资的项目数量与金额按照投资来源地进行
统计分析，主要划分为环渤海地区、长三角地区、珠三角地区、中部地区
与西部地区五大区域。同时按照各区域特点进一步细分，其中环渤海地区
包括京津冀地区和环渤海地区其他区域（辽宁和山东），长三角地区包括
上海和长三角地区其他区域（江苏和浙江），珠三角地区包括深圳、广东
（不含深圳）与珠三角地区其他区域（福建和海南），中部地区包括华北东

北地区和中原华中地区，西部地区包括西北地区和西南地区，涵盖 31 个省、自治区、直辖市和深圳经济特区①。

一、海外绿地投资项目数量和金额在不同投资来源地的分布

1. 民营企业海外绿地投资项目数量在不同投资来源地的分布

从不同投资来源地民营样本企业海外绿地投资的项目数量指数变化情况可以看出，珠三角地区与长三角地区在近 5 年来项目数量指数增长趋势较为稳定，环渤海地区绿地投资项目数量指数在 2005—2018 年间波动较为明显，但总体呈增长的趋势。从 2005—2018 年 14 年的投资项目总量上来看，珠三角地区的民营样本企业进行海外绿地投资的项目数量总和在五大区域中最多，累计 336 件，在民营样本企业海外绿地投资项目数量中占比 41.53%，然后依次是长三角地区占比 28.31%，环渤海地区占比 16.81%，西部地区占比 7.17%，最后是中部地区占比 6.18%。

相比于 2017 年珠三角地区、中部地区和西部地区绿地投资数量规模出现的小幅下降来说，2018 年五大区域海外绿地投资项目数量规模均有不同程度的增加。其中，环渤海地区 2018 年海外绿地投资项目数量同比增长幅度最大，高达 288.2%，且集中体现在京津冀地区的民营样本企业海外绿地投资项目的增加上，该地区民营样本企业 2018 年共计进行 56 件绿地投资交易，超过 2005—2017 年京津冀地区民营样本企业海外绿地投资项目数量的总和。同时根据统计显示，西部地区民营样本企业在 2018 年海外绿地投资规模也实现较高突破，该地区海外绿地投资项目数量较 2017 年同比增长 150%，其中位于西北的民营样本企业 2018 年单年度进行 6 件海外绿地投资项目，可见西部地区民营样本企业的海外绿地投资潜力正在逐步释放。

---

① 详见第一章第一节"中国民营企业海外直接投资指数"六级指标体系和指数的构成。

表 4-2-1　2005—2018 年民营样本企业海外绿地投资项目数量
在不同投资来源地的分布及指数汇总表

（单位：件）

| 年份 | 环渤海地区 | | | | | | | | | | | |
| | 京津冀 | | | | 其他 | | | | 合计 | | | |
	项目数	同比增长（%）	占比（%）	指数	项目数	同比增长（%）	占比（%）	指数	项目数	同比增长（%）	占比（%）	指数
2005	1	—	50.00	29.41	1	—	50.00	27.78	2	—	50.00	28.57
2006	0	-100.0	n.a.	0.00	0	-100.0	n.a.	0.00	0	-100.0	0.00	0.00
2007	1	n.a.	100.00	29.41	0	n.a.	0.00	0.00	1	n.a.	6.67	14.29
2008	1	0.0	100.00	29.41	0	—	0.00	0.00	1	0.0	3.13	14.29
2009	0	-100.0	0.00	0.00	2	n.a.	100.00	55.56	2	100.0	8.33	28.57
2010	0	n.a.	n.a.	0.00	0	-100.0	n.a.	0.00	0	-100.0	0.00	0.00
2011	4	n.a.	66.67	117.65	2	n.a.	33.33	55.56	6	n.a.	10.00	85.71
2012	4	0.0	66.67	117.65	2	0.0	33.33	55.56	6	0.0	13.64	85.71
2013	3	-25.0	60.00	88.24	2	0.0	40.00	55.56	5	-16.7	11.11	71.43
2014	2	-33.3	16.67	58.82	10	400.0	83.33	277.78	12	140.0	21.43	171.43
2015	4	100.0	66.67	117.65	2	-80.0	33.33	55.56	6	-50.0	9.23	85.71
2016	8	100.0	66.67	235.29	4	100.0	33.33	111.11	12	100.0	10.08	171.43
2017	14	75.0	82.35	411.76	3	-25.0	17.65	83.33	17	41.7	14.91	242.86
2018	56	300.0	84.85	1647.06	10	233.3	15.15	277.78	66	288.2	31.73	942.86
合计	98	—	72.06	—	38	—	27.94	—	136	—	16.81	—
2011—2015 年均值	3.40	—	—	100.00	3.60	—	—	100.00	7.00	—	—	100.00

| 年份 | 长三角地区 | | | | | | | | | | | |
| | 上海 | | | | 其他 | | | | 合计 | | | |
	项目数	同比增长（%）	占比（%）	指数	项目数	同比增长（%）	占比（%）	指数	项目数	同比增长（%）	占比（%）	指数
2005	0	—	0.00	0.00	2	—	100.00	17.54	2	—	50.00	14.29
2006	0	n.a.	0.00	0.00	1	-50.0	100.00	8.77	1	-50.0	25.00	7.14
2007	2	n.a.	22.22	76.92	7	600.0	77.78	61.40	9	800.0	60.00	64.29
2008	0	-100.0	0.00	0.00	24	242.9	100.00	210.53	24	166.7	75.00	171.43
2009	1	n.a.	8.33	38.46	11	-54.2	91.67	96.49	12	-50.0	50.00	85.71
2010	0	-100.0	0.00	0.00	9	-18.2	100.00	78.95	9	-25.0	47.37	64.29

续表

年份	长三角地区											
	上海				其他				合计			
	项目数	同比增长（%）	占比（%）	指数	项目数	同比增长（%）	占比（%）	指数	项目数	同比增长（%）	占比（%）	指数
2011	0	n.a.	0.00	0.00	13	44.4	100.00	114.04	13	44.4	21.67	92.86
2012	5	n.a.	29.41	192.31	12	−7.7	70.59	105.26	17	30.8	38.64	121.43
2013	2	−60.0	18.18	76.92	9	−25.0	81.82	78.95	11	−35.3	24.44	78.57
2014	5	150.0	50.00	192.31	5	−44.4	50.00	43.86	10	−9.1	17.86	71.43
2015	1	−80.0	5.26	38.46	18	260.0	94.74	157.89	19	90.0	29.23	135.71
2016	6	500.0	26.09	230.77	17	−5.6	73.91	149.12	23	21.1	19.33	164.29
2017	6	0.0	18.75	230.77	26	52.9	81.25	228.07	32	39.1	28.07	228.57
2018	6	0.0	12.77	230.77	41	57.7	87.23	359.65	47	46.9	22.60	335.71
合计	34	—	14.85	—	195	—	85.15	—	229	—	28.31	—
2011—2015年均值	2.60	—	—	100.00	11.40	—	—	100.00	14.00	—	—	100.00

年份	珠三角地区											
	广东				其他				合计			
	项目数	同比增长（%）	占比（%）	指数	项目数	同比增长（%）	占比（%）	指数	项目数	同比增长（%）	占比（%）	指数
2005	0	—	n.a.	0.00	0	—	n.a.	0.00	0	—	0.00	0.00
2006	0	n.a.	n.a.	0.00	0	n.a.	n.a.	0.00	0	n.a.	0.00	0.00
2007	0	n.a.	n.a.	0.00	0	n.a.	n.a.	0.00	0	n.a.	0.00	0.00
2008	3	n.a.	75.00	12.40	1	n.a.	25.00	125.00	4	n.a.	12.50	16.00
2009	3	0.0	75.00	12.40	1	0.0	25.00	125.00	4	0.0	16.67	16.00
2010	5	66.7	100.00	20.66	0	−100.0	0.00	0.00	5	25.0	26.32	20.00
2011	27	440.0	96.43	111.57	1	n.a.	3.57	125.00	28	460.0	46.67	112.00
2012	13	−51.9	100.00	53.72	0	−100.0	0.00	0.00	13	−53.6	29.55	52.00
2013	27	107.7	96.43	111.57	1	n.a.	3.57	125.00	28	115.4	62.22	112.00
2014	24	−11.1	96.00	99.17	1	0.0	4.00	125.00	25	−10.7	44.64	100.00
2015	30	25.0	96.77	123.97	1	0.0	3.23	125.00	31	24.0	47.69	124.00
2016	63	110.0	96.92	260.33	2	100.0	3.08	250.00	65	109.7	54.62	260.00

年份	珠三角地区											
	广东				其他				合计			
	项目数	同比增长(%)	占比(%)	指数	项目数	同比增长(%)	占比(%)	指数	项目数	同比增长(%)	占比(%)	指数
2017	48	−23.8	87.27	198.35	7	250.0	12.73	875.00	55	−15.4	48.25	220.00
2018	74	54.2	94.87	305.79	4	−42.9	5.13	500.00	78	41.8	37.50	312.00
合计	317	—	94.35	—	19	—	5.65	—	336	—	41.53	—
2011—2015年均值	24.20	—	—	100.00	0.80	—	—	100.00	25.00	—	—	100.00

年份	中部地区											
	华北东北				中原华中				合计			
	项目数	同比增长(%)	占比(%)	指数	项目数	同比增长(%)	占比(%)	指数	项目数	同比增长(%)	占比(%)	指数
2005	0	—	n.a.	0.00	0	—	n.a.	0.00	0	—	0.00	0.00
2006	0	n.a.	0.00	0.00	3	n.a.	100.00	115.38	3	n.a.	75.00	107.14
2007	0	n.a.	0.00	0.00	2	−33.3	100.00	76.92	2	−33.3	13.33	71.43
2008	0	n.a.	0.00	0.00	2	0.0	100.00	76.92	2	0.0	6.25	71.43
2009	0	n.a.	0.00	0.00	1	−50.0	100.00	38.46	1	−50.0	4.17	35.71
2010	0	n.a.	0.00	0.00	3	200.0	100.00	115.38	3	200.0	15.79	107.14
2011	0	n.a.	0.00	0.00	2	−33.3	100.00	76.92	2	−33.3	3.33	71.43
2012	0	n.a.	0.00	0.00	3	50.0	100.00	115.38	3	50.0	6.82	107.14
2013	0	n.a.	0.00	0.00	1	−66.7	100.00	38.46	1	−66.7	2.22	35.71
2014	0	n.a.	0.00	0.00	4	300.0	100.00	153.85	4	300.0	7.14	142.86
2015	1	n.a.	25.00	500.00	3	−25.0	75.00	115.38	4	0.0	6.15	142.86
2016	0	−100.0	0.00	0.00	12	300.0	100.00	461.54	12	200.0	10.08	428.57
2017	0	n.a.	0.00	0.00	6	−50.0	100.00	230.77	6	−50.0	5.26	214.29
2018	2	n.a.	28.57	1000.00	5	−16.7	71.43	192.31	7	16.7	3.37	250.00
合计	3	—	6.00	—	47	—	94.00	—	50	—	6.18	—
2011—2015年均值	0.20	—	—	100.00	2.60	—	—	100.00	2.80	—	—	100.00

续表

年份	西部地区											
	西北				西南				合计			
	项目数	同比增长（%）	占比（%）	指数	项目数	同比增长（%）	占比（%）	指数	项目数	同比增长（%）	占比（%）	指数
2005	0	—	n.a.	0.00	0	—	n.a.	0.00	0	—	0.00	0.00
2006	0	n.a.	n.a.	0.00	0	n.a.	n.a.	0.00	0	n.a.	0.00	0.00
2007	0	n.a.	0.00	0.00	3	n.a.	100.00	68.18	3	n.a.	20.00	57.69
2008	0	n.a.	0.00	0.00	1	−66.7	100.00	22.73	1	−66.7	3.13	19.23
2009	0	n.a.	0.00	0.00	5	400.0	100.00	113.64	5	400.0	20.83	96.15
2010	0	n.a.	0.00	0.00	2	−60.0	100.00	45.45	2	−60.0	10.53	38.46
2011	1	n.a.	9.09	125.00	10	400.0	90.91	227.27	11	450.0	18.33	211.54
2012	1	0.0	20.00	125.00	4	−60.0	80.00	90.91	5	−54.5	11.36	96.15
2013	0	−100.0	n.a.	0.00	0	−100.0	n.a.	0.00	0	−100.0	0.00	0.00
2014	1	n.a.	20.00	125.00	4	n.a.	80.00	90.91	5	n.a.	8.93	96.15
2015	1	0.0	20.00	125.00	4	0.0	80.00	90.91	5	0.0	7.69	96.15
2016	3	200.0	42.86	375.00	4	0.0	57.14	90.91	7	40.0	5.88	134.62
2017	0	−100.0	0.00	0.00	4	0.0	100.00	90.91	4	−42.9	3.51	76.92
2018	6	n.a.	60.00	750.00	4	0.0	40.00	90.91	10	150.0	4.81	192.31
合计	13	—	22.41	—	45	—	77.59	—	58	—	7.17	—
2011—2015 年均值	0.80	—	—	100.00	4.40	—	—	100.00	5.20	—	—	100.00

年份	总计			
	项目数	同比增长（%）	占比（%）	指数
2005	4	—	100.00	7.41
2006	4	0.0	100.00	7.41
2007	15	275.0	100.00	27.78
2008	32	113.3	100.00	59.26
2009	24	−25.0	100.00	44.44
2010	19	−20.8	100.00	35.19
2011	60	215.8	100.00	111.11
2012	44	−26.7	100.00	81.48
2013	45	2.3	100.00	83.33
2014	56	24.4	100.00	103.70

续表

年份	总计			
	项目数	同比增长（%）	占比（%）	指数
2015	65	16.1	100.00	120.37
2016	119	83.1	100.00	220.37
2017	114	-4.2	100.00	211.11
2018	208	82.5	100.00	385.19
合计	809	—	100.00	—
2011—2015年均值	54.00	—		100.00

注：因本报告所使用的 fDi Markets 数据库中，一件海外绿地投资交易由一家中国企业完成，未出现多个投资方的情况。因此表4-1-1、表4-1-2与本表的总计结果一致，不存在第二章、第三章的重复统计问题。

2. 民营企业海外绿地投资金额在不同投资来源地的分布

在 2005—2018 年间，我国五大区域的民营样本企业海外绿地投资金额分布与项目数量分布有较大差异。从 14 年来各区域海外绿地投资金额占比来看，环渤海地区的民营样本企业海外集中了我国民营样本企业海外总绿地投资金额规模的 38.42%，合计为 441.91 亿美元；其次是长三角地区，金额合计为 315.52 亿美元，占比为 27.43%；再次是珠三角地区，金额合计为 194.35 亿美元，占比为 16.90%；复次是中部地区，金额合计为 111.11 亿美元，占比为 9.66%；最后为西部地区，金额合计为 87.47 亿美元，占比为 7.60%。

进入 2018 年以来，我国各区域民营样本企业海外绿地投资的金额分布呈现出了新的特点。其中，长三角地区以 73.19 亿美元的投资成为五大来源地民营样本企业海外绿地投资金额规模最高的区域，远超珠三角地区 56.5 亿美元的投资金额规模，较 2017 年同比增长 493.10%；西部地区海外绿地投资金额规模则在 2018 年快速增长至 34.9 亿美元，达到历年来西部地区民营样本企业海外绿地投资金额规模的峰值，同比增长率高达 1631.20%，这种较大幅度的增长主要源于 2017 年没有进行绿地投资的西北部民营样本企业在 2018 年海外绿地投资规模高达 32.51 亿美元。

表 4-2-2　2005—2018 年民营样本企业海外绿地投资金额
在不同投资来源地的分布及指数汇总表

（单位：百万美元）

| 年份 | 环渤海地区 | | | | | | | | | | | |
| | 京津冀 | | | | 其他 | | | | 合计 | | | |
	金额	同比增长（%）	占比（%）	指数	金额	同比增长（%）	占比（%）	指数	金额	同比增长（%）	占比（%）	指数
2005	10.30	—	85.12	8.22	1.80	—	14.88	0.10	12.10	—	21.80	0.63
2006	0.00	−100.0	n.a.	0.00	0.00	−100.0	n.a.	0.00	0.00	−100.0	0.00	0.00
2007	200.00	n.a.	100.00	159.52	0.00	n.a.	0.00	0.00	200.00	n.a.	9.52	10.45
2008	1.50	−99.3	100.00	1.20	0.00	n.a.	0.00	0.00	1.50	−99.3	0.07	0.08
2009	0.00	−100.0	0.00	0.00	121.90	n.a.	100.00	6.82	121.90	8026.7	9.24	6.37
2010	0.00	n.a.	n.a.	0.00	0.00	−100.0	n.a.	0.00	0.00	−100.0	0.00	0.00
2011	271.10	n.a.	83.49	216.22	53.60	n.a.	16.51	3.00	324.70	n.a.	4.30	16.97
2012	0.00	−100.0	0.00	0.00	537.80	903.4	100.00	30.08	537.80	65.6	18.67	28.11
2013	0.00	n.a.	0.00	0.00	1164.83	116.6	100.00	65.16	1164.83	116.6	57.10	60.89
2014	300.00	n.a.	4.63	239.27	6175.60	430.2	95.37	345.47	6475.60	455.9	35.92	338.51
2015	55.80	−81.4	5.25	44.50	1006.20	−83.7	94.75	56.29	1062.00	−83.6	12.96	55.52
2016	26519.30	47425.6	85.98	21151.14	4325.12	329.8	14.02	241.95	30844.42	2804.4	72.39	1612.37
2017	198.41	−99.3	16.31	158.25	1018.40	−76.5	83.69	56.97	1216.81	−96.1	16.72	63.61
2018	650.83	228.0	29.19	519.09	1578.80	55.0	70.81	88.32	2229.63	83.2	11.70	116.55
合计	28207.24	—	63.83	—	15984.04	—	36.17	—	44191.28	—	38.42	—
2011—2015 年均值	125.38	—	—	100.00	1787.61	—	—	100.00	1912.99	—	—	100.00

| 年份 | 长三角地区 | | | | | | | | | | | |
| | 上海 | | | | 其他 | | | | 合计 | | | |
	金额	同比增长（%）	占比（%）	指数	金额	同比增长（%）	占比（%）	指数	金额	同比增长（%）	占比（%）	指数
2005	0.00	—	0.00	0.00	43.40	—	100.00	2.43	43.40	—	78.20	1.27
2006	0.00	n.a.	0.00	0.00	15.00	−65.4	100.00	0.84	15.00	−65.4	8.33	0.44
2007	793.40	n.a.	49.77	48.57	800.60	5237.3	50.23	44.79	1594.00	10526.7	75.87	46.60
2008	0.00	−100.0	0.00	0.00	1175.08	46.8	100.00	65.75	1175.08	−26.3	51.13	34.35
2009	58.00	n.a.	23.76	3.55	186.07	−84.2	76.24	10.41	244.07	−79.2	18.51	7.13
2010	0.00	−100.0	0.00	0.00	421.00	126.3	100.00	23.56	421.00	72.5	29.17	12.31

年份	长三角地区 上海 金额	同比增长(%)	占比(%)	指数	长三角地区 其他 金额	同比增长(%)	占比(%)	指数	长三角地区 合计 金额	同比增长(%)	占比(%)	指数
2011	0.00	n.a.	0.00	0.00	5219.90	1139.9	100.00	292.06	5219.90	1139.9	69.05	152.59
2012	2.30	n.a.	0.57	0.14	402.40	-92.3	99.43	22.51	404.70	-92.2	14.05	11.83
2013	429.96	18593.9	98.81	26.32	5.19	-98.7	1.19	0.29	435.15	7.5	21.33	12.72
2014	7650.00	1679.2	91.63	468.30	698.80	13369.5	8.37	39.10	8348.80	1818.6	46.32	244.06
2015	85.50	-98.9	3.17	5.23	2610.04	273.5	96.83	146.04	2695.54	-67.7	32.89	78.80
2016	1046.72	1124.2	43.57	64.08	1355.60	-48.1	56.43	75.85	2402.32	-10.9	5.64	70.23
2017	114.50	-89.1	9.28	7.01	1119.40	-17.4	90.72	62.63	1233.90	-48.6	16.96	36.07
2018	1216.70	962.6	16.62	74.48	6102.13	445.1	83.38	341.42	7318.83	493.1	38.41	213.95
合计	11397.08	—	36.12	—	20154.61	—	63.88	—	31551.69	—	27.43	—
2011—2015年均值	1633.55	—	—	100.00	1787.27	—	—	100.00	3420.82	—	—	100.00

年份	珠三角地区 广东 金额	同比增长(%)	占比(%)	指数	珠三角地区 其他 金额	同比增长(%)	占比(%)	指数	珠三角地区 合计 金额	同比增长(%)	占比(%)	指数
2005	0.00	—	n.a.	0.00	0.00	—	n.a.	0.00	0.00	—	0.00	0.00
2006	0.00	n.a.	n.a.	0.00	0.00	n.a.	n.a.	0.00	0.00	n.a.	0.00	0.00
2007	0.00	n.a.	n.a.	0.00	0.00	n.a.	n.a.	0.00	0.00	n.a.	0.00	0.00
2008	22.80	n.a.	82.01	2.33	5.00	n.a.	17.99	5.99	27.80	n.a.	1.21	2.62
2009	70.30	208.3	12.82	7.19	478.00	9460.0	87.18	572.73	548.30	1872.3	41.57	51.69
2010	314.20	346.9	100.00	32.15	0.00	-100.0	0.00	0.00	314.20	-42.7	21.77	29.62
2011	998.79	217.9	83.32	102.21	200.00	n.a.	16.68	239.64	1198.79	281.5	15.86	113.02
2012	423.90	-57.6	100.00	43.38	0.00	-100.0	0.00	0.00	423.90	-64.6	14.72	39.97
2013	240.00	-43.4	54.55	24.56	200.00	n.a.	45.45	239.64	440.00	3.8	21.57	41.48
2014	2187.16	811.3	99.31	223.82	15.30	-92.4	0.69	18.33	2202.46	400.6	12.22	207.65
2015	1036.16	-52.6	99.81	106.03	2.00	-86.9	0.19	2.40	1038.16	-52.9	12.67	97.88
2016	4512.50	335.5	94.66	461.78	254.60	12630.0	5.34	305.06	4767.10	359.2	11.19	449.45
2017	2464.76	-45.4	87.26	252.23	359.70	41.3	12.74	430.98	2824.46	-40.8	38.82	266.29
2018	5336.67	116.5	94.45	546.12	313.51	-12.8	5.55	375.64	5650.18	100.0	29.65	532.70
合计	17607.24	—	90.59	—	1828.11	—	9.41	—	19435.35	—	16.90	—
2011—2015年均值	977.20	—	—	100.00	83.46	—	—	100.00	1060.66	—	—	100.00

续表

年份	中部地区											
	华北东北				中原华中				合计			
	金额	同比增长(%)	占比(%)	指数	金额	同比增长(%)	占比(%)	指数	金额	同比增长(%)	占比(%)	指数
2005	0.00	—	n.a.	0.00	0.00	—	n.a.	0.00	0.00	—	0.00	0.00
2006	0.00	n.a.	0.00	0.00	165.00	n.a.	100.00	23.52	165.00	n.a.	91.67	23.22
2007	0.00	n.a.	0.00	0.00	76.80	−53.5	100.00	10.95	76.80	−53.5	3.66	10.81
2008	0.00	n.a.	0.00	0.00	93.87	22.2	100.00	13.38	93.87	22.2	4.08	13.21
2009	0.00	n.a.	0.00	0.00	250.00	166.3	100.00	35.64	250.00	166.3	18.96	35.19
2010	0.00	n.a.	0.00	0.00	470.00	88.0	100.00	67.00	470.00	88.0	32.57	66.15
2011	0.00	n.a.	0.00	0.00	80.00	−83.0	100.00	11.40	80.00	−83.0	1.06	11.26
2012	0.00	n.a.	0.00	0.00	78.80	−1.5	100.00	11.23	78.80	−1.5	2.74	11.09
2013	0.00	n.a.	n.a.	0.00	0.00	−100.0	n.a.	0.00	0.00	−100.0	0.00	0.00
2014	0.00	n.a.	0.00	0.00	238.52	n.a.	100.00	34.00	238.52	n.a.	1.32	33.57
2015	45.10	n.a.	1.43	500.00	3110.20	1203.9	98.57	443.36	3155.30	1222.8	38.50	444.08
2016	0.00	n.a.	0.00	0.00	4336.35	39.4	100.00	618.15	4336.35	37.4	10.18	610.30
2017	0.00	n.a.	0.00	0.00	1799.30	−58.5	100.00	256.49	1799.30	−58.5	24.73	253.24
2018	19.70	n.a.	5.37	218.40	346.96	−80.7	94.63	49.46	366.66	−79.6	1.92	51.60
合计	64.80	—	0.58	—	11045.80		99.42	—	11110.60	—	9.66	—
2011—2015 年均值	9.02	—	—	100.00	701.50	—	—	100.00	710.52	—	—	100.00

年份	西部地区											
	西北				西南				合计			
	金额	同比增长(%)	占比(%)	指数	金额	同比增长(%)	占比(%)	指数	金额	同比增长(%)	占比(%)	指数
2005	0.00	—	n.a.	0.00	0.00	—	n.a.	0.00	0.00	—	0.00	0.00
2006	0.00	n.a.	n.a.	0.00	0.00	n.a.	n.a.	0.00	0.00	n.a.	0.00	0.00
2007	0.00	n.a.	0.00	0.00	230.29	n.a.	100.00	40.06	230.29	n.a.	10.96	36.26
2008	0.00	n.a.	0.00	0.00	1000.00	334.2	100.00	173.94	1000.00	334.2	43.51	157.44
2009	0.00	n.a.	0.00	0.00	154.60	−84.5	100.00	26.89	154.60	−84.5	11.72	24.34
2010	0.00	n.a.	0.00	0.00	238.00	53.9	100.00	41.40	238.00	53.9	16.49	37.47
2011	141.00	n.a.	19.16	234.05	594.97	150.0	80.84	103.49	735.97	209.2	9.74	115.87

续表

年份	西部地区											
	西北				西南				合计			
	金额	同比增长（%）	占比（%）	指数	金额	同比增长（%）	占比（%）	指数	金额	同比增长（%）	占比（%）	指数
2012	0.00	-100.0	0.00	0.00	1435.40	141.3	100.00	249.68	1435.40	95.0	49.83	226.00
2013	0.00	n.a.	n.a.	0.00	0.00	-100.0	n.a.	0.00	0.00	-100.0	0.00	0.00
2014	100.00	n.a.	13.15	165.99	660.51	n.a.	86.85	114.89	760.51	n.a.	4.22	119.74
2015	60.22	-39.8	24.70	99.96	183.62	-72.2	75.30	31.94	243.84	-67.9	2.98	38.39
2016	223.90	271.8	87.29	371.66	32.60	-82.2	12.71	5.67	256.50	5.2	0.60	40.38
2017	0.00	-100.0	0.00	0.00	201.60	518.4	100.00	35.07	201.60	-21.4	2.77	31.74
2018	3250.90	n.a.	93.15	5396.22	239.10	18.6	6.85	41.59	3490.00	1631.2	18.32	549.48
合计	3776.02	—	43.17	—	4970.69	—	56.83	—	8746.71	—	7.60	—
2011—2015年均值	60.24	—	—	100.00	574.90	—	—	100.00	635.14	—	—	100.00

年份	总计			
	金额	同比增长（%）	占比（%）	指数
2005	55.50	—	100.00	0.72
2006	180.00	224.3	100.00	2.33
2007	2101.09	1067.3	100.00	27.15
2008	2298.25	9.4	100.00	29.69
2009	1318.87	-42.6	100.00	17.04
2010	1443.20	9.4	100.00	18.65
2011	7559.36	423.8	100.00	97.66
2012	2880.60	-61.9	100.00	37.22
2013	2039.97	-29.2	100.00	26.36
2014	18025.89	783.6	100.00	232.89
2015	8194.84	-54.5	100.00	105.87
2016	42606.69	419.9	100.00	550.46
2017	7276.07	-82.9	100.00	94.00
2018	19055.30	161.9	100.00	246.19
合计	115035.63	—	100.00	—
2011—2015年均值	7740.13	—	—	100.00

注：此处不存在重复统计问题，详见表4-2-1注解。

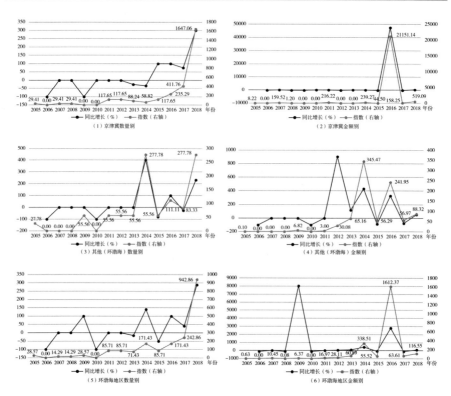

图 4-2-1 2005—2018 年环渤海地区民营样本企业海外
绿地投资项目数量和金额指数变化图

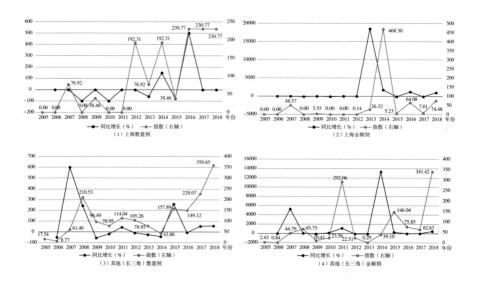

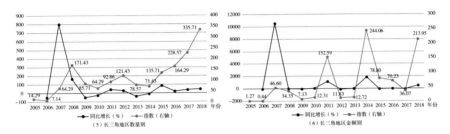

（5）长三角地区数量别

（6）长三角地区金额别

图 4-2-2 2005—2018 年长三角地区民营样本企业海外
绿地投资项目数量和金额指数变化图

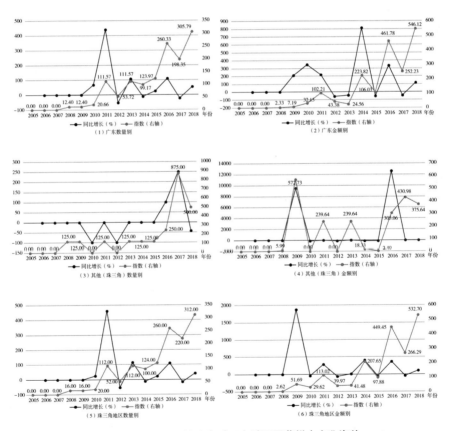

（1）广东数量别

（2）广东金额别

（3）其他（珠三角）数量别

（4）其他（珠三角）金额别

（5）珠三角地区数量别

（6）珠三角地区金额别

图 4-2-3 2005—2018 年珠三角地区民营样本企业海外
绿地投资项目数量和金额指数变化图

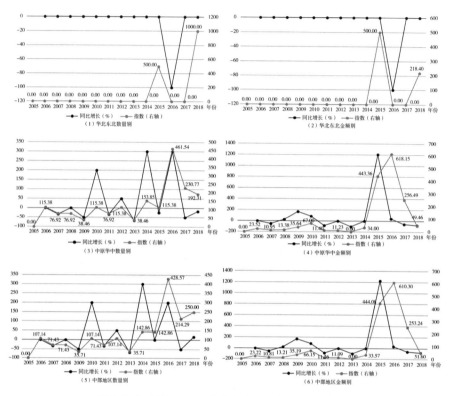

图 4-2-4　2005—2018 年中部地区民营样本企业海外
绿地投资项目数量和金额指数变化图

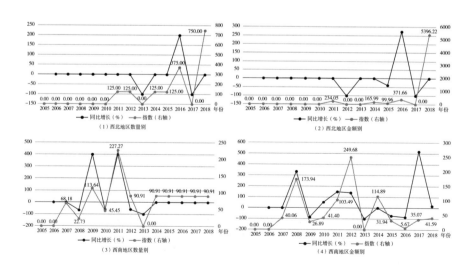

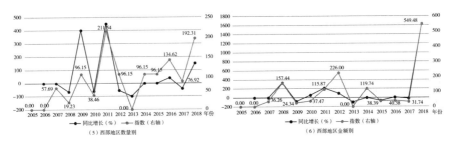

（5）西部地区数量别　　　　　　　　　　　（6）西部地区金额别

图 4-2-5　2005—2018 年西部地区民营样本企业海外绿地投资项目数量和金额指数变化图

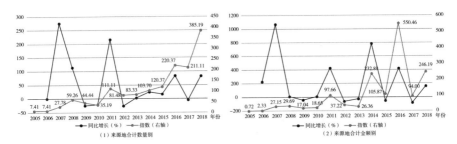

（1）来源地合计数量别　　　　　　　　　　　（2）来源地合计金额别

图 4-2-6　2005—2018 年来源地民营样本企业海外绿地投资项目数量和金额指数变化图

二、各省区市民营企业海外绿地投资项目数量和金额分布

1. 各省区市民营企业海外绿地投资项目数量分布

表 4-2-3　2005—2018 年民营样本企业海外绿地投资来源地项目数量——环渤海地区

（单位：件）

年份		环渤海地区							总计
		京津冀				其他			
		北京	天津	河北	合计	辽宁	山东	合计	
2005	数量	0	1	0	1	1	0	1	2
	指数	0.00	125.00	0.00	29.41	38.46	0.00	27.78	28.57
2006	数量	0	0	0	0	0	0	0	0
	指数	0.00	0.00	0.00	0.00	0.00	0.00	0.00	0.00
2007	数量	0	1	0	1	0	0	0	1
	指数	0.00	125.00	0.00	29.41	0.00	0.00	0.00	14.29

年份		环渤海地区							总计
		京津冀				其他			
		北京	天津	河北	合计	辽宁	山东	合计	
2008	数量	1	0	0	1	0	0	0	1
	指数	50.00	0.00	0.00	29.41	0.00	0.00	0.00	14.29
2009	数量	0	0	0	0	0	2	2	2
	指数	0.00	0.00	0.00	0.00	0.00	200.00	55.56	28.57
2010	数量	0	0	0	0	0	0	0	0
	指数	0.00	0.00	0.00	0.00	0.00	0.00	0.00	0.00
2011	数量	2	2	0	4	0	2	2	6
	指数	100.00	250.00	0.00	117.65	0.00	200.00	55.56	85.71
2012	数量	3	1	0	4	2	0	2	6
	指数	150.00	125.00	0.00	117.65	76.92	0.00	55.56	85.71
2013	数量	1	0	2	3	2	0	2	5
	指数	50.00	0.00	333.33	88.24	76.92	0.00	55.56	71.43
2014	数量	2	0	0	2	8	2	10	12
	指数	100.00	0.00	0.00	58.82	307.69	200.00	277.78	171.43
2015	数量	2	1	1	4	1	1	2	6
	指数	100.00	125.00	166.67	117.65	38.46	100.00	55.56	85.71
2016	数量	5	1	2	8	3	1	4	12
	指数	250.00	125.00	333.33	235.29	115.38	100.00	111.11	171.43
2017	数量	9	2	3	14	0	3	3	17
	指数	450.00	250.00	500.00	411.76	0.00	300.00	83.33	242.86
2018	数量	56	0	0	56	1	9	10	66
	指数	2800.00	0.00	0.00	1647.06	38.46	900.00	277.78	942.86
合计	数量	81	9	8	98	18	20	38	136
2011—2015 年均值		2.00	0.80	0.60	3.40	2.60	1.00	3.60	7.00

表 4-2-4　2005—2018 年民营样本企业海外绿地投资来源地项目数量——长三角地区

（单位：件）

年份		长三角地区					
		上海		其他			总计
		上海	合计	江苏	浙江	合计	
2005	数量	0	0	0	2	2	2
	指数	0.00	0.00	0.00	33.33	17.54	14.29
2006	数量	0	0	0	1	1	1
	指数	0.00	0.00	0.00	16.67	8.77	7.14
2007	数量	2	2	3	4	7	9
	指数	76.92	76.92	55.56	66.67	61.40	64.29
2008	数量	0	0	14	10	24	24
	指数	0.00	0.00	259.26	166.67	210.53	171.43
2009	数量	1	1	3	8	11	12
	指数	38.46	38.46	55.56	133.33	96.49	85.71
2010	数量	0	0	2	7	9	9
	指数	0.00	0.00	37.04	116.67	78.95	64.29
2011	数量	0	0	4	9	13	13
	指数	0.00	0.00	74.07	150.00	114.04	92.86
2012	数量	5	5	7	5	12	17
	指数	192.31	192.31	129.63	83.33	105.26	121.43
2013	数量	2	2	8	1	9	11
	指数	76.92	76.92	148.15	16.67	78.95	78.57
2014	数量	5	5	2	3	5	10
	指数	192.31	192.31	37.04	50.00	43.86	71.43
2015	数量	1	1	6	12	18	19
	指数	38.46	38.46	111.11	200.00	157.89	135.71

续表

年份		长三角地区					总计
		上海		其他			
		上海	合计	江苏	浙江	合计	
2016	数量	6	6	5	12	17	23
	指数	230.77	230.77	92.59	200.00	149.12	164.29
2017	数量	6	6	6	20	26	32
	指数	230.77	230.77	111.11	333.33	228.07	228.57
2018	数量	6	6	13	28	41	47
	指数	230.77	230.77	240.74	466.67	359.65	335.71
合计	数量	34	34	73	122	195	229
2011—2015 年均值		2.60	2.60	5.40	6.00	11.40	14.00

表 4-2-5　2005—2018 年民营样本企业海外绿地投资来源地项目数量——珠三角地区

(单位：件)

年份		珠三角地区						总计
		广东			其他			
		深圳	广东（不含深圳）	合计	福建	海南	合计	
2005	数量	0	0	0	0	0	0	0
	指数	0.00	0.00	0.00	0.00	n.a.	0.00	0.00
2006	数量	0	0	0	0	0	0	0
	指数	0.00	0.00	0.00	0.00	n.a.	0.00	0.00
2007	数量	0	0	0	0	0	0	0
	指数	0.00	0.00	0.00	0.00	n.a.	0.00	0.00
2008	数量	0	3	3	1	0	1	4
	指数	0.00	214.29	12.40	125.00	n.a.	125.00	16.00

年份		珠三角地区						总计
		广东			其他			
		深圳	广东（不含深圳）	合计	福建	海南	合计	
2009	数量	3	0	3	1	0	1	4
	指数	13.16	0.00	12.40	125.00	n.a.	125.00	16.00
2010	数量	4	1	5	0	0	0	5
	指数	17.54	71.43	20.66	0.00	n.a.	0.00	20.00
2011	数量	27	0	27	1	0	1	28
	指数	118.42	0.00	111.57	125.00	n.a.	125.00	112.00
2012	数量	13	0	13	0	0	0	13
	指数	57.02	0.00	53.72	0.00	n.a.	0.00	52.00
2013	数量	27	0	27	1	0	1	28
	指数	118.42	0.00	111.57	125.00	n.a.	125.00	112.00
2014	数量	23	1	24	1	0	1	25
	指数	100.88	71.43	99.17	125.00	n.a.	125.00	100.00
2015	数量	24	6	30	1	0	1	31
	指数	105.26	428.57	123.97	125.00	n.a.	125.00	124.00
2016	数量	47	16	63	2	0	2	65
	指数	206.14	1142.86	260.33	250.00	n.a.	250.00	260.00
2017	数量	41	7	48	3	4	7	55
	指数	179.82	500.00	198.35	375.00	n.a.	875.00	220.00
2018	数量	60	14	74	4	0	4	78
	指数	263.16	1000.00	305.79	500.00	n.a.	500.00	312.00
合计	数量	269	48	317	15	4	19	336
2011—2015年均值		22.80	1.40	24.20	0.80	0.00	0.80	25.00

表 4-2-6　2005—2018 年民营样本企业海外绿地投资来源地项目数量——中部地区

（单位：件）

年份		中部地区				
		华北东北				
		山西	内蒙古	黑龙江	吉林	合计
2005	数量	0	0	0	0	0
	指数	n.a.	0.00	n.a.	n.a.	0.00
2006	数量	0	0	0	0	0
	指数	n.a.	0.00	n.a.	n.a.	0.00
2007	数量	0	0	0	0	0
	指数	n.a.	0.00	n.a.	n.a.	0.00
2008	数量	0	0	0	0	0
	指数	n.a.	0.00	n.a.	n.a.	0.00
2009	数量	0	0	0	0	0
	指数	n.a.	0.00	n.a.	n.a.	0.00
2010	数量	0	0	0	0	0
	指数	n.a.	0.00	n.a.	n.a.	0.00
2011	数量	0	0	0	0	0
	指数	n.a.	0.00	n.a.	n.a.	0.00
2012	数量	0	0	0	0	0
	指数	n.a.	0.00	n.a.	n.a.	0.00
2013	数量	0	0	0	0	0
	指数	n.a.	0.00	n.a.	n.a.	0.00
2014	数量	0	0	0	0	0
	指数	n.a.	0.00	n.a.	n.a.	0.00
2015	数量	0	1	0	0	1
	指数	n.a.	500.00	n.a.	n.a.	500.00
2016	数量	0	0	0	0	0
	指数	n.a.	0.00	n.a.	n.a.	0.00
2017	数量	0	0	0	0	0
	指数	n.a.	0.00	n.a.	n.a.	0.00

年份		中部地区				
		华北东北				
		山西	内蒙古	黑龙江	吉林	合计
2018	数量	0	2	0	0	2
	指数	n.a.	1000.00	n.a.	n.a.	1000.00
合计	数量	0	3	0	0	3
2011—2015 年均值		0.00	0.20	0.00	0.00	0.20

年份		中部地区						总计
		中原华中						
		河南	安徽	江西	湖北	湖南	合计	
2005	数量	0	0	0	0	0	0	0
	指数	0.00	n.a.	0.00	0.00	0.00	0.00	0.00
2006	数量	0	0	0	1	2	3	3
	指数	0.00	n.a.	0.00	500.00	125.00	115.38	107.14
2007	数量	0	0	0	0	2	2	2
	指数	0.00	n.a.	0.00	0.00	125.00	76.92	71.43
2008	数量	0	0	0	0	2	2	2
	指数	0.00	n.a.	0.00	0.00	125.00	76.92	71.43
2009	数量	0	0	0	1	0	1	1
	指数	0.00	n.a.	0.00	500.00	0.00	38.46	35.71
2010	数量	0	0	0	0	3	3	3
	指数	0.00	n.a.	0.00	0.00	187.50	115.38	107.14
2011	数量	0	0	0	0	2	2	2
	指数	0.00	n.a.	0.00	0.00	125.00	76.92	71.43
2012	数量	0	0	0	1	2	3	3
	指数	0.00	n.a.	0.00	500.00	125.00	115.38	107.14
2013	数量	1	0	0	0	0	1	1
	指数	250.00	n.a.	0.00	0.00	0.00	38.46	35.71
2014	数量	0	0	1	0	3	4	4
	指数	0.00	n.a.	250.00	0.00	187.50	153.85	142.86

年份		中部地区							总计
		中原华中							
		河南	安徽	江西	湖北	湖南	合计		
2015	数量	1	0	1	0	1	3		4
	指数	250.00	n.a.	250.00	0.00	62.50	115.38		142.86
2016	数量	1	1	3	0	7	12		12
	指数	250.00	n.a.	750.00	0.00	437.50	461.54		428.57
2017	数量	1	0	0	1	4	6		6
	指数	250.00	n.a.	0.00	500.00	250.00	230.77		214.29
2018	数量	2	0	2	0	1	5		7
	指数	500.00	n.a.	500.00	0.00	62.50	192.31		250.00
合计	数量	6	1	7	4	29	47		50
2011—2015 年均值		0.40	0.00	0.40	0.20	1.60	2.60		2.80

表 4-2-7　2005—2018 年民营样本企业海外绿地投资来源地项目数量——西部地区

（单位：件）

年份		西部地区					
		西北					
		陕西	甘肃	宁夏	青海	新疆	合计
2005	数量	0	0	0	0	0	0
	指数	n.a.	n.a.	0.00	n.a.	0.00	0.00
2006	数量	0	0	0	0	0	0
	指数	n.a.	n.a.	0.00	n.a.	0.00	0.00
2007	数量	0	0	0	0	0	0
	指数	n.a.	n.a.	0.00	n.a.	0.00	0.00
2008	数量	0	0	0	0	0	0
	指数	n.a.	n.a.	0.00	n.a.	0.00	0.00
2009	数量	0	0	0	0	0	0
	指数	n.a.	n.a.	0.00	n.a.	0.00	0.00

续表

年份		西部地区					
		西北					
		陕西	甘肃	宁夏	青海	新疆	合计
2010	数量	0	0	0	0	0	0
	指数	n.a.	n.a.	0.00	n.a.	0.00	0.00
2011	数量	0	0	0	0	1	1
	指数	n.a.	n.a.	0.00	n.a.	166.67	125.00
2012	数量	0	0	1	0	0	1
	指数	n.a.	n.a.	500.00	n.a.	0.00	125.00
2013	数量	0	0	0	0	0	0
	指数	n.a.	n.a.	0.00	n.a.	0.00	0.00
2014	数量	0	0	0	0	1	1
	指数	n.a.	n.a.	0.00	n.a.	166.67	125.00
2015	数量	0	0	0	0	1	1
	指数	n.a.	n.a.	0.00	n.a.	166.67	125.00
2016	数量	0	0	0	0	3	3
	指数	n.a.	n.a.	0.00	n.a.	500.00	375.00
2017	数量	0	0	0	0	0	0
	指数	n.a.	n.a.	0.00	n.a.	0.00	0.00
2018	数量	0	0	0	0	6	6
	指数	n.a.	n.a.	0.00	n.a.	1000.00	750.00
合计	数量	0	0	1	0	12	13
2011—2015 年均值		0.00	0.00	0.20	0.00	0.60	0.80

年份		西部地区							总计
		西南							
		四川	重庆	云南	广西	贵州	西藏	合计	
2005	数量	0	0	0	0	0	0	0	0
	指数	0.00	0.00	0.00	n.a.	n.a.	n.a.	0.00	0.00

续表

年份		西部地区							
		西南							总计
		四川	重庆	云南	广西	贵州	西藏	合计	
2006	数量	0	0	0	0	0	0	0	0
	指数	0.00	0.00	0.00	n.a.	n.a.	n.a.	0.00	0.00
2007	数量	1	2	0	0	0	0	3	3
	指数	55.56	83.33	0.00	n.a.	n.a.	n.a.	68.18	57.69
2008	数量	0	1	0	0	0	0	1	1
	指数	0.00	41.67	0.00	n.a.	n.a.	n.a.	22.73	19.23
2009	数量	0	5	0	0	0	0	5	5
	指数	0.00	208.33	0.00	n.a.	n.a.	n.a.	113.64	96.15
2010	数量	0	2	0	0	0	0	2	2
	指数	0.00	83.33	0.00	n.a.	n.a.	n.a.	45.45	38.46
2011	数量	4	6	0	0	0	0	10	11
	指数	222.22	250.00	0.00	n.a.	n.a.	n.a.	227.27	211.54
2012	数量	1	3	0	0	0	0	4	5
	指数	55.56	125.00	0.00	n.a.	n.a.	n.a.	90.91	96.15
2013	数量	0	0	0	0	0	0	0	0
	指数	0.00	0.00	0.00	n.a.	n.a.	n.a.	0.00	0.00
2014	数量	2	2	0	0	0	0	4	5
	指数	111.11	83.33	0.00	n.a.	n.a.	n.a.	90.91	96.15
2015	数量	2	1	1	0	0	0	4	5
	指数	111.11	41.67	500.00	n.a.	n.a.	n.a.	90.91	96.15
2016	数量	2	2	0	0	0	0	4	7
	指数	111.11	83.33	0.00	n.a.	n.a.	n.a.	90.91	134.62
2017	数量	3	1	0	0	0	0	4	4
	指数	166.67	41.67	0.00	n.a.	n.a.	n.a.	90.91	76.92
2018	数量	2	2	0	0	0	0	4	10
	指数	111.11	83.33	0.00	n.a.	n.a.	n.a.	90.91	192.31
合计	数量	17	27	1	0	0	0	45	58
2011—2015 年均值		1.80	2.40	0.20	0.00	0.00	0.00	4.40	5.20

2. 各省市民营企业海外绿地投资金额分布

表4-2-8　2005—2018年民营样本企业海外绿地投资来源地金额——环渤海地区

（单位：百万美元）

年份		环渤海地区							总计
		京津冀				其他			
		北京	天津	河北	合计	辽宁	山东	合计	
2005	金额	0.00	10.30	0.00	10.30	1.80	0.00	1.80	12.10
	指数	0.00	82.53	0.00	8.22	0.15	0.00	0.10	0.63
2006	金额	0.00	0.00	0.00	0.00	0.00	0.00	0.00	0.00
	指数	0.00	0.00	0.00	0.00	0.00	0.00	0.00	0.00
2007	金额	0.00	200.00	0.00	200.00	0.00	0.00	0.00	200.00
	指数	0.00	1602.56	0.00	159.52	0.00	0.00	0.00	10.45
2008	金额	1.50	0.00	0.00	1.50	0.00	0.00	0.00	1.50
	指数	1.34	0.00	0.00	1.20	0.00	0.00	0.00	0.08
2009	金额	0.00	0.00	0.00	0.00	0.00	121.90	121.90	121.90
	指数	0.00	0.00	0.00	0.00	0.00	19.60	6.82	6.37
2010	金额	0.00	0.00	0.00	0.00	0.00	0.00	0.00	0.00
	指数	0.00	0.00	0.00	0.00	0.00	0.00	0.00	0.00
2011	金额	226.20	44.90	0.00	271.10	0.00	53.60	53.60	324.70
	指数	202.40	359.78	0.00	216.22	0.00	8.62	3.00	16.97
2012	金额	0.00	0.00	0.00	0.00	537.80	0.00	537.80	537.80
	指数	0.00	0.00	0.00	0.00	46.14	0.00	30.08	28.11
2013	金额	0.00	0.00	0.00	0.00	1164.83	0.00	1164.83	1164.83
	指数	0.00	0.00	0.00	0.00	99.93	0.00	65.16	60.89
2014	金额	300.00	0.00	0.00	300.00	3125.60	3050.00	6175.60	6475.60
	指数	268.43	0.00	0.00	239.27	268.14	490.39	345.47	338.51
2015	金额	32.60	17.50	5.70	55.80	1000.00	6.20	1006.20	1062.00
	指数	29.17	140.22	500.00	44.50	85.79	1.00	56.29	55.52
2016	金额	26422.80	36.20	60.30	26519.30	4298.92	26.20	4325.12	30844.42
	指数	23642.45	290.06	5289.47	21151.14	368.80	4.21	241.95	1612.37

年份		环渤海地区							总计
		京津冀				其他			
		北京	天津	河北	合计	辽宁	山东	合计	
2017	金额	81.20	46.20	71.01	198.41	0.00	1018.40	1018.40	1216.81
	指数	72.66	370.19	6228.95	158.25	0.00	163.74	56.97	63.61
2018	金额	650.83	0.00	0.00	650.83	5.50	1573.30	1578.80	2229.63
	指数	582.35	0.00	0.00	519.09	0.47	252.96	88.32	116.55
合计	金额	27715.13	355.10	137.01	28207.24	10134.44	5849.60	15984.04	44191.28
2011—2015 年均值		111.76	12.48	1.14	125.38	1165.65	621.96	1787.61	1912.99

表 4-2-9　2005—2018 年民营样本企业海外绿地投资来源地金额——长三角地区

（单位：百万美元）

年份		长三角地区					总计
		上海		其他			
		上海	合计	江苏	浙江	合计	
2005	金额	0.00	0.00	0.00	43.40	43.40	43.40
	指数	0.00	0.00	0.00	2.77	2.43	1.27
2006	金额	0.00	0.00	0.00	15.00	15.00	15.00
	指数	0.00	0.00	0.00	0.96	0.84	0.44
2007	金额	793.40	793.40	508.10	292.50	800.60	1594.00
	指数	48.57	48.57	231.99	18.65	44.79	46.60
2008	金额	0.00	0.00	124.70	1050.38	1175.08	1175.08
	指数	0.00	0.00	56.94	66.98	65.75	34.35
2009	金额	58.00	58.00	37.20	148.87	186.07	244.07
	指数	3.55	3.55	16.98	9.49	10.41	7.13
2010	金额	0.00	0.00	13.80	407.20	421.00	421.00
	指数	0.00	0.00	6.30	25.97	23.56	12.31

续表

年份		长三角地区					总计
		上海		其他			
		上海	合计	江苏	浙江	合计	
2011	金额	0.00	0.00	298.80	4921.10	5219.90	5219.90
	指数	0.00	0.00	136.43	313.80	292.06	152.59
2012	金额	2.30	2.30	82.40	320.00	402.40	404.70
	指数	0.14	0.14	37.62	20.40	22.51	11.83
2013	金额	429.96	429.96	5.19	0.00	5.19	435.15
	指数	26.32	26.32	2.37	0.00	0.29	12.72
2014	金额	7650.00	7650.00	19.00	679.80	698.80	8348.80
	指数	468.30	468.30	8.68	43.35	39.10	244.06
2015	金额	85.50	85.50	689.70	1920.34	2610.04	2695.54
	指数	5.23	5.23	314.91	122.45	146.04	78.80
2016	金额	1046.72	1046.72	712.00	643.60	1355.60	2402.32
	指数	64.08	64.08	325.09	41.04	75.85	70.23
2017	金额	114.50	114.50	388.86	730.54	1119.40	1233.90
	指数	7.01	7.01	177.55	46.58	62.63	36.07
2018	金额	1216.70	1216.70	4166.90	1935.23	6102.13	7318.83
	指数	74.48	74.48	1902.54	123.40	341.42	213.95
合计	金额	11397.08	11397.08	7046.65	13107.96	20154.61	31551.69
2011—2015 年均值		1633.55	1633.55	219.02	1568.25	1787.27	3420.82

表 4-2-10 2005—2018 年民营样本企业海外绿地投资来源地金额——珠三角地区

（单位：百万美元）

年份		珠三角地区						总计
		广东			其他			
		深圳	广东(不含深圳)	合计	福建	海南	合计	
2005	金额	0.00	0.00	0.00	0.00	0.00	0.00	0.00
	指数	0.00	0.00	0.00	0.00	n.a.	0.00	0.00

续表

年份		珠三角地区						总计
		广东			其他			
		深圳	广东（不含深圳）	合计	福建	海南	合计	
2006	金额	0.00	0.00	0.00	0.00	0.00	0.00	0.00
	指数	0.00	0.00	0.00	0.00	n.a.	0.00	0.00
2007	金额	0.00	0.00	0.00	0.00	0.00	0.00	0.00
	指数	0.00	0.00	0.00	0.00	n.a.	0.00	0.00
2008	金额	0.00	22.80	22.80	5.00	0.00	5.00	27.80
	指数	0.00	21.49	2.33	5.99	n.a.	5.99	2.62
2009	金额	70.30	0.00	70.30	478.00	0.00	478.00	548.30
	指数	8.07	0.00	7.19	572.73	n.a.	572.73	51.69
2010	金额	304.30	9.90	314.20	0.00	0.00	0.00	314.20
	指数	34.93	9.33	32.15	0.00	n.a.	0.00	29.62
2011	金额	998.79	0.00	998.79	200.00	0.00	200.00	1198.79
	指数	114.66	0.00	102.21	239.64	n.a.	239.64	113.02
2012	金额	423.90	0.00	423.90	0.00	0.00	0.00	423.90
	指数	48.66	0.00	43.38	0.00	n.a.	0.00	39.97
2013	金额	240.00	0.00	240.00	200.00	0.00	200.00	440.00
	指数	27.55	0.00	24.56	239.64	n.a.	239.64	41.48
2014	金额	2157.16	30.00	2187.16	15.30	0.00	15.30	2202.46
	指数	247.64	28.27	223.82	18.33	n.a.	18.33	207.65
2015	金额	535.64	500.52	1036.16	2.00	0.00	2.00	1038.16
	指数	61.49	471.73	106.03	2.40	n.a.	2.40	97.88
2016	金额	1307.25	3205.25	4512.50	254.60	0.00	254.60	4767.10
	指数	150.07	3020.86	461.78	305.06	n.a.	305.06	449.45
2017	金额	2140.56	324.20	2464.76	214.50	145.20	359.70	2824.46
	指数	245.73	305.55	252.23	257.01	n.a.	430.98	266.29
2018	金额	2495.19	2841.48	5336.67	313.51	0.00	313.51	5650.18
	指数	286.44	2678.01	546.12	375.64	n.a.	375.64	532.70

续表

年份		珠三角地区						总计
		广东			其他			
		深圳	广东（不含深圳）	合计	福建	海南	合计	
合计	金额	10673.09	6934.15	17607.24	1682.91	145.20	1828.11	19435.35
2011—2015年均值		871.10	106.10	977.20	83.46	0.00	83.46	1060.66

表 4-2-11 2005—2018 年民营样本企业海外绿地投资来源地金额——中部地区

（单位：百万美元）

年份		中部地区				
		华北东北				
		山西	内蒙古	黑龙江	吉林	合计
2005	金额	0.00	0.00	0.00	0.00	0.00
	指数	n.a.	0.00	n.a.	n.a.	0.00
2006	金额	0.00	0.00	0.00	0.00	0.00
	指数	n.a.	0.00	n.a.	n.a.	0.00
2007	金额	0.00	0.00	0.00	0.00	0.00
	指数	n.a.	0.00	n.a.	n.a.	0.00
2008	金额	0.00	0.00	0.00	0.00	0.00
	指数	n.a.	0.00	n.a.	n.a.	0.00
2009	金额	0.00	0.00	0.00	0.00	0.00
	指数	n.a.	0.00	n.a.	n.a.	0.00
2010	金额	0.00	0.00	0.00	0.00	0.00
	指数	n.a.	0.00	n.a.	n.a.	0.00
2011	金额	0.00	0.00	0.00	0.00	0.00
	指数	n.a.	0.00	n.a.	n.a.	0.00
2012	金额	0.00	0.00	0.00	0.00	0.00
	指数	n.a.	0.00	n.a.	n.a.	0.00

续表

年份		中部地区				
		华北东北				
		山西	内蒙古	黑龙江	吉林	合计
2013	金额	0.00	0.00	0.00	0.00	0.00
	指数	n.a.	0.00	n.a.	n.a.	0.00
2014	金额	0.00	0.00	0.00	0.00	0.00
	指数	n.a.	0.00	n.a.	n.a.	0.00
2015	金额	0.00	45.10	0.00	0.00	45.10
	指数	n.a.	500.00	n.a.	n.a.	500.00
2016	金额	0.00	0.00	0.00	0.00	0.00
	指数	n.a.	0.00	n.a.	n.a.	0.00
2017	金额	0.00	0.00	0.00	0.00	0.00
	指数	n.a.	0.00	n.a.	n.a.	0.00
2018	金额	0.00	19.70	0.00	0.00	19.70
	指数	n.a.	218.40	n.a.	n.a.	218.40
合计	金额	0.00	64.80	0.00	0.00	64.80
2011—2015 年均值		0.00	9.02	0.00	0.00	9.02

年份		中部地区						总计
		中原华中						
		河南	安徽	江西	湖北	湖南	合计	
2005	金额	0.00	0.00	0.00	0.00	0.00	0.00	0.00
	指数	0.00	n.a.	0.00	0.00	0.00	0.00	0.00
2006	金额	0.00	0.00	0.00	35.00	130.00	165.00	165.00
	指数	0.00	n.a.	0.00	222.10	19.63	23.52	23.22
2007	金额	0.00	0.00	0.00	0.00	76.80	76.80	76.80
	指数	0.00	n.a.	0.00	0.00	11.60	10.95	10.81
2008	金额	0.00	0.00	0.00	0.00	93.87	93.87	93.87
	指数	0.00	n.a.	0.00	0.00	14.18	13.38	13.21

年份		中部地区						总计
		中原华中						
		河南	安徽	江西	湖北	湖南	合计	
2009	金额	0.00	0.00	0.00	250.00	0.00	250.00	250.00
	指数	0.00	n.a.	0.00	1586.40	0.00	35.64	35.19
2010	金额	0.00	0.00	0.00	0.00	470.00	470.00	470.00
	指数	0.00	n.a.	0.00	0.00	70.98	67.00	66.15
2011	金额	0.00	0.00	0.00	0.00	80.00	80.00	80.00
	指数	0.00	n.a.	0.00	0.00	12.08	11.40	11.26
2012	金额	0.00	0.00	0.00	78.80	0.00	78.80	78.80
	指数	0.00	n.a.	0.00	500.00	0.00	11.23	11.09
2013	金额	0.00	0.00	0.00	0.00	0.00	0.00	0.00
	指数	0.00	n.a.	0.00	0.00	0.00	0.00	0.00
2014	金额	0.00	0.00	7.52	0.00	231.00	238.52	238.52
	指数	0.00	n.a.	34.98	0.00	34.88	34.00	33.57
2015	金额	10.20	0.00	100.00	0.00	3000.00	3110.20	3155.30
	指数	500.00	n.a.	465.02	0.00	453.04	443.36	444.08
2016	金额	2000.00	27.13	491.92	0.00	1817.30	4336.35	4336.35
	指数	98039.22	n.a.	2287.51	0.00	274.43	618.15	610.30
2017	金额	14.40	0.00	0.00	2.50	1782.40	1799.30	1799.30
	指数	705.88	n.a.	0.00	15.86	269.16	256.49	253.24
2018	金额	79.96	0.00	264.30	0.00	2.70	346.96	366.66
	指数	3919.61	n.a.	1229.04	0.00	0.41	49.46	51.60
合计	金额	2104.56	27.13	863.74	366.30	7684.07	11045.80	11110.60
2011—2015 年均值		2.04	0.00	21.50	15.76	662.20	701.50	710.52

表 4-2-12 2005—2018 年民营样本企业海外绿地投资来源地金额——西部地区

（单位：百万美元）

年份		西部地区					
		西北					
		陕西	甘肃	宁夏	青海	新疆	合计
2005	金额	0.00	0.00	0.00	0.00	0.00	0.00
	指数	n.a.	n.a.	n.a.	n.a.	0.00	0.00
2006	金额	0.00	0.00	0.00	0.00	0.00	0.00
	指数	n.a.	n.a.	n.a.	n.a.	0.00	0.00
2007	金额	0.00	0.00	0.00	0.00	0.00	0.00
	指数	n.a.	n.a.	n.a.	n.a.	0.00	0.00
2008	金额	0.00	0.00	0.00	0.00	0.00	0.00
	指数	n.a.	n.a.	n.a.	n.a.	0.00	0.00
2009	金额	0.00	0.00	0.00	0.00	0.00	0.00
	指数	n.a.	n.a.	n.a.	n.a.	0.00	0.00
2010	金额	0.00	0.00	0.00	0.00	0.00	0.00
	指数	n.a.	n.a.	n.a.	n.a.	0.00	0.00
2011	金额	0.00	0.00	0.00	0.00	141.00	141.00
	指数	n.a.	n.a.	n.a.	n.a.	234.05	234.05
2012	金额	0.00	0.00	0.00	0.00	0.00	0.00
	指数	n.a.	n.a.	n.a.	n.a.	0.00	0.00
2013	金额	0.00	0.00	0.00	0.00	0.00	0.00
	指数	n.a.	n.a.	n.a.	n.a.	0.00	0.00
2014	金额	0.00	0.00	0.00	0.00	100.00	100.00
	指数	n.a.	n.a.	n.a.	n.a.	165.99	165.99
2015	金额	0.00	0.00	0.00	0.00	60.22	60.22
	指数	n.a.	n.a.	n.a.	n.a.	99.96	99.96
2016	金额	0.00	0.00	0.00	0.00	223.90	223.90
	指数	n.a.	n.a.	n.a.	n.a.	371.66	371.66

续表

年份		西部地区					
		西北					
		陕西	甘肃	宁夏	青海	新疆	合计
2017	金额	0.00	0.00	0.00	0.00	0.00	0.00
	指数	n.a.	n.a.	n.a.	n.a.	0.00	0.00
2018	金额	0.00	0.00	0.00	0.00	3250.90	3250.90
	指数	n.a.	n.a.	n.a.	n.a.	5396.22	5396.22
合计	金额	0.00	0.00	0.00	0.00	3776.02	3776.02
2011—2015 年均值		0.00	0.00	0.00	0.00	60.24	60.24

年份		西部地区							
		西南							总计
		四川	重庆	云南	广西	贵州	西藏	合计	
2005	金额	0.00	0.00	0.00	0.00	0.00	0.00	0.00	0.00
	指数	0.00	0.00	0.00	n.a.	n.a.	n.a.	0.00	0.00
2006	金额	0.00	0.00	0.00	0.00	0.00	0.00	0.00	0.00
	指数	0.00	0.00	0.00	n.a.	n.a.	n.a.	0.00	0.00
2007	金额	10.00	220.29	0.00	0.00	0.00	0.00	230.29	230.29
	指数	7.18	52.82	0.00	n.a.	n.a.	n.a.	40.06	36.26
2008	金额	0.00	1000.00	0.00	0.00	0.00	0.00	1000.00	1000.00
	指数	0.00	239.75	0.00	n.a.	n.a.	n.a.	173.94	157.44
2009	金额	0.00	154.60	0.00	0.00	0.00	0.00	154.60	154.60
	指数	0.00	37.07	0.00	n.a.	n.a.	n.a.	26.89	24.34
2010	金额	0.00	238.00	0.00	0.00	0.00	0.00	238.00	238.00
	指数	0.00	57.06	0.00	n.a.	n.a.	n.a.	41.40	37.47
2011	金额	63.40	531.57	0.00	0.00	0.00	0.00	594.97	735.97
	指数	45.49	127.45	0.00	n.a.	n.a.	n.a.	103.49	115.87
2012	金额	73.40	1362.00	0.00	0.00	0.00	0.00	1435.40	1435.40
	指数	52.67	326.54	0.00	n.a.	n.a.	n.a.	249.68	226.00

续表

年份		西部地区							
		西南							总计
		四川	重庆	云南	广西	贵州	西藏	合计	
2013	金额	0.00	0.00	0.00	0.00	0.00	0.00	0.00	0.00
	指数	0.00	0.00	0.00	n.a.	n.a.	n.a.	0.00	0.00
2014	金额	510.00	150.51	0.00	0.00	0.00	0.00	660.51	760.51
	指数	365.96	36.08	0.00	n.a.	n.a.	n.a.	114.89	119.74
2015	金额	50.00	41.40	92.22	0.00	0.00	0.00	183.62	243.84
	指数	35.88	9.93	500.00	n.a.	n.a.	n.a.	31.94	38.39
2016	金额	11.80	20.80	0.00	0.00	0.00	0.00	32.60	256.50
	指数	8.47	4.99	0.00	n.a.	n.a.	n.a.	5.67	40.38
2017	金额	51.60	150.00	0.00	0.00	0.00	0.00	201.60	201.60
	指数	37.03	35.96	0.00	n.a.	n.a.	n.a.	35.07	31.74
2018	金额	65.20	173.90	0.00	0.00	0.00	0.00	239.10	3490.00
	指数	46.79	41.69	0.00	n.a.	n.a.	n.a.	41.59	549.48
合计	金额	835.40	4043.07	92.22	0.00	0.00	0.00	4970.69	8746.71
2011—2015 年均值		139.36	417.10	18.44	0.00	0.00	0.00	574.90	635.14

综合观察按照来源地划分的我国各省区市民营样本企业 2018 年海外绿地投资项目数量和金额分布情况，可看出 2018 年在海外绿地投资项目数量上，排名前五位的分别是深圳、北京、浙江、广东（不含深圳）和江苏；在海外绿地投资金额上，排名前五位的分别是江苏、新疆、广东（不含深圳）、深圳和浙江。海外绿地投资项目数量和金额的排序有很大不同，这表明不同地区民营样本企业项目平均海外绿地投资金额规模有较大差异。

根据统计测算，2018 年位于新疆的民营样本企业平均海外绿地投资金额规模在所有来源地中最高，该地区民营样本企业单年度共计进行 6 件达 32.51 亿美元的海外绿地投资交易，平均海外绿地投资金额规模约为 5.41

亿美元；江苏以 3.21 亿美元的平均海外绿地投资规模居其次。2018 年平均海外绿地投资金额规模最小的投资来源地是湖南省，该省份的民营样本企业仅进行 1 件海外绿地投资，金额规模为 0.03 亿美元。

第三节 海外绿地投资标的国（地区）别指数

本节对我国民营样本企业海外绿地投资项目数量与金额规模按照投资标的国（地区）进行划分，其中根据标的国（地区）的经济发展水平不同，将标的国（地区）分为发达经济体、发展中经济体和转型经济体三大类型，本节将针对这三类经济体以及其细分国家（地区）所接受的我国民营样本企业海外绿地投资的项目数量与金额规模进行统计分析。

一、民营企业海外绿地投资项目数量和金额在不同经济体的分布

1. 民营企业海外绿地投资项目数量在不同经济体的分布

2005—2018 年间，中国民营样本企业海外绿地投资项目数量在标的国（地区）分布的具体情况为：投向发达经济体累计 442 件，占海外总绿地投资项目数量的 54.64%；其次是发展中经济体，项目数量合计 320 件，占总项目数量的 39.56%；转型经济体所接受的海外绿地投资项目数量最少，共 47 件，仅占比 5.81%。

2018 年我国民营样本企业海外绿地投资项目数量分布与 14 年间的分布特征大抵相同。发达经济体作为接受民营样本企业海外绿地投资项目数量最多的地区，2018 年共计接受 116 件海外绿地投资，较 2017 年同比增长 70.6%，其中以对欧洲发达经济体的海外绿地投资项目数量的大幅增长为主，而对北美洲发达经济体的海外绿地投资交易却出现比 2017 年减少两件的情况。发展中经济体 2018 年共计接受我国民营样本企业 80 件海外绿地投资项目，同比增长 100.0%。另外还有 12 件海外绿地投资交易流入转型经济体，且全部流入独联体国家。

表 4-3-1　2005—2018 年民营样本企业海外绿地投资项目数量在不同经济体的分布及指数汇总表

（单位：件）

年份	发达经济体							
	欧　洲				北美洲			
	项目数	同比增长（%）	占比（%）	指数	项目数	同比增长（%）	占比（%）	指数
2005	2	—	100.00	12.20	0	—	0.00	0.00
2006	0	−100.0	0.00	0.00	1	n.a.	100.00	13.16
2007	2	n.a.	50.00	12.20	2	100.0	50.00	26.32
2008	17	750.0	80.95	103.66	1	−50.0	4.76	13.16
2009	6	−64.7	42.86	36.59	2	100.0	14.29	26.32
2010	8	33.3	66.67	48.78	3	50.0	25.00	39.47
2011	21	162.5	52.50	128.05	7	133.3	17.50	92.11
2012	14	−33.3	63.64	85.37	3	−57.1	13.64	39.47
2013	17	21.4	53.13	103.66	10	233.3	31.25	131.58
2014	17	0.0	54.84	103.66	8	−20.0	25.81	105.26
2015	13	−23.5	46.43	79.27	10	25.0	35.71	131.58
2016	30	130.8	58.82	182.93	11	10.0	21.57	144.74
2017	30	0.0	44.12	182.93	19	72.7	27.94	250.00
2018	75	150.0	64.66	457.32	17	−10.5	14.66	223.68
合计	252	—	57.01	—	94	—	21.27	—
2011—2015 年均值	16.40	—	—	100.00	7.60	—	—	100.00

年份	发达经济体							
	其他发达经济体				合计			
	项目数	同比增长（%）	占比（%）	指数	项目数	同比增长（%）	占比（%）	指数
2005	0	—	0.00	0.00	2	—	50.00	6.54
2006	0	n.a.	0.00	0.00	1	−50.0	25.00	3.27
2007	0	n.a.	0.00	0.00	4	300.0	26.67	13.07
2008	3	n.a.	14.29	45.45	21	425.0	65.63	68.63
2009	6	100.0	42.86	90.91	14	−33.3	58.33	45.75
2010	1	−83.3	8.33	15.15	12	−14.3	63.16	39.22
2011	12	1100.0	30.00	181.82	40	233.3	66.67	130.72
2012	5	−58.3	22.73	75.76	22	−45.0	50.00	71.90

续表

年份	发达经济体							
	其他发达经济体				合计			
	项目数	同比增长（%）	占比（%）	指数	项目数	同比增长（%）	占比（%）	指数
2013	5	0.0	15.63	75.76	32	45.5	71.11	104.58
2014	6	20.0	19.35	90.91	31	-3.1	55.36	101.31
2015	5	-16.7	17.86	75.76	28	-9.7	43.08	91.50
2016	10	100.0	19.61	151.52	51	82.1	42.86	166.67
2017	19	90.0	27.94	287.88	68	33.3	59.65	222.22
2018	24	26.3	20.69	363.64	116	70.6	55.77	379.08
合计	96	—	21.72	—	442	—	54.64	—
2011—2015年均值	6.60	—	—	100.00	30.60	—	—	100.00

年份	发展中经济体							
	非洲				亚洲			
	项目数	同比增长（%）	占比（%）	指数	项目数	同比增长（%）	占比（%）	指数
2005	0	—	0.00	0.00	2	—	100.00	21.74
2006	0	n.a.	0.00	0.00	2	0.0	100.00	21.74
2007	2	n.a.	22.22	58.82	7	250.0	77.78	76.09
2008	0	-100.0	0.00	0.00	8	14.3	80.00	86.96
2009	2	n.a.	22.22	58.82	7	-12.5	77.78	76.09
2010	0	-100.0	0.00	0.00	2	-71.4	50.00	21.74
2011	4	n.a.	22.22	117.65	5	150.0	27.78	54.35
2012	7	75.0	35.00	205.88	6	20.0	30.00	65.22
2013	2	-71.4	16.67	58.82	6	0.0	50.00	65.22
2014	2	0.0	8.70	58.82	9	50.0	39.13	97.83
2015	2	0.0	6.45	58.82	20	122.2	64.52	217.39
2016	16	700.0	26.67	470.59	37	85.0	61.67	402.17
2017	14	-12.5	35.00	411.76	17	-54.1	42.50	184.78
2018	17	21.4	21.25	500.00	49	188.2	61.25	532.61
合计	68	—	21.25	—	177	—	55.31	—
2011—2015年均值	3.40	—	—	100.00	9.20	—	—	100.00

续表

年份	发展中经济体							
	拉丁美洲和加勒比海地区				合计			
	项目数	同比增长（%）	占比（%）	指数	项目数	同比增长（%）	占比（%）	指数
2005	0	—	0.00	0.00	2	—	50.00	9.62
2006	0	n.a.	0.00	0.00	2	0.0	50.00	9.62
2007	0	n.a.	0.00	0.00	9	350.0	60.00	43.27
2008	2	n.a.	20.00	24.39	10	11.1	31.25	48.08
2009	0	−100.0	0.00	0.00	9	−10.0	37.50	43.27
2010	2	n.a.	50.00	24.39	4	−55.6	21.05	19.23
2011	9	350.0	50.00	109.76	18	350.0	30.00	86.54
2012	7	−22.2	35.00	85.37	20	11.1	45.45	96.15
2013	4	−42.9	33.33	48.78	12	−40.0	26.67	57.69
2014	12	200.0	52.17	146.34	23	91.7	41.07	110.58
2015	9	−25.0	29.03	109.76	31	34.8	47.69	149.04
2016	7	−22.2	11.67	85.37	60	93.6	50.42	288.46
2017	9	28.6	22.50	109.76	40	−33.3	35.09	192.31
2018	10	11.1	12.50	121.95	80	100.0	38.46	384.62
合计	71	—	22.19	—	320	—	39.56	—
2011—2015 年均值	8.20	—	100.00	20.80		—	—	100.00

年份	转型经济体											
	东南欧				独联体国家				合计			
	项目数	同比增长（%）	占比（%）	指数	项目数	同比增长（%）	占比（%）	指数	项目数	同比增长（%）	占比（%）	指数
2005	0	—	n.a.	n.a.	0	—	n.a.	0.00	0	—	0.00	0.00
2006	0	n.a.	0.00	n.a.	1	n.a.	100.00	38.46	1	n.a.	25.00	38.46
2007	0	n.a.	0.00	n.a.	2	100.0	100.00	76.92	2	100.0	13.33	76.92
2008	0	n.a.	0.00	n.a.	1	−50.0	100.00	38.46	1	−50.0	3.13	38.46
2009	0	n.a.	0.00	n.a.	1	0.0	100.00	38.46	1	0.0	4.17	38.46
2010	0	n.a.	0.00	n.a.	3	200.0	100.00	115.38	3	200.0	15.79	115.38
2011	0	n.a.	0.00	n.a.	2	−33.3	100.00	76.92	2	−33.3	3.33	76.92

年份	转型经济体											
	东南欧				独联体国家				合计			
	项目数	同比增长（%）	占比（%）	指数	项目数	同比增长（%）	占比（%）	指数	项目数	同比增长（%）	占比（%）	指数
2012	0	n.a.	0.00	n.a.	2	0.0	100.00	76.92	2	0.0	4.55	76.92
2013	0	n.a.	0.00	n.a.	1	−50.0	100.00	38.46	1	−50.0	2.22	38.46
2014	0	n.a.	0.00	n.a.	2	100.0	100.00	76.92	2	100.0	3.57	76.92
2015	0	n.a.	0.00	n.a.	6	200.0	100.00	230.77	6	200.0	9.23	230.77
2016	1	n.a.	12.50	n.a.	7	16.7	87.50	269.23	8	33.3	6.72	307.69
2017	0	−100.0	0.00	n.a.	6	−14.3	100.00	230.77	6	−25.0	5.26	230.77
2018	0	n.a.	0.00	n.a.	12	100.0	100.00	461.54	12	100.0	5.77	461.54
合计	1	—	2.13	—	46	—	97.87	—	47	—	5.81	—
2011—2015年均值	0.00	—	—	100.00	2.60	—	—	100.00	2.60	—	—	100.00

年份	总计			
	项目数	同比增长（%）	占比（%）	指数
2005	4	—	100.00	7.41
2006	4	0.0	100.00	7.41
2007	15	275.0	100.00	27.78
2008	32	113.3	100.00	59.26
2009	24	−25.0	100.00	44.44
2010	19	−20.8	100.00	35.19
2011	60	215.8	100.00	111.11
2012	44	−26.7	100.00	81.48
2013	45	2.3	100.00	83.33
2014	56	24.4	100.00	103.70
2015	65	16.1	100.00	120.37
2016	119	83.1	100.00	220.37
2017	114	−4.2	100.00	211.11
2018	208	82.5	100.00	385.19
合计	809	—	100.00	—
2011—2015年均值	54.00	—	—	100.00

注：此处不存在重复统计问题，详见表4-2-1注解。

2. 民营企业海外绿地投资金额在不同经济体的分布

据统计显示，2005—2018 年间我国民营样本企业海外绿地投资金额主要集中于发展中经济体，14 年间累计接受绿地投资 772.95 亿美元，在总绿地投资规模中占比达 67.19%；发达经济体所接受的绿地投资金额规模在三大经济体中居其次，累计获得约 344.93 亿美元的绿地投资，占比为 29.98%，这与其所接受的绿地投资项目数量规模有着鲜明的对比，可见我国民营样本企业对发达经济体的平均绿地投资金额规模较小；转型经济体在 2005—2018 年间接受的绿地投资金额总计约 32.48 亿美元，且主要集中于独联体国家。

2018 年国际局势动荡，在此局面下我国民营样本企业对于发达经济体的绿地投资金额规模还不及 2016 年，特别是对北美洲发达经济体来说，在整体绿地投资金额上涨的趋势下，民营样本企业对该地区的绿地投资金额规模较 2017 年同比下降 45.3%，约为 6.78 亿美元。在发展中经济体内，亚洲、非洲的发展中国家（地区）2018 年所接受的绿地投资金额规模增长显著，分别同比增长 238.1%、359.3%。

表 4-3-2　2005—2018 年民营样本企业海外绿地投资金额
在不同经济体的分布及指数汇总表

（单位：百万美元）

年份	发达经济体							
	欧　洲				北美洲			
	金额	同比增长（%）	占比（%）	指数	金额	同比增长（%）	占比（%）	指数
2005	5.50	—	100.00	0.53	0.00	—	0.00	0.00
2006	0.00	-100.0	0.00	0.00	60.00	n.a.	100.00	5.40
2007	50.40	n.a.	59.36	4.89	34.50	-42.5	40.64	3.11
2008	654.98	1199.6	98.75	63.59	3.50	-89.9	0.53	0.32
2009	487.67	-25.5	81.13	47.35	14.30	308.6	2.38	1.29
2010	212.40	-56.4	46.65	20.62	210.60	1372.7	46.26	18.96
2011	1120.99	427.8	64.71	108.84	195.67	-7.1	11.30	17.61
2012	414.90	-63.0	100.00	40.28	0.00	-100.0	0.00	0.00

续表

年份	发达经济体							
	欧　洲				北美洲			
	金额	同比增长（%）	占比（%）	指数	金额	同比增长（%）	占比（%）	指数
2013	1365.01	229.0	68.25	132.53	205.00	n.a.	10.25	18.45
2014	1953.50	43.1	18.37	189.67	4526.30	2108.0	42.57	407.42
2015	295.39	−84.9	14.43	28.68	627.80	−86.1	30.67	56.51
2016	4800.01	1525.0	70.51	466.04	1671.40	166.2	24.55	150.45
2017	894.74	−81.4	30.55	86.87	1239.91	−25.8	42.34	111.61
2018	2579.30	188.3	42.56	250.43	678.00	−45.3	11.19	61.03
合计	14834.79	—	43.01	—	9466.98	—	27.45	—
2011—2015年均值	1029.96	—	—	100.00	1110.95	—	—	100.00

年份	发达经济体							
	其他发达经济体				合计			
	金额	同比增长（%）	占比（%）	指数	金额	同比增长（%）	占比（%）	指数
2005	0.00	—	0.00	0.00	5.50	—	9.91	0.16
2006	0.00	n.a.	0.00	0.00	60.00	990.9	33.33	1.78
2007	0.00	n.a.	0.00	0.00	84.90	41.5	4.04	2.52
2008	4.80	n.a.	0.72	0.39	663.28	681.2	28.86	19.71
2009	99.10	1964.6	16.49	8.09	601.07	−9.4	45.57	17.86
2010	32.30	−67.4	7.09	2.64	455.30	−24.3	31.55	13.53
2011	415.60	1186.7	23.99	33.94	1732.26	280.5	22.92	51.47
2012	0.00	−100.0	0.00	0.00	414.90	−76.0	14.40	12.33
2013	429.96	n.a.	21.50	35.11	1999.97	382.0	98.04	59.43
2014	4153.30	866.0	39.06	339.18	10633.10	431.7	58.99	315.95
2015	1123.66	−72.9	54.90	91.76	2046.85	−80.8	24.98	60.82
2016	336.10	−70.1	4.94	27.45	6807.51	232.6	15.98	202.28
2017	793.90	136.2	27.11	64.83	2928.55	−57.0	40.25	87.02
2018	2802.71	253.0	46.25	228.89	6060.01	106.9	31.80	180.07
合计	10191.43	—	29.55	—	34493.20	—	29.98	—
2011—2015年均值	1224.50	—	—	100.00	3365.42	—	—	100.00

续表

年份	发展中经济体							
	非洲				亚洲			
	金额	同比增长（%）	占比（%）	指数	金额	同比增长（%）	占比（%）	指数
2005	0.00	—	0.00	0.00	50.00	—	100.00	1.56
2006	0.00	n.a.	0.00	0.00	85.00	70.0	100.00	2.66
2007	59.90	n.a.	3.74	81.12	1542.69	1714.9	96.26	48.28
2008	0.00	−100.0	0.00	0.00	129.77	−91.6	7.96	4.06
2009	117.60	n.a.	16.51	159.25	594.50	358.1	83.49	18.60
2010	0.00	−100.0	0.00	0.00	270.00	−54.6	56.10	8.45
2011	139.20	n.a.	2.57	188.50	4560.60	1589.1	84.14	142.72
2012	171.90	23.5	6.97	232.79	1544.00	−66.1	62.62	48.32
2013	0.00	−100.0	0.00	0.00	20.00	−98.7	50.00	0.63
2014	18.32	n.a.	0.27	24.81	4930.00	24550.0	73.12	154.28
2015	39.80	117.2	0.67	53.90	4922.40	−0.2	82.85	154.05
2016	21676.20	54362.8	61.26	29353.81	13112.68	166.4	37.06	410.36
2017	982.00	−95.5	25.00	1329.82	2329.70	−82.0	59.31	72.91
2018	4510.20	359.3	35.21	6107.69	7877.30	238.1	61.50	246.52
合计	27715.12	—	35.86	—	41968.64	—	54.30	—
2011—2015 年均值	73.84	—	—	100.00	3195.40	—	—	100.00

年份	发展中经济体							
	拉丁美洲和加勒比海地区				合计			
	金额	同比增长（%）	占比（%）	指数	金额	同比增长（%）	占比（%）	指数
2005	0.00	—	0.00	0.00	50.00	—	90.09	1.21
2006	0.00	n.a.	0.00	0.00	85.00	70.0	47.22	2.06
2007	0.00	n.a.	0.00	0.00	1602.59	1785.4	76.27	38.88
2008	1500.00	n.a.	92.04	175.89	1629.77	1.7	70.91	39.54
2009	0.00	−100.0	0.00	0.00	712.10	−56.3	53.99	17.28
2010	211.30	n.a.	43.90	24.78	481.30	−32.4	33.35	11.68
2011	720.50	620.5	13.29	84.49	5420.30	1026.2	71.70	131.50

续表

年份	发展中经济体							
	拉丁美洲和加勒比海地区				合计			
	金额	同比增长（%）	占比（%）	指数	金额	同比增长（%）	占比（%）	指数
2012	749.80	649.8	30.41	87.92	2465.70	−54.5	85.60	59.82
2013	20.00	−80.0	50.00	2.35	40.00	−98.4	1.96	0.97
2014	1794.47	1694.5	26.61	210.42	6742.79	16757.0	37.41	163.58
2015	979.17	879.2	16.48	114.82	5941.37	−11.9	72.50	144.14
2016	597.20	497.2	1.69	70.03	35386.08	495.6	83.05	858.46
2017	616.49	516.5	15.69	72.29	3928.19	−88.9	53.99	95.30
2018	421.95	322.0	3.29	49.48	12809.45	226.1	67.22	310.76
合计	7610.87	—	9.85	—	77294.63	—	67.19	—
2011—2015年均值	852.79	—	—	100.00	4122.03	—	—	100.00

年份	转型经济体											
	东南欧				独联体国家				合计			
	金额	同比增长（%）	占比（%）	指数	金额	同比增长（%）	占比（%）	指数	金额	同比增长（%）	占比（%）	指数
2005	0.00	—	n.a.	n.a.	0.00	—	n.a.	0.00	0.00	—	0.00	0.00
2006	0.00	n.a.	0.00	n.a.	35.00	n.a.	100.00	13.85	35.00	n.a.	19.44	13.85
2007	0.00	n.a.	0.00	n.a.	413.60	1081.7	100.00	163.68	413.60	1081.7	19.69	163.68
2008	0.00	n.a.	0.00	n.a.	5.20	−98.7	100.00	2.06	5.20	−98.7	0.23	2.06
2009	0.00	n.a.	0.00	n.a.	5.70	9.6	100.00	2.26	5.70	9.6	0.43	2.26
2010	0.00	n.a.	0.00	n.a.	506.60	8787.7	100.00	200.49	506.60	8787.7	35.10	200.49
2011	0.00	n.a.	0.00	n.a.	406.80	−19.7	100.00	160.99	406.80	−19.7	5.38	160.99
2012	0.00	n.a.	n.a.	n.a.	0.00	−100.0	n.a.	0.00	0.00	−100.0	0.00	0.00
2013	0.00	n.a.	0.00	n.a.	0.00	n.a.	0.00	0.00	0.00	n.a.	0.00	0.00
2014	0.00	n.a.	0.00	n.a.	650.00	n.a.	100.00	257.24	650.00	n.a.	3.61	257.24
2015	0.00	n.a.	0.00	n.a.	206.62	−68.2	100.00	81.77	206.62	−68.2	2.52	81.77
2016	13.00	n.a.	3.15	n.a.	400.10	93.6	96.85	158.34	413.10	99.9	0.97	163.48
2017	0.00	−100.0	0.00	n.a.	419.33	4.8	100.00	165.95	419.33	1.5	5.76	165.95

续表

年份	转型经济体											
	东南欧				独联体国家				合计			
	金额	同比增长（%）	占比（%）	指数	金额	同比增长（%）	占比（%）	指数	金额	同比增长（%）	占比（%）	指数
2018	0.00	n.a.	0.00	n.a.	185.84	−55.7	100.00	73.55	185.84	−55.7	0.98	73.55
合计	13.00	—	0.40	—	3234.79		99.60	—	3247.79		2.82	—
2011—2015 年均值	0.00	—	—	100.00	252.68			100.00	252.68		—	100.00

年份	总计			
	金额	同比增长（%）	占比（%）	指数
2005	55.50	—	100.00	0.72
2006	180.00	224.3	100.00	2.33
2007	2101.09	1067.3	100.00	27.15
2008	2298.25	9.4	100.00	29.69
2009	1318.87	−42.6	100.00	17.04
2010	1443.20	9.4	100.00	18.65
2011	7559.36	423.8	100.00	97.66
2012	2880.60	−61.9	100.00	37.22
2013	2039.97	−29.2	100.00	26.36
2014	18025.89	783.6	100.00	232.89
2015	8194.84	−54.5	100.00	105.87
2016	42606.69	419.9	100.00	550.46
2017	7276.07	−82.9	100.00	94.00
2018	19055.30	161.9	100.00	246.19
合计	115035.63	—	100.00	—
2011—2015 年均值	7740.13	—	—	100.00

注：此表不存在重复统计问题，详见表 4-2-1 注解。

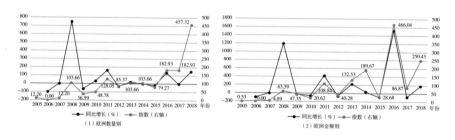

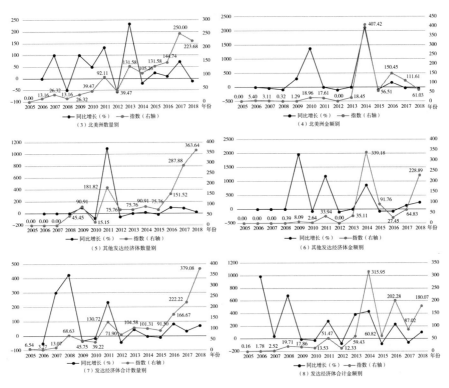

图 4-3-1　2005—2018 年民营样本企业海外绿地投资发达
经济体项目数量和金额指数变化图

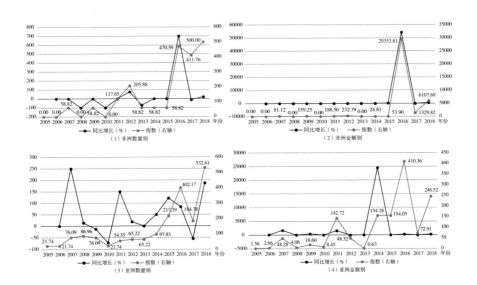

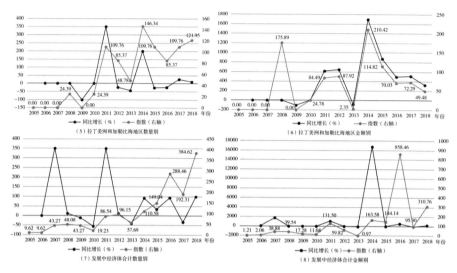

图 4-3-2　2005—2018 年民营样本企业海外绿地投资发展中
经济体项目数量和金额指数变化图

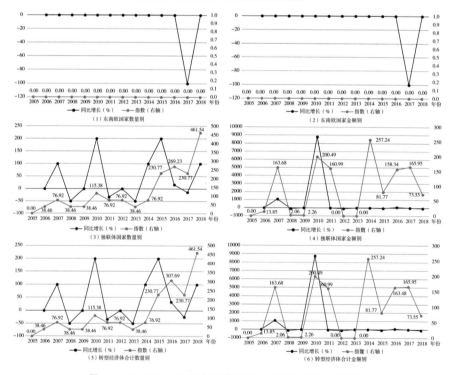

图 4-3-3　2005—2018 年民营样本企业海外绿地投资转型
经济体项目数量和金额指数变化图

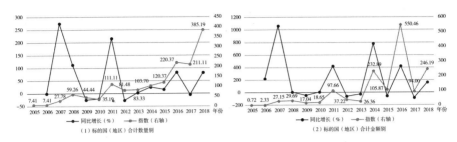

图 4-3-4　2005—2018 年民营样本企业海外绿地投资标的
国（地区）项目数量和金额指数变化图

二、民营企业海外绿地投资项目数量和金额的标的国（地区）别分布

1. 民营企业海外绿地投资项目数量的标的国（地区）别分布

表 4-3-3　2005—2018 年民营样本企业海外绿地投资标的
国（地区）的项目数量指数——欧洲

（单位：件）

年份		奥地利	比利时	保加利亚	克罗地亚	捷克	丹麦	芬兰
2005	数量	0	1	0	0	0	0	0
	指数	0.00	166.67	0.00	n.a.	n.a.	0.00	0.00
2006	数量	0	0	0	0	0	0	0
	指数	0.00	0.00	0.00	n.a.	n.a.	0.00	0.00
2007	数量	0	1	0	0	0	0	0
	指数	0.00	166.67	0.00	n.a.	n.a.	0.00	0.00
2008	数量	0	0	0	0	0	0	0
	指数	0.00	0.00	0.00	n.a.	n.a.	0.00	0.00
2009	数量	0	0	0	0	0	0	0
	指数	0.00	0.00	0.00	n.a.	n.a.	0.00	0.00
2010	数量	0	2	0	1	0	0	0
	指数	0.00	333.33	0.00	n.a.	n.a.	0.00	0.00
2011	数量	1	1	0	0	0	0	0
	指数	250.00	166.67	0.00	n.a.	n.a.	0.00	0.00

年份		奥地利	比利时	保加利亚	克罗地亚	捷克	丹麦	芬兰
2012	数量	1	0	3	0	0	0	1
	指数	250.00	0.00	500.00	n.a.	n.a.	0.00	500.00
2013	数量	0	0	0	0	0	1	0
	指数	0.00	0.00	0.00	n.a.	n.a.	500.00	0.00
2014	数量	0	0	0	0	0	0	0
	指数	0.00	0.00	0.00	n.a.	n.a.	0.00	0.00
2015	数量	0	2	0	0	0	0	0
	指数	0.00	333.33	0.00	n.a.	n.a.	0.00	0.00
2016	数量	1	0	0	0	0	0	1
	指数	250.00	0.00	0.00	n.a.	n.a.	0.00	500.00
2017	数量	1	2	1	0	1	1	0
	指数	250.00	333.33	166.67	n.a.	n.a.	500.00	0.00
2018	数量	2	3	0	0	6	0	1
	指数	500.00	500.00	0.00	n.a.	n.a.	0.00	500.00
合计	数量	6	12	4	1	7	2	3
2011—2015 年均值		0.40	0.60	0.60	0.00	0.00	0.20	0.20

年份		法国	德国	希腊	匈牙利	爱尔兰	意大利	拉脱维亚	立陶宛	马耳他
2005	数量	0	0	0	0	0	0	0	0	0
	指数	0.00	0.00	0.00	0.00	0.00	n.a.	n.a.	0.00	n.a.
2006	数量	0	0	0	0	0	0	0	0	0
	指数	0.00	0.00	0.00	0.00	0.00	n.a.	n.a.	0.00	n.a.
2007	数量	0	0	0	0	0	0	0	0	0
	指数	0.00	0.00	0.00	0.00	0.00	n.a.	n.a.	0.00	n.a.
2008	数量	0	4	1	0	0	2			
	指数	0.00	117.65	250.00	0.00	0.00	n.a.	n.a.	0.00	n.a.
2009	数量	0	2	0	1	0	1	0	0	0
	指数	0.00	58.82	0.00	166.67	0.00	n.a.	n.a.	0.00	n.a.

年份		法国	德国	希腊	匈牙利	爱尔兰	意大利	拉脱维亚	立陶宛	马耳他
2010	数量	0	2	0	0	0	0	0	0	0
	指数	0.00	58.82	0.00	0.00	0.00	n.a.	n.a.	0.00	n.a.
2011	数量	1	6	1	1	0	0	0	1	0
	指数	83.33	176.47	250.00	166.67	0.00	n.a.	n.a.	500.00	n.a.
2012	数量	1	3	0	1	0	0	0	0	0
	指数	83.33	88.24	0.00	166.67	0.00	n.a.	n.a.	0.00	n.a.
2013	数量	1	1	1	0	2	0	0	0	0
	指数	83.33	29.41	250.00	0.00	333.33	n.a.	n.a.	0.00	n.a.
2014	数量	2	4	0	1	0	0	0	0	0
	指数	166.67	117.65	0.00	166.67	0.00	n.a.	n.a.	0.00	n.a.
2015	数量	1	3	0	0	1	0	0	0	0
	指数	83.33	88.24	0.00	0.00	166.67	n.a.	n.a.	0.00	n.a.
2016	数量	3	6	0	1	1	1	0	0	1
	指数	250.00	176.47	0.00	166.67	166.67	n.a.	n.a.	0.00	n.a.
2017	数量	4	6	0	0	2	1	0	0	0
	指数	333.33	176.47	0.00	0.00	333.33	n.a.	n.a.	0.00	n.a.
2018	数量	8	5	1	2	0	7	1	0	0
	指数	666.67	147.06	250.00	333.33	0.00	n.a.	n.a.	0.00	n.a.
合计	数量	21	42	4	7	6	12	1	1	1
2011—2015 年均值		1.20	3.40	0.40	0.60	0.60	0.00	—	0.00	0.00

年份		荷兰	波兰	葡萄牙	罗马尼亚	西班牙	瑞典
2005	数量	0	0	0	0	0	0
	指数	0.00	0.00	0.00	0.00	0.00	0.00
2006	数量	0	0	0	0	0	0
	指数	0.00	0.00	0.00	0.00	0.00	0.00
2007	数量	0	0	0	0	0	0
	指数	0.00	0.00	0.00	0.00	0.00	0.00

续表

年份		荷兰	波兰	葡萄牙	罗马尼亚	西班牙	瑞典
2008	数量	1	0	0	0	8	0
	指数	83.33	0.00	0.00	0.00	2000.00	0.00
2009	数量	2	0	0	0	0	0
	指数	166.67	0.00	0.00	0.00	0.00	0.00
2010	数量	1	0	0	0	1	0
	指数	83.33	0.00	0.00	0.00	250.00	0.00
2011	数量	1	1	1	1	1	1
	指数	83.33	250.00	500.00	100.00	250.00	166.67
2012	数量	0	0	0	1	0	0
	指数	0.00	0.00	0.00	100.00	0.00	0.00
2013	数量	2	0	0	2	0	1
	指数	166.67	0.00	0.00	200.00	0.00	166.67
2014	数量	1	1	0	0	1	1
	指数	83.33	250.00	0.00	0.00	250.00	166.67
2015	数量	2	0	0	1	0	0
	指数	166.67	0.00	0.00	100.00	0.00	0.00
2016	数量	2	0	1	1	2	2
	指数	166.67	0.00	500.00	100.00	500.00	333.33
2017	数量	1	0	0	1	1	2
	指数	83.33	0.00	0.00	100.00	250.00	333.33
2018	数量	4	5	0	0	15	0
	指数	333.33	1250.00	0.00	0.00	3750.00	0.00
合计	数量	17	7	2	7	29	7
2011—2015 年均值		1.20	0.40	0.20	1.00	0.40	0.60

年份		英国	挪威	瑞士	安道尔	合计
2005	数量	1	0	0	0	2
	指数	26.32	n.a.	0.00	n.a.	12.20

年份		英国	挪威	瑞士	安道尔	合计
2006	数量	0	0	0	0	0
	指数	0.00	n.a.	0.00	n.a.	0.00
2007	数量	1	0	0	0	2
	指数	26.32	n.a.	0.00	n.a.	12.20
2008	数量	0	0	1	0	17
	指数	0.00	n.a.	250.00	n.a.	103.66
2009	数量	0	0	0	0	6
	指数	0.00	n.a.	0.00	n.a.	36.59
2010	数量	0	0	1	0	8
	指数	0.00	n.a.	250.00	n.a.	48.78
2011	数量	3	0	0	0	21
	指数	78.95	n.a.	0.00	n.a.	128.05
2012	数量	2	0	1	0	14
	指数	52.63	n.a.	250.00	n.a.	85.37
2013	数量	6	0	0	0	17
	指数	157.89	n.a.	0.00	n.a.	103.66
2014	数量	6	0	0	0	17
	指数	157.89	n.a.	0.00	n.a.	103.66
2015	数量	2	0	1	0	13
	指数	52.63	n.a.	250.00	n.a.	79.27
2016	数量	7	0	0	0	30
	指数	184.21	n.a.	0.00	n.a.	182.93
2017	数量	5	0	1	0	30
	指数	131.58	n.a.	250.00	n.a.	182.93
2018	数量	11	1	2	1	75
	指数	289.47	n.a.	500.00	n.a.	457.32
合计	数量	44	1	7	1	252
2011—2015年均值		3.80	0.00	0.40	0.00	16.40

表 4-3-4 2005—2018 年民营样本企业海外绿地投资标的
国（地区）的项目数量指数——北美洲

（单位：件）

年份		加拿大	美国	合计
2005	数量	0	0	0
	指数	0.00	0.00	0.00
2006	数量	0	1	1
	指数	0.00	17.24	13.16
2007	数量	0	2	2
	指数	0.00	34.48	26.32
2008	数量	0	1	1
	指数	0.00	17.24	13.16
2009	数量	0	2	2
	指数	0.00	34.48	26.32
2010	数量	0	3	3
	指数	0.00	51.72	39.47
2011	数量	2	5	7
	指数	111.11	86.21	92.11
2012	数量	2	1	3
	指数	111.11	17.24	39.47
2013	数量	3	7	10
	指数	166.67	120.69	131.58
2014	数量	1	7	8
	指数	55.56	120.69	105.26
2015	数量	1	9	10
	指数	55.56	155.17	131.58
2016	数量	0	11	11
	指数	0.00	189.66	144.74
2017	数量	1	18	19
	指数	55.56	310.34	250.00
2018	数量	1	16	17
	指数	55.56	275.86	223.68
合计	数量	11	83	94
2011—2015 年均值		1.80	5.80	7.60

表4-3-5　2005—2018年民营样本企业海外绿地投资标的
国（地区）的项目数量指数——其他发达经济体　（单位：件）

年份		澳大利亚	新西兰	以色列	日本	韩国	新加坡	中国台湾	中国香港	合计	总计
2005	数量	0	0	0	0	0	0	0	0	0	2
	指数	0.00	n.a.	n.a.	0.00	0.00	0.00	0.00	0.00	0.00	6.54
2006	数量	0	0	0	0	0	0	0	0	0	1
	指数	0.00	n.a.	n.a.	0.00	0.00	0.00	0.00	0.00	0.00	3.27
2007	数量	0	0	0	0	0	0	0	0	0	4
	指数	0.00	n.a.	n.a.	0.00	0.00	0.00	0.00	0.00	0.00	13.07
2008	数量	1	0	0	0	2	0	0	0	3	21
	指数	33.33	n.a.	n.a.	0.00	333.33	0.00	0.00	0.00	45.45	68.63
2009	数量	0	0	0	2	0	2	0	2	6	14
	指数	0.00	n.a.	n.a.	250.00	0.00	166.67	0.00	333.33	90.91	45.75
2010	数量	0	0	0	0	0	0	1	0	1	12
	指数	0.00	n.a.	n.a.	0.00	0.00	0.00	250.00	0.00	15.15	39.22
2011	数量	7	0	0	0	1	3	0	1	12	40
	指数	233.33	n.a.	n.a.	0.00	166.67	250.00	0.00	166.67	181.82	130.72
2012	数量	2	0	0	1	0	2	0	0	5	22
	指数	66.67	n.a.	n.a.	125.00	0.00	166.67	0.00	0.00	75.76	71.90
2013	数量	2	0	0	1	0	1	1	0	5	32
	指数	66.67	n.a.	n.a.	125.00	0.00	83.33	250.00	0.00	75.76	104.58
2014	数量	1	0	0	1	2	0	1	1	6	31
	指数	33.33	n.a.	n.a.	125.00	333.33	0.00	250.00	166.67	90.91	101.31
2015	数量	3	0	0	1	0	0	0	1	5	28
	指数	100.00	n.a.	n.a.	125.00	0.00	0.00	0.00	166.67	75.76	91.50
2016	数量	1	0	0	5	1	3	0	0	10	51
	指数	33.33	n.a.	n.a.	625.00	166.67	250.00	0.00	0.00	151.52	166.67
2017	数量	4	3	0	3	3	3	1	2	19	68
	指数	133.33	n.a.	n.a.	375.00	500.00	250.00	250.00	333.33	287.88	222.22

续表

年份		澳大利亚	新西兰	以色列	日本	韩国	新加坡	中国台湾	中国香港	合计	总计
2018	数量	7	2	1	1	1	3	1	8	24	116
	指数	233.33	n.a.	n.a.	125.00	166.67	250.00	250.00	1333.33	363.64	379.08
合计	数量	28	5	1	15	10	17	5	15	96	442
2011—2015 年均值		3.00	0.00	0.00	0.80	0.60	1.20	0.40	0.60	6.60	30.60

表 4-3-6　2005—2018 年民营样本企业海外绿地投资标的
国（地区）的项目数量指数——非洲

（单位：件）

年份		阿尔及利亚	埃及	摩洛哥	科特迪瓦	加纳	几内亚	尼日利亚
2005	数量	0	0	0	0	0	0	0
	指数	0.00	0.00	0.00	0.00	0.00	n.a.	0.00
2006	数量	0	0	0	0	0	0	0
	指数	0.00	0.00	0.00	0.00	0.00	n.a.	0.00
2007	数量	0	0	0	0	0	0	1
	指数	0.00	0.00	0.00	0.00	0.00	n.a.	500.00
2008	数量	0	0	0	0	0	0	0
	指数	0.00	0.00	0.00	0.00	0.00	n.a.	0.00
2009	数量	1	0	0	0	0	0	0
	指数	500.00	0.00	0.00	0.00	0.00	n.a.	0.00
2010	数量	0	0	0	0	0	0	0
	指数	0.00	0.00	0.00	0.00	0.00	n.a.	0.00
2011	数量	0	0	0	0	0	0	0
	指数	0.00	0.00	0.00	0.00	0.00	n.a.	0.00
2012	数量	0	2	1	1	1	0	1
	指数	0.00	500.00	250.00	500.00	500.00	n.a.	500.00
2013	数量	1	0	0	0	0	0	0
	指数	500.00	0.00	0.00	0.00	0.00	n.a.	0.00

年份		阿尔及利亚	埃及	摩洛哥	科特迪瓦	加纳	几内亚	尼日利亚
2014	数量	0	0	0	0	0	0	0
	指数	0.00	0.00	0.00	0.00	0.00	n.a.	0.00
2015	数量	0	0	1	0	0	0	0
	指数	0.00	0.00	250.00	0.00	0.00	n.a.	0.00
2016	数量	0	6	0	1	1	0	1
	指数	0.00	1500.00	0.00	500.00	500.00	n.a.	500.00
2017	数量	5	2	3	0	0	0	2
	指数	2500.00	500.00	750.00	0.00	0.00	n.a.	1000.00
2018	数量	1	4	2	1	0	5	1
	指数	500.00	1000.00	500.00	500.00	0.00	n.a.	500.00
合计	数量	8	14	7	3	2	5	6
2011—2015年均值		0.20	0.40	0.40	0.20	0.20	0.00	0.20

年份		塞内加尔	加蓬	埃塞俄比亚	肯尼亚	南非	赞比亚	合计
2005	数量	0	0	0	0	0	0	0
	指数	n.a.	n.a.	0.00	n.a.	0.00	0.00	0.00
2006	数量	0	0	0	0	0	0	0
	指数	n.a.	n.a.	0.00	n.a.	0.00	0.00	0.00
2007	数量	0	0	0	0	1	0	2
	指数	n.a.	n.a.	0.00	n.a.	71.43	0.00	58.82
2008	数量	0	0	0	0	0	0	0
	指数	n.a.	n.a.	0.00	n.a.	0.00	0.00	0.00
2009	数量	0	0	1	0	0	0	2
	指数	n.a.	n.a.	500.00	n.a.	0.00	0.00	58.82
2010	数量	0	0	0	0	0	0	0
	指数	n.a.	n.a.	0.00	n.a.	0.00	0.00	0.00
2011	数量	0	0	1	0	3	0	4
	指数	n.a.	n.a.	500.00	n.a.	214.29	0.00	117.65

续表

年份		塞内加尔	加蓬	埃塞俄比亚	肯尼亚	南非	赞比亚	合计
2012	数量	0	0	0	0	0	1	7
	指数	n.a.	n.a.	0.00	n.a.	0.00	500.00	205.88
2013	数量	0	0	0	0	1	0	2
	指数	n.a.	n.a.	0.00	n.a.	71.43	0.00	58.82
2014	数量	0	0	0	0	2	0	2
	指数	n.a.	n.a.	0.00	n.a.	142.86	0.00	58.82
2015	数量	0	0	0	0	1	0	2
	指数	n.a.	n.a.	0.00	n.a.	71.43	0.00	58.82
2016	数量	1	0	3	0	2	1	16
	指数	n.a.	n.a.	1500.00	n.a.	142.86	500.00	470.59
2017	数量	0	0	0	1	1	0	14
	指数	n.a.	n.a.	0.00	n.a.	71.43	0.00	411.76
2018	数量	0	1	0	0	2	0	17
	指数	n.a.	n.a.	0.00	n.a.	142.86	0.00	500.00
合计	数量	1	1	5	1	13	2	68
2011—2015 年均值		0.00	0.00	0.20	0.00	1.40	0.20	3.40

表 4-3-7　2005—2018 年民营样本企业海外绿地投资标的
国（地区）的项目数量指数——亚洲

（单位：件）

年份		文莱	柬埔寨	印度尼西亚	老挝	马来西亚	菲律宾	泰国	越南	孟加拉国	印度
2005	数量	0	0	0	0	1	0	0	0	0	1
	指数	0.00	n.a.	0.00	n.a.	83.33	n.a.	0.00	0.00	n.a.	35.71
2006	数量	0	0	0	0	0	0	0	1	0	1
	指数	0.00	n.a.	0.00	n.a.	0.00	n.a.	0.00	250.00	n.a.	35.71
2007	数量	0	0	2	0	1	2	0	1	0	0
	指数	0.00	n.a.	166.67	n.a.	83.33	n.a.	0.00	250.00	n.a.	0.00

续表

年份		文莱	柬埔寨	印度尼西亚	老挝	马来西亚	菲律宾	泰国	越南	孟加拉国	印度
2008	数量	0	0	0	0	0	0	1	4	0	2
	指数	0.00	n.a.	0.00	n.a.	0.00	n.a.	71.43	1000.00	n.a.	71.43
2009	数量	0	0	3	1	0	1	0	1	0	0
	指数	0.00	n.a.	250.00	n.a.	0.00	n.a.	0.00	250.00	n.a.	0.00
2010	数量	0	0	1	0	0	0	0	0	0	1
	指数	0.00	n.a.	83.33	n.a.	0.00	n.a.	0.00	0.00	n.a.	35.71
2011	数量	1	0	0	0	0	0	1	0	0	2
	指数	500.00	n.a.	0.00	n.a.	0.00	n.a.	71.43	0.00	n.a.	71.43
2012	数量	0	0	1	0	1	0	0	0	0	3
	指数	0.00	n.a.	83.33	n.a.	83.33	n.a.	0.00	0.00	n.a.	107.14
2013	数量	0	0	0	0	1	0	0	0	0	2
	指数	0.00	n.a.	0.00	n.a.	83.33	n.a.	0.00	0.00	n.a.	71.43
2014	数量	0	0	3	0	1	0	1	2	0	1
	指数	0.00	n.a.	250.00	n.a.	83.33	n.a.	71.43	500.00	n.a.	35.71
2015	数量	0	0	2	0	3	0	5	0	0	6
	指数	0.00	n.a.	166.67	n.a.	250.00	n.a.	357.14	0.00	n.a.	214.29
2016	数量	0	2	2	0	5	2	4	1	1	14
	指数	0.00	n.a.	166.67	n.a.	416.67	n.a.	285.71	250.00	n.a.	500.00
2017	数量	0	0	1	0	3	0	0	3	0	6
	指数	0.00	n.a.	83.33	n.a.	250.00	n.a.	0.00	750.00	n.a.	214.29
2018	数量	0	1	4	1	1	3	5	4	1	18
	指数	0.00	n.a.	333.33	n.a.	83.33	n.a.	357.14	1000.00	n.a.	642.86
合计	数量	1	3	19	2	17	8	17	17	2	57
2011—2015年均值		0.20	0.00	1.20	0.00	1.20	0.00	1.40	0.40	0.00	2.80

年份		尼泊尔	巴基斯坦	斯里兰卡	巴林	伊拉克	伊朗	科威特	卡塔尔	沙特	土耳其	阿联酋	合计
2005	数量	0	0	0	0	0	0	0	0	0	0	0	2
	指数	0.00	n.a.	n.a.	0.00	0.00	n.a.	0.00	n.a.	0.00	0.00	0.00	21.74

续表

年份		尼泊尔	巴基斯坦	斯里兰卡	巴林	伊拉克	伊朗	科威特	卡塔尔	沙特	土耳其	阿联酋	合计
2006	数量	0	0	0	0	0	0	0	0	0	0	0	2
	指数	0.00	n.a.	n.a.	0.00	0.00	n.a.	0.00	n.a.	0.00	0.00	0.00	21.74
2007	数量	0	0	0	0	0	1	0	0	0	0	0	7
	指数	0.00	n.a.	n.a.	0.00	0.00	n.a.	0.00	n.a.	0.00	0.00	0.00	76.09
2008	数量	0	1	0	0	0	0	0	0	0	0	0	8
	指数	0.00	n.a.	n.a.	0.00	0.00	n.a.	0.00	n.a.	0.00	0.00	0.00	86.96
2009	数量	0	0	0	0	0	0	0	0	0	1	0	7
	指数	0.00	n.a.	n.a.	0.00	0.00	n.a.	0.00	n.a.	0.00	500.00	0.00	76.09
2010	数量	0	0	0	0	0	0	0	0	0	0	0	2
	指数	0.00	n.a.	n.a.	0.00	0.00	n.a.	0.00	n.a.	0.00	0.00	0.00	21.74
2011	数量	0	0	0	0	1	0	0	0	0	0	0	5
	指数	0.00	n.a.	n.a.	0.00	500.00	n.a.	0.00	n.a.	0.00	0.00	0.00	54.35
2012	数量	0	0	0	0	0	0	0	0	0	0	1	6
	指数	0.00	n.a.	n.a.	0.00	0.00	n.a.	0.00	n.a.	0.00	0.00	250.00	65.22
2013	数量	0	0	0	1	0	0	0	0	0	1	1	6
	指数	0.00	n.a.	n.a.	250.00	0.00	n.a.	0.00	n.a.	0.00	500.00	250.00	65.22
2014	数量	0	0	0	0	0	0	1	0	0	0	0	9
	指数	0.00	n.a.	n.a.	0.00	0.00	n.a.	250.00	n.a.	0.00	0.00	0.00	97.83
2015	数量	1	0	0	1	0	0	1	0	1	0	0	20
	指数	500.00	n.a.	n.a.	250.00	0.00	n.a.	250.00	n.a.	500.00	0.00	0.00	217.39
2016	数量	0	0	3	0	0	0	0	0	1	1	1	37
	指数	0.00	n.a.	n.a.	0.00	0.00	n.a.	0.00	n.a.	500.00	500.00	250.00	402.17
2017	数量	0	1	0	0	0	1	0	0	0	1	1	17
	指数	0.00	n.a.	n.a.	0.00	0.00	n.a.	0.00	n.a.	0.00	500.00	250.00	184.78
2018	数量	0	4	0	0	0	0	1	1	2	1	2	49
	指数	0.00	n.a.	n.a.	0.00	0.00	n.a.	250.00	n.a.	1000.00	500.00	500.00	532.61
合计	数量	1	6	3	2	1	2	3	1	4	5	6	177
2011—2015 年均值		0.20	0.00	0.00	0.40	0.20	0.00	0.40	0.00	0.20	0.20	0.40	9.20

表 4-3-8 2005—2018 年民营样本企业海外绿地投资标的国（地区）的
项目数量指数——拉丁美洲和加勒比海地区

（单位：件）

年份		阿根廷	玻利维亚	巴西	智利	哥伦比亚	圭亚那	秘鲁
2005	数量	0	0	0	0	0	0	0
	指数	0.00	n.a.	0.00	0.00	0.00	0.00	0.00
2006	数量	0	0	0	0	0	0	0
	指数	0.00	n.a.	0.00	0.00	0.00	0.00	0.00
2007	数量	0	0	0	0	0	0	0
	指数	0.00	n.a.	0.00	0.00	0.00	0.00	0.00
2008	数量	0	0	0	0	0	1	0
	指数	0.00	n.a.	0.00	0.00	0.00	500.00	0.00
2009	数量	0	0	0	0	0	0	0
	指数	0.00	n.a.	0.00	0.00	0.00	0.00	0.00
2010	数量	0	0	2	0	0	0	0
	指数	0.00	n.a.	52.63	0.00	0.00	0.00	0.00
2011	数量	1	0	5	0	1	0	0
	指数	250.00	n.a.	131.58	0.00	500.00	0.00	0.00
2012	数量	0	0	4	1	0	1	1
	指数	0.00	n.a.	105.26	250.00	0.00	500.00	500.00
2013	数量	1	0	1	1	0	0	0
	指数	250.00	n.a.	26.32	250.00	0.00	0.00	0.00
2014	数量	0	0	6	0	0	0	0
	指数	0.00	n.a.	157.89	0.00	0.00	0.00	0.00
2015	数量	0	0	3	0	0	0	0
	指数	0.00	n.a.	78.95	0.00	0.00	0.00	0.00
2016	数量	2	1	0	0	0	0	0
	指数	500.00	n.a.	0.00	0.00	0.00	0.00	0.00
2017	数量	1	1	3	0	1	0	0
	指数	250.00	n.a.	78.95	0.00	500.00	0.00	0.00
2018	数量	1	0	0	3	3	0	1
	指数	250.00	n.a.	0.00	750.00	1500.00	0.00	500.00
合计	数量	6	2	24	5	5	2	2
2011—2015 年均值		0.40	0.00	3.80	0.40	0.20	0.20	0.20

年份		乌拉圭	委内瑞拉	哥斯达黎加	墨西哥	巴拿马	多米尼加	合计	总计
2005	数量	0	0	0	0	0	0	0	2
	指数	0.00	0.00	n.a.	0.00	0.00	n.a.	0.00	9.62
2006	数量	0	0	0	0	0	0	0	2
	指数	0.00	0.00	n.a.	0.00	0.00	n.a.	0.00	9.62
2007	数量	0	0	0	0	0	0	0	9
	指数	0.00	0.00	n.a.	0.00	0.00	n.a.	0.00	43.27
2008	数量	0	0	0	1	0	0	2	10
	指数	0.00	0.00	n.a.	62.50	0.00	n.a.	24.39	48.08
2009	数量	0	0	0	0	0	0	0	9
	指数	0.00	0.00	n.a.	0.00	0.00	n.a.	0.00	43.27
2010	数量	0	0	0	0	0	0	2	4
	指数	0.00	0.00	n.a.	0.00	0.00	n.a.	24.39	19.23
2011	数量	1	0	0	0	1	0	9	18
	指数	500.00	0.00	n.a.	0.00	250.00	n.a.	109.76	86.54
2012	数量	0	0	0	0	0	0	7	20
	指数	0.00	0.00	n.a.	0.00	0.00	n.a.	85.37	96.15
2013	数量	0	1	0	0	0	0	4	12
	指数	0.00	125.00	n.a.	0.00	0.00	n.a.	48.78	57.69
2014	数量	0	1	0	5	0	0	12	23
	指数	0.00	125.00	n.a.	312.50	0.00	n.a.	146.34	110.58
2015	数量	0	2	0	3	1	0	9	31
	指数	0.00	250.00	n.a.	187.50	250.00	n.a.	109.76	149.04
2016	数量	0	0	0	3	1	0	7	60
	指数	0.00	0.00	n.a.	187.50	250.00	n.a.	85.37	288.46
2017	数量	0	0	0	3	0	0	9	40
	指数	0.00	0.00	n.a.	187.50	0.00	n.a.	109.76	192.31
2018	数量	0	0	1	4	0	1	14	80
	指数	0.00	0.00	n.a.	250.00	0.00	n.a.	170.73	384.62
合计	数量	1	4	1	19	3	1	75	320
2011—2015 年均值		0.20	0.80	0.00	1.60	0.40	0.00	8.20	20.80

表 4-3-9　2005—2018 年民营样本企业海外绿地投资标的
国（地区）的项目数量指数——东南欧

（单位：件）

年份		塞尔维亚	合计
2005	数量	0	0
	指数	n.a.	n.a.
2006	数量	0	0
	指数	n.a.	n.a.
2007	数量	0	0
	指数	n.a.	n.a.
2008	数量	0	0
	指数	n.a.	n.a.
2009	数量	0	0
	指数	n.a.	n.a.
2010	数量	0	0
	指数	n.a.	n.a.
2011	数量	0	0
	指数	n.a.	n.a.
2012	数量	0	0
	指数	n.a.	n.a.
2013	数量	0	0
	指数	n.a.	n.a.
2014	数量	0	0
	指数	n.a.	n.a.
2015	数量	0	0
	指数	n.a.	n.a.
2016	数量	1	1
	指数	n.a.	n.a.
2017	数量	0	0
	指数	n.a.	n.a.
2018	数量	0	0
	指数	n.a.	n.a.
合计	数量	1	1
2011—2015 年均值		0.00	0.00

表 4-3-10　2005—2018 年民营样本企业海外绿地投资标的国（地区）的
　　　　　　项目数量指数——独联体国家

（单位：件）

年份		阿塞拜疆	白俄罗斯	哈萨克斯坦	俄罗斯	乌克兰	乌兹别克斯坦	合计	总计
2005	数量	0	0	0	0	0	0	0	0
	指数	n.a.	0.00	0.00	0.00	n.a.	0.00	0.00	0.00
2006	数量	0	0	0	0	1	0	1	1
	指数	n.a.	0.00	0.00	0.00	n.a.	0.00	38.46	38.46
2007	数量	0	0	0	2	0	0	2	2
	指数	n.a.	0.00	0.00	111.11	n.a.	0.00	76.92	76.92
2008	数量	0	0	0	1	0	0	1	1
	指数	n.a.	0.00	0.00	55.56	n.a.	0.00	38.46	38.46
2009	数量	1	0	0	0	0	0	1	1
	指数	n.a.	0.00	0.00	0.00	n.a.	0.00	38.46	38.46
2010	数量	1	0	0	2	0	0	3	3
	指数	n.a.	0.00	0.00	111.11	n.a.	0.00	115.38	115.38
2011	数量	0	0	0	2	0	0	2	2
	指数	n.a.	0.00	0.00	111.11	n.a.	0.00	76.92	76.92
2012	数量	0	0	0	2	0	0	2	2
	指数	n.a.	0.00	0.00	111.11	n.a.	0.00	76.92	76.92
2013	数量	0	1	0	0	0	0	1	1
	指数	n.a.	500.00	0.00	0.00	n.a.	0.00	38.46	38.46
2014	数量	0	0	0	2	0	0	2	2
	指数	n.a.	0.00	0.00	111.11	n.a.	0.00	76.92	76.92
2015	数量	0	0	2	3	0	1	6	6
	指数	n.a.	0.00	500.00	166.67	n.a.	500.00	230.77	230.77
2016	数量	1	1	0	4	0	1	7	8
	指数	n.a.	500.00	0.00	222.22	n.a.	500.00	269.23	307.69
2017	数量	0	1	1	3	1	0	6	6
	指数	n.a.	500.00	250.00	166.67	n.a.	0.00	230.77	230.77

续表

年份		阿塞拜疆	白俄罗斯	哈萨克斯坦	俄罗斯	乌克兰	乌兹别克斯坦	合计	总计
2018	数量	0	1	1	9	0	1	12	12
	指数	n.a.	500.00	250.00	500.00	n.a.	500.00	461.54	461.54
合计	数量	3	4	4	30	2	3	46	47
2011—2015年均值		0.00	0.20	0.40	1.80	0.00	0.20	2.60	2.60

2. 民营企业海外绿地投资金额的标的国（地区）别分布

表4-3-11 2005—2018年民营样本企业海外绿地投资标的
国（地区）的金额指数——欧洲

（单位：百万美元）

年份		奥地利	比利时	保加利亚	克罗地亚	捷克	丹麦	芬兰
2005	金额	0.00	3.70	0.00	0.00	0.00	0.00	0.00
	指数	0.00	26.43	0.00	n.a.	n.a.	n.a.	0.00
2006	金额	0.00	0.00	0.00	0.00	0.00	0.00	0.00
	指数	0.00	0.00	0.00	n.a.	n.a.	n.a.	0.00
2007	金额	0.00	46.80	0.00	0.00	0.00	0.00	0.00
	指数	0.00	334.29	0.00	n.a.	n.a.	n.a.	0.00
2008	金额	0.00	0.00	0.00	0.00	0.00	0.00	0.00
	指数	0.00	0.00	0.00	n.a.	n.a.	n.a.	0.00
2009	金额	0.00	0.00	0.00	0.00	0.00	0.00	0.00
	指数	0.00	0.00	0.00	n.a.	n.a.	n.a.	0.00
2010	金额	0.00	57.50	0.00	92.40	0.00	0.00	0.00
	指数	0.00	410.71	0.00	n.a.	n.a.	n.a.	0.00
2011	金额	60.00	70.00	0.00	0.00	0.00	0.00	0.00
	指数	500.00	500.00	0.00	n.a.	n.a.	n.a.	0.00
2012	金额	0.00	0.00	279.90	0.00	0.00	0.00	90.50
	指数	0.00	0.00	500.00	n.a.	n.a.	n.a.	500.00

年份		奥地利	比利时	保加利亚	克罗地亚	捷克	丹麦	芬兰
2013	金额	0.00	0.00	0.00	0.00	0.00	0.00	0.00
	指数	0.00	0.00	0.00	n.a.	n.a.	n.a.	0.00
2014	金额	0.00	0.00	0.00	0.00	0.00	0.00	0.00
	指数	0.00	0.00	0.00	n.a.	n.a.	n.a.	0.00
2015	金额	0.00	0.00	0.00	0.00	0.00	0.00	0.00
	指数	0.00	0.00	0.00	n.a.	n.a.	n.a.	0.00
2016	金额	45.10	0.00	0.00	0.00	0.00	0.00	3.40
	指数	375.83	0.00	0.00	n.a.	n.a.	n.a.	18.78
2017	金额	23.90	119.10	2.90	0.00	5.20	1.80	0.00
	指数	199.17	850.71	5.18	n.a.	n.a.	n.a.	0.00
2018	金额	7.40	222.80	0.00	0.00	22.20	0.00	23.34
	指数	61.67	1591.43	0.00	n.a.	n.a.	n.a.	128.95
合计	金额	136.40	519.90	282.80	92.40	27.40	1.80	117.24
2011—2015 年均值		12.00	14.00	55.98	0.00	0.00	0.00	18.10

年份		法国	德国	希腊	匈牙利	爱尔兰	意大利	拉脱维亚	立陶宛	马耳他
2005	金额	0.00	0.00	0.00	0.00	0.00	0.00	0.00	0.00	0.00
	指数	0.00	0.00	0.00	0.00	0.00	n.a.	n.a.	0.00	n.a.
2006	金额	0.00	0.00	0.00	0.00	0.00	0.00	0.00	0.00	0.00
	指数	0.00	0.00	0.00	0.00	0.00	n.a.	n.a.	0.00	n.a.
2007	金额	0.00	0.00	0.00	0.00	0.00	0.00	0.00	0.00	0.00
	指数	0.00	0.00	0.00	0.00	0.00	n.a.	n.a.	0.00	n.a.
2008	金额	0.00	96.47	2.30	0.00	0.00	4.60	0.00	0.00	0.00
	指数	0.00	325.74	6.33	0.00	0.00	n.a.	n.a.	0.00	n.a.
2009	金额	0.00	2.17	0.00	478.00	0.00	5.50	0.00	0.00	0.00
	指数	0.00	7.33	0.00	2769.41	0.00	n.a.	n.a.	0.00	n.a.
2010	金额	0.00	30.80	0.00	0.00	0.00	0.00	0.00	0.00	0.00
	指数	0.00	104.00	0.00	0.00	0.00	n.a.	n.a.	0.00	n.a.

年份		法国	德国	希腊	匈牙利	爱尔兰	意大利	拉脱维亚	立陶宛	马耳他
2011	金额	3.10	35.59	181.80	55.40	0.00	0.00	0.00	38.90	0.00
	指数	101.97	120.17	500.00	320.97	0.00	n.a.	n.a.	500.00	n.a.
2012	金额	2.30	9.00	0.00	30.90	0.00	0.00	0.00	0.00	0.00
	指数	75.66	30.39	0.00	179.03	0.00	n.a.	n.a.	0.00	n.a.
2013	金额	0.00	0.19	0.00	0.00	0.00	0.00	0.00	0.00	0.00
	指数	0.00	0.63	0.00	0.00	0.00	n.a.	n.a.	0.00	n.a.
2014	金额	7.00	97.70	0.00	55.40	0.00	0.00	0.00	0.00	0.00
	指数	230.26	329.89	0.00	0.00	0.00	n.a.	n.a.	0.00	n.a.
2015	金额	2.80	5.60	0.00	0.00	14.20	0.00	0.00	0.00	0.00
	指数	92.11	18.91	0.00	500.00	0.00	n.a.	n.a.	0.00	n.a.
2016	金额	3324.77	43.82	0.00	21.77	16.60	6.40	0.00	0.00	23.10
	指数	109367.43	147.96	0.00	126.12	584.51	n.a.	n.a.	0.00	n.a.
2017	金额	27.81	220.66	0.00	0.00	73.60	11.30	0.00	0.00	0.00
	指数	914.80	745.08	0.00	0.00	2591.55	n.a.	n.a.	0.00	n.a.
2018	金额	52.70	312.61	3.70	25.50	0.00	37.50	3.70	0.00	0.00
	指数	1733.55	1055.56	10.18	147.74	0.00	n.a.	n.a.	0.00	n.a.
合计	金额	3420.48	854.61	187.80	611.57	104.40	65.30	3.70	38.90	23.10
2011— 2015 年均值		3.04	29.62	36.36	17.26	2.84	0.00	0.00	7.78	0.00

年份		荷兰	波兰	葡萄牙	罗马尼亚	西班牙	瑞典	英国	挪威	瑞士	安道尔	合计
2005	金额	0.00	0.00	0.00	0.00	0.00	0.00	1.80	0.00	0.00	0.00	5.50
	指数	0.00	0.00	0.00	0.00	0.00	0.00	0.30	n.a.	0.00	n.a.	0.53
2006	金额	0.00	0.00	0.00	0.00	0.00	0.00	0.00	0.00	0.00	0.00	0.00
	指数	0.00	0.00	0.00	0.00	0.00	0.00	0.00	n.a.	0.00	n.a.	0.00
2007	金额	0.00	0.00	0.00	0.00	0.00	0.00	3.60	0.00	0.00	0.00	50.40
	指数	0.00	0.00	0.00	0.00	0.00	0.00	0.60	n.a.	0.00	n.a.	4.89
2008	金额	10.20	0.00	0.00	0.00	539.11	0.00	0.00	0.00	2.30	0.00	654.98
	指数	158.39	0.00	0.00	0.00	2653.10	0.00	0.00	n.a.	65.71	n.a.	63.59

续表

年份		荷兰	波兰	葡萄牙	罗马尼亚	西班牙	瑞典	英国	挪威	瑞士	安道尔	合计
2009	金额	2.00	0.00	0.00	0.00	0.00	0.00	0.00	0.00	0.00	0.00	487.67
	指数	31.06	0.00	0.00	0.00	0.00	0.00	0.00	n.a.	0.00	n.a.	47.35
2010	金额	22.80	0.00	0.00	0.00	5.30	0.00	0.00	0.00	3.60	0.00	212.40
	指数	354.04	0.00	0.00	0.00	26.08	0.00	0.00	n.a.	102.86	n.a.	20.62
2011	金额	14.60	55.00	1.70	23.10	3.30	389.00	189.50	0.00	0.00	0.00	1120.99
	指数	226.71	500.00	500.00	424.63	16.24	209.41	31.57	n.a.	0.00	n.a.	108.84
2012	金额	0.00	0.00	0.00	0.00	0.00	0.00	2.30	0.00	0.00	0.00	414.90
	指数	0.00	0.00	0.00	0.00	0.00	0.00	0.38	n.a.	0.00	n.a.	40.28
2013	金额	0.00	0.00	0.00	0.00	0.00	0.00	1364.83	0.00	0.00	0.00	1365.01
	指数	0.00	0.00	0.00	0.00	0.00	0.00	227.40	n.a.	0.00	n.a.	132.53
2014	金额	0.00	0.00	0.00	0.00	98.30	539.80	1210.70	0.00	0.00	0.00	1953.50
	指数	0.00	0.00	0.00	0.00	483.76	290.59	201.72	n.a.	0.00	n.a.	189.67
2015	金额	17.60	0.00	0.00	4.10	0.00	0.00	233.59	0.00	17.50	0.00	295.39
	指数	273.29	0.00	0.00	75.37	0.00	0.00	38.92	n.a.	500.00	n.a.	28.68
2016	金额	44.70	0.00	36.80	26.20	157.82	62.60	986.93	0.00	0.00	0.00	4800.01
	指数	694.10	0.00	10823.53	481.62	776.69	33.70	164.44	n.a.	0.00	n.a.	466.04
2017	金额	17.00	0.00	0.00	5.50	71.40	219.00	92.07	0.00	3.50	0.00	894.74
	指数	263.98	0.00	0.00	101.10	351.38	117.89	15.34	n.a.	100.00	n.a.	86.87
2018	金额	828.10	121.40	0.00	0.00	67.10	0.00	731.15	12.60	103.80	3.70	2579.30
	指数	12858.70	1103.64	0.00	0.00	330.22	0.00	121.82	n.a.	2965.71	n.a.	250.43
合计	金额	957.00	176.40	38.50	58.90	942.33	1210.40	4816.46	12.60	130.70	3.70	14834.79
2011—2015 年均值		6.44	11.00	0.34	5.44	20.32	185.76	600.18	0.00	3.50	0.00	1029.96

表 4-3-12　2005—2018 年民营样本企业海外绿地投资标的
国（地区）的金额指数——北美洲

（单位：百万美元）

年份		加拿大	美国	合计
2005	金额	0.00	0.00	0.00
	指数	0.00	0.00	0.00
2006	金额	0.00	60.00	60.00
	指数	0.00	5.65	5.40
2007	金额	0.00	34.50	34.50
	指数	0.00	3.25	3.11
2008	金额	0.00	3.50	3.50
	指数	0.00	0.33	0.32
2009	金额	0.00	14.30	14.30
	指数	0.00	1.35	1.29
2010	金额	0.00	210.60	210.60
	指数	0.00	19.83	18.96
2011	金额	32.57	163.10	195.67
	指数	66.34	15.36	17.61
2012	金额	0.00	0.00	0.00
	指数	0.00	0.00	0.00
2013	金额	0.00	205.00	205.00
	指数	0.00	19.31	18.45
2014	金额	210.00	4316.30	4526.30
	指数	427.75	406.48	407.42
2015	金额	2.90	624.90	627.80
	指数	5.91	58.85	56.51
2016	金额	0.00	1671.40	1671.40
	指数	0.00	157.40	150.45
2017	金额	518.60	721.31	1239.91
	指数	1056.34	67.93	111.61
2018	金额	30.80	647.20	678.00
	指数	62.74	60.95	61.03
合计	金额	794.87	8672.11	9466.98
2011—2015 年均值		49.09	1061.86	1110.95

表 4-3-13　2005—2018 年民营样本企业海外绿地投资标的
国（地区）的金额指数——其他发达经济体

（单位：百万美元）

年份		澳大利亚	新西兰	以色列	日本	韩国	新加坡	中国台湾	中国香港	合计	总计
2005	金额	0.00	0.00	0.00	0.00	0.00	0.00	0.00	0.00	0.00	5.50
	指数	0.00	n.a.	n.a.	0.00	0.00	0.00	0.00	0.00	0.00	0.16
2006	金额	0.00	0.00	0.00	0.00	0.00	0.00	0.00	0.00	0.00	60.00
	指数	0.00	n.a.	n.a.	0.00	0.00	0.00	0.00	0.00	0.00	1.78
2007	金额	0.00	0.00	0.00	0.00	0.00	0.00	0.00	0.00	0.00	84.90
	指数	0.00	n.a.	n.a.	0.00	0.00	0.00	0.00	0.00	0.00	2.52
2008	金额	2.00	0.00	0.00	0.00	2.80	0.00	0.00	0.00	4.80	663.28
	指数	0.41	n.a.	n.a.	0.00	0.43	0.00	0.00	0.00	0.39	19.71
2009	金额	0.00	0.00	0.00	26.40	0.00	69.50	0.00	3.20	99.10	601.07
	指数	0.00	n.a.	n.a.	148.82	0.00	128.47	0.00	15.36	8.09	17.86
2010	金额	0.00	0.00	0.00	0.00	0.00	0.00	32.30	0.00	32.30	455.30
	指数	0.00	n.a.	n.a.	0.00	0.00	0.00	1814.61	0.00	2.64	13.53
2011	金额	58.00	0.00	0.00	0.00	2.00	270.50	0.00	85.10	415.60	1732.26
	指数	12.01	n.a.	n.a.	0.00	0.31	500.00	0.00	408.35	33.94	51.47
2012	金额	0.00	0.00	0.00	0.00	0.00	0.00	0.00	0.00	0.00	414.90
	指数	0.00	n.a.	n.a.	0.00	0.00	0.00	0.00	0.00	0.00	12.33
2013	金额	429.26	0.00	0.00	0.00	0.00	0.00	0.70	0.00	429.96	1999.97
	指数	88.87	n.a.	n.a.	0.00	0.00	0.00	39.33	0.00	35.11	59.43
2014	金额	900.00	0.00	0.00	3.20	3233.10	0.00	8.20	8.80	4153.30	10633.10
	指数	186.33	n.a.	n.a.	18.04	499.69	0.00	460.67	42.23	339.18	315.95
2015	金额	1027.86	0.00	0.00	85.50	0.00	0.00	0.00	10.30	1123.66	2046.85
	指数	212.80	n.a.	n.a.	481.96	0.00	0.00	0.00	49.42	91.76	60.82
2016	金额	5.80	0.00	0.00	222.70	34.90	72.70	0.00	0.00	336.10	6807.51
	指数	1.20	n.a.	n.a.	1255.36	5.39	134.38	0.00	0.00	27.45	202.28
2017	金额	85.50	148.90	0.00	76.20	58.40	20.50	6.40	398.00	793.90	2928.55
	指数	17.70	n.a.	n.a.	429.54	9.03	37.89	359.55	1909.79	64.83	87.02

年份		澳大利亚	新西兰	以色列	日本	韩国	新加坡	中国台湾	中国香港	合计	总计
2018	金额	1336.44	53.40	0.27	2.50	8.60	213.20	3.70	1184.60	2802.71	6060.01
	指数	276.68	n.a.	n.a.	14.09	1.33	394.09	207.87	5684.26	228.89	180.07
合计	金额	3844.86	202.30	0.27	416.50	3339.80	646.40	51.30	1690.00	10191.43	34493.20
2011—2015年均值		483.02	0.00	0.00	17.74	647.02	54.10	1.78	20.84	1224.50	3365.42

表4-3-14 2005—2018年民营样本企业海外绿地投资标的
国（地区）的金额指数——非洲

（单位：百万美元）

年份		阿尔及利亚	埃及	摩洛哥	科特迪瓦	加纳	几内亚	尼日利亚
2005	金额	0.00	0.00	0.00	0.00	0.00	0.00	0.00
	指数	n.a.	0.00	0.00	0.00	0.00	n.a.	n.a.
2006	金额	0.00	0.00	0.00	0.00	0.00	0.00	0.00
	指数	n.a.	0.00	0.00	0.00	0.00	n.a.	n.a.
2007	金额	0.00	0.00	0.00	0.00	0.00	0.00	49.80
	指数	n.a.	0.00	0.00	0.00	0.00	n.a.	n.a.
2008	金额	0.00	0.00	0.00	0.00	0.00	0.00	0.00
	指数	n.a.	0.00	0.00	0.00	0.00	n.a.	n.a.
2009	金额	107.60	0.00	0.00	0.00	0.00	0.00	0.00
	指数	n.a.	0.00	0.00	0.00	0.00	n.a.	n.a.
2010	金额	0.00	0.00	0.00	0.00	0.00	0.00	0.00
	指数	n.a.	0.00	0.00	0.00	0.00	n.a.	n.a.
2011	金额	0.00	0.00	0.00	0.00	0.00	0.00	0.00
	指数	n.a.	0.00	0.00	0.00	0.00	n.a.	n.a.
2012	金额	0.00	73.40	6.50	30.00	62.00	0.00	0.00
	指数	n.a.	500.00	74.88	500.00	500.00	n.a.	n.a.
2013	金额	0.00	0.00	0.00	0.00	0.00	0.00	0.00
	指数	n.a.	0.00	0.00	0.00	0.00	n.a.	n.a.

年份		阿尔及利亚	埃及	摩洛哥	科特迪瓦	加纳	几内亚	尼日利亚
2014	金额	0.00	0.00	0.00	0.00	0.00	0.00	0.00
	指数	n.a.	0.00	0.00	0.00	0.00	n.a.	n.a.
2015	金额	0.00	0.00	36.90	0.00	0.00	0.00	0.00
	指数	n.a.	0.00	425.12	0.00	0.00	n.a.	n.a.
2016	金额	0.00	20230.30	0.00	9.70	36.90	0.00	6.00
	指数	n.a.	137808.58	0.00	161.67	297.58	n.a.	n.a.
2017	金额	37.50	72.30	186.60	0.00	0.00	0.00	618.10
	指数	n.a.	492.51	2149.77	0.00	0.00	n.a.	n.a.
2018	金额	9.40	910.20	78.10	39.00	0.00	3041.90	73.90
	指数	n.a.	6200.27	899.77	650.00	0.00	n.a.	n.a.
合计	金额	154.50	21286.20	308.10	78.70	98.90	3041.90	747.80
2011—2015 年均值		0.00	14.68	8.68	6.00	12.40	—	0.00

年份		塞内加尔	加蓬	埃塞俄比亚	肯尼亚	南非	赞比亚	合计
2005	金额	0.00	0.00	0.00	0.00	0.00	0.00	0.00
	指数	n.a.	n.a.	0.00	n.a.	0.00	n.a.	0.00
2006	金额	0.00	0.00	0.00	0.00	0.00	0.00	0.00
	指数	n.a.	n.a.	0.00	n.a.	0.00	n.a.	0.00
2007	金额	0.00	0.00	0.00	0.00	10.10	0.00	59.90
	指数	n.a.	n.a.	0.00	n.a.	76.60	n.a.	81.12
2008	金额	0.00	0.00	0.00	0.00	0.00	0.00	0.00
	指数	n.a.	n.a.	0.00	n.a.	0.00	n.a.	0.00
2009	金额	0.00	0.00	10.00	0.00	0.00	0.00	117.60
	指数	n.a.	n.a.	52.91	n.a.	0.00	n.a.	159.25
2010	金额	0.00	0.00	0.00	0.00	0.00	0.00	0.00
	指数	n.a.	n.a.	0.00	n.a.	0.00	n.a.	0.00
2011	金额	0.00	0.00	94.50	0.00	44.70	0.00	139.20
	指数	n.a.	n.a.	500.00	n.a.	339.03	n.a.	188.50

续表

年份		塞内加尔	加蓬	埃塞俄比亚	肯尼亚	南非	赞比亚	合计
2012	金额	0.00	0.00	0.00	0.00	0.00	0.00	171.90
	指数	n.a.	n.a.	0.00	n.a.	0.00	n.a.	232.79
2013	金额	0.00	0.00	0.00	0.00	0.00	0.00	0.00
	指数	n.a.	n.a.	0.00	n.a.	0.00	n.a.	0.00
2014	金额	0.00	0.00	0.00	0.00	18.32	0.00	18.32
	指数	n.a.	n.a.	0.00	n.a.	138.97	n.a.	24.81
2015	金额	0.00	0.00	0.00	0.00	2.90	0.00	39.80
	指数	n.a.	n.a.	0.00	n.a.	22.00	n.a.	53.90
2016	金额	9.70	0.00	1226.70	0.00	6.90	150.00	21676.20
	指数	n.a.	n.a.	6490.48	n.a.	52.33	n.a.	29353.81
2017	金额	0.00	0.00	0.00	7.00	60.50	0.00	982.00
	指数	n.a.	n.a.	0.00	n.a.	458.87	n.a.	1329.82
2018	金额	0.00	209.00	0.00	148.70	0.00	4510.20
	指数	n.a.	n.a.	0.00	n.a.	1127.83	n.a.	6107.69
合计	金额	9.70	209.00	1331.20	7.00	292.12	150.00	27715.12
2011—2015年均值		0.00	0.00	18.90	0.00	13.18	0.00	73.84

表4-3-15　2005—2018年民营样本企业海外绿地投资标的
国（地区）的金额指数——亚洲

（单位：百万美元）

年份		文莱	柬埔寨	印度尼西亚	老挝	马来西亚	菲律宾	泰国	越南	孟加拉国	印度
2005	金额	0.00	0.00	0.00	0.00	39.70	0.00	0.00	0.00	0.00	10.30
	指数	0.00	n.a.	0.00	n.a.	5.72	n.a.	0.00	0.00	n.a.	1.18
2006	金额	0.00	0.00	0.00	0.00	0.00	0.00	0.00	15.00	0.00	70.00
	指数	0.00	n.a.	0.00	n.a.	0.00	n.a.	0.00	50.00	n.a.	8.02
2007	金额	0.00	0.00	953.20	0.00	340.20	225.80	0.00	10.00	0.00	0.00
	指数	0.00	n.a.	190.94	n.a.	49.02	n.a.	0.00	33.33	n.a.	0.00

续表

年份		文莱	柬埔寨	印度尼西亚	老挝	马来西亚	菲律宾	泰国	越南	孟加拉国	印度
2008	金额	0.00	0.00	0.00	0.00	0.00	0.00	9.39	59.28	0.00	56.10
	指数	0.00	n.a.	0.00	n.a.	0.00	n.a.	6.47	197.60	n.a.	6.43
2009	金额	0.00	0.00	196.80	106.90	0.00	25.80	0.00	15.00	0.00	0.00
	指数	0.00	n.a.	39.42	n.a.	0.00	n.a.	0.00	50.00	n.a.	0.00
2010	金额	0.00	0.00	200.00	0.00	0.00	0.00	0.00	0.00	0.00	70.00
	指数	0.00	n.a.	40.06	n.a.	0.00	n.a.	0.00	0.00	n.a.	8.02
2011	金额	4300.00	0.00	0.00	0.00	0.00	0.00	55.70	0.00	0.00	149.80
	指数	500.00	n.a.	0.00	n.a.	0.00	n.a.	38.40	0.00	n.a.	17.17
2012	金额	0.00	0.00	1000.00	0.00	0.00	0.00	0.00	0.00	0.00	537.80
	指数	0.00	n.a.	200.31	n.a.	0.00	n.a.	0.00	0.00	n.a.	61.65
2013	金额	0.00	0.00	0.00	0.00	0.00	0.00	0.00	0.00	0.00	0.00
	指数	0.00	n.a.	0.00	n.a.	0.00	n.a.	0.00	0.00	n.a.	0.00
2014	金额	0.00	0.00	1430.00	0.00	3250.00	0.00	0.00	150.00	0.00	100.00
	指数	0.00	n.a.	286.45	n.a.	468.30	n.a.	0.00	500.00	n.a.	11.46
2015	金额	0.00	0.00	66.10	220.00	0.00	0.00	669.58	0.00	0.00	3574.02
	指数	0.00	n.a.	13.24	n.a.	31.70	n.a.	461.60	0.00	n.a.	409.71
2016	金额	0.00	2006.00	1806.51	0.00	1102.21	42.60	55.82	53.72	8.80	7963.02
	指数	0.00	n.a.	361.87	n.a.	158.82	n.a.	38.48	179.07	n.a.	912.85
2017	金额	0.00	0.00	150.00	0.00	122.20	0.00	0.00	147.90	0.00	320.40
	指数	0.00	n.a.	30.05	n.a.	17.61	n.a.	0.00	493.00	n.a.	36.73
2018	金额	0.00	300.00	825.20	637.00	3.70	3507.40	344.30	117.50	71.10	1888.50
	指数	0.00	n.a.	165.30	n.a.	0.53	n.a.	237.36	391.67	n.a.	216.49
合计	金额	4300.00	2306.00	6627.81	743.90	5078.01	3801.60	1134.79	568.40	79.90	14739.94
2011—2015 年均值		860.00	0.00	499.22	0.00	694.00	0.00	145.06	30.00		872.32

年份		尼泊尔	巴基斯坦	斯里兰卡	巴林	伊拉克	伊朗	科威特	卡塔尔	沙特阿拉伯	土耳其	阿联酋	合计
2005	金额	0.00	0.00	0.00	0.00	0.00	0.00	0.00	0.00	0.00	0.00	0.00	50.00
	指数	0.00	n.a.	n.a.	0.00	0.00	n.a.	0.00	n.a.	0.00	n.a.	0.00	1.56

年份		尼泊尔	巴基斯坦	斯里兰卡	巴林	伊拉克	伊朗	科威特	卡塔尔	沙特阿拉伯	土耳其	阿联酋	合计
2006	金额	0.00	0.00	0.00	0.00	0.00	0.00	0.00	0.00	0.00	0.00	0.00	85.00
	指数	0.00	n.a.	n.a.	0.00	0.00	n.a.	0.00	n.a.	0.00	n.a.	0.00	2.66
2007	金额	0.00	0.00	0.00	0.00	0.00	13.49	0.00	0.00	0.00	0.00	0.00	1542.69
	指数	0.00	n.a.	n.a.	0.00	0.00	n.a.	0.00	n.a.	0.00	n.a.	0.00	48.28
2008	金额	0.00	5.00	0.00	0.00	0.00	0.00	0.00	0.00	0.00	0.00	0.00	129.77
	指数	0.00	n.a.	n.a.	0.00	0.00	n.a.	0.00	n.a.	0.00	n.a.	0.00	4.06
2009	金额	0.00	0.00	0.00	0.00	0.00	0.00	0.00	0.00	0.00	250.00	0.00	594.50
	指数	0.00	n.a.	n.a.	0.00	0.00	n.a.	0.00	n.a.	0.00	n.a.	0.00	18.60
2010	金额	0.00	0.00	0.00	0.00	0.00	0.00	0.00	0.00	0.00	0.00	0.00	270.00
	指数	0.00	n.a.	n.a.	0.00	0.00	n.a.	0.00	n.a.	0.00	n.a.	0.00	8.45
2011	金额	0.00	0.00	0.00	0.00	55.10	0.00	0.00	0.00	0.00	0.00	0.00	4560.60
	指数	0.00	n.a.	n.a.	0.00	500.00	n.a.	0.00	n.a.	0.00	n.a.	0.00	142.72
2012	金额	0.00	0.00	0.00	0.00	0.00	0.00	0.00	0.00	0.00	0.00	6.20	1544.00
	指数	0.00	n.a.	n.a.	0.00	0.00	n.a.	0.00	n.a.	0.00	n.a.	118.32	48.32
2013	金额	0.00	0.00	0.00	0.00	0.00	0.00	0.00	0.00	0.00	0.00	20.00	20.00
	指数	0.00	n.a.	n.a.	0.00	0.00	n.a.	0.00	n.a.	0.00	n.a.	381.68	0.63
2014	金额	0.00	0.00	0.00	0.00	0.00	0.00	0.00	0.00	0.00	0.00	0.00	4930.00
	指数	0.00	n.a.	n.a.	0.00	0.00	n.a.	0.00	n.a.	0.00	n.a.	0.00	154.28
2015	金额	300.00	0.00	0.00	45.10	0.00	0.00	7.50	0.00	40.10	0.00	0.00	4922.40
	指数	500.00	n.a.	n.a.	500.00	0.00	n.a.	500.00	n.a.	500.00	n.a.	0.00	154.05
2016	金额	0.00	0.00	26.40	0.00	0.00	0.00	0.00	0.00	7.00	0.50	40.10	13112.68
	指数	0.00	n.a.	n.a.	0.00	0.00	n.a.	0.00	n.a.	87.28	n.a.	765.27	410.36
2017	金额	0.00	1500.00	0.00	0.00	0.00	27.50	0.00	0.00	0.00	1.20	60.50	2329.70
	指数	0.00	n.a.	n.a.	0.00	0.00	n.a.	0.00	n.a.	0.00	n.a.	1154.58	72.91
2018	金额	0.00	148.60	0.00	巴林	0.00	0.00	7.50	6.20	9.20	3.70	7.40	7877.30
	指数	0.00	n.a.	n.a.	0.00	0.00	n.a.	500.00	n.a.	114.71	n.a.	141.22	246.52
合计	金额	300.00	1653.60	26.40	45.10	55.10	40.99	15.00	6.20	56.30	255.40	134.20	41968.64
2011—2015年均值		60.00	0.00	0.00	9.02	11.02	0.00	1.50	0.00	8.02	0.00	5.24	3195.40

表 4-3-16　2005—2018 年民营样本企业海外绿地投资标的国（地区）的
　　　　　金额指数——拉丁美洲和加勒比海地区

（单位：百万美元）

年份		阿根廷	玻利维亚	巴西	智利	哥伦比亚	圭亚那	秘鲁
2005	金额	0.00	0.00	0.00	0.00	0.00	0.00	0.00
	指数	0.00	n.a.	0.00	n.a.	0.00	0.00	n.a.
2006	金额	0.00	0.00	0.00	0.00	0.00	0.00	0.00
	指数	0.00	n.a.	0.00	n.a.	0.00	0.00	n.a.
2007	金额	0.00	0.00	0.00	0.00	0.00	0.00	0.00
	指数	0.00	n.a.	0.00	n.a.	0.00	0.00	n.a.
2008	金额	0.00	0.00	0.00	0.00	0.00	1000.00	0.00
	指数	0.00	n.a.	0.00	n.a.	0.00	1666.67	n.a.
2009	金额	0.00	0.00	0.00	0.00	0.00	0.00	0.00
	指数	0.00	n.a.	0.00	n.a.	0.00	0.00	n.a.
2010	金额	0.00	0.00	211.30	0.00	0.00	0.00	0.00
	指数	0.00	n.a.	61.15	n.a.	0.00	0.00	n.a.
2011	金额	144.60	0.00	529.00	0.00	4.90	0.00	0.00
	指数	439.25	n.a.	153.10	n.a.	500.00	0.00	n.a.
2012	金额	0.00	0.00	449.80	0.00	0.00	300.00	0.00
	指数	0.00	n.a.	130.17	n.a.	0.00	500.00	n.a.
2013	金额	20.00	0.00	0.00	0.00	0.00	0.00	0.00
	指数	60.75	n.a.	0.00	n.a.	0.00	0.00	n.a.
2014	金额	0.00	0.00	263.47	0.00	0.00	0.00	0.00
	指数	0.00	n.a.	76.25	n.a.	0.00	0.00	n.a.
2015	金额	0.00	0.00	485.40	0.00	0.00	0.00	0.00
	指数	0.00	n.a.	140.48	n.a.	0.00	0.00	n.a.
2016	金额	139.80	6.40	0.00	0.00	0.00	0.00	0.00
	指数	424.67	n.a.	0.00	n.a.	0.00	0.00	n.a.
2017	金额	100.00	3.90	118.39	0.00	67.80	0.00	0.00
	指数	303.77	n.a.	34.26	n.a.	6918.37	0.00	n.a.

续表

年份		阿根廷	玻利维亚	巴西	智利	哥伦比亚	圭亚那	秘鲁
2018	金额	214.30	0.00	0.00	20.10	15.60	0.00	0.60
	指数	650.97	n.a.	0.00	n.a.	1591.84	0.00	n.a.
合计	金额	618.70	10.30	2057.35	20.10	88.30	1300.00	0.60
2011—2015 年均值		32.92	0.00	345.53	0.00	0.98	60.00	0.00

年份		乌拉圭	委内瑞拉	哥斯达黎加	墨西哥	巴拿马	多米尼加	合计	总计
2005	金额	0.00	0.00	0.00	0.00	0.00	0.00	0.00	50.00
	指数	0.00	0.00	n.a.	0.00	0.00	n.a.	0.00	1.21
2006	金额	0.00	0.00	0.00	0.00	0.00	0.00	0.00	85.00
	指数	0.00	0.00	n.a.	0.00	0.00	n.a.	0.00	2.06
2007	金额	0.00	0.00	0.00	0.00	0.00	0.00	0.00	1602.59
	指数	0.00	0.00	n.a.	0.00	0.00	n.a.	0.00	38.88
2008	金额	0.00	0.00	0.00	500.00	0.00	0.00	1500.00	1629.77
	指数	0.00	0.00	n.a.	128.87	0.00	n.a.	175.89	39.54
2009	金额	0.00	0.00	0.00	0.00	0.00	0.00	0.00	712.10
	指数	0.00	0.00	n.a.	0.00	0.00	n.a.	0.00	17.28
2010	金额	0.00	0.00	0.00	0.00	0.00	0.00	211.30	481.30
	指数	0.00	0.00	n.a.	0.00	0.00	n.a.	24.78	11.68
2011	金额	35.00	0.00	0.00	0.00	7.00	0.00	720.50	5420.30
	指数	500.00	0.00	n.a.	0.00	104.79	n.a.	84.49	131.50
2012	金额	0.00	0.00	0.00	0.00	0.00	0.00	749.80	2465.70
	指数	0.00	0.00	n.a.	0.00	0.00	n.a.	87.92	59.82
2013	金额	0.00	0.00	0.00	0.00	0.00	0.00	20.00	40.00
	指数	0.00	0.00	n.a.	0.00	0.00	n.a.	2.35	0.97
2014	金额	0.00	31.00	0.00	1500.00	0.00	0.00	1794.47	6742.79
	指数	0.00	265.41	n.a.	386.60	0.00	n.a.	210.42	163.58
2015	金额	0.00	27.40	0.00	439.97	26.40	0.00	979.17	5941.37
	指数	0.00	234.59	n.a.	113.40	395.21	n.a.	114.82	144.14

年份		乌拉圭	委内瑞拉	哥斯达黎加	墨西哥	巴拿马	多米尼加	合计	总计
2016	金额	0.00	0.00	0.00	444.60	6.40	0.00	597.20	35386.08
	指数	0.00	0.00	n.a.	114.59	95.81	n.a.	70.03	858.46
2017	金额	0.00	0.00	0.00	326.40	0.00	0.00	616.49	3928.19
	指数	0.00	0.00	n.a.	84.13	0.00	n.a.	72.29	95.30
2018	金额	0.00	0.00	0.25	71.10	0.00	100.00	421.95	12809.45
	指数	0.00	0.00	n.a.	18.33	0.00	n.a.	49.48	310.76
合计	金额	35.00	58.40	0.25	3282.07	39.80	100.00	7610.87	77294.63
2011—2015 年均值		7.00	11.68	0.00	387.99	6.68	0.00	852.79	4122.03

表 4-3-17　2005—2018 年民营样本企业海外绿地投资标的
国（地区）的金额指数——东南欧

（单位：百万美元）

年份		塞尔维亚	合计
2005	金额	0.00	0.00
	指数	n.a.	n.a.
2006	金额	0.00	0.00
	指数	n.a.	n.a.
2007	金额	0.00	0.00
	指数	n.a.	n.a.
2008	金额	0.00	0.00
	指数	n.a.	n.a.
2009	金额	0.00	0.00
	指数	n.a.	n.a.
2010	金额	0.00	0.00
	指数	n.a.	n.a.
2011	金额	0.00	0.00
	指数	n.a.	n.a.

年份		塞尔维亚	合计
2012	金额	0.00	0.00
	指数	n.a.	n.a.
2013	金额	0.00	0.00
	指数	n.a.	n.a.
2014	金额	0.00	0.00
	指数	n.a.	n.a.
2015	金额	0.00	0.00
	指数	n.a.	n.a.
2016	金额	13.00	13.00
	指数	n.a.	n.a.
2017	金额	0.00	0.00
	指数	n.a.	n.a.
2018	金额	0.00	0.00
	指数	n.a.	n.a.
合计	金额	13.00	13.00
2011—2015 年均值		0.00	0.00

表 4-3-18　2005—2018 年民营样本企业海外绿地投资标的
国（地区）的金额指数——独联体国家

（单位：百万美元）

年份		阿塞拜疆	白俄罗斯	哈萨克斯坦	俄罗斯	乌克兰	乌兹别克斯坦	合计	总计
2005	金额	0.00	0.00	0.00	0.00	0.00	0.00	0.00	0.00
	指数	n.a.	n.a.	0.00	0.00	n.a.	n.a.	0.00	0.00
2006	金额	0.00	0.00	0.00	0.00	35.00	0.00	35.00	35.00
	指数	n.a.	n.a.	0.00	0.00	n.a.	n.a.	13.85	13.85
2007	金额	0.00	0.00	0.00	413.60	0.00	0.00	413.60	413.60
	指数	n.a.	n.a.	0.00	179.33	n.a.	n.a.	163.68	163.68

续表

年份		阿塞拜疆	白俄罗斯	哈萨克斯坦	俄罗斯	乌克兰	乌兹别克斯坦	合计	总计
2008	金额	0.00	0.00	0.00	5.20	0.00	0.00	5.20	5.20
	指数	n.a.	n.a.	0.00	2.25	n.a.	n.a.	2.06	2.06
2009	金额	5.70	0.00	0.00	0.00	0.00	0.00	5.70	5.70
	指数	n.a.	n.a.	0.00	0.00	n.a.	n.a.	2.26	2.26
2010	金额	226.70	0.00	0.00	279.90	0.00	0.00	506.60	506.60
	指数	n.a.	n.a.	0.00	121.36	n.a.	n.a.	200.49	200.49
2011	金额	0.00	0.00	0.00	406.80	0.00	0.00	406.80	406.80
	指数	n.a.	n.a.	0.00	176.38	n.a.	n.a.	160.99	160.99
2012	金额	0.00	0.00	0.00	0.00	0.00	0.00	0.00	0.00
	指数	n.a.	n.a.	0.00	0.00	n.a.	n.a.	0.00	0.00
2013	金额	0.00	0.00	0.00	0.00	0.00	0.00	0.00	0.00
	指数	n.a.	n.a.	0.00	0.00	n.a.	n.a.	0.00	0.00
2014	金额	0.00	0.00	0.00	650.00	0.00	0.00	650.00	650.00
	指数	n.a.	n.a.	0.00	281.82	n.a.	n.a.	257.24	257.24
2015	金额	0.00	0.00	110.22	96.40	0.00	0.00	206.62	206.62
	指数	n.a.	n.a.	500.00	41.80	n.a.	n.a.	81.77	81.77
2016	金额	107.00	199.80	0.00	84.50	0.00	8.80	400.10	413.10
	指数	n.a.	n.a.	0.00	36.64	n.a.	n.a.	158.34	163.48
2017	金额	0.00	23.10	271.90	101.23	23.10	0.00	419.33	419.33
	指数	n.a.	n.a.	1233.44	43.89	n.a.	n.a.	165.95	165.95
2018	金额	0.00	3.70	1.50	172.34	0.00	8.30	185.84	185.84
	指数	n.a.	n.a.	6.80	74.72	n.a.	n.a.	73.55	73.55
合计	金额	339.40	226.60	383.62	2209.97	58.10	17.10	3234.79	3247.79
2011— 2015 年均值		0.00	0.00	22.04	230.64	0.00	0.00	252.68	252.68

从各标的国（地区）2018 年所接受我国民营样本企业绿地投资项目数量和金额分布来看，印度以获得 18 件绿地投资项目一举超越美国，成为中

国民营样本企业 2018 年海外绿地投资项目数量最多的标的国；而美国 2018 年共计接受 16 件绿地投资居其次，相比于 2017 年同比下降 11.11%；其他接受中国民营样本企业绿地投资项目数量较多的标的国（地区）还有西班牙（15 件）、英国（11 件）和俄罗斯（9 件）。在海外绿地投资金额方面，位于亚洲的菲律宾 2018 年以 3 件交易共计 35.07 亿美元的绿地投资金额在所有标的国（地区）中居首位，其平均绿地投资金额规模高达 11.69 亿美元；获得绿地投资额仅次于菲律宾的是几内亚，其所接受的金额规模达 30.42 亿美元；中国民营样本企业进行海外绿地投资金额较多的标的国（地区）还有印度（18.89 亿美元）、澳大利亚（13.36 亿美元）、中国香港（11.85 亿美元）。

第四节　海外绿地投资行业别指数

本节按照投资标的行业的不同对我国民营样本企业海外绿地投资项目数量和金额分布情况进行分析。本节将投资标的行业分为两大部分，即制造业和非制造业。其中，制造业按照 OECD 技术划分标准分为四大类，分别是高技术、中高技术、中低技术和低技术制造业；非制造业则划分为服务业，农、林、牧、渔业，采矿业，电力、热力、燃气及水生产和供应业，建筑业五大部类。

一、海外绿地投资项目数量和金额在标的行业的分布

1. 民营企业海外绿地投资项目数量在标的行业的分布

通过数据统计可以发现，在 2005—2018 年间我国民营样本企业向海外制造业绿地投资的项目数量累计达到 524 件，在所有标的行业中占比 64.77%，向非制造业的累计投资为 285 件，占比 35.23%。进入 2018 年，我国民营样本企业向海外制造业和非制造业绿地投资的项目数量分布与往年相比发生了较大变化，其中向制造业进行绿地投资的项目数量同比下降 42.5%，共计进行 50 件投资交易，在当年总交易项目数量中占比 24.04%，

与往年年均 78.87% 的占比表现出较大反差，且以对高技术行业绿地投资项目数量下降为主，降幅达 64.6%；与此同时，我国民营样本企业对海外非制造业的绿地投资项目数量由 2017 年的 27 件提高至 158 件，其中服务业所获得投资项目数量增长最多，较 2017 年增长 536.4%。

表 4-4-1　2005—2018 年民营样本企业海外绿地投资项目
数量在标的行业的分布及指数汇总表

（单位：件）

年份	制造业											
	高技术				中高技术				中低技术			
	项目数	同比增长（%）	占比（%）	指数	项目数	同比增长（%）	占比（%）	指数	项目数	同比增长（%）	占比（%）	指数
2005	0	—	0.00	0.00	2	—	66.67	19.23	1	—	33.33	23.81
2006	0	n.a.	0.00	0.00	3	50.0	100.00	28.85	0	-100.0	0.00	0.00
2007	2	n.a.	14.29	7.69	7	133.3	50.00	67.31	4	n.a.	28.57	95.24
2008	19	850.0	67.86	73.08	6	-14.3	21.43	57.69	2	-50.0	7.14	47.62
2009	5	-73.7	23.81	19.23	10	66.7	47.62	96.15	3	50.0	14.29	71.43
2010	5	0.0	27.78	19.23	13	30.0	72.22	125.00	0	-100.0	0.00	0.00
2011	31	520.0	57.41	119.23	16	23.1	29.63	153.85	4	n.a.	7.41	95.24
2012	20	-35.5	58.82	76.92	7	-56.3	20.59	67.31	4	0.0	11.76	95.24
2013	26	30.0	78.79	100.00	3	-57.1	9.09	28.85	4	0.0	12.12	95.24
2014	21	-19.2	50.00	80.77	13	333.3	30.95	125.00	5	25.0	11.90	119.05
2015	32	52.4	62.75	123.08	13	0.0	25.49	125.00	4	-20.0	7.84	95.24
2016	54	68.8	62.79	207.69	20	53.8	23.26	192.31	9	125.0	10.47	214.29
2017	48	-11.1	55.17	184.62	25	25.0	28.74	240.38	8	-11.1	9.20	190.48
2018	17	-64.6	34.00	65.38	18	-28.0	36.00	173.08	6	-25.0	12.00	142.86
合计	280	—	53.44	—	156	—	29.77	—	54	—	10.31	—
2011—2015 年均值	26.00	—	—	100.00	10.40	—	—	100.00	4.20	—	—	100.00

年份	制造业							
	低技术				合计			
	项目数	同比增长（%）	占比（%）	指数	项目数	同比增长（%）	占比（%）	指数
2005	0	—	0.00	0.00	3	—	75.00	7.01
2006	0	n.a.	0.00	0.00	3	0.0	75.00	7.01
2007	1	n.a.	7.14	45.45	14	366.7	93.33	32.71
2008	1	0.0	3.57	45.45	28	100.0	87.50	65.42
2009	3	200.0	14.29	136.36	21	−25.0	87.50	49.07
2010	0	−100.0	0.00	0.00	18	−14.3	94.74	42.06
2011	3	n.a.	5.56	136.36	54	200.0	90.00	126.17
2012	3	0.0	8.82	136.36	34	−37.0	77.27	79.44
2013	0	−100.0	0.00	0.00	33	−2.9	73.33	77.10
2014	3	n.a.	7.14	136.36	42	27.3	75.00	98.13
2015	2	−33.3	3.92	90.91	51	21.4	78.46	119.16
2016	3	50.0	3.49	136.36	86	68.6	72.27	200.93
2017	6	100.0	6.90	272.73	87	1.2	76.32	203.27
2018	9	50.0	18.00	409.09	50	−42.5	24.04	116.82
合计	34	—	6.49	—	524	—	64.77	—
2011—2015年均值	2.20	—	—	100.00	42.80	—	—	100.00

年份	非制造业							
	服务业				电力、热力、燃气及水生产和供应业			
	项目数	同比增长（%）	占比（%）	指数	项目数	同比增长（%）	占比（%）	指数
2005	1	—	100.00	10.87	0	—	0.00	0.00
2006	1	0.0	100.00	10.87	0	n.a.	0.00	0.00
2007	1	0.0	100.00	10.87	0	n.a.	0.00	0.00
2008	1	0.0	25.00	10.87	3	n.a.	75.00	166.67
2009	2	100.0	66.67	21.74	1	−66.7	33.33	55.56
2010	1	−50.0	100.00	10.87	0	−100.0	0.00	0.00
2011	3	200.0	50.00	32.61	3	n.a.	50.00	166.67
2012	7	133.3	70.00	76.09	3	0.0	30.00	166.67
2013	10	42.9	83.33	108.70	2	−33.3	16.67	111.11

续表

年份	非制造业							
	服务业				电力、热力、燃气及水生产和供应业			
	项目数	同比增长（%）	占比（%）	指数	项目数	同比增长（%）	占比（%）	指数
2014	14	40.0	100.00	152.17	0	−100.0	0.00	0.00
2015	12	−14.3	85.71	130.43	1	n.a.	7.14	55.56
2016	26	116.7	78.79	282.61	6	500.0	18.18	333.33
2017	22	−15.4	81.48	239.13	4	−33.3	14.81	222.22
2018	140	536.4	88.61	1521.74	6	50.0	3.80	333.33
合计	241	—	84.56	—	29	—	10.18	—
2011—2015 年均值	9.20	—	—	100.00	1.80	—	—	100.00

年份	非制造业								总计			
	建筑业				合计							
	项目数	同比增长（%）	占比（%）	指数	项目数	同比增长（%）	占比（%）	指数	项目数	同比增长（%）	占比（%）	指数
2005	0	—	0.00	0.00	1	—	25.00	8.93	4	—	100.00	7.41
2006	0	n.a.	0.00	0.00	1	0.0	25.00	8.93	4	0.0	100.00	7.41
2007	0	n.a.	0.00	0.00	1	0.0	6.67	8.93	15	275.0	100.00	27.78
2008	0	n.a.	0.00	0.00	4	300.0	12.50	35.71	32	113.3	100.00	59.26
2009	0	n.a.	0.00	0.00	3	−25.0	12.50	26.79	24	−25.0	100.00	44.44
2010	0	n.a.	0.00	0.00	3	−66.7	5.26	8.93	19	−20.8	100.00	35.19
2011	0	n.a.	0.00	0.00	6	500.0	10.00	53.57	60	215.8	100.00	111.11
2012	0	n.a.	0.00	0.00	10	66.7	22.73	89.29	44	−26.7	100.00	81.48
2013	0	n.a.	0.00	0.00	12	20.0	26.67	107.14	45	2.3	100.00	83.33
2014	0	n.a.	0.00	0.00	14	16.7	25.00	125.00	56	24.4	100.00	103.70
2015	1	n.a.	7.14	500.00	14	0.0	21.54	125.00	65	16.1	100.00	120.37
2016	1	0.0	3.03	500.00	33	135.7	27.73	294.64	119	83.1	100.00	220.37
2017	1	0.0	3.70	500.00	27	−18.2	23.68	241.07	114	−4.2	100.00	211.11
2018	12	1100.0	7.59	6000.00	158	485.2	75.96	1410.71	208	0.8	100.00	212.11
合计	15	—	5.26	—	285	—	35.23	—	809	—	100.00	—
2011—2015 年均值	0.20	—	—	100.00	11.20	—	—	100.00	54	—	—	100.00

注：此表不存在重复统计问题，详见表 4-2-1 注解。

2. 民营企业海外绿地投资金额在标的行业的分布

虽然 2018 年民营样本企业对海外非制造业绿地投资项目数量远超制造业，但是海外绿地投资金额在两类行业的分布却差别不大。2018 年，我国民营样本企业向海外制造业进行绿地投资金额合计为 89.68 亿美元，在总海外绿地投资金额中占比 47.06%，较 2017 年同比增长 98.2%；民营样本企业对海外非制造业的绿地投资在经历了 2017 年的大幅下降之后，于 2018 年回升明显，共计有 100.87 亿美元的海外绿地投资流向非制造业，同比增长 266.7%，其中建筑业，服务业，电力、热力、燃气及水生产和供应业这三大非制造业部门所接受的绿地投资金额均有不同程度提高。由此可看出，2018 年中国民营样本企业对制造业的绿地投资平均金额规模相对较高，这一变化与往年非制造业所接受平均绿地投资金额规模高于制造业的特点相比有较大反差。

表 4-4-2　2005—2018 年民营样本企业海外绿地投资金额
在标的行业的分布及指数汇总表

（单位：百万美元）

年份	制造业											
	高技术				中高技术				中低技术			
	金额	同比增长（%）	占比（%）	指数	金额	同比增长（%）	占比（%）	指数	金额	同比增长（%）	占比（%）	指数
2005	0.00	—	0.00	0.00	43.40	—	96.02	3.55	1.80	—	3.98	0.12
2006	0.00	n.a.	0.00	0.00	165.00	280.2	100.00	13.51	0.00	-100.0	0.00	0.00
2007	8.10	n.a.	0.39	0.82	539.79	227.2	26.31	44.19	1493.40	n.a.	72.80	100.39
2008	189.71	2242.1	10.02	19.27	610.06	13.0	32.21	49.94	1047.18	-29.9	55.28	70.39
2009	85.80	-54.8	6.64	8.72	1023.80	67.8	79.23	83.81	2.70	-99.7	0.21	0.18
2010	115.00	34.0	8.51	11.68	1235.80	20.7	91.49	101.17	0.00	-100.0	0.00	0.00
2011	970.00	743.5	13.30	98.53	1685.50	36.4	23.11	137.98	4553.60	n.a.	62.42	306.09
2012	138.20	-85.8	6.36	14.04	598.60	-64.5	27.56	49.00	1362.00	-70.1	62.70	91.55
2013	240.00	73.7	54.52	24.38	0.19	-100.0	0.04	0.02	200.00	-85.3	45.44	13.44
2014	2132.42	788.5	30.56	216.61	2952.57	1570413.3	42.31	241.71	1242.60	521.3	17.81	83.53
2015	1441.55	-32.4	60.25	146.43	870.89	-70.5	36.40	71.29	80.12	-93.6	3.35	5.39
2016	2014.23	39.7	51.59	204.61	1015.70	16.6	26.02	83.15	517.66	546.1	13.26	34.80

续表

年份	制造业											
	高技术				中高技术				中低技术			
	金额	同比增长（%）	占比（%）	指数	金额	同比增长（%）	占比（%）	指数	金额	同比增长（%）	占比（%）	指数
2017	1378.34	-31.6	30.46	140.01	1757.03	73.0	38.83	143.84	328.10	-36.6	7.25	22.05
2018	919.10	-33.3	10.25	93.36	1714.70	-2.4	19.12	140.37	2006.60	511.6	22.37	134.88
合计	9632.46	—	22.16	—	14213.02	—	32.69	—	12835.76	—	29.53	—
2011—2015 年均值	984.43	—	—	100.00	1221.55	—	—	100.00	1487.66	—	—	100.00

年份	制造业							
	低技术				合计			
	金额	同比增长（%）	占比（%）	指数	金额	同比增长（%）	占比（%）	指数
2005	0.00	—	0.00	0.00	45.20	—	81.44	1.17
2006	0.00	n.a.	0.00	0.00	165.00	265.0	91.67	4.28
2007	10.00	n.a.	0.49	6.18	2051.29	1143.2	97.63	53.20
2008	47.30	373.0	2.50	29.23	1894.25	-7.7	82.42	49.13
2009	179.90	280.3	13.92	111.19	1292.20	-31.8	97.98	33.52
2010	0.00	-100.0	0.00	0.00	1350.80	4.5	93.60	35.04
2011	85.60	n.a.	1.17	52.90	7294.70	440.0	96.50	189.21
2012	73.40	-14.3	3.38	45.36	2172.20	-70.2	75.41	56.34
2013	0.00	-100.0	0.00	0.00	440.19	-79.7	21.58	11.42
2014	650.00	n.a.	9.32	401.73	6977.59	1485.1	38.71	180.98
2015	0.00	-100.0	0.00	0.00	2392.56	-65.7	29.20	62.06
2016	356.40	n.a.	9.13	220.27	3903.99	63.2	9.16	101.26
2017	1062.00	198.0	23.47	656.37	4525.47	15.9	62.20	117.38
2018	4327.86	307.5	48.26	2674.82	8968.26	98.2	47.06	232.61
合计	6792.46	—	15.62	—	43473.69	—	37.79	—
2011—2015 年均值	161.80	—	—	100.00	3855.45	—	—	100.00

续表

年份	非制造业							
	服务业				电力、热力、燃气及水生产和供应业			
	金额	同比增长（%）	占比（%）	指数	金额	同比增长（%）	占比（%）	指数
2005	10.30	—	100.00	0.33	0.00	—	0.00	0.00
2006	15.00	45.6	100.00	0.47	0.00	n.a.	0.00	0.00
2007	49.80	232.0	100.00	1.58	0.00	n.a.	0.00	0.00
2008	1.50	−97.0	0.37	0.05	402.50	n.a.	99.63	60.57
2009	25.20	1580.0	94.49	0.80	1.47	−99.6	5.51	0.22
2010	92.40	266.7	100.00	2.92	0.00	−100.0	0.00	0.00
2011	21.99	−76.2	8.31	0.70	242.67	n.a.	91.69	36.52
2012	628.30	2757.2	88.69	19.88	80.10	−67.0	11.31	12.05
2013	1599.79	154.6	100.00	50.62	0.00	−100.0	0.00	0.00
2014	11048.30	590.6	100.00	349.62	0.00	n.a.	0.00	0.00
2015	2502.28	−77.4	43.13	79.18	3000.00	n.a.	51.70	451.43
2016	37391.68	1394.3	96.61	1183.23	1168.32	−61.1	3.02	175.81
2017	740.00	−98.0	26.90	23.42	2001.30	71.3	72.76	301.15
2018	2370.96	220.4	23.51	75.03	3069.30	53.4	30.43	461.86
合计	56497.50	—	78.95	—	9965.66	—	13.93	—
2011—2015年均值	3160.13	—	—	100.00	664.55	—	—	100.00

年份	非制造业							总计			
	建筑业				合计						
	金额	同比增长（%）	占比（%）	指数	金额	同比增长（%）	占比（%）	指数	金额	同比增长（%）	占比（%）	指数
2005	0.00	—	0.00	0.00	10.30	—	18.56	0.27	55.50	—	100.00	0.72
2006	0.00	n.a.	0.00	0.00	15.00	45.6	8.33	0.39	180.00	224.3	100.00	2.33
2007	0.00	n.a.	0.00	0.00	49.80	232.0	2.37	1.28	2101.09	1067.3	100.00	27.15
2008	0.00	n.a.	0.00	0.00	404.00	711.2	17.58	10.40	2298.25	9.4	100.00	29.69
2009	0.00	n.a.	0.00	0.00	26.67	−93.4	2.02	0.69	1318.87	−42.6	100.00	17.04
2010	0.00	n.a.	0.00	0.00	92.40	246.5	6.40	2.38	1443.20	9.4	100.00	18.65
2011	0.00	n.a.	0.00	0.00	264.66	186.4	3.50	6.81	7559.36	423.8	100.00	97.66

续表

| 年份 | 非制造业 | | | | | | | | 总计 | | | |
| | 建筑业 | | | | 合计 | | | | | | | |
	金额	同比增长（%）	占比（%）	指数	金额	同比增长（%）	占比（%）	指数	金额	同比增长（%）	占比（%）	指数
2012	0.00	n.a.	0.00	0.00	708.40	167.7	24.59	18.24	2880.60	−61.9	100.00	37.22
2013	0.00	n.a.	0.00	0.00	1599.79	125.8	78.42	41.18	2039.97	−29.2	100.00	26.36
2014	0.00	n.a.	0.00	0.00	11048.30	590.6	61.29	284.41	18025.89	783.6	100.00	232.89
2015	300.00	n.a.	5.17	500.00	5802.28	−47.5	70.80	149.36	8194.84	−54.5	100.00	105.87
2016	142.70	−52.4	0.37	237.83	38702.70	567.0	90.84	996.29	42606.69	419.9	100.00	550.46
2017	9.30	−93.5	0.34	15.50	2750.60	−92.9	37.80	70.81	7276.07	−82.9	100.00	94.00
2018	4646.78	49865.4	46.07	7744.63	10087.04	266.7	52.94	259.66	19055.30	1.6	100.00	95.00
合计	5098.78	—	7.12	—	71561.94		62.21	—	115035.63		100.00	—
2011—2015 年均值	60.00	—	—	100.00	3884.69		—	100.00	7740.13		—	100.00

注：此表不存在重复统计问题，详见表 4-2-1 注解。

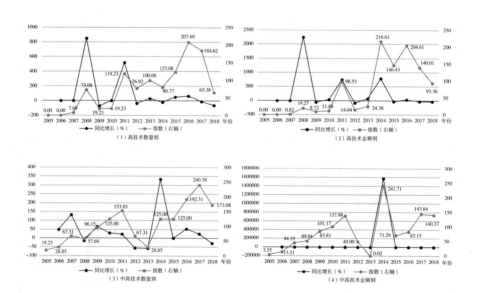

（1）高技术数量别　　　（2）高技术金额别
（3）中高技术数量别　　　（4）中高技术金额别

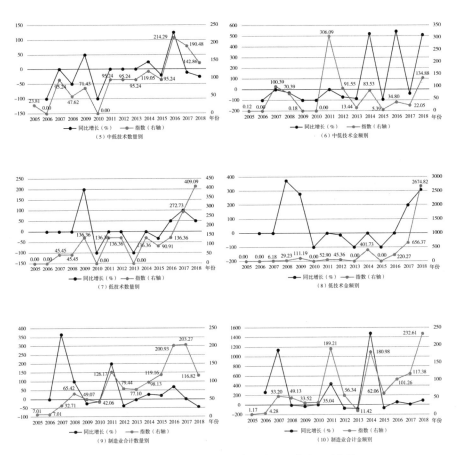

图 4-4-1　2005—2018 年民营样本企业海外绿地投资
制造业项目数量和金额指数变化图

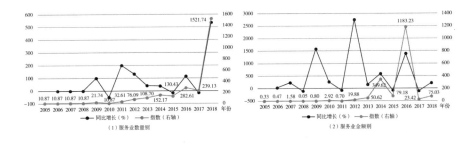

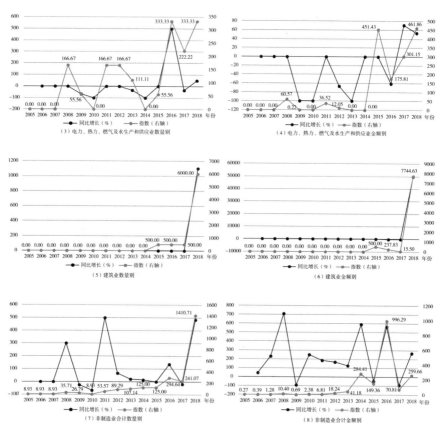

图 4-4-2　2005—2018 年民营样本企业海外绿地投资
非制造业项目数量和金额指数变化图

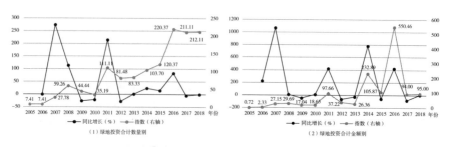

图 4-4-3　2005—2018 年民营样本企业海外绿地投资标的
行业项目数量和金额指数变化图

二、民营企业海外绿地投资项目数量和金额在各细分标的行业的分布

1. 民营企业海外绿地投资项目数量在各细分标的行业的分布

表 4-4-3　2005—2018 年民营样本企业海外绿地投资行业别项目数量指数——制造业

（单位：件）

年份		高技术					合计
		航空航天	医药制造	办公、会计和计算机设备	广播、电视和通信设备	医疗器械、精密仪器和光学仪器、钟表	
2005	数量	0	0	0	0	0	0
	指数	n.a.	0.00	0.00	0.00	n.a.	0.00
2006	数量	0	0	0	0	0	0
	指数	n.a.	0.00	0.00	0.00	n.a.	0.00
2007	数量	0	0	2	0	0	2
	指数	n.a.	0.00	31.25	0.00	n.a.	7.69
2008	数量	0	0	16	3	0	19
	指数	n.a.	0.00	250.00	15.96	n.a.	73.08
2009	数量	0	0	5	0	0	5
	指数	n.a.	0.00	78.13	0.00	n.a.	19.23
2010	数量	0	1	4	0	0	5
	指数	n.a.	125.00	62.50	0.00	n.a.	19.23
2011	数量	0	2	5	24	0	31
	指数	n.a.	250.00	78.13	127.66	n.a.	119.23
2012	数量	0	0	9	11	0	20
	指数	n.a.	0.00	140.63	58.51	n.a.	76.92
2013	数量	0	0	3	23	0	26
	指数	n.a.	0.00	46.88	122.34	n.a.	100.00
2014	数量	0	0	4	17	0	21
	指数	n.a.	0.00	62.50	90.43	n.a.	80.77

续表

年份		高技术					
		航空航天	医药制造	办公、会计和计算机设备	广播、电视和通信设备	医疗器械、精密仪器和光学仪器、钟表	合计
2015	数量	0	2	11	19	0	32
	指数	n.a.	250.00	171.88	101.06	n.a.	123.08
2016	数量	0	0	9	45	0	54
	指数	n.a.	0.00	140.63	239.36	n.a.	207.69
2017	数量	2	3	12	31	0	48
	指数	n.a.	375.00	187.50	164.89	n.a.	184.62
2018	数量	2	2	0	13	0	17
	指数	n.a.	250.00	0.00	69.15	n.a.	65.38
合计	数量	4	10	80	186	0	280
2011—2015 年均值		0.00	0.80	6.40	18.80	0.00	26.00

年份		中高技术					
		其他电气机械和设备	汽车、挂车和半挂车	化学品及化学制品（不含制药）	其他铁道设备和运输设备	其他机械设备	合计
2005	数量	0	2	0	0	0	2
	指数	n.a.	27.78	0.00	0.00	0.00	19.23
2006	数量	0	1	0	0	2	3
	指数	n.a.	13.89	0.00	0.00	83.33	28.85
2007	数量	0	5	0	0	2	7
	指数	n.a.	69.44	0.00	0.00	83.33	67.31
2008	数量	0	2	0	0	4	6
	指数	n.a.	27.78	0.00	0.00	166.67	57.69
2009	数量	0	10	0	0	0	10
	指数	n.a.	138.89	0.00	0.00	0.00	96.15
2010	数量	0	9	0	1	3	13
	指数	n.a.	125.00	0.00	500.00	125.00	125.00

续表

年份		中高技术					
		其他电气机械和设备	汽车、挂车和半挂车	化学品及化学制品（不含制药）	其他铁道设备和运输设备	其他机械设备	合计
2011	数量	0	12	0	1	3	16
	指数	n.a.	166.67	0.00	500.00	125.00	153.85
2012	数量	0	4	1	0	2	7
	指数	n.a.	55.56	166.67	0.00	83.33	67.31
2013	数量	0	2	0	0	1	3
	指数	n.a.	27.78	0.00	0.00	41.67	28.85
2014	数量	0	8	1	0	4	13
	指数	n.a.	111.11	166.67	0.00	166.67	125.00
2015	数量	0	10	1	0	2	13
	指数	n.a.	138.89	166.67	0.00	83.33	125.00
2016	数量	0	15	0	0	5	20
	指数	n.a.	208.33	0.00	0.00	208.33	192.31
2017	数量	0	20	0	1	4	25
	指数	n.a.	277.78	0.00	500.00	166.67	240.38
2018	数量	4	10	1	1	2	18
	指数	n.a.	138.89	166.67	500.00	83.33	173.08
合计	数量	4	110	4	4	34	156
2011—2015年均值		0.00	7.20	0.60	0.20	2.40	10.40

年份		中低技术					
		船舶制造和修理	橡胶和塑料制品	焦炭、精炼石油产品及核燃料	其他非金属矿物制品	基本金属和金属制品	合计
2005	数量	0	0	0	0	1	1
	指数	n.a.	0.00	0.00	0.00	55.56	23.81
2006	数量	0	0	0	0	0	0
	指数	n.a.	0.00	0.00	0.00	0.00	0.00

续表

年份		中低技术					
		船舶制造和修理	橡胶和塑料制品	焦炭、精炼石油产品及核燃料	其他非金属矿物制品	基本金属和金属制品	合计
2007	数量	0	0	0	0	4	4
	指数	n.a.	0.00	0.00	0.00	222.22	95.24
2008	数量	0	0	0	0	2	2
	指数	n.a.	0.00	0.00	0.00	111.11	47.62
2009	数量	0	0	0	0	3	3
	指数	n.a.	0.00	0.00	0.00	166.67	71.43
2010	数量	0	0	0	0	0	0
	指数	n.a.	0.00	0.00	0.00	0.00	0.00
2011	数量	0	0	1	3	0	4
	指数	n.a.	0.00	125.00	250.00	0.00	95.24
2012	数量	0	0	0	0	4	4
	指数	n.a.	0.00	0.00	0.00	222.22	95.24
2013	数量	0	0	2	1	1	4
	指数	n.a.	0.00	250.00	83.33	55.56	95.24
2014	数量	0	0	0	1	4	5
	指数	n.a.	0.00	0.00	83.33	222.22	119.05
2015	数量	0	2	1	1	0	4
	指数	n.a.	500.00	125.00	83.33	0.00	95.24
2016	数量	0	4	2	1	2	9
	指数	n.a.	1000.00	250.00	83.33	111.11	214.29
2017	数量	0	2	2	3	1	8
	指数	n.a.	500.00	250.00	250.00	55.56	190.48
2018	数量	0	1	0	1	4	6
	指数	n.a.	250.00	0.00	83.33	222.22	142.86
合计	数量	0	9	8	11	26	54
2011—2015 年均值		0.00	0.40	0.80	1.20	1.80	4.20

续表

年份		低技术					总计
		其他制造业和再生产品	木材、纸浆、纸张、纸制品、印刷及出版	食品、饮料和烟草	纺织、纺织品、皮革及制鞋	合计	
2005	数量	0	0	0	0	0	3
	指数	n.a.	n.a.	0.00	0.00	0.00	7.01
2006	数量	0	0	0	0	0	3
	指数	n.a.	n.a.	0.00	0.00	0.00	7.01
2007	数量	0	0	1	0	1	14
	指数	n.a.	n.a.	62.50	0.00	45.45	32.71
2008	数量	0	0	0	1	1	28
	指数	n.a.	n.a.	0.00	166.67	45.45	65.42
2009	数量	0	2	1	0	3	21
	指数	n.a.	n.a.	62.50	0.00	136.36	49.07
2010	数量	0	0	0	0	0	18
	指数	n.a.	n.a.	0.00	0.00	0.00	42.06
2011	数量	0	0	2	1	3	54
	指数	n.a.	n.a.	125.00	166.67	136.36	126.17
2012	数量	0	0	3	0	3	34
	指数	n.a.	n.a.	187.50	0.00	136.36	79.44
2013	数量	0	0	0	0	0	33
	指数	n.a.	n.a.	0.00	0.00	0.00	77.10
2014	数量	0	0	2	1	3	42
	指数	n.a.	n.a.	125.00	166.67	136.36	98.13
2015	数量	0	0	1	1	2	51
	指数	n.a.	n.a.	62.50	166.67	90.91	119.16
2016	数量	0	0	1	2	3	86
	指数	n.a.	n.a.	62.50	333.33	136.36	200.93

年份		低技术					总计
		其他制造业和再生产品	木材、纸浆、纸张、纸制品、印刷及出版	食品、饮料和烟草	纺织、纺织品、皮革及制鞋	合计	
2017	数量	0	0	3	3	6	87
	指数	n.a.	n.a.	187.50	500.00	272.73	203.27
2018	数量	0	1	7	1	9	50
	指数	n.a.	n.a.	437.50	166.67	409.09	116.82
合计	数量	0	3	21	10	34	524
2011—2015 年均值		0.00	0.00	1.60	0.60	2.20	42.80

表 4-4-4　2005—2018 年民营样本企业海外绿地投资
行业别项目数量指数——非制造业

（单位：件）

年份		服务业							
		批发和零售业	交通运输、仓储和邮政业	住宿和餐饮业	信息传输、软件和信息技术服务业	金融业	房地产业	租赁和商务服务业	科学研究和技术服务业
2005	数量	1	0	0	0	0	0	0	0
	指数	250.00	0.00	n.a.	0.00	0.00	0.00	0.00	0.00
2006	数量	0	0	0	1	0	0	0	0
	指数	0.00	0.00	n.a.	166.67	0.00	0.00	0.00	0.00
2007	数量	0	0	0	0	0	1	0	0
	指数	0.00	0.00	n.a.	0.00	0.00	29.41	0.00	0.00
2008	数量	1	0	0	0	0	0	0	0
	指数	250.00	0.00	n.a.	0.00	0.00	0.00	0.00	0.00

年份		服务业							
		批发和零售业	交通运输、仓储和邮政业	住宿和餐饮业	信息传输、软件和信息技术服务业	金融业	房地产业	租赁和商务服务业	科学研究和技术服务业
2009	数量	1	0	0	0	0	0	0	0
	指数	250.00	0.00	n.a.	0.00	0.00	0.00	0.00	0.00
2010	数量	0	0	0	0	0	1	0	0
	指数	0.00	0.00	n.a.	0.00	0.00	29.41	0.00	0.00
2011	数量	0	0	0	0	0	0	0	3
	指数	0.00	0.00	n.a.	0.00	0.00	0.00	0.00	88.24
2012	数量	1	0	0	0	0	2	1	3
	指数	250.00	0.00	n.a.	0.00	0.00	58.82	500.00	88.24
2013	数量	0	1	0	0	0	1	0	6
	指数	0.00	250.00	n.a.	0.00	0.00	29.41	0.00	176.47
2014	数量	0	0	0	0	0	10	0	3
	指数	0.00	0.00	n.a.	0.00	0.00	294.12	0.00	88.24
2015	数量	1	1	0	3	1	4	0	2
	指数	250.00	250.00	n.a.	500.00	500.00	117.65	0.00	58.82
2016	数量	3	0	0	4	1	14	0	2
	指数	750.00	0.00	n.a.	666.67	500.00	411.76	0.00	58.82
2017	数量	6	1	0	4	2	2	0	6
	指数	1500.00	250.00	n.a.	666.67	1000.00	58.82	0.00	176.47
2018	数量	95	7	0	18	0	0	0	16
	指数	23750.00	1750.00	n.a.	3000.00	0.00	0.00	0.00	470.59
合计	数量	109	10	0	30	4	35	1	41
2011—2015年均值		0.40	0.40	0.00	0.60	0.20	3.40	0.20	3.40

年份		服务业							
		水利、环境和公共设施管理业	居民服务、修理和其他服务业	教育	卫生和社会工作	文化、体育和娱乐业	公共管理、社会保障和社会组织	国际组织	合计
2005	数量	0	0	0	0	0	0	0	1
	指数	n.a.	n.a.	n.a.	n.a.	0.00	n.a.	n.a.	10.87
2006	数量	0	0	0	0	0	0	0	1
	指数	n.a.	n.a.	n.a.	n.a.	0.00	n.a.	n.a.	10.87
2007	数量	0	0	0	0	0	0	0	1
	指数	n.a.	n.a.	n.a.	n.a.	0.00	n.a.	n.a.	10.87
2008	数量	0	0	0	0	0	0	0	1
	指数	n.a.	n.a.	n.a.	n.a.	0.00	n.a.	n.a.	10.87
2009	数量	0	0	0	0	1	0	0	2
	指数	n.a.	n.a.	n.a.	n.a.	166.67	n.a.	n.a.	21.74
2010	数量	0	0	0	0	0	0	0	1
	指数	n.a.	n.a.	n.a.	n.a.	0.00	n.a.	n.a.	10.87
2011	数量	0	0	0	0	0	0	0	3
	指数	n.a.	n.a.	n.a.	n.a.	0.00	n.a.	n.a.	32.61
2012	数量	0	0	0	0	0	0	0	7
	指数	n.a.	n.a.	n.a.	n.a.	0.00	n.a.	n.a.	76.09
2013	数量	0	0	0	0	2	0	0	10
	指数	n.a.	n.a.	n.a.	n.a.	333.33	n.a.	n.a.	108.70
2014	数量	0	0	0	0	1	0	0	14
	指数	n.a.	n.a.	n.a.	n.a.	166.67	n.a.	n.a.	152.17
2015	数量	0	0	0	0	0	0	0	12
	指数	n.a.	n.a.	n.a.	n.a.	0.00	n.a.	n.a.	130.43
2016	数量	0	0	0	0	2	0	0	26
	指数	n.a.	n.a.	n.a.	n.a.	333.33	n.a.	n.a.	282.61

年份		服务业							
		水利、环境和公共设施管理业	居民服务、修理和其他服务业	教育	卫生和社会工作	文化、体育和娱乐业	公共管理、社会保障和社会组织	国际组织	合计
2017	数量	0	0	0	1	0	0	0	22
	指数	n.a.	n.a.	n.a.	n.a.	0.00	n.a.	n.a.	239.13
2018	数量	0	0	3	0	1	0	0	140
	指数	n.a.	n.a.	n.a.	n.a.	166.67	n.a.	n.a.	1521.74
合计	数量	0	0	3	1	7	0	0	241
2011—2015 年均值		0.00	0.00	0.00	0.00	0.60	0.00	0.00	9.20

年份		电力、热力、燃气及水生产和供应业			
		电力、热力生产和供应业	燃气生产和供应业	水生产和供应业	合计
2005	数量	0	0	0	0
	指数	0.00	n.a.	n.a.	0.00
2006	数量	0	0	0	0
	指数	0.00	n.a.	n.a.	0.00
2007	数量	0	0	0	0
	指数	0.00	n.a.	n.a.	0.00
2008	数量	3	0	0	3
	指数	166.67	n.a.	n.a.	166.67
2009	数量	1	0	0	1
	指数	55.56	n.a.	n.a.	55.56
2010	数量	0	0	0	0
	指数	0.00	n.a.	n.a.	0.00
2011	数量	3	0	0	3
	指数	166.67	n.a.	n.a.	166.67

年份		电力、热力、燃气及水生产和供应业			
		电力、热力生产和供应业	燃气生产和供应业	水生产和供应业	合计
2012	数量	3	0	0	3
	指数	166.67	n.a.	n.a.	166.67
2013	数量	2	0	0	2
	指数	111.11	n.a.	n.a.	111.11
2014	数量	0	0	0	0
	指数	0.00	n.a.	n.a.	0.00
2015	数量	1	0	0	1
	指数	55.56	n.a.	n.a.	55.56
2016	数量	6	0	0	6
	指数	333.33	n.a.	n.a.	333.33
2017	数量	4	0	0	4
	指数	222.22	n.a.	n.a.	222.22
2018	数量	6	0	0	6
	指数	333.33	n.a.	n.a.	333.33
合计	数量	29	0	0	29
2011—2015 年均值		1.80	0.00	0.00	1.80

年份		建筑业					总计
		房屋建筑业	土木工程建筑业	建筑安装业	建筑装饰、装修和其他建筑业	合计	
2005	数量	0	0	0	0	0	1
	指数	0.00	n.a.	n.a.	n.a.	0.00	8.93
2006	数量	0	0	0	0	0	1
	指数	0.00	n.a.	n.a.	n.a.	0.00	8.93
2007	数量	0	0	0	0	0	1
	指数	0.00	n.a.	n.a.	n.a.	0.00	8.93

续表

年份		建筑业					总计
		房屋建筑业	土木工程建筑业	建筑安装业	建筑装饰、装修和其他建筑业	合计	
2008	数量	0	0	0	0	0	4
	指数	0.00	n.a.	n.a.	n.a.	0.00	35.71
2009	数量	0	0	0	0	0	3
	指数	0.00	n.a.	n.a.	n.a.	0.00	26.79
2010	数量	0	0	0	0	0	1
	指数	0.00	n.a.	n.a.	n.a.	0.00	8.93
2011	数量	0	0	0	0	0	6
	指数	0.00	n.a.	n.a.	n.a.	0.00	53.57
2012	数量	0	0	0	0	0	10
	指数	0.00	n.a.	n.a.	n.a.	0.00	89.29
2013	数量	0	0	0	0	0	12
	指数	0.00	n.a.	n.a.	n.a.	0.00	107.14
2014	数量	0	0	0	0	0	14
	指数	0.00	n.a.	n.a.	n.a.	0.00	125.00
2015	数量	1	0	0	0	1	14
	指数	500.00	n.a.	n.a.	n.a.	500.00	125.00
2016	数量	1	0	0	0	1	33
	指数	500.00	n.a.	n.a.	n.a.	500.00	294.64
2017	数量	1	0	0	0	1	27
	指数	500.00	n.a.	n.a.	n.a.	500.00	241.07
2018	数量	11	1	0	0	12	158
	指数	5500.00	n.a.	n.a.	n.a.	6000.00	1410.71
合计	数量	14	1	0	0	15	285
2011—2015 年均值		0.20	0.00	0.00	0.00	0.20	11.20

2. 民营企业海外绿地投资金额在各细分标的行业的分布

表 4-4-5   2005—2018 年民营样本企业海外绿地投资行业别金额指数——制造业

（单位：百万美元）

年份		高技术					
		航空航天	医药制造	办公、会计和计算机设备	广播、电视和通信设备	医疗器械、精密仪器和光学仪器、钟表	合计
2005	金额	0.00	0.00	0.00	0.00	0.00	0.00
	指数	n.a.	0.00	0.00	0.00	n.a.	0.00
2006	金额	0.00	0.00	0.00	0.00	0.00	0.00
	指数	n.a.	0.00	0.00	0.00	n.a.	0.00
2007	金额	0.00	0.00	8.10	0.00	0.00	8.10
	指数	n.a.	0.00	3.28	0.00	n.a.	0.82
2008	金额	0.00	0.00	166.91	22.80	0.00	189.71
	指数	n.a.	0.00	67.62	3.19	n.a.	19.27
2009	金额	0.00	0.00	85.80	0.00	0.00	85.80
	指数	n.a.	0.00	34.76	0.00	n.a.	8.72
2010	金额	0.00	22.80	92.20	0.00	0.00	115.00
	指数	n.a.	101.42	37.35	0.00	n.a.	11.68
2011	金额	0.00	44.90	160.30	764.80	0.00	970.00
	指数	n.a.	199.73	64.94	106.95	n.a.	98.53
2012	金额	0.00	0.00	4.60	133.60	0.00	138.20
	指数	n.a.	0.00	1.86	18.68	n.a.	14.04
2013	金额	0.00	0.00	0.00	240.00	0.00	240.00
	指数	n.a.	0.00	0.00	33.56	n.a.	24.38
2014	金额	0.00	0.00	140.42	1992.00	0.00	2132.42
	指数	n.a.	0.00	56.89	278.56	n.a.	216.61

年份		高技术					
		航空航天	医药制造	办公、会计和计算机设备	广播、电视和通信设备	医疗器械、精密仪器器和光学仪器、钟表	合计
2015	金额	0.00	67.50	928.87	445.18	0.00	1441.55
	指数	n.a.	300.27	376.31	62.25	n.a.	146.43
2016	金额	0.00	0.00	178.22	1836.01	0.00	2014.23
	指数	n.a.	0.00	72.20	256.74	n.a.	204.61
2017	金额	28.70	43.60	373.15	932.89	0.00	1378.34
	指数	n.a.	193.95	151.17	130.45	n.a.	140.01
2018	金额	42.20	89.00	0.00	787.90	0.00	919.10
	指数	n.a.	395.91	0.00	110.18	n.a.	93.36
合计	金额	70.90	267.80	2138.58	7155.18	0.00	9632.46
2011—2015 年均值		0.00	22.48	246.84	715.12	0.00	984.43

年份		中高技术					
		其他电气机械和设备	汽车、挂车和半挂车	化学品及化学品制品（不含制药）	其他铁道设备和运输设备	其他机械设备	合计
2005	金额	0.00	43.40	0.00	0.00	0.00	43.40
	指数	n.a.	5.93	0.00	0.00	0.00	3.55
2006	金额	0.00	35.00	0.00	0.00	130.00	165.00
	指数	n.a.	4.78	0.00	0.00	134.52	13.51
2007	金额	0.00	462.99	0.00	0.00	76.80	539.79
	指数	n.a.	63.28	0.00	0.00	79.47	44.19
2008	金额	0.00	505.00	0.00	0.00	105.06	610.06
	指数	n.a.	69.02	0.00	0.00	108.72	49.94
2009	金额	0.00	1023.80	0.00	0.00	0.00	1023.80
	指数	n.a.	139.93	0.00	0.00	0.00	83.81

年份		中高技术					
		其他电气机械和设备	汽车、挂车和半挂车	化学品及化学制品（不含制药）	其他铁道设备和运输设备	其他机械设备	合计
2010	金额	0.00	754.50	0.00	11.30	470.00	1235.80
	指数	n.a.	103.12	0.00	51.36	486.35	101.17
2011	金额	0.00	1354.50	0.00	110.00	221.00	1685.50
	指数	n.a.	185.12	0.00	500.00	228.69	137.98
2012	金额	0.00	598.60	0.00	0.00	0.00	598.60
	指数	n.a.	81.81	0.00	0.00	0.00	49.00
2013	金额	0.00	0.00	0.00	0.00	0.19	0.19
	指数	n.a.	0.00	0.00	0.00	0.19	0.02
2014	金额	0.00	863.37	1850.00	0.00	239.20	2952.57
	指数	n.a.	118.00	498.33	0.00	247.52	241.71
2015	金额	0.00	841.89	6.20	0.00	22.80	870.89
	指数	n.a.	115.06	1.67	0.00	23.59	71.29
2016	金额	0.00	952.60	0.00	0.00	63.10	1015.70
	指数	n.a.	130.20	0.00	0.00	65.30	83.15
2017	金额	0.00	1513.03	0.00	81.40	162.60	1757.03
	指数	n.a.	206.79	0.00	370.00	168.26	143.84
2018	金额	369.81	1188.98	137.50	13.90	4.51	1714.70
	指数	n.a.	162.50	37.04	63.18	4.67	140.37
合计	金额	369.81	10137.65	1993.70	216.60	1495.26	14213.02
2011—2015 年均值		0.00	731.67	371.24	22.00	96.64	1221.55

年份		中低技术					
		船舶制造和修理	橡胶和塑料制品	焦炭、精炼石油产品及核燃料	其他非金属矿物制品	基本金属和金属制品	合计
2005	金额	0.00	0.00	0.00	0.00	1.80	1.80
	指数	n.a.	0.00	0.00	0.00	0.35	0.12

续表

年份		中低技术					
		船舶制造和修理	橡胶和塑料制品	焦炭、精炼石油产品及核燃料	其他非金属矿物制品	基本金属和金属制品	合计
2006	金额	0.00	0.00	0.00	0.00	0.00	0.00
	指数	n.a.	0.00	0.00	0.00	0.00	0.00
2007	金额	0.00	0.00	0.00	0.00	1493.40	1493.40
	指数	n.a.	0.00	0.00	0.00	288.38	100.39
2008	金额	0.00	0.00	0.00	0.00	1047.18	1047.18
	指数	n.a.	0.00	0.00	0.00	202.21	70.39
2009	金额	0.00	0.00	0.00	0.00	2.70	2.70
	指数	n.a.	0.00	0.00	0.00	0.52	0.18
2010	金额	0.00	0.00	0.00	0.00	0.00	0.00
	指数	n.a.	0.00	0.00	0.00	0.00	0.00
2011	金额	0.00	0.00	4300.00	253.60	0.00	4553.60
	指数	n.a.	0.00	493.09	269.27	0.00	306.09
2012	金额	0.00	0.00	0.00	0.00	1362.00	1362.00
	指数	n.a.	0.00	0.00	0.00	263.01	91.55
2013	金额	0.00	0.00	0.00	200.00	0.00	200.00
	指数	n.a.	0.00	0.00	212.36	0.00	13.44
2014	金额	0.00	0.00	0.00	15.30	1227.30	1242.60
	指数	n.a.	0.00	0.00	16.25	236.99	83.53
2015	金额	0.00	17.90	60.22	2.00	0.00	80.12
	指数	n.a.	500.00	6.91	2.12	0.00	5.39
2016	金额	0.00	117.01	13.00	254.20	133.45	517.66
	指数	n.a.	3268.44	1.49	269.91	25.77	34.80
2017	金额	0.00	84.50	14.70	214.50	14.40	328.10
	指数	n.a.	2360.34	1.69	227.76	2.78	22.05

续表

年份		中低技术					
		船舶制造和修理	橡胶和塑料制品	焦炭、精炼石油产品及核燃料	其他非金属矿物制品	基本金属和金属制品	合计
2018	金额	0.00	300.00	0.00	28.60	1678.00	2006.60
	指数	n.a.	8379.89	0.00	30.37	324.03	134.88
合计	金额	0.00	519.41	4387.92	968.20	6960.23	12835.76
2011—2015 年均值		0.00	3.58	872.04	94.18	517.86	1487.66

年份		低技术					
		其他制造业和再生产品	木材、纸浆、纸张、纸制品、印刷及出版	食品、饮料和烟草	纺织、纺织品、皮革及制鞋	合计	总计
2005	金额	0.00	0.00	0.00	0.00	0.00	45.20
	指数	n.a.	n.a.	0.00	0.00	0.00	1.17
2006	金额	0.00	0.00	0.00	0.00	0.00	165.00
	指数	n.a.	n.a.	0.00	0.00	0.00	4.28
2007	金额	0.00	0.00	10.00	0.00	10.00	2051.29
	指数	n.a.	n.a.	7.95	0.00	6.18	53.20
2008	金额	0.00	0.00	0.00	47.30	47.30	1894.25
	指数	n.a.	n.a.	0.00	131.46	29.23	49.13
2009	金额	0.00	121.90	58.00	0.00	179.90	1292.20
	指数	n.a.	n.a.	46.10	0.00	111.19	33.52
2010	金额	0.00	0.00	0.00	0.00	0.00	1350.80
	指数	n.a.	n.a.	0.00	0.00	0.00	35.04
2011	金额	0.00	0.00	45.70	39.90	85.60	7294.70
	指数	n.a.	n.a.	36.32	110.89	52.90	189.21

续表

年份		低技术					总计
		其他制造业和再生产品	木材、纸浆、纸张、纸制品、印刷及出版	食品、饮料和烟草	纺织、纺织品、皮革及制鞋	合计	
2012	金额	0.00	0.00	73.40	0.00	73.40	2172.20
	指数	n.a.	n.a.	58.34	0.00	45.36	56.34
2013	金额	0.00	0.00	0.00	0.00	0.00	440.19
	指数	n.a.	n.a.	0.00	0.00	0.00	11.42
2014	金额	0.00	0.00	510.00	140.00	650.00	6977.59
	指数	n.a.	n.a.	405.34	389.11	401.73	180.98
2015	金额	0.00	0.00	0.00	0.00	0.00	2392.56
	指数	n.a.	n.a.	0.00	0.00	0.00	62.06
2016	金额	0.00	0.00	6.00	350.40	356.40	3903.99
	指数	n.a.	n.a.	4.77	973.87	220.27	101.26
2017	金额	0.00	0.00	51.60	1010.40	1062.00	4525.47
	指数	n.a.	n.a.	41.01	2808.23	656.37	117.38
2018	金额	0.00	637.00	190.86	3500.00	4327.86	8968.26
	指数	n.a.	n.a.	151.69	9727.63	2674.82	232.61
合计	金额	0.00	758.90	945.56	5088.00	6792.46	43473.69
2011—2015 年均值		0.00	0.00	125.82	35.98	161.80	3855.45

表 4-4-6　2005—2018 年民营样本企业海外绿地投资行业别金额指数——非制造业

（单位：百万美元）

年份		服务业							
		批发和零售业	交通运输、仓储和邮政业	住宿和餐饮业	信息传输、软件和信息技术服务业	金融业	房地产业	租赁和商务服务业	科学研究和技术服务业
2005	金额	10.30	0.00	0.00	0.00	0.00	0.00	0.00	0.00
	指数	500.00	0.00	n.a.	0.00	0.00	0.00	n.a.	0.00
2006	金额	0.00	0.00	0.00	15.00	0.00	0.00	0.00	0.00
	指数	0.00	0.00	n.a.	16.17	0.00	0.00	n.a.	0.00
2007	金额	0.00	0.00	0.00	0.00	0.00	49.80	0.00	0.00
	指数	0.00	0.00	n.a.	0.00	0.00	1.96	n.a.	0.00
2008	金额	1.50	0.00	0.00	0.00	0.00	0.00	0.00	0.00
	指数	72.82	0.00	n.a.	0.00	0.00	0.00	n.a.	0.00
2009	金额	24.40	0.00	0.00	0.00	0.00	0.00	0.00	0.00
	指数	1184.47	0.00	n.a.	0.00	0.00	0.00	n.a.	0.00
2010	金额	0.00	0.00	0.00	0.00	0.00	92.40	0.00	0.00
	指数	0.00	0.00	n.a.	0.00	0.00	3.64	n.a.	0.00
2011	金额	0.00	0.00	0.00	0.00	0.00	0.00	0.00	21.99
	指数	0.00	0.00	n.a.	0.00	0.00	0.00	n.a.	24.69
2012	金额	0.00	0.00	0.00	0.00	0.00	537.80	0.00	90.50
	指数	0.00	0.00	n.a.	0.00	0.00	21.20	n.a.	101.60
2013	金额	0.00	0.70	0.00	0.00	0.00	429.26	0.00	5.00
	指数	0.00	4.06	n.a.	0.00	0.00	16.92	n.a.	5.61
2014	金额	0.00	0.00	0.00	0.00	0.00	9848.30	0.00	300.00
	指数	0.00	0.00	n.a.	0.00	0.00	388.19	n.a.	336.78
2015	金额	10.30	85.50	0.00	463.90	45.10	1869.58	0.00	27.90
	指数	500.00	495.94	n.a.	500.00	500.00	73.69	n.a.	31.32
2016	金额	261.40	0.00	0.00	25.20	1.20	36686.17	0.00	66.10
	指数	12689.32	0.00	n.a.	27.16	13.30	1446.05	n.a.	74.20

续表

年份		服务业							
		批发和零售业	交通运输、仓储和邮政业	住宿和餐饮业	信息传输、软件和信息技术服务业	金融业	房地产业	租赁和商务服务业	科学研究和技术服务业
2017	金额	58.70	45.10	0.00	145.80	65.70	338.80	0.00	81.20
	指数	2849.51	261.60	n.a.	157.15	728.38	13.35	n.a.	91.16
2018	金额	464.62	775.10	0.00	484.80	0.00	0.00	0.00	518.44
	指数	22554.42	4495.94	n.a.	522.53	0.00	0.00	n.a.	582.01
合计	金额	831.22	906.40	0.00	1134.70	112.00	49852.11	0.00	1111.13
2011—2015 年均值		2.06	17.24	0.00	92.78	9.02	2536.99	0.00	89.08

年份		服务业							
		水利、环境和公共设施管理业	居民服务、修理和其他服务业	教育	卫生和社会工作	文化、体育和娱乐业	公共管理、社会保障和社会组织	国际组织	合计
2005	金额	0.00	0.00	0.00	0.00	0.00	0.00	0.00	10.30
	指数	n.a.	n.a.	n.a.	n.a.	0.00	n.a.	n.a.	0.33
2006	金额	0.00	0.00	0.00	0.00	0.00	0.00	0.00	15.00
	指数	n.a.	n.a.	n.a.	n.a.	0.00	n.a.	n.a.	0.47
2007	金额	0.00	0.00	0.00	0.00	0.00	0.00	0.00	49.80
	指数	n.a.	n.a.	n.a.	n.a.	0.00	n.a.	n.a.	1.58
2008	金额	0.00	0.00	0.00	0.00	0.00	0.00	0.00	1.50
	指数	n.a.	n.a.	n.a.	n.a.	0.00	n.a.	n.a.	0.05
2009	金额	0.00	0.00	0.00	0.00	0.80	0.00	0.00	25.20
	指数	n.a.	n.a.	n.a.	n.a.	0.19	n.a.	n.a.	0.80
2010	金额	0.00	0.00	0.00	0.00	0.00	0.00	0.00	92.40
	指数	n.a.	n.a.	n.a.	n.a.	0.00	n.a.	n.a.	2.92
2011	金额	0.00	0.00	0.00	0.00	0.00	0.00	0.00	21.99
	指数	n.a.	n.a.	n.a.	n.a.	0.00	n.a.	n.a.	0.70

续表

年份		服务业							
		水利、环境和公共设施管理业	居民服务、修理和其他服务业	教育	卫生和社会工作	文化、体育和娱乐业	公共管理、社会保障和社会组织	国际组织	合计
2012	金额	0.00	0.00	0.00	0.00	0.00	0.00	0.00	628.30
	指数	n.a.	n.a.	n.a.	n.a.	0.00	n.a.	n.a.	19.88
2013	金额	0.00	0.00	0.00	0.00	1164.83	0.00	0.00	1599.79
	指数	n.a.	n.a.	n.a.	n.a.	282.06	n.a.	n.a.	50.62
2014	金额	0.00	0.00	0.00	0.00	900.00	0.00	0.00	11048.30
	指数	n.a.	n.a.	n.a.	n.a.	217.94	n.a.	n.a.	349.62
2015	金额	0.00	0.00	0.00	0.00	0.00	0.00	0.00	2502.28
	指数	n.a.	n.a.	n.a.	n.a.	0.00	n.a.	n.a.	79.18
2016	金额	0.00	0.00	0.00	0.00	351.61	0.00	0.00	37391.68
	指数	n.a.	n.a.	n.a.	n.a.	85.14	n.a.	n.a.	1183.23
2017	金额	0.00	0.00	0.00	4.70	0.00	0.00	0.00	740.00
	指数	n.a.	n.a.	n.a.	n.a.	0.00	n.a.	n.a.	23.42
2018	金额	0.00	0.00	28.00	0.00	100.00	0.00	0.00	2370.96
	指数	n.a.	n.a.	n.a.	n.a.	24.22	n.a.	n.a.	75.03
合计	金额	0.00	0.00	28.00	4.70	2517.24	0.00	0.00	56497.50
2011—2015年均值		0.00	0.00	0.00	0.00	412.97	0.00	0.00	3160.13

年份		电力、热力、燃气及水生产和供应业			
		电力、热力生产和供应业	燃气生产和供应业	水生产和供应业	合计
2005	金额	0.00	0.00	0.00	0.00
	指数	0.00	n.a.	n.a.	0.00
2006	金额	0.00	0.00	0.00	0.00
	指数	0.00	n.a.	n.a.	0.00

续表

年份		电力、热力、燃气及水生产和供应业			
		电力、热力生产和供应业	燃气生产和供应业	水生产和供应业	合计
2007	金额	0.00	0.00	0.00	0.00
	指数	0.00	n.a.	n.a.	0.00
2008	金额	402.50	0.00	0.00	402.50
	指数	60.57	n.a.	n.a.	60.57
2009	金额	1.47	0.00	0.00	1.47
	指数	0.22	n.a.	n.a.	0.22
2010	金额	0.00	0.00	0.00	0.00
	指数	0.00	n.a.	n.a.	0.00
2011	金额	242.67	0.00	0.00	242.67
	指数	36.52	n.a.	n.a.	36.52
2012	金额	80.10	0.00	0.00	80.10
	指数	12.05	n.a.	n.a.	12.05
2013	金额	0.00	0.00	0.00	0.00
	指数	0.00	n.a.	n.a.	0.00
2014	金额	0.00	0.00	0.00	0.00
	指数	0.00	n.a.	n.a.	0.00
2015	金额	3000.00	0.00	0.00	3000.00
	指数	451.43	n.a.	n.a.	451.43
2016	金额	1168.32	0.00	0.00	1168.32
	指数	175.81	n.a.	n.a.	175.81
2017	金额	2001.30	0.00	0.00	2001.30
	指数	301.15	n.a.	n.a.	301.15
2018	金额	3069.30	0.00	0.00	3069.30
	指数	461.86	n.a.	n.a.	461.86
合计	金额	9965.66	0.00	0.00	9965.66
2011—2015 年均值		664.55	0.00	0.00	664.55

续表

年份		建筑业					总计
		房屋建筑业	土木工程建筑业	建筑安装业	建筑装饰、装修和其他建筑业	合计	
2005	金额	0.00	0.00	0.00	0.00	0.00	10.30
	指数	0.00	n.a.	n.a.	n.a.	0.00	0.27
2006	金额	0.00	0.00	0.00	0.00	0.00	15.00
	指数	0.00	n.a.	n.a.	n.a.	0.00	0.39
2007	金额	0.00	0.00	0.00	0.00	0.00	49.80
	指数	0.00	n.a.	n.a.	n.a.	0.00	1.28
2008	金额	0.00	0.00	0.00	0.00	0.00	404.00
	指数	0.00	n.a.	n.a.	n.a.	0.00	10.40
2009	金额	0.00	0.00	0.00	0.00	0.00	26.67
	指数	0.00	n.a.	n.a.	n.a.	0.00	0.69
2010	金额	0.00	0.00	0.00	0.00	0.00	92.40
	指数	0.00	n.a.	n.a.	n.a.	0.00	2.38
2011	金额	0.00	0.00	0.00	0.00	0.00	264.66
	指数	0.00	n.a.	n.a.	n.a.	0.00	6.81
2012	金额	0.00	0.00	0.00	0.00	0.00	708.40
	指数	0.00	n.a.	n.a.	n.a.	0.00	18.24
2013	金额	0.00	0.00	0.00	0.00	0.00	1599.79
	指数	0.00	n.a.	n.a.	n.a.	0.00	41.18
2014	金额	0.00	0.00	0.00	0.00	0.00	11048.30
	指数	0.00	n.a.	n.a.	n.a.	0.00	284.41
2015	金额	300.00	0.00	0.00	0.00	300.00	5802.28
	指数	500.00	n.a.	n.a.	n.a.	500.00	149.36
2016	金额	142.70	0.00	0.00	0.00	142.70	38702.70
	指数	237.83	n.a.	n.a.	n.a.	237.83	996.29
2017	金额	9.30	0.00	0.00	0.00	9.30	2750.60
	指数	15.50	n.a.	n.a.	n.a.	15.50	70.81

续表

年份		建筑业					总计
		房屋 建筑业	土木工程 建筑业	建筑 安装业	建筑装饰、 装修和其 他建筑业	合计	
2018	金额	3816.78	830.00	0.00	0.00	4646.78	10087.04
	指数	6361.30	n.a.	n.a.	n.a.	7744.63	259.66
合计	金额	4268.78	830.00	0.00	0.00	5098.78	71561.94
2011—2015 年均值		60.00	0.00	0.00	0.00	60.00	3884.69

综上统计数据可发现，2018 年我国民营样本企业对批发和零售业共计进行了 95 件海外绿地投资，在海外总绿地投资项目数量中占比 45.67%，接近一半的海外绿地投资项目流入国外批发和零售业；此外，同样归属服务业的信息传输、软件和信息技术服务业以及科学研究和技术服务业 2018 年分别以接受 18 件、16 件绿地投资项目在所有细分行业中排名第二、三位，这三类行业所获得绿地投资项目数量的提高是 2018 年非制造业绿地投资项目数量激增的主要原因。在海外绿地投资金额方面，房屋建筑业 2018 年获得我国民营样本企业 38.17 亿美元的海外绿地投资，在所有细分行业中排列首位；纺织、纺织品、皮革及制鞋业凭 1 件约 35 亿美元的绿地投资项目仅居其次，该行业也是 2018 年所有细分行业中获得平均绿地金额规模最高的行业；电力、热力生产和供应业获得 30.69 亿美元的绿地投资排列第三位。

第五节　海外绿地投资就业贡献指数

本节对我国民营企业通过海外绿地投资所带来就业量的具体情况进行统计分析。在计算出民营样本企业海外绿地投资就业贡献指数的基础上，本节分别按照投资来源地、投资标的国（地区）、标的行业 3 种分类方式对样本数据进行划分，并在各分类下进一步测算五大投资来源地、3 类投资标的国（地区）、两种投资标的行业所对应的海外绿地投资就业贡献指数。

一、民营企业海外绿地投资就业贡献指数

2005—2018 年间中国民营样本企业通过海外绿地投资为标的国（地区）创造的就业量整体呈现出波动上升的趋势。值得注意的是，与绿地投资金额的变动类似，就业人数在经历了 2017 年的短暂下降后，2018 年实现了极大的增长，创造了民营样本企业海外绿地投资创造就业的历史最高值，共计为 61360 人提供就业，同比增长 147.8%，就业贡献指数也达到 413.97，可见 2018 年民营样本企业海外绿地投资就业贡献程度之高。

表 4-5-1 2005—2018 年民营样本企业海外绿地投资
就业数量及就业贡献指数汇总表

（单位：人）

年份	就业数量	同比增长（%）	就业贡献指数
2005	1141	—	7.70
2006	3536	209.9	23.86
2007	11073	213.2	74.70
2008	6964	−37.1	46.98
2009	6794	−2.4	45.84
2010	6710	−1.2	45.27
2011	15298	128.0	103.21
2012	8329	−45.6	56.19
2013	2403	−71.1	16.21
2014	22172	822.7	149.58
2015	25910	16.9	174.80
2016	51418	98.4	346.89
2017	24760	−51.8	167.04
2018	61360	147.8	413.97
合计	247868	—	—
2011—2015 年均值	14822.40	—	100.00

二、民营企业海外绿地投资创造就业数量的来源地分布

2005—2018 年各区域民营样本企业通过海外绿地投资创造的就业人数同总体变动趋势相似，均为波动上升，仅个别年份有所区别。2018 年五大区域民营样本企业海外绿地投资创造就业数量均出现较大幅度增长，与 2017 年创造就业的低迷形势形成鲜明对比。

综合观察按照来源地划分的我国民营样本企业 2018 年海外绿地投资创造的就业数量分布情况可发现，珠三角地区民营样本企业海外绿地投资创造的就业量占比最高逾 4 成，共 24632 人，同比增长 136.6%；环渤海地区和长三角地区创造就业人数占比接近，分别为 22.73% 和 21.47%，其中环渤海地区同比增长幅度较高，较 2017 年增长 157.7%；西部地区受西北地区民营样本企业海外绿地投资快速发展的影响，2018 年该地区海外绿地投资创造就业人数在绿地投资创造就业总人数中占比 12.96%，为自 2013 年以来占比最高的一年，同比增幅也在五大区域中居第二位，达 365.6%；中部地区海外绿地投资创造就业人数同比增幅最快，达到 423.4%，但该地区民营样本企业海外绿地投资创造的就业人数在五大来源地中占比最少。

表 4-5-2　2005—2018 年民营样本企业海外绿地投资
就业来源地数量及其指数汇总表

（单位：人）

年份	环渤海地区											
	京津冀				其他				合计			
	就业人数	同比增长（%）	占比（%）	指数	就业人数	同比增长（%）	占比（%）	指数	就业人数	同比增长（%）	占比（%）	指数
2005	26	—	47.27	17.06	29	—	52.73	0.80	55	—	4.82	1.46
2006	0	-100.0	n.a.	0.00	0	-100.0	n.a.	0.00	0	-100.0	0.00	0.00
2007	5000	n.a.	100.00	3280.84	0	n.a.	0.00	0.00	5000	n.a.	45.15	132.35
2008	20	-99.6	100.00	13.12	0	n.a.	0.00	0.00	20	-99.6	0.29	0.53
2009	0	-100.0	0.00	0.00	194	n.a.	100.00	5.35	194	870.0	2.86	5.13
2010	0	-100.0	n.a.	0.00	0	-100.0	n.a.	0.00	0	-100.0	0.00	0.00

续表

年份	环渤海地区											
	京津冀				其他				合计			
	就业人数	同比增长(%)	占比(%)	指数	就业人数	同比增长(%)	占比(%)	指数	就业人数	同比增长(%)	占比(%)	指数
2011	317	n.a.	62.77	208.01	188	n.a.	37.23	5.19	505	n.a.	3.30	13.37
2012	40	-87.4	1.45	26.25	2712	1342.6	98.55	74.80	2752	445.0	33.04	72.84
2013	0	-100.0	n.a.	0.00	0	-100.0	n.a.	0.00	0	-100.0	0.00	0.00
2014	200	n.a.	1.62	131.23	12173	n.a.	98.38	335.75	12373	n.a.	55.80	327.50
2015	205	2.5	6.29	134.51	3055	-74.9	93.71	84.26	3260	-73.7	12.58	86.29
2016	10034	4794.6	61.78	6583.99	6208	103.2	38.22	171.23	16242	398.2	31.59	429.91
2017	1590	-84.2	29.38	1043.31	3822	-38.4	70.62	105.42	5412	-66.7	21.86	143.25
2018	6683	320.3	47.91	4385.17	7266	90.1	52.09	200.41	13949	157.7	22.73	369.22
合计	24115	—	40.35	—	35647	—	59.65	—	59762	—	24.11	—
2011—2015 年均值	152.40	—	—	100.00	3625.60	—	—	100.00	3778.00	—	—	100.00

年份	长三角地区											
	上海				其他				合计			
	就业人数	同比增长(%)	占比(%)	指数	就业人数	同比增长(%)	占比(%)	指数	就业人数	同比增长(%)	占比(%)	指数
2005	0	—	0.00	0.00	1086	—	100.00	24.55	1086	—	95.18	24.43
2006	0	n.a.	0.00	0.00	261	-76.0	100.00	5.90	261	-76.0	7.38	5.87
2007	388	n.a.	9.37	1883.50	3755	1338.7	90.63	84.87	4143	1487.4	37.42	93.21
2008	0	-100.0	0.00	0.00	3332	-11.3	100.00	75.31	3332	-19.6	47.85	74.96
2009	258	n.a.	11.03	1252.43	2081	-37.5	88.97	47.03	2339	-29.8	34.43	52.62
2010	0	-100.0	0.00	0.00	2183	4.9	100.00	49.34	2183	-6.7	32.53	49.11
2011	0	n.a.	0.00	0.00	5360	145.5	100.00	121.15	5360	145.5	35.04	120.58
2012	9	n.a.	0.59	43.69	1511	-71.8	99.41	34.15	1520	-71.6	18.25	34.20
2013	0	-100.0	0.00	0.00	254	-83.2	100.00	5.74	254	-83.3	10.57	5.71
2014	0	n.a.	0.00	0.00	1540	506.3	100.00	34.81	1540	506.3	6.95	34.65
2015	94	n.a.	0.69	456.31	13457	773.8	99.31	304.15	13551	779.9	52.30	304.86
2016	3234	3340.4	28.45	15699.03	8135	-39.5	71.55	183.87	11369	-16.1	22.11	255.77
2017	497	-84.6	7.19	2412.62	6416	-21.1	92.81	145.01	6913	-39.2	27.92	155.52
2018	1116	124.6	8.47	5417.48	12057	87.9	91.53	272.51	13173	90.6	21.47	296.36
合计	5596	—	8.35	—	61428	—	91.65	—	67024	—	27.04	—
2011—2015 年均值	20.60	—	—	100.00	4424.40	—	—	100.00	4445.00	—	—	100.00

续表

年份	珠三角地区											
	广东				其他				合计			
	就业人数	同比增长（%）	占比（%）	指数	就业人数	同比增长（%）	占比（%）	指数	就业人数	同比增长（%）	占比（%）	指数
2005	0	—	n.a.	0.00	0	—	n.a.	0.00	0	—	0.00	0.00
2006	0	n.a.	n.a.	0.00	0	n.a.	n.a.	0.00	0	n.a.	0.00	0.00
2007	0	n.a.	n.a.	0.00	0	n.a.	n.a.	0.00	0	n.a.	0.00	0.00
2008	71	n.a.	71.00	1.85	29	n.a.	29.00	10.72	100	n.a.	1.44	2.43
2009	167	135.2	12.10	4.35	1213	4082.8	87.90	448.26	1380	1280.0	20.31	33.60
2010	756	352.7	100.00	19.70	0	-100.0	0.00	0.00	756	-45.2	11.27	18.41
2011	4052	436.0	90.14	105.61	443	n.a.	9.86	163.71	4495	494.6	29.38	109.44
2012	2248	-44.5	100.00	58.59	0	-100.0	0.00	0.00	2248	-50.0	26.99	54.73
2013	1349	-40.0	62.77	35.16	800	n.a.	37.23	295.64	2149	-4.4	89.43	52.32
2014	4597	240.8	97.83	119.82	102	-87.3	2.17	37.69	4699	118.7	21.19	114.41
2015	6937	50.9	99.88	180.81	8	-92.2	0.12	2.96	6945	47.8	26.80	169.09
2016	16042	131.3	94.39	418.13	954	11825.0	5.61	352.55	16996	144.7	33.05	413.81
2017	9619	-40.0	92.39	250.72	792	-17.0	7.61	292.68	10411	-38.7	42.05	253.48
2018	23912	148.6	97.08	623.26	720	-9.1	2.92	266.08	24632	136.6	40.14	599.73
合计	69750	—	93.23	—	5061	—	6.77	—	74811	—	30.18	—
2011—2015年均值	3836.60	—	—	100.00	270.60	—	—	100.00	4107.20	—	—	100.00

年份	中部地区											
	华北东北				中原华中				合计			
	就业人数	同比增长（%）	占比（%）	指数	就业人数	同比增长（%）	占比（%）	指数	就业人数	同比增长（%）	占比（%）	指数
2005	0	—	n.a.	0.00	0	—	n.a.	0.00	0	—	0.00	0.00
2006	0	n.a.	0.00	0.00	3275	n.a.	100.00	504.47	3275	n.a.	92.62	490.71
2007	0	n.a.	0.00	0.00	328	-90.0	100.00	50.52	328	-90.0	2.96	49.15
2008	0	n.a.	0.00	0.00	512	56.1	100.00	78.87	512	56.1	7.35	76.72
2009	0	n.a.	0.00	0.00	773	51.0	100.00	119.07	773	51.0	11.38	115.82

续表

| 年份 | 中部地区 | | | | | | | | | | | |
| | 华北东北 | | | | 中原华中 | | | | 合计 | | | |
	就业人数	同比增长（%）	占比（%）	指数	就业人数	同比增长（%）	占比（%）	指数	就业人数	同比增长（%）	占比（%）	指数
2010	0	n.a.	0.00	0.00	2546	229.4	100.00	392.17	2546	229.4	37.94	381.48
2011	0	n.a.	0.00	0.00	300	−88.2	100.00	46.21	300	−88.2	1.96	44.95
2012	0	n.a.	n.a.	0.00	0	−100.0	n.a.	0.00	0	−100.0	0.00	0.00
2013	0	n.a.	n.a.	0.00	0	n.a.	n.a.	0.00	0	n.a.	0.00	0.00
2014	0	n.a.	0.00	0.00	1984	n.a.	100.00	305.61	1984	n.a.	8.95	297.27
2015	91	n.a.	8.64	500.00	962	−51.5	91.36	148.18	1053	−46.9	4.06	157.78
2016	0	−100.0	0.00	0.00	6143	538.6	100.00	946.24	6143	483.4	11.95	920.44
2017	0	n.a.	0.00	0.00	316	−94.9	100.00	48.68	316	−94.9	1.28	47.35
2018	97	n.a.	5.86	532.97	1557	392.7	94.14	239.83	1654	423.4	2.70	247.83
合计	188	—	1.00	—	18696	—	99.00	—	18884	—	7.62	—
2011—2015 年均值	18.20	—	—	100.00	649.20	—	—	100.00	667.40	—	—	100.00

| 年份 | 西部地区 | | | | | | | | | | | |
| | 西北 | | | | 西南 | | | | 合计 | | | |
	就业人数	同比增长（%）	占比（%）	指数	就业人数	同比增长（%）	占比（%）	指数	就业人数	同比增长（%）	占比（%）	指数
2005	0	—	n.a.	0.00	0	—	n.a.	0.00	0	—	0.00	0.00
2006	0	n.a.	n.a.	0.00	0	n.a.	n.a.	0.00	0	n.a.	0.00	0.00
2007	0	n.a.	0.00	0.00	1602	n.a.	100.00	106.21	1602	n.a.	14.47	87.79
2008	0	n.a.	0.00	0.00	3000	87.3	100.00	198.89	3000	87.3	43.08	164.40
2009	0	n.a.	0.00	0.00	2108	−29.7	100.00	139.75	2108	−29.7	31.03	115.52
2010	0	n.a.	0.00	0.00	1225	−41.9	100.00	81.21	1225	−41.9	18.26	67.13
2011	1043	n.a.	22.49	329.65	3595	193.5	77.51	238.33	4638	278.6	30.32	254.16
2012	0	−100.0	0.00	0.00	1809	−49.7	100.00	119.93	1809	−61.0	21.72	99.13
2013	0	n.a.	n.a.	0.00	0	−100.0	n.a.	0.00	0	−100.0	0.00	0.00

续表

年份	西部地区											
	西北				西南				合计			
	就业人数	同比增长（%）	占比（%）	指数	就业人数	同比增长（%）	占比（%）	指数	就业人数	同比增长（%）	占比（%）	指数
2014	500	n.a.	31.73	158.03	1076	n.a.	68.27	71.33	1576	n.a.	7.11	86.37
2015	39	-92.2	3.54	12.33	1062	-1.3	96.46	70.41	1101	-30.1	4.25	60.34
2016	368	843.6	55.09	116.31	300	-71.8	44.91	19.89	668	-39.3	1.30	36.61
2017	0	-100.0	0.00	0.00	1708	469.3	100.00	113.23	1708	155.7	6.90	93.60
2018	7067	n.a.	88.87	2233.57	885	-48.2	11.13	58.67	7952	365.6	12.96	435.77
合计	9017	—	32.92	—	18370	—	67.08	—	27387	—	11.05	—
2011—2015年均值	316.40	—	—	100.00	1508.40	—	—	100.00	1824.80	—	—	100.00

年份	总计			
	就业人数	同比增长（%）	占比（%）	指数
2005	1141	—	100.00	7.70
2006	3536	209.9	100.00	23.86
2007	11073	213.2	100.00	74.70
2008	6964	-37.1	100.00	46.98
2009	6794	-2.4	100.00	45.84
2010	6710	-1.2	100.00	45.27
2011	15298	128.0	100.00	103.21
2012	8329	-45.6	100.00	56.19
2013	2403	-71.1	100.00	16.21
2014	22172	822.7	100.00	149.58
2015	25910	16.9	100.00	174.80
2016	51418	98.4	100.00	346.89
2017	24760	-51.8	100.00	167.04
2018	61360	147.8	100.00	413.97
合计	247868	—	100.00	—
2011—2015年均值	14822.40	—	—	100.00

注：此表不存在重复统计问题，详见表4-2-1注解。

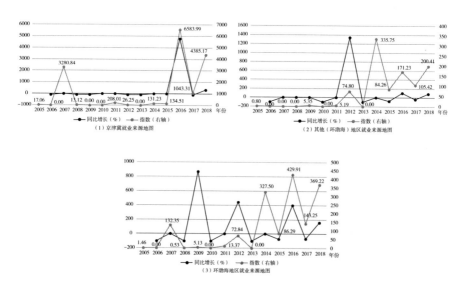

图 4-5-1　2005—2018 年环渤海地区民营样本企业海外绿地投资就业贡献指数变化图

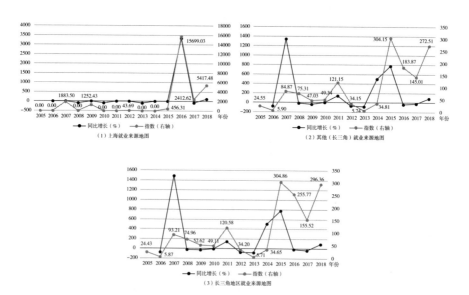

图 4-5-2　2005—2018 年长三角地区民营样本企业海外绿地投资就业贡献指数变化图

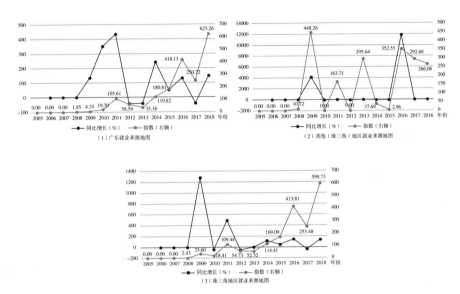

图4-5-3　2005—2018年珠三角地区民营样本企业海外绿地投资就业贡献指数变化图

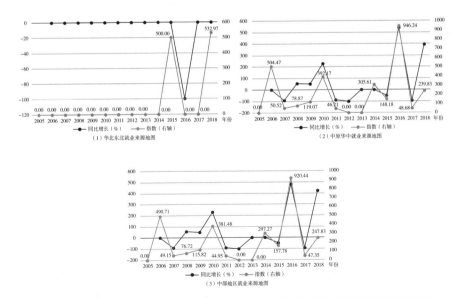

图4-5-4　2005—2018年中部地区民营样本企业海外绿地投资就业贡献指数变化图

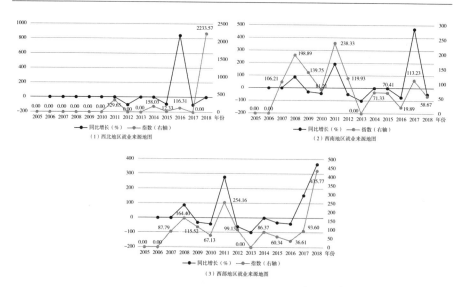

图 4-5-5 2005—2018 年西部地区民营样本企业海外绿地投资就业贡献指数变化图

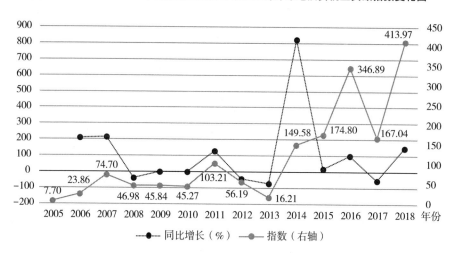

图 4-5-6 2005—2018 年来源地民营样本企业海外绿地投资就业贡献指数变化图

三、民营企业海外绿地投资创造就业数量的标的国（地区）别分布

我国民营样本企业在 2005—2018 年间通过海外绿地投资在标的国（地区）创造就业数量有明显的区域差异性，其中我国民营样本企业在发展中经济体创造的就业数量在总就业数量中占比最大，为 63.82%；在发

达经济体创造的就业量占总创造就业量的30.67%。同时可发现，民营样本企业14年来在发展中经济体、发达经济体绿地投资创造的就业量都呈波动上升趋势。我国民营样本企业在转型经济体创造的就业量最少，仅占总创造就业量的5.51%，且14年间波动频繁。

根据统计数据显示，我国民营样本企业2018年海外绿地投资创造的就业人数在各标的国（地区）均出现较大增长。在发展中经济体，我国民营样本企业通过绿地投资共为39673人创造了就业，在三大标的区域占比最高，达到64.66%，其中在亚洲地区创造就业人数较2017年同比增长230.90%，共计为24702人提供就业，亚洲也成为民营样本企业在发展中经济体中绿地投资创造就业最多的地区；2018年我国民营样本企业海外绿地投资在发达经济体为20574人创造了就业，占该年总创造就业人数的33.53%，其中除在北美洲创造就业人数小幅下降外，在欧洲和其他发达经济体同比增长分别达到123.56%和281.54%，特别是为其他发达经济体创造的就业人数在整个发达经济体中贡献率过半；我国民营样本企业2018年通过海外绿地投资在转型经济体创造的就业量全部集中于独联体国家，共计1113人，较2017年增长78.65%。

表4-5-3　2005—2018年民营样本企业海外绿地投资标的
国（地区）就业数量在不同经济体的分布

（单位：人）

年份	发达经济体							
	欧　洲				北美洲			
	就业人数	同比增长（%）	占比（%）	指数	就业人数	同比增长（%）	占比（%）	指数
2005	40	—	100.00	2.09	0	—	0.00	0.00
2006	0	−100.0	0.00	0.00	275	n.a.	100.00	11.56
2007	85	n.a.	21.46	4.43	311	13.1	78.54	13.07
2008	930	994.1	91.63	48.50	67	−78.5	6.60	2.82
2009	1322	42.2	79.49	68.95	105	56.7	6.31	4.41
2010	724	−45.2	49.76	37.76	474	351.4	32.58	19.92
2011	3429	373.6	67.50	178.84	1008	112.7	19.84	42.36

续表

年份	发达经济体							
	欧　洲				北美洲			
	就业人数	同比增长（%）	占比（%）	指数	就业人数	同比增长（%）	占比（%）	指数
2012	1656	-51.7	98.81	86.37	0	-100.0	0.00	0.00
2013	686	-58.6	42.79	35.78	858	n.a.	53.52	36.05
2014	2623	282.4	19.99	136.80	7118	729.6	54.26	299.10
2015	1193	-54.5	16.12	62.22	2915	-59.0	39.38	122.49
2016	6612	454.2	51.01	344.84	5683	95.0	43.84	238.80
2017	3073	-53.5	35.08	160.27	2560	-55.0	29.23	107.57
2018	6870	123.6	33.39	358.30	1777	-30.6	8.64	74.67
合计	29243	—	38.47	—	23151	—	30.45	—
2011—2015 年均值	1917.40	—	—	100.00	2379.80	—	—	100.00

年份	发达经济体							
	其他发达经济体				合计			
	就业人数	同比增长（%）	占比（%）	指数	就业人数	同比增长（%）	占比（%）	指数
2005	0	—	0.00	0.00	40	—	3.51	0.69
2006	0	n.a.	0.00	0.00	275	587.5	7.78	4.76
2007	0	n.a.	0.00	0.00	396	44.0	3.58	6.86
2008	18	n.a.	1.77	1.22	1015	156.3	14.57	17.57
2009	236	1211.1	14.19	15.96	1663	63.8	24.48	28.79
2010	257	8.9	17.66	17.38	1455	-12.5	21.68	25.19
2011	643	150.2	12.66	43.48	5080	249.1	33.21	87.95
2012	20	-96.9	1.19	1.35	1676	-67.0	20.12	29.02
2013	59	195.0	3.68	3.99	1603	-4.4	66.71	27.75
2014	3378	5625.4	25.75	228.43	13119	718.4	59.17	227.13
2015	3294	-2.5	44.50	222.75	7402	-43.6	28.57	128.15
2016	668	-79.7	5.15	45.17	12963	75.1	25.21	224.43
2017	3126	368.0	35.69	211.39	8759	-32.4	35.38	151.64
2018	11927	281.5	57.97	806.53	20574	134.9	33.53	356.20
合计	23626	—	31.08	—	76020	—	30.67	—
2011—2015 年均值	1478.8	—	—	100.00	5776	—	—	100.00

年份	发展中经济体							
	非洲				亚洲			
	就业人数	同比增长（%）	占比（%）	指数	就业人数	同比增长（%）	占比（%）	指数
2005	0	—	0.00	0.00	1101	—	100.00	22.29
2006	0	n.a.	0.00	0.00	2261	105.4	100.00	45.77
2007	394	n.a.	4.95	89.71	7563	234.5	95.05	153.10
2008	0	−100.0	0.00	0.00	913	−87.9	15.44	18.48
2009	963	n.a.	18.89	219.26	4134	352.8	81.11	83.68
2010	0	−100.0	0.00	0.00	2018	−51.2	74.85	40.85
2011	1032	n.a.	12.26	234.97	4424	119.2	52.57	89.55
2012	934	−9.5	14.04	212.66	2724	−38.4	40.94	55.14
2013	0	−100.0	0.00	0.00	600	−78.0	75.00	12.15
2014	139	n.a.	1.70	31.65	4716	686.0	57.67	95.47
2015	91	−34.5	0.51	20.72	12236	159.5	68.38	247.69
2016	8346	9071.4	23.08	1900.27	27209	122.4	75.23	550.79
2017	5594	−33.0	36.38	1273.68	7465	−72.6	48.54	151.11
2018	12517	123.8	31.55	2849.95	24702	230.9	62.26	500.04
合计	30010	—	18.97	—	102066	—	64.52	—
2011—2015年均值	439.2	—	100.00		4940	—	100.00	

年份	发展中经济体							
	拉丁美洲和加勒比海地区				合计			
	就业人数	同比增长（%）	占比（%）	指数	就业人数	同比增长（%）	占比（%）	指数
2005	0	—	0.00	0.00	1101	—	96.49	13.13
2006	0	n.a.	0.00	0.00	2261	105.4	63.94	26.96
2007	0	n.a.	0.00	0.00	7957	251.9	71.86	94.86
2008	5000	n.a.	84.56	166.18	5913	−25.7	84.91	70.49
2009	0	−100.0	0.00	0.00	5097	−13.8	75.02	60.77

续表

年份	发展中经济体							
	拉丁美洲和加勒比海地区				合计			
	就业人数	同比增长（％）	占比（％）	指数	就业人数	同比增长（％）	占比（％）	指数
2010	678	n.a.	25. 15	22. 53	2696	−47. 1	40. 18	32. 14
2011	2959	336. 4	35. 16	98. 34	8415	212. 1	55. 01	100. 32
2012	2995	1. 2	45. 02	99. 54	6653	−20. 9	79. 88	79. 32
2013	200	−93. 3	25. 00	6. 65	800	−88. 0	33. 29	9. 54
2014	3322	1561. 0	40. 63	110. 41	8177	922. 1	36. 88	97. 48
2015	5568	67. 6	31. 11	185. 06	17895	118. 8	69. 07	213. 34
2016	613	−89. 0	1. 69	20. 37	36168	102. 1	70. 34	431. 19
2017	2319	278. 3	15. 08	77. 07	15378	−57. 5	62. 11	183. 33
2018	2454	5. 8	6. 19	81. 56	39673	158. 0	64. 66	472. 97
合计	26108	—	16. 50	—	158184	—	63. 82	—
2011—2015 年均值	3008. 8	—	—	100. 00	8388	—	—	100. 00

年份	转型经济体											
	东南欧				独联体国家				合计			
	就业人数	同比增长（％）	占比（％）	指数	就业人数	同比增长（％）	占比（％）	指数	就业人数	同比增长（％）	占比（％）	指数
2005	0	—	n.a.	n.a.	0	—	n.a.	0. 00	0	—	0. 00	0. 00
2006	0	n.a.	0. 00	n.a.	1000	n.a.	100. 00	151. 88	1000	n.a.	28. 28	151. 88
2007	0	n.a.	0. 00	n.a.	2720	172. 0	100. 00	413. 12	2720	172. 0	24. 56	413. 12
2008	0	n.a.	0. 00	n.a.	36	−98. 7	100. 00	5. 47	36	−98. 7	0. 52	5. 47
2009	0	n.a.	0. 00	n.a.	34	−5. 6	100. 00	5. 16	34	−5. 6	0. 50	5. 16
2010	0	n.a.	0. 00	n.a.	2559	7426. 5	100. 00	388. 67	2559	7426. 5	38. 14	388. 67
2011	0	n.a.	0. 00	n.a.	1803	−29. 5	100. 00	273. 85	1803	−29. 5	11. 79	273. 85
2012	0	n.a.	n.a.	n.a.	0	−100. 0	n.a.	0. 00	0	−100. 0	0. 00	0. 00
2013	0	n.a.	n.a.	n.a.	0	n.a.	n.a.	0. 00	0	n.a.	0. 00	0. 00
2014	0	n.a.	0. 00	n.a.	876	n.a.	100. 00	133. 05	876	n.a.	3. 95	133. 05
2015	0	n.a.	0. 00	n.a.	613	−30. 0	100. 00	93. 10	613	−30. 0	2. 37	93. 10

续表

年份	转型经济体											
	东南欧				独联体国家				合计			
	就业人数	同比增长（%）	占比（%）	指数	就业人数	同比增长（%）	占比（%）	指数	就业人数	同比增长（%）	占比（%）	指数
2016	13	n.a.	0.57	n.a.	2274	271.0	99.43	345.38	2287	273.1	4.45	347.36
2017	0	-100.0	0.00	n.a.	623	-72.6	100.00	94.62	623	-72.8	2.52	94.62
2018	0	n.a.	0.00	n.a.	1113	78.7	100.00	169.05	1113	78.7	1.81	169.05
合计	13	—	0.10	—	13651	—	99.90	—	13664	—	5.51	—
2011—2015年均值	0	—	—	100.00	658.4	—	—	100.00	658.4	—	—	100.00

年份	总计			
	就业人数	同比增长（%）	占比（%）	指数
2005	1141	—	100.00	7.70
2006	3536	209.9	100.00	23.86
2007	11073	213.2	100.00	74.70
2008	6964	-37.1	100.00	46.98
2009	6794	-2.4	100.00	45.84
2010	6710	-1.2	100.00	45.27
2011	15298	128.0	100.00	103.21
2012	8329	-45.6	100.00	56.19
2013	2403	-71.1	100.00	16.21
2014	22172	822.7	100.00	149.58
2015	25910	16.9	100.00	174.80
2016	51418	98.4	100.00	346.89
2017	24760	-51.8	100.00	167.04
2018	61360	147.8	100.00	413.97
合计	247868	—	100.00	—
2011—2015年均值	14822.40	—	—	100.00

注：此表不存在重复统计问题，详见表4-2-1注解。

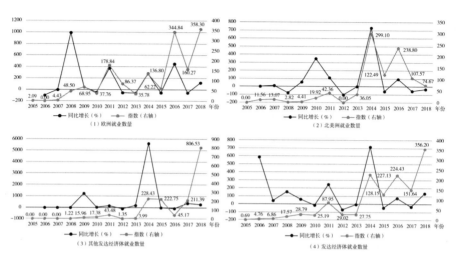

图 4-5-7　2005—2018 年民营样本企业海外绿地投资发达经济体就业贡献指数变化图

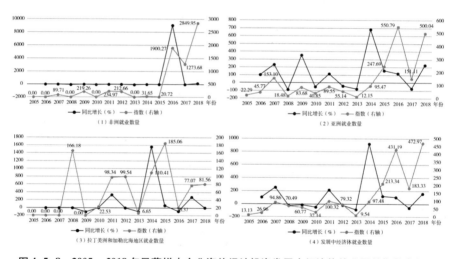

图 4-5-8　2005—2018 年民营样本企业海外绿地投资发展中经济体就业贡献指数变化图

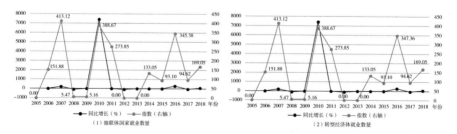

图 4-5-9　2005—2018 年民营样本企业海外绿地投资转型经济体就业贡献指数变化图

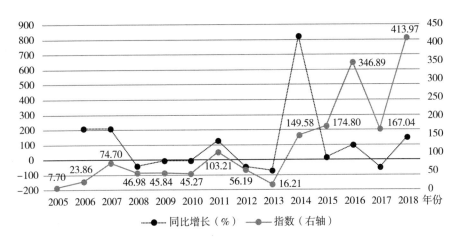

图4-5-10　2005—2018年民营样本企业海外绿地投资标的
国（地区）就业贡献指数变化图

四、民营企业海外绿地投资创造就业数量的行业别分布

在2005—2018年间，我国民营样本企业通过海外绿地投资为制造业创造的就业量占比虽然较非制造业高，但近年来民营样本企业在非制造业创造的就业量呈不断攀升趋势。至2018年，民营样本企业海外绿地投资所创造的就业量在制造业和非制造业上的分布已趋于均等化。

从2018年统计数据来看，我国民营样本企业在制造业和非制造业中创造的就业量均有增加，分别增长到31201人、30159人，且为海外非制造业创造就业增幅超过制造业，同比增长率高达643.0%。其中在海外制造业中，除中高技术制造业出现略微下降外，民营样本企业通过海外绿地投资在其他3个技术水平的制造业创造的就业量都实现了增长，以中低技术制造业增长最为迅速，高达1040.9%；在非制造业中，民营样本企业为建筑业创造的就业量实现了极大的增长，共计为17410人提供就业，同比增长达到46954.1%，且在2018年民营样本企业在非制造业创造的就业总量中占比57.73%。

表 4-5-4　2005—2018 年民营样本企业海外绿地投资行业别就业数量分布及指数汇总表

（单位：人）

年份	制造业											
	高技术				中高技术				中低技术			
	就业人数	同比增长（%）	占比（%）	指数	就业人数	同比增长（%）	占比（%）	指数	就业人数	同比增长（%）	占比（%）	指数
2005	0	—	0.00	0.00	1086	—	97.40	27.96	29	—	2.60	1.89
2006	0	n.a.	0.00	0.00	3275	201.6	100.00	84.32	0	−100.0	0.00	0.00
2007	68	n.a.	0.63	1.68	4203	28.3	39.22	108.21	6246	n.a.	58.28	408.08
2008	446	555.9	6.54	11.05	3127	−25.6	45.88	80.51	3043	−51.3	44.64	198.81
2009	269	−39.7	3.99	6.66	5960	90.6	88.47	153.45	56	−98.2	0.83	3.66
2010	290	7.8	4.41	7.18	6292	5.6	95.59	162.00	0	−100.0	0.00	0.00
2011	3551	1124.5	23.62	87.95	7645	21.5	50.85	196.83	3348	n.a.	22.27	218.74
2012	1482	−58.3	27.06	36.71	2186	−71.4	39.91	56.28	1422	−57.5	25.96	92.90
2013	1299	−12.3	56.40	32.17	204	−90.7	8.86	5.25	800	−43.7	34.74	52.27
2014	4336	233.8	35.77	107.40	5561	2626.0	45.88	143.18	2024	153.0	16.70	132.24
2015	9519	119.5	71.03	235.77	3824	−31.2	28.53	98.46	59	−97.1	0.44	3.85
2016	11532	21.1	55.16	285.63	4845	26.7	23.18	124.74	1501	2444.1	7.18	98.07
2017	7828	−32.1	37.81	193.89	8074	66.6	39.00	207.88	651	−56.6	3.14	42.53
2018	9786	25.0	31.36	242.38	7206	−10.8	23.10	185.53	7427	1040.9	23.80	485.23
合计	50406	—	32.23	—	63488	—	40.60	—	26606	—	17.01	—
2011—2015 年均值	4037.40	—	—	100.00	3884.00	—	—	100.00	1530.60	—	—	100.00

年份	制造业							
	低技术				合计			
	就业人数	同比增长（%）	占比（%）	指数	就业人数	同比增长（%）	占比（%）	指数
2005	0	—	0.00	0.00	1115	—	97.72	11.53
2006	0	n.a.	0.00	0.00	3275	193.7	92.62	33.88
2007	200	n.a.	1.87	92.85	10717	227.2	96.78	110.86
2008	200	0.0	2.93	92.85	6816	−36.4	97.87	70.50
2009	452	126.0	6.71	209.84	6737	−1.2	99.16	69.69

续表

年份	制造业							
	低技术				合计			
	就业人数	同比增长（%）	占比（%）	指数	就业人数	同比增长（%）	占比（%）	指数
2010	0	-100.0	0.00	0.00	6582	-2.3	98.09	68.08
2011	490	n.a.	3.26	227.48	15034	128.4	98.27	155.51
2012	387	-21.0	7.07	179.67	5477	-63.6	65.76	56.65
2013	0	-100.0	0.00	0.00	2303	-58.0	95.84	23.82
2014	200	n.a.	1.65	92.85	12121	426.3	54.67	125.38
2015	0	-100.0	0.00	0.00	13402	10.6	51.73	138.63
2016	3027	n.a.	14.48	1405.29	20905	56.0	40.66	216.24
2017	4148	37.0	20.04	1925.72	20701	-1.0	83.61	214.13
2018	6782	63.5	21.74	3148.56	31201	50.7	50.85	322.74
合计	15886	—	10.16	—	156386	—	63.09	—
2011— 2015 年均值	215.40	—	—	100.00	9667.40	—	65.22	100.00

年份	非制造业							
	服务业				电力、热力、燃气及水生产和供应业			
	就业人数	同比增长（%）	占比（%）	指数	就业人数	同比增长（%）	占比（%）	指数
2005	26	—	100.00	0.54	0	—	0.00	0.00
2006	261	903.8	100.00	5.42	0	n.a.	0.00	0.00
2007	356	36.4	100.00	7.39	0	n.a.	0.00	0.00
2008	20	-94.4	13.51	0.42	128	n.a.	86.49	125.00
2009	40	100.0	70.18	0.83	17	-86.7	29.82	16.60
2010	128	220.0	100.00	2.66	0	-100.0	0.00	0.00
2011	78	-39.1	29.55	1.62	186	n.a.	70.45	181.64
2012	2852	3556.4	100.00	59.24	0	-100.0	0.00	0.00
2013	100	-96.5	100.00	2.08	0	n.a.	0.00	0.00
2014	10051	9951.0	100.00	208.77	0	n.a.	0.00	0.00
2015	10991	9.4	87.87	228.29	326	n.a.	2.61	318.36

续表

年份	非制造业							
	服务业				电力、热力、燃气及水生产和供应业			
	就业人数	同比增长（%）	占比（%）	指数	就业人数	同比增长（%）	占比（%）	指数
2016	30019	173.1	98.38	623.53	348	6.7	1.14	339.84
2017	3678	−87.7	90.61	76.40	344	−1.1	8.47	335.94
2018	10668	190.1	35.37	221.59	2081	504.9	6.90	2032.23
合计	69268	—	75.72	—	3430	—	3.75	—
2011—2015 年均值	4814.40	—	—	100.00	102.40	—	—	100.00

年份	非制造业								总计			
	建筑业				合计							
	就业人数	同比增长（%）	占比（%）	指数	就业人数	同比增长（%）	占比（%）	指数	就业人数	同比增长（%）	占比（%）	指数
2005	0	—	0.00	0.00	26	—	2.28	0.50	1141	—	100.00	7.70
2006	0	n.a.	0.00	0.00	261	903.8	7.38	5.06	3536	209.9	100.00	23.86
2007	0	n.a.	0.00	0.00	356	36.4	3.22	6.91	11073	213.2	100.00	74.70
2008	0	n.a.	0.00	0.00	148	−58.4	2.13	2.87	6964	−37.1	100.00	46.98
2009	0	n.a.	0.00	0.00	57	−61.5	0.84	1.11	6794	−2.4	100.00	45.84
2010	0	n.a.	0.00	0.00	128	124.6	1.91	2.48	6710	−1.2	100.00	45.27
2011	0	n.a.	0.00	0.00	264	106.3	1.73	5.12	15298	128.0	100.00	103.21
2012	0	n.a.	0.00	0.00	2852	980.3	34.24	55.32	8329	−45.6	100.00	56.19
2013	0	n.a.	0.00	0.00	100	−96.5	4.16	1.94	2403	−71.1	100.00	16.21
2014	0	n.a.	0.00	0.00	10051	9951.0	45.33	194.98	22172	822.7	100.00	149.58
2015	1191	n.a.	9.52	500.00	12508	24.4	48.27	242.64	25910	16.9	100.00	174.80
2016	146	−87.7	0.48	61.29	30513	143.9	59.34	591.91	51418	98.4	100.00	346.89
2017	37	−74.7	0.91	15.53	4059	−86.7	16.39	78.74	24760	−51.8	100.00	167.04
2018	17410	46954.1	57.73	7308.98	30159	643.0	49.15	585.04	61360	147.82	100.00	413.97
合计	18784	—	20.53	—	91482	—	36.91	—	247868	—	100.00	—
2011—2015 年均值	238.20	—	—	100.00	5155.00	—	34.78	100.00	14822.40	—	100.00	100.00

注：此表不存在重复统计问题，详见表 4-2-1 注解。

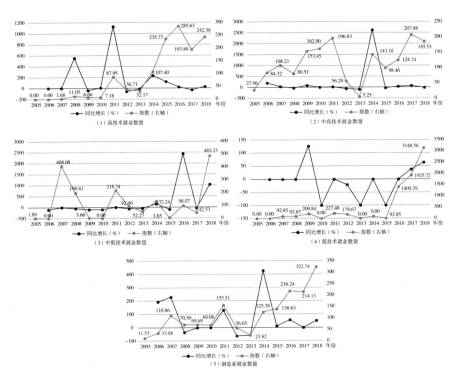

图 4-5-11　2005—2018 年民营样本企业海外绿地投资制造业就业贡献指数变化图

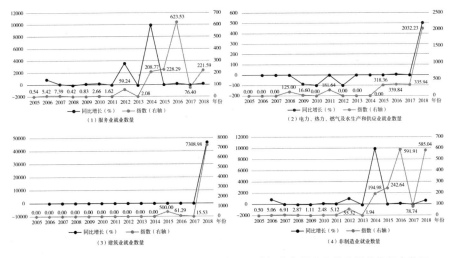

图 4-5-12　2005—2018 年民营样本企业海外绿地投资非制造业就业贡献指数变化图

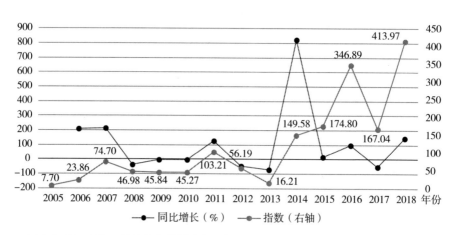

图 4-5-13　2005—2018 年民营样本企业海外绿地投资标的行业就业贡献指数变化图

本章小结

一、民营样本企业海外绿地投资项目数量、金额均大幅回升，转减为增

2018 年我国民营样本企业海外绿地投资项目数量和金额规模均较 2017 年出现显著回升，扭转了 2017 年的下降趋势。单从民营样本企业海外绿地投资变化情况来看，2018 年民营样本企业海外绿地投资项目数量由 2017 年的 114 件增长至 208 件，项目数量指数达到 385.19；海外绿地投资金额增幅高于项目数量，较 2017 年同比增长 162.5%，达到 191 亿美元，虽不及 2016 年的峰值水平，但是相比于并购投资的变化而言，海外绿地投资项目数量和金额的大幅提升均体现出 2018 年我国民营样本企业海外绿地投资形势明显好转，在当今国际局势下海外绿地投资模式受到我国民营企业的青睐。

二、从投资来源地看，区域投资不平衡依然显著的同时西部地区增长明显

从我国民营样本企业海外绿地投资项目数量和金额的来源地别看，

2018 年高达 91.83% 的海外绿地投资项目数量来源于珠三角地区、长三角地区、环渤海地区的民营样本企业，且 3 个地区民营样本企业海外绿地投资金额在海外总绿地投资中占比近 8 成。而我国中西部地区民营样本企业 2018 年海外绿地投资项目数量虽有一定增长，但由于基数过小，项目数量占比依旧与环渤海地区、长三角地区、珠三角地区有较大差距，在海外绿地投资金额方面中部地区的民营样本企业还出现投资的负增长，由此可以看出地区投资不平衡现象依然显著。

但值得注意的是，2018 年西部地区民营样本企业海外绿地投资项目数量和金额均出现较大幅度增长，投资项目数量由 2017 年的 4 件增长至 10 件，投资金额增幅更大，较 2017 年同比增长 1631.2%，合计达 34.9 亿美元，在海外绿地投资总金额中占比 18.32%。这也体现出以新疆、四川和重庆为代表的我国西部地区的民营企业近年来海外绿地投资发展迅猛，发展势头不可小觑。

三、从投资标的国（地区）看，民营样本企业对北美洲的绿地投资不及 2017 年

在我国民营样本企业海外绿地投资项目数量与金额规模整体增幅显著的情况下，2018 年受中美贸易关系影响，我国民营样本企业对北美洲的绿地投资形势不容乐观。统计显示，北美洲发达经济体 2018 年接受中国民营样本企业绿地投资项目数量较 2017 年同比下降 10.5%，投资金额降幅更明显，为 45.3%，在发达经济体所接受绿地投资总额中仅占比 11.19%，相比于 2005—2017 年这 13 年间年均 25.9% 的占比而言出现大幅缩减。其中，绿地投资项目数量的下降集中体现在对美国投资的减少上：2018 年我国民营样本企业对美国进行了 16 件绿地投资，较 2017 年同比下降 11.11%，是自 2014 年以来我国民营样本企业对美国绿地投资项目数量的首次下降，打破近 4 年来持续增长的态势；民营样本企业对加拿大的绿地投资项目数量与 2017 年持平，仍为 1 件。在金额方面，加拿大和美国 2018 年所接受的绿地投资金额均显著下降，降幅分别为 94.07%

和 10.27%。

四、从投资标的行业看，我国民营样本企业对非制造业的海外绿地投资无论是项目数量还是金额方面均超过制造业，特别是项目数量方面远远超过制造业

2018 年我国民营样本企业海外绿地投资项目数量在制造业和非制造业的分布相较于往年出现较大反差。根据本报告统计，不同于往年制造业年均接受我国民营样本企业海外绿地投资项目总数 78.87%的占比，2018 年总海外绿地投资项目数量中仅有 24.04%投向制造业，较 2017 年下降42.5%；非制造业则共计接受了 158 件海外绿地投资，在总海外绿地投资中占比 75.96%，实现了对制造业的大幅度反超，且这种反超主要源于对海外服务业的绿地投资项目数量的大幅增长。反观海外绿地投资金额的分布情况，民营样本企业对非制造业的海外绿地投资金额规模虽较 2017 年有大幅增长，但在总投资中的占比却与制造业相差不大，可见我国民营样本企业 2018 年在倾向于对非制造业海外绿地投资的同时，对于制造业的平均投资金额规模较高。

五、从创造就业视角看，民营样本企业通过海外绿地投资创造的就业量于 2018 年实现新高

伴随着 2018 年我国民营样本企业海外绿地投资项目数量与金额规模的大幅提高，民营样本企业通过海外绿地投资创造的就业量也实现了新高，共计为 61360 人带来了就业，就业贡献指数达到 413.97，较 2017 年同比增长 147.8%，达到 14 年来海外绿地投资就业贡献指数的最高值。其中，发展中国家（地区）仍然是我国民营样本企业海外绿地投资带来就业贡献最高的地区，2018 年仅就亚洲发展中国家（地区）而言，民营样本企业以海外绿地投资方式为 24702 人带来就业，超过了对整个发达国家（地区）创造就业的数量。

补　论

补论 1　中国加入世界贸易组织后
海外直接投资回顾

——基于全样本数据分析

第一节　关于中国企业海外直接投资
指数体系的构建及相关说明

自中国加入 WTO 以来，中国企业海外直接投资步伐逐步加快，根据我们研究团队数据库（即 NK-GERC 数据库）① 统计，2005—2018 年这 14 年间，中国企业海外直接投资项目数量扩张了 6.4 倍，由最初的 353 件增长至 2245 件；投资金额从 237.16 亿美元增加到 3000.86 亿美元，实现了 12.7 倍的增长②。中国企业海外直接投资规模的变化，与当下中国经济"走出去"的发展战略相呼应，中国企业正在以更积极更开放的姿态走向世界舞台中央。

中国企业海外直接投资规模在不断扩大的同时，也从不同的方面展现出中国企业海外直接投资所特有的变化趋势和特点。譬如从国内来看，进行海外直接投资的中国企业主要分布在环渤海地区、长三角地区以及珠三角地区，中部地区和西部地区的企业进行的海外直接投资不论从项目数量

---

①　补论中的统计数据来自南开大学全球经济研究中心数据库（简称 NK-GERC 数据库）。

②　因数据统计原则不同，该统计结果与《2018 年度中国对外直接投资统计公报》中的结果有出入，公报统计数据显示 2018 年中国对外直接投资流量为 1430.4 亿美元，相比 2005 年 122.6 亿美元的投资金额扩张了 11.7 倍。本数据库中所使用的统计原则与民企 500 强海外直接投资数据统计的原则一致，具体内容详见本报告第一章第二节。

还是金额上仍占比较少，区域投资不平衡在中国企业海外直接投资过程中仍较为突出；从投资区域来看，在 2005 — 2018 年间，中国企业海外直接投资的国家或地区几乎遍布全球各个角落，在发达经济体、发展中经济体和转型经济体中均有分布，总数达到 167 个；在投资行业层面，国外"较高技术类"水平的制造业以及服务业是吸引中国企业海外直接投资的主要行业部门。这也充分说明，现阶段中国正努力融入经济全球化浪潮中，积极主动地发现和把握机遇，同时初步探索出一条适合中国基本国情以及企业自身发展的投资战略之路。

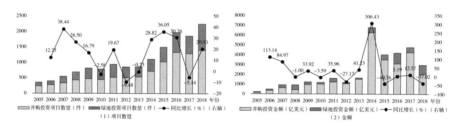

补论图 1-1-1　2005 — 2018 年中国企业海外直接投资项目数量和金额增长变化图

一、本补论中"中国企业海外直接投资指数"七级指标体系的划分

为便于多角度、全面分析中国企业在海外直接投资过程中呈现出的特点，了解中国企业海外直接投资的发展变化，本补论根据 BvD-Zephyr 数据库和 fDi Markets 数据库，从中筛选出在 2005 — 2018 年间进行海外直接投资的中国企业，并按照企业所有制的不同划分出民营、国有、港澳台资和外资 4 种类型企业①，在此基础上构建出"中国企业海外直接投资指数"七级指标体系，体系的基本逻辑框架与第一章第一节中国民营企业海外直接投资指数体系基本保持一致，但不再拘泥于民营样本企业 500 强，而是以全样本企业为基础，且新增了按照企业所有制划分的二级指标，具体的

---

①　本补论参考《企业国有资产交易监督管理办法（2016）》《中华人民共和国外商投资法》《中华人民共和国外资企业法》以及全国工商联和学术界对民营企业的界定对于企业所有制进行划分。

指标体系如下所示：

第一级是中国企业海外直接投资。

第二级是按企业所有制划分，将中国企业海外直接投资分为：民营企业海外直接投资、国有企业海外直接投资、港澳台资企业海外直接投资以及外资企业海外直接投资。

第三级是按照投资模式不同将 4 种所有制企业的投资划分为并购投资和绿地投资。

第四级共计有 24 个指标，分别是 4 种所有制分类下根据并购、绿地投资方式细分得到的投资方来源地、投资标的国（地区）、投资标的行业。

第五级共计有 80 个指标：

（1）投资方来源地的 5 个地区：环渤海地区、长三角地区、珠三角地区、中部地区、西部地区；

（2）投资标的国（地区）的 3 个区域：发达经济体、发展中经济体、转型经济体；

（3）投资标的行业的两种分类：制造业和非制造业。

第六级共计有 224 个指标：即将在五级指标基础上进一步细分，细分方法与"中国民营企业海外直接投资指数"指标体系中第五级一致，详细内容请参照第一章。

第七级共计有 2328 个指标，分别是具体到各六级指标下的各省（自治区、直辖市），各国（地区）、各行业，对应标准请参照第一章"中国民营企业海外直接投资指数"指标体系中第六级的细分方法。

二、本补论中"中国企业海外直接投资指数"的构成

1. 基本指数

按照上述构建的"中国企业海外直接投资指数"七级指标体系的划分标准，本补论以 2011—2015 年项目数量或金额的算术平均数为基期值[①]，

---

① 以"2011—2015 年"算术平均数为基期值的原因与民企 500 强的基期值选择原因一致，详见第一章第一节。

测算出与各指标相对应的项目数量指数和金额指数，具体内容如下：

（1）根据一级指标的划分标准测算出中国企业海外直接投资指数；

（2）根据二级指标的划分标准测算出民营企业海外直接投资指数、国有企业海外直接投资指数、港澳台资企业海外直接投资指数和外资企业海外直接投资指数；

（3）根据三级指标的划分标准测算出中国企业以及不同所有制分类下的企业海外并购投资指数和绿地投资指数；

（4）根据四级指标的划分标准分别从海外并购投资和绿地投资两个维度，测算出中国企业以及不同所有制分类下的企业海外直接投资的来源地别指数、标的国（地区）别指数、标的行业别指数；

（5）根据五级指标的划分标准测算出中国企业以及不同所有制分类下企业在投资方来源地的 5 个地区、投资标的国（地区）的 3 个区域、投资标的行业别的两种分类下的相关指数；

（6）根据六级指标的划分标准测算出投资方来源地更为细化的 10 个地区、投资标的国（地区）对应的 9 个大洲（或区域）、标的行业对应的 9 种分类在中国企业和不同所有制分类下的企业相关指数；

（7）根据七级指标的划分标准分别测算出各省区市、各国别（地区）、各行业的指数。

2. "一带一路"海外直接投资指数

伴随着中国与"一带一路"沿线国家的合作日益密切，中国企业对"一带一路"沿线国家的海外直接投资也展现出新的亮点。为分析中国企业对"一带一路"沿线国家的海外直接投资情况，本补论从 NK-GERC 数据库中筛选出对于"一带一路"沿线国家进行投资的样本企业，测算了中国企业"一带一路"海外直接投资指数，并且按照企业所有制的不同，进一步测算出民营企业"一带一路"海外直接投资指数、国有企业"一带一路"海外直接投资指数、港澳台资企业"一带一路"海外直接投资指数、外资企业"一带一路"海外直接投资指数。

同时，本补论还按照投资模式的不同又分别测出中国企业以及不同所有制分类下企业"一带一路"海外并购投资指数和绿地投资指数,且所有的指数均包含项目数量和金额两方面,指数测算方法与基本指数的测算方法一致。

3. OFDI 综合指数

为了便于更直观地了解中国企业海外直接投资总体状况,本补论在基本指数测算的基础上,使用主成分分析法对中国企业海外直接投资项目数量指数和金额指数赋予相应的权重,从而融合海外投资项目数量指数和金额指数,最终得到中国企业 OFDI 综合指数。同样按照主成分分析赋权方法,本补论通过测算得到融合了项目数量指数和金额指数的民营企业 OFDI综合指数、国有企业 OFDI 综合指数、港澳台资企业 OFDI 综合指数和外资企业 OFDI 综合指数。在本补论中,我们还测算了中国企业"一带一路"OFDI 综合指数、民营企业"一带一路"OFDI 综合指数、国有企业"一带一路"OFDI 综合指数、港澳台资企业"一带一路"OFDI 综合指数、外资企业"一带一路"OFDI 综合指数①。综上所述,本补论中总共累计测算了10 个 OFDI 综合指数。

中国企业 OFDI 综合指数、4 种所有制企业 OFDI 综合指数和"一带一路"OFDI 系列综合指数包含了项目数量和金额两方面的信息,从而可以更为全面地反映中国企业海外直接投资的整体变化趋势,为研究中国企业"走出去"提供更为科学、合理的分析依据。

---

　　① 补论部分按照主成分分析赋权法,基于 2005—2018 年的海外直接投资项目数量指数和金额指数合成 OFDI 综合指数。根据补论测算,不论是中国企业还是 4 种所有制分类下的企业,为得到综合指数所赋予项目数量指数和金额指数的权重均为 0.5,即可用公式表示为:OFDI 综合指数 = 0.5 × 项目数量指数 + 0.5 × 金额指数。中国企业样本(84.32%)、民营企业样本(93.29%)、国有企业样本(74.35%)、港澳台资企业样本(94.09%)、外资企业样本(92.33%)、中国企业"一带一路"投资样本(86.86%)、民营企业"一带一路"投资样本(95.71%)、国有企业"一带一路"投资样本(73.34%)、港澳台资企业"一带一路"投资样本(72.38%)和外资企业"一带一路"投资样本(84.57%)。主成分分析法的使用,一方面保证了综合指数的科学性和客观性;另一方面根据主成分分析法的原理,所得到的项目数量指数和金额指数的权重 0.5 不会随年份的增加而变化,从而保证了综合指数的跨年可比性。另外,使用项目数量指数和金额指数合成综合指数的原因在于指数可以有效地解决项目数量、金额量纲不一致的问题。

第二节　中国加入世界贸易组织后的海外直接投资

一、中国企业 OFDI 综合指数及海外直接投资概况

1. 中国企业海外直接投资总体概况

如补论表 1-2-1 所示，根据 NK-GERC 数据库统计结果可看出，2005—2018 年中国企业海外直接投资项目数量总体呈现上升趋势，且在2014—2016 年间持续高速增长。2017 年起，由于国家开始限制一些行业的非理性投资，这一高速增长的势头开始减弱。2018 年中国企业海外直接投资项目数量相对 2017 年同比增长 20.50%，投资形势较 2017 年有所好转。中国企业海外直接投资金额总体呈现波动上升趋势，特别在 2013—2018 年间出现较大波动。2014 年中国加快构建开放型经济新体制，政府出台了一系列鼓励企业"走出去"的政策措施，例如颁布了新修订的《政府核准投资项目管理办法》等，受此影响中国企业海外直接投资金额在 2014年有显著增长，较前一年同比增长 306.43%。而 2014 年之后，中国企业海外直接投资金额降幅明显，2015—2018 年的海外直接投资金额均未超过2014 年的峰值水平。2018 年中国企业海外直接投资金额规模呈现出与项目数量相反的变化趋势，相比 2017 年下降 37.02%。

补论表 1-2-1　2005—2018 年中国企业海外直接投资项目数量和金额相关指标统计

年份	中国企业海外直接投资					
	项目数量（件）	同比增长（%）	项目数量指数	金额（亿美元）	同比增长（%）	金额指数
2005	353	—	33.49	237.16	—	7.75
2006	398	12.75	37.75	505.48	113.14	16.52
2007	551	38.44	52.27	935.00	84.97	30.56
2008	697	26.50	66.12	925.65	-1.00	30.26
2009	814	16.79	77.21	1239.66	33.92	40.52

续表

年份	中国企业海外直接投资					
	项目数量（件）	同比增长（%）	项目数量指数	金额（亿美元）	同比增长（%）	金额指数
2010	793	-2.58	75.22	1195.10	-3.59	39.07
2011	949	19.67	90.02	1624.83	35.96	53.11
2012	859	-9.48	81.48	1183.38	-27.17	38.68
2013	857	-0.23	81.29	1671.33	41.23	54.63
2014	1104	28.82	104.72	6792.73	306.43	222.04
2015	1502	36.05	142.48	4023.78	-40.76	131.53
2016	1964	30.76	186.30	4232.59	5.19	138.36
2017	1863	-5.14	176.72	4764.58	12.57	155.75
2018	2245	20.50	212.96	3000.86	-37.02	98.09
合计	14949	—	—	32332.13	—	—
2011—2015 年均值	1054.20	—	100.00	3059.21	—	100.00

　　补论图 1-2-1 反映了 2005—2018 年中国企业海外直接投资项目数量指数和金额指数的变化，从中可以清晰地看出中国企业海外直接投资项目数量指数总体平稳上升，2018 年的项目数量指数在 2017 年出现小幅下滑后实现新的增长，且达到 14 年的峰值。中国企业海外直接投资金额指数总体上升，但波动幅度较大：2005—2013 年相对平稳上升，2014 年显著增加达到峰值，2015 年大幅度回落，2016—2017 年有所改善，但 2018 年出现较大幅度的下降，与项目数量指数的变动方向相反。总体上看，2005—2018 年中国企业海外直接投资金额指数波动幅度明显大于项目数量指数波动幅度。

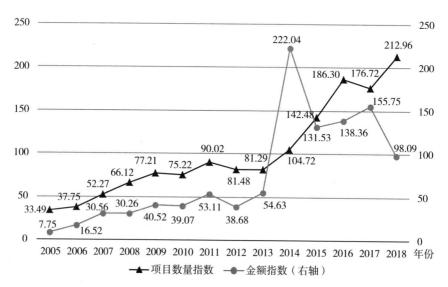

补论图 1-2-1　2005—2018 年中国企业海外直接投资项目数量指数和金额指数变化图

2. 中国企业 OFDI 综合指数

如补论图 1-2-2 所示，从中国企业 OFDI 综合指数在 2005—2018 年间的变化情况看，中国企业海外直接投资规模整体呈现出显著上升趋势，其中 2005—2013 年的 9 年间综合指数增长了 3.3 倍，而之后的 2014 年更是呈现跳跃式增长，仅当年就增长了 2.4 倍，2017 年中国企业 OFDI 综合指数达到了最高值的 166.23。受 2018 年中国企业海外直接投资金额的下降，特别是并购投资金额出现较大幅度降低的影响，2018 年中国企业 OFDI 综合指数较 2017 年降低 6.44%，出现这种情况的原因除了 2017 年开始的政府对非理性海外直接投资的限制之外，还可能源于 2018 年中国面临的贸易投资保护主义及经济下行风险的加大。

补论图 1-2-3 和补论图 1-2-4 从不同所有制企业层面分析了 OFDI 综合指数的变化。2005—2013 年民营和国有企业 OFDI 综合指数均呈现出稳步增长趋势，2014 年以后 OFDI 综合指数开始波动增长。而外资企业和港澳台资企业 OFDI 综合指数的变化幅度相对较大，呈现波浪式上升趋势。同时，纵向比较每年 4 种所有制企业 OFDI 综合指数的差异可看出，

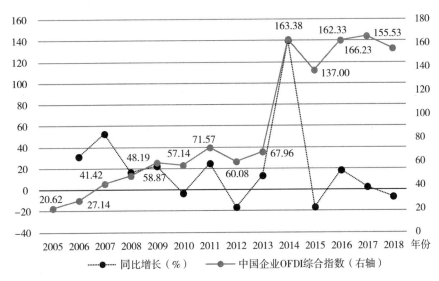

补论图 1-2-2　2005—2018 年中国企业 OFDI 综合指数及其同比增长率变化图

2005—2013 年 4 种所有制企业 OFDI 综合指数差别相对不大，而自 2014 年起开始呈现出较为明显的分化。

其中，民营企业、外资企业、港澳台资企业 OFDI 综合指数在 2014—2016 年均出现大幅度增长，2017 年下降，2018 年 OFDI 综合指数有所上升，但港澳台资企业的波动高于民营企业和外资企业；国有企业 OFDI 综合指数在 2015—2016 年下降，于 2017 年出现小幅上升后，2018 年综合指数又呈现下降趋势，总体变动幅度较小；另外外资企业 OFDI 综合指数在 2010 年有显著上升，港澳台资企业 2005—2013 年 OFDI 综合指数以 2009 年为界呈现先上升后下降的态势。

综观 4 种所有制企业 OFDI 综合指数的变化可发现，国有企业 OFDI 综合指数在 2014 年达到峰值，其他 3 类企业均在 2016 年达到最高。且仅有国有企业 OFDI 综合指数在 2017 年有所上升，这可能与 2017 年政府所出台的非理性投资的限制对国有企业影响相对较小有关。进入 2018 年，除了中国经济持续下行的压力之外，地区保护主义、单边主义盛行，欧美国家逐渐加强对于外资企业的监管力度，采取一系列限制性措施抑制中资企业在其本土的业务拓展，从而保护本土产业，特别是对一些基础能源等敏感性行业的监管，例如墨西哥等发展中国家对采矿、能源、基础设施行业的加强监管①，这些措施的出台打压了中国企业海外直接投资热情，2018 年中国企业海外直接投资金额规模不比以往，从中国企业 OFDI 综合指数的变化看 2018 年综合指数出现 6.44% 的下降，而国有企业对上述行业投资的限制性措施的出台更为敏感，导致国有企业 OFDI 综合指数下降显著。

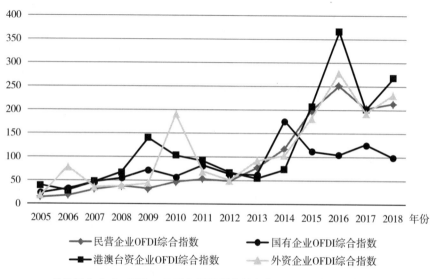

补论图 1-2-3　2005—2018 年不同所有制企业 OFDI 综合指数变化图

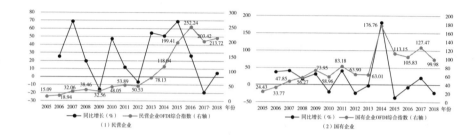

① https://m.tnc.com.cn/info/c-012004-d-3672256.html。

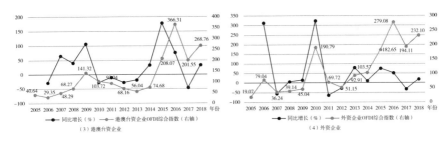

补论图 1-2-4　2005—2018 年不同所有制企业 OFDI 综合指数及其同比增长率变化图

3. 中国企业海外并购、绿地投资概况

补论表 1-2-2 和补论表 1-2-3 分别从并购投资和绿地投资两个方面对中国企业海外直接投资的项目数量和金额情况进行统计描述。由表中数据可以看出，2005—2018 年中国企业并购投资和绿地投资的项目数量及金额总体均呈上升趋势，且并购、绿地投资金额的波动幅度均大于项目数量的变化。从投资项目数量来看，2018 年中国企业并购投资和绿地投资均达到 14 年间的最大值。2018 年中国企业并购投资项目数量达到 1403 件，同比增长 9.01%；中国企业绿地投资项目数量从 2017 年的 576 件上升至 842件，同比增长 46.18%，绿地投资项目数量同比增幅显著大于并购投资项目数量的同比增幅。从投资金额变化情况来看，中国企业海外并购和绿地投资金额在 2014 年均出现了大幅增长，2018 年呈现出大幅度波动，但变化方向相反：2018 年中国企业海外并购金额出现 51.01% 的同比下降，从 2017 年的 4237.81 亿美元下降至 2076 亿美元；中国企业绿地投资金额从 2017 年的 526.77 亿美元上升至 924.86 亿美元，同比增长 75.57%。

补论表 1-2-2　2005—2018 年中国企业海外并购投资项目数量和金额相关指标统计

年份	中国企业海外并购投资					
	项目数量（件）	同比增长（%）	项目数量指数	金额（亿美元）	同比增长（%）	金额指数
2005	227	—	34.34	153.65	—	5.65
2006	275	21.15	41.60	347.37	126.09	12.78
2007	331	20.36	50.08	623.30	79.43	22.93
2008	421	27.19	63.69	450.02	-27.80	16.56

续表

年份	中国企业海外并购投资					
	项目数量 （件）	同比增长 （%）	项目数量 指数	金额 （亿美元）	同比增长 （%）	金额指数
2009	474	12. 59	71. 71	978. 04	117. 33	35. 98
2010	439	−7. 38	66. 41	997. 10	1. 95	36. 68
2011	519	18. 22	78. 52	1235. 83	23. 94	45. 47
2012	506	−2. 50	76. 55	1068. 42	−13. 55	39. 31
2013	535	5. 73	80. 94	1539. 70	44. 11	56. 64
2014	726	35. 70	109. 83	6253. 94	306. 18	230. 08
2015	1019	40. 36	154. 16	3493. 01	−44. 15	128. 51
2016	1332	30. 72	201. 51	3129. 13	−10. 42	115. 12
2017	1287	−3. 38	194. 70	4237. 81	35. 43	155. 91
2018	1403	9. 01	212. 25	2076. 00	−51. 01	76. 37
合计	9494	—	—	26583. 32	—	—
2011—2015 年均值	661. 00	—	100. 00	2718. 18	—	100. 00

补论表 1-2-3 2005—2018 年中国企业海外绿地投资项目数量和金额相关指标统计

年份	中国企业海外绿地投资					
	项目数量 （件）	同比增长 （%）	项目数量 指数	金额 （亿美元）	同比增长 （%）	金额指数
2005	126	—	32. 04	83. 51	—	24. 49
2006	123	−2. 38	31. 28	158. 10	89. 33	46. 36
2007	220	78. 86	55. 95	311. 70	97. 15	91. 40
2008	276	25. 45	70. 19	475. 63	52. 59	139. 47
2009	340	23. 19	86. 47	261. 62	−45. 00	76. 71
2010	354	4. 12	90. 03	198. 00	−24. 32	58. 06
2011	430	21. 47	109. 36	389. 01	96. 47	114. 07
2012	353	−17. 91	89. 78	114. 96	−70. 45	33. 71
2013	322	−8. 78	81. 89	131. 63	14. 50	38. 60
2014	378	17. 39	96. 13	538. 79	309. 31	157. 99
2015	483	27. 78	122. 84	530. 77	−1. 49	155. 63
2016	632	30. 85	160. 73	1103. 46	107. 90	323. 56

续表

年份	中国企业海外绿地投资					
	项目数量（件）	同比增长（%）	项目数量指数	金额（亿美元）	同比增长（%）	金额指数
2017	576	-8.86	146.49	526.77	-52.26	154.46
2018	842	46.18	214.14	924.86	75.57	271.19
合计	5455	—	—	5748.81	—	—
2011—2015 年均值	393.20	—	100.00	341.03	—	100.00

2005—2018 年中国企业海外并购投资、绿地投资项目数量指数均呈现平稳增长。其中，伴随着中国政府投资促进政策的相继发布，2014—2016 年项目数量指数持续高速增长，但进入 2017 年受中国政府对一些行业非理性投资的限制影响，项目数量指数都出现下降；2018 年海外并购投资和绿地投资项目数量指数均有所上升，投资形势有所改善。

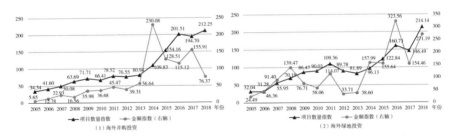

补论图 1-2-5　2005—2018 年中国企业海外并购投资、绿地投资
项目数量指数和金额指数变化图

中国企业海外并购投资金额指数在 2005—2013 年间平稳上升，2014 年大幅增长达到 14 年间的峰值水平，2015—2016 年有所下降，2017 年相对改善，2018 年又呈现出较大幅度下降。而海外绿地投资金额指数则呈现波浪式上升趋势，其变化趋势与海外并购投资金额指数的变化相比出现较大差异，特别在 2016—2018 年两者变化趋势完全相反：中国企业海外绿地投资金额指数于 2016 年显著增加，2017 年大幅下降，2018 年有较大改善。对比企业海外绿地投资项目数量、金额指数在 2017—2018 年的变化来看，2017 年两种海外投资规模不如 2016 年，但 2018 年在海外绿地投资

项目数量、金额指数开始出现显著增长的同时，并购投资规模仍然不容乐观，由此也可以推测相较于海外绿地投资，政府非理性投资限制政策的出台对于海外并购投资产生的抑制作用较强。

二、不同视角下的中国企业海外直接投资

1. 基于不同所有制视角下的中国企业海外直接投资

（1）从海外直接投资整体角度看

从项目数量占比来看，在 2005—2018 年的 14 年间，民营企业海外直接投资项目数量以 58.45% 的总占比①位居 4 种所有制企业首位，其余占比排序依次是国有企业（32.25%）、港澳台资企业（6.5%）和外资企业（4.7%）②。其中：民营企业海外直接投资项目数量除 2006 年和 2009 年稍低于国有企业外，其他年份占比一直处于 4 种所有制企业的第一位，且其占比总体呈现上升趋势，并于 2012 年超过 50% 后持续增加，2018 年已达到 69.93%；国有企业海外直接投资项目数量占比每年呈平稳下降趋势，由 2005 年的 42.49% 下降至 2018 年的 22.41%；港澳台资企业和外资企业占比变动幅度相对较小，且港澳台资企业总体略大于外资企业。

在海外直接投资的金额占比上，国有企业 14 年间投资金额在中国全部企业海外投资金额中的占比在 4 种所有制企业中最高，为 66.61%，民营企业以 35.15% 的占比居其次，港澳台资企业和外资企业占比较为接近，分别为 2.03% 和 1.11%③。其中，民营企业金额占比 2005—2018 年波动上

---

① 此处的占比由中国民营企业在 2005—2018 年间各年度的投资项目数量的汇总值与中国企业投资项目数量在 14 年间的汇总值之比表示，其余所有制投资项目数量的总占比以及金额总占比计算与民企总占比计算方法类似。

② 此处的不同所有制企业投资项目数量的占比计算方式是由该类型企业海外直接投资项目数量占中国企业海外直接投资项目数量的比重表示。由于在数据统计过程中存在重复统计问题，因此不同所有制企业投资项目数量的占比加和可能存在不等于 100% 的情况。

③ 此处的不同所有制企业投资金额的占比计算方式是由该类型企业海外直接投资金额占中国企业海外直接投资金额的比重表示。由于在数据统计过程中存在重复统计问题，因此不同所有制企业投资金额的占比加和可能存在不等于 100% 的情况。

升，由 2005 年的 17.46% 升至 2018 年的 49.63%，涨幅明显，且在 2015 年
和 2016 年均超过了 50%；国有企业占比则在 14 年间波动下降，由 2005 年
的 79.26% 降至 2018 年的 48.15%；2018 年港澳台资企业金额占比达到
3.54%，外资企业金额占比达到 1.87%。而单从 2018 年看，中国企业海外
直接投资中民营企业金额占比最高，民营企业正逐步成为我国海外直接投
资活动中重要的组成部分。

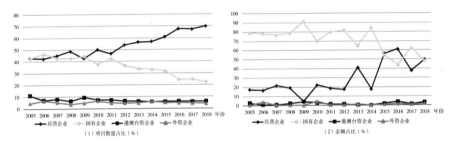

补论图 1-2-6 2005—2018 年不同所有制企业海外直接
投资项目数量、金额占比变化图

补论图 1-2-7 显示了 2005—2018 年 4 种所有制企业海外直接投资项
目数量指数和金额指数的变化。从项目数量指数来看，4 种所有制企业总
体呈现上升趋势，并于 2014—2016 年增速较快，2017 年均出现了不同程
度的下降，主要可能的原因在于 2017 年中国政府对部分行业非理性投资限
制政策的出台。2018 年 4 种所有制企业投资项目数量指数均有提高，但国
有企业项目数量指数增长幅度最低。从金额指数看，不同所有制企业金额
指数的波动幅度均大于项目数量指数的波动。2017 年除国有企业外其余 3
种所有制企业海外直接投资金额指数均出现较大幅度的下降，进入 2018
年，在民营企业、国有企业海外直接投资金额指数出现下降的同时，港澳
台资企业和外资企业海外直接投资金额指数出现较大幅度增长。从峰值变
化水平来看，国有企业海外投资金额指数在 2014 年达到峰值，其他 3 类企
业均在 2016 年达到最高。国有企业金额指数的变化较为独特，这可能是因
为其与政府联系更为密切。

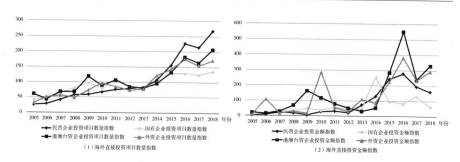

补论图 1-2-7 2005—2018 年不同所有制企业海外直接
投资项目数量指数、金额指数变化图

（2）从海外并购投资角度看

在 4 种所有制企业海外并购投资的分布方面，从项目数量占比来看，民营企业海外并购投资项目数量占比由 2005 年的 43.61%增加到 2018 年的 73.84%，总体稳步上升，2012 年占比开始超过半数，占据了主体地位；而国有企业项目数量占比呈现较为平稳的下降态势，2018 年占比为 18.75%；港澳台资企业和外资企业数量占比较为相近且变化幅度较小。从金额来看，民营企业占比总体波动上升，2015 年首次超过 50%，2018 年占比为 52.59%，在 4 种所有制企业 2018 年占比排位中位居第一；国有企业占比在 14 年间波动下降，特别在近几年中降幅明显，从 2014 年的 86.98%降低至 2018 年的 47.37%；港澳台资企业和外资企业金额占比较为接近且变动幅度较小。

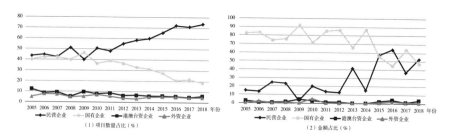

补论图 1-2-8 2005—2018 年不同所有制企业海外并购
投资项目数量、金额占比变化图

由补论图 1-2-9 可以看出不同所有制企业海外并购投资项目数量指数、金额指数的变化走势与海外直接投资基本相同，但国有企业海外并购项目数量指数在 2018 年的变化不同于海外直接投资项目数量指数的增长趋势，而是呈现出小幅下降。外资企业 2018 年的海外并购金额指数也呈现出与海外直接投资金额指数不同的下降趋势。

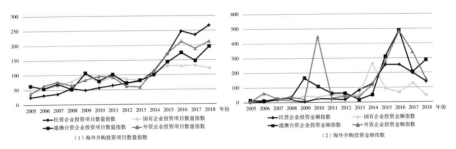

补论图 1-2-9　2005—2018 年不同所有制企业海外并购
投资项目数量指数、金额指数变化图

（3）从海外绿地投资角度看

从 2005—2018 年中国企业海外绿地投资项目数量的占比来看，民营企业占比呈上升态势，2018 年占比 63.42%；国有企业大体上呈下降趋势，2018 年降至 28.50%；港澳台资企业和外资企业绿地投资项目数量占比波动不大，14 年间的年平均占比分别为 6.19% 和 3.84%。从投资金额角度来看，在民营企业海外绿地投资金额占比总体上升的同时，国有企业占比呈现出缓慢下降的趋势，且近年来两者占比逐渐趋于一致，2018 年分别占比为 42.98% 和 49.89%；港澳台资企业 2018 年占比为 3.10%；外资企业占比于 2013 年突增至 12.58%，2014—2018 年又回归 2013 年以前的平均水平，进入 2018 年外资企业的绿地投资金额占比达到 4.02%。

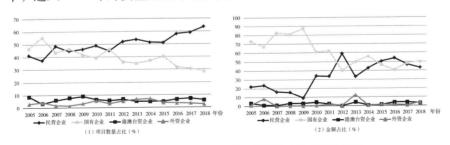

补论图 1-2-10　2005—2018 年不同所有制企业海外绿地
投资项目数量、金额占比变化图

从补论图 1-2-11 可以看出不同所有制企业海外绿地投资项目数量指数总体呈现波动上升趋势。从绿地投资项目数量指数上看，港澳台资企业 2017 年绿地投资项目数量指数在其他 3 种所有制企业投资项目数量指数下降的同时保持不变，2018 年 4 种所有制企业绿地投资项目数量指数均有所改善。而 4 种所有制企业绿地投资的金额指数均呈波浪状波动，且 4 种所有制企业 2016—2018 年间均呈现先上升后下降再上升的状态，2018 年伴随着 4 种所有制企业海外绿地投资项目数量指数的提高，绿地投资金额指数也出现显著增长，特别是 2018 年外资企业海外绿地投资金额指数同比增长 883.25%，达到 14 年间的峰值水平。

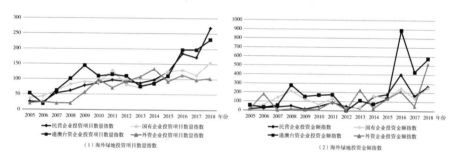

补论图 1-2-11   2005—2018 年不同所有制企业海外绿地投资项目数量指数、金额指数变化图

综合以上三图可见，民营企业已经逐渐成为中国企业海外投资过程中的重要力量，是中国企业"走出去"过程中不可或缺的一部分。

2. 基于投资来源地视角下的中国企业海外直接投资

（1）从五大投资来源地海外直接投资项目数量、金额占比来看

从项目数量角度来看，五大投资来源地在 14 年间投资项目数量在中国企业投资中的总占比从大到小依次为：环渤海地区（39.24%），长三角地区（27.96%），珠三角地区（19.54%），中部地区（7.56%），西部地区（5.71%）。环渤海地区经济体量较大，受首都北京的辐射带动作用，进行海外直接投资的企业相对较多，但其占比总体呈现下降趋势，由 2005 年的 43.97% 降到 2018 年的 33.73%。与此同时，长三角地区占比处于平稳上升状态，由 2005 年的 17.73% 上升到 2018 年的 33.59%，与环渤海地区差距

日渐缩小。作为长三角地区经济的核心——上海市，其经济发展迅速，并且上海自贸区的建设，给予了长三角地区经济发展巨大的支持与活力，使其日渐成为中国最重要的经济地区之一。珠三角地区、中部地区和西部地区的占比变动幅度在五大区域中则相对较小。

从金额角度来看，14 年间环渤海地区的企业海外直接投资金额在所有来源地中的年平均占比最大，但 2018 年首次出现占比低于 50% 的情况，这主要源于京津冀地区企业海外直接投资金额 2018 年同比减少 63.35%。珠三角地区对外开放较早，因此珠三角地区的企业在海外直接投资过程中资金实力充足，有足够的经验积累，早期投资优势明显，因此 2012 年前珠三角地区占比基本高于长三角地区。但 2012 年后长三角地区占比持续超过珠三角地区，2018 年长三角地区金额占比达到 29.77%，高于珠三角地区14.61% 的占比。中部地区和西部地区占比相对较小且差异不大，且根据 NK-GERC 数据库统计，自 2013 年起中部地区企业投资金额占比持续高于西部地区。

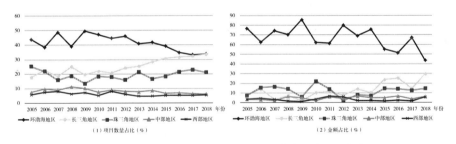

（1）项目数量占比（%）　　　　　　　　（2）金额占比（%）

**补论图 1-2-12　2005—2018 年五大投资来源地企业海外
直接投资项目数量、金额占比变化图**

（2）从五大投资来源地海外直接投资项目数量、金额指数来看

补论图 1-2-13 展示了 2005—2018 年五大投资来源地海外直接投资项目数量、金额指数及其同比增长率变化。从项目数量指数来看，五大地区变化趋势与中国企业海外投资项目数量指数的变化基本一致，其中，2017 年除珠三角地区项目数量指数有所上升外，其余四大来源地企业投资的项目数量指数均下降，可能原因在于 2017 年政府实施的非理性投资的限制措

施对珠三角地区企业投资的影响程度小于其他地区；中部地区和西部地区在 2017 年的海外直接投资项目数量的降幅相对于其余地区较大。

从金额指数的变化来看，五大地区金额指数变化波动较大且各有特点：环渤海地区金额指数除 2016 年有所下降外与中国企业海外直接投资金额指数基本一致；长三角地区和珠三角地区 2012—2015 年金额指数均出现大幅度增长；长三角地区、中部地区及西部地区 2017 年金额指数有不同幅度的下降，2018 年长三角地区和西部地区投资形势有所改善。

单从 2018 年五大区域企业海外直接投资的项目数量指数与金额指数的变化情况来看，进入 2018 年，五大区域企业海外直接投资项目数量指数均呈现出增长趋势，一改 2017 年低迷的走势，而金额指数除长三角地区和西部地区出现增长外，其余 3 个区域均有所下降，特别是环渤海地区、珠三角地区金额指数下降幅度较高。投资项目数量指数与金额指数在五大区域的变化一方面代表着 2018 年中国企业海外直接投资变化较 2017 年缓和；另一方面从环渤海地区与珠三角地区项目数量指数与金额指数显著的反向变化，反映出环渤海地区与珠三角地区企业 2018 年平均海外直接投资金额规模较小，这些地区的企业在保持投资热情的同时也更加审慎地进行投资。

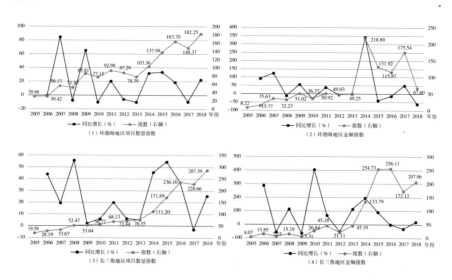

（1）环渤海地区项目数量指数

（2）环渤海地区金额指数

（3）长三角地区项目数量指数

（4）长三角地区金额指数

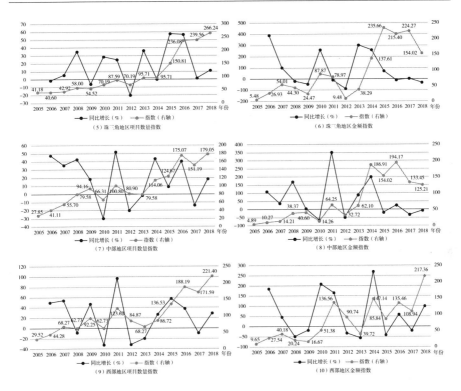

补论图 1-2-13　2005—2018 年五大投资来源地海外直接投资项目数量指数、金额指数及其同比增长率变化图

3. 基于投资标的国视角下的中国企业海外直接投资

（1）从三类经济体海外直接投资项目数量、金额占比来看

发达经济体作为中国企业进行海外直接投资的主要标的区域，在 2005—2018 年间，中国企业 14 年间总投资项目数量的 74.41% 都投向发达经济体，投资金额在总投资金额中占比与项目数量占比接近，为 71.54%①；发展中经济体 14 年间所接受的投资项目数量总占比与金额总占比也保持同步，分别为 20.86% 与 23.53%。且从投资金额占比来看，对发达经济体投资金额占比呈现波动上升趋势，2014 年达到峰值 92.68%，

①　此处的占比由中国企业在 2005—2018 年间对于发达经济体各年度的投资项目数量的汇总值与中国企业投资项目数量在 14 年间的汇总值之比表示，其余不同经济体投资项目数量的总占比以及金额总占比计算与发达经济体投资项目数量总占比计算方法类似。

2015—2017 年持续下降，2018 年有所上升，占比达到 68.94%。而发展中经济体金额占比在 2015—2017 年持续上升，2018 年有所减少，与发达经济体所接受的投资金额占比变化正好相反；转型经济体金额占比从 2014 年开始持续上升，2018 年达到 5.47%。

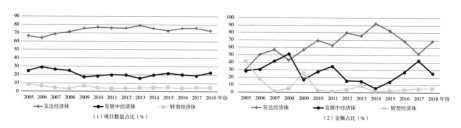

补论图 1-2-14   2005—2018 年中国企业向 3 类经济体海外直接投资
项目数量、金额占比变化图

（2）从 3 类经济体海外直接投资项目数量、金额指数来看

在 3 类经济体中，发达经济体是中国企业进行海外直接投资的主要标的区域，因此在 2005—2018 年间中国企业对发达经济体的投资项目数量指数与总体走势基本相同；发展中经济体海外直接投资项目数量指数在 2009—2013 年间增幅不大。中国企业对转型经济体的投资自 2012 年起持续稳步上升，特别是在 2017 年对发达经济体、发展中经济体的投资项目数量出现下降的情况下，转型经济体的海外投资项目数量指数出现较高增长。

从金额指数来看，中国企业对发达经济体投资金额的变动在 2005—2014 年间与整体的波动趋势相近，但自 2015 年以后，发达经济体的投资金额指数持续下降；与其相反，发展中经济体的金额指数在 2012—2017 年间持续上升，并于 2017 年达到金额指数的峰值，2018 年则大幅下降；转型经济体总体呈波动上升态势，2009 年有大幅增长，且达到 14 年间的峰值，2015—2017 年投资金额指数持续上升，2018 年有所下降，转型经济体投资金额指数所特有的变动趋势，可能与其标的国性质特殊有关。

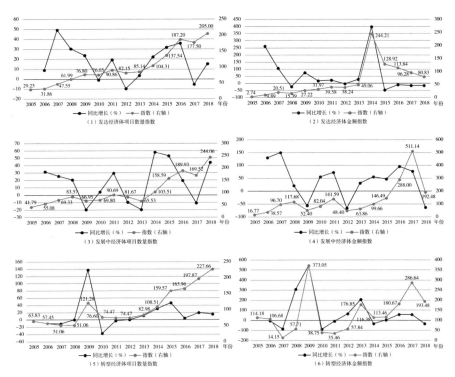

补论图 1-2-15　2005—2018 年中国企业向 3 类经济体海外直接投资
项目数量指数、金额指数及其同比增长率变化图

在基于投资标的国视角下，中国企业 2018 年对 3 类经济体的海外直接投资项目数量指数均有所上升，而金额指数则出现下降趋势，两种指数体现的投资形势相反反映出对中国企业 2018 年海外直接投资的平均金额规模呈现出的下降趋势。

4. 基于投资标的行业视角下的中国企业海外直接投资

（1）从标的行业海外直接投资项目数量、金额占比来看

①中国企业对制造业、非制造业的海外直接投资项目数量、金额占比

在 2005—2018 年间，中国企业 14 年间所进行海外直接投资项目总数的 69.81% 都投向非制造业，30.19% 投向制造业①；在投资金额的总占比

---

①　此处的占比由中国企业在 2005—2018 年间对于海外非制造业各年度的投资项目数量的汇总值与中国企业投资项目数量在 14 年间的汇总值之比表示，制造业投资项目数量的总占比以及金额总占比计算与非制造业投资项目数量总占比计算方法类似。

中，非制造业仍然保持 71.31% 的较高份额。NK-GERC 数据库统计结果表明，无论是项目数量还是金额角度，非制造业的占比常年高于制造业，大致保持为 7:3。

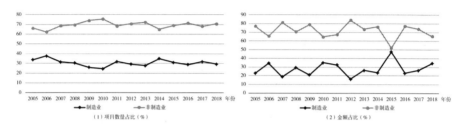

补论图 1-2-16　2005—2018 年中国企业向两种标的行业海外直接投资项目数量、金额占比变化图

②中国企业对不同技术水平制造业的海外直接投资项目数量、金额在制造业中占比

在对海外制造业的直接投资中，中国企业在 2005—2018 年这 14 年间对不同技术水平的制造业的投资项目数量在制造业中的总占比分布为：对中高技术制造业的总投资占比最多（41.36%），高技术制造业次之（25.18%），后续分别是中低技术（17.87%）和低技术（15.59%）制造业；在投资金额方面，总占比排序为：中高技术（38.17%）、高技术（23.23%）、中低技术（19.81%）和低技术（18.79%）制造业。由此可见，中国企业受供给侧结构性改革和创新驱动引导影响，在对制造业进行投资的过程中更多地选择技术水平高的行业，其中对高技术制造业的海外直接投资项目数量占比逐年提升，投资金额占比总体呈上升趋势，但自 2015 年以后占比出现下降，而中高技术制造业在 2016—2018 年间总投资金额在制造业投资金额中占比为 49.14%。

根据补论图 1-2-17 所示，中国企业对高技术制造业在 2005—2018 年的海外直接投资项目数量指数增长势头稳定，特别是从 2013 年起，高技术制造业的项目数量指数的增速加快，2018 年较上年增长 19.14%，达到 231.97；中高技术制造业项目数量指数于 2014 年出现快速增长，而 2018

年出现小幅回落，较 2017 年同比下降 4%；中国企业对中低技术制造业的
投资项目数量指数在经历 2012—2013 年连续两年的下滑之后，于 2014 年
开始持续增长，增长势头稳定；低技术制造业海外直接投资项目数量指数
的变动则呈现出"类周期"的特征，在一段增长期过后会出现小幅的
回落。

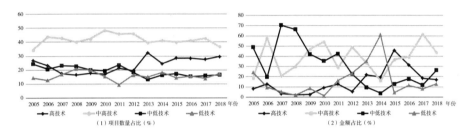

补论图 1-2-17　2005—2018 年中国企业对不同技术水平制造业的
海外直接投资项目数量、金额占比变化图

③中国企业对服务业的海外直接投资项目数量、金额在非制造业中
占比

不论从项目数量还是金额角度看，面向非制造业的海外投资都主要集
中在服务业，2005—2018 年中国企业对海外服务业的总投资项目数量在非
制造业中的总占比为 83.76%，金额占比为 53.72%，在非制造业部门的分
布中均为最大占比。受此影响，中国企业对服务业的投资项目数量指数、
金额指数在 14 年间的变化趋势与在非制造业整体投资的项目数量指数、金
额指数的变化基本保持一致。对于其他非制造业部门来说，从投资项目数
量角度来看，采矿业占比逐年下降，14 年间在非制造业中的总占比为
7.33%，电力、热力、燃气及水生产和供应业的占比次之。从投资金额
角度看，采矿业的金额占比波动幅度较大，2017 年达到 44.56%，2018
年骤减至 5.34%，电力、热力、燃气及水生产和供应业总体呈下降
趋势。

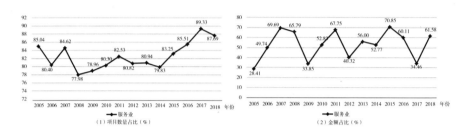

**补论图 1-2-18   2005—2018 年中国企业对服务业的海外
直接投资项目数量、金额占比变化图**

（2）从不同类型标的行业项目数量、金额指数变化角度看

①不同技术水平制造业海外直接投资项目数量、金额指数变化

从金额指数角度来看，低技术制造业的金额指数于 2014 年、高技术制造业于 2015 年达到最高值，峰值过后均出现大幅下降。中高技术、中低技术制造业海外直接投资金额指数同样于 2015 年出现较高增长，随后呈现出波动增长的趋势。其中，中高技术制造业于 2017 年达到近几年最高值 281.22，2018 年又小幅下降 39.65% 至 169.71；中低技术制造业在 2015 年出现小幅下降后，2018 年势头迅猛，增加 86.94% 至 220.51，达到 14 年间的峰值水平。

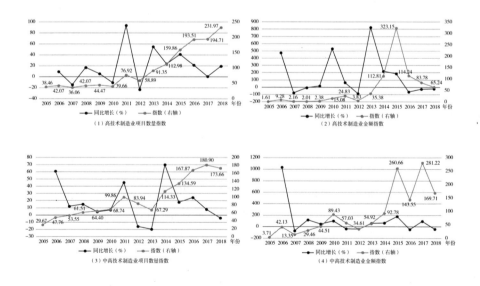

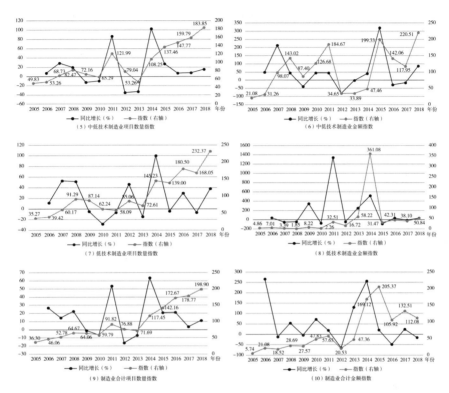

补论图 1-2-19　2005—2018 年在制造业海外直接投资项目数量指数、
金额指数及其同比增长率变化图

②服务业海外直接投资项目数量、金额指数变化

从非制造业项目数量指数在近几年的变化来看，自 2014 年起中国企业对海外非制造业的投资快速增长，2017 年出现小幅回落后，2018 年增长 25.48% 至 217.50，对服务业的海外投资项目数量变化趋势与其一致，在经历 2017 年的小幅回落后，2018 年增长至 233.60，较 2017 年增长 23.17%。

2014 年在政府支持和构建开放经济新体制的背景下，中国企业对海外服务业与非制造业投资的项目金额指数均达到最高值，2015 年出现显著下降，2016 年金额指数回暖，但这一回暖趋势并未持续保持。随着 2017 年中国政府对非理性投资的限制措施的出台，中国企业对海外服务业的投资金额指数快速下降，由于服务业在非制造业中的较高占比，非制造业的金额指数在 2017 年增长缓慢，仅较 2016 年同比增长 4.87%。进入 2018 年，中国企业对海外服务业的投资的严峻形势有所缓和，但从非制造业整体看，其金额指数在 2018 年降幅显著，主要在于对国外采矿业的投资金额指数出现 93.11% 的下跌。

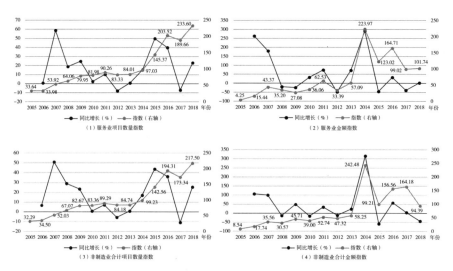

补论图 1-2-20　2005—2018 年在非制造业海外直接投资项目数量指数、金额指数及其同比增长率变化图

三、"一带一路"OFDI 回顾

1. 中国企业"一带一路"OFDI 总体概况

习近平总书记于 2013 年提出"一带一路"倡议，2015 年国家发展和改革委员会、外交部、商务部联合发布了《推动共建丝绸之路经济带和 21 世纪海上丝绸之路的愿景与行动》，NK-GERC 数据库统计数据显示从 2015 年起中国企业对"一带一路"沿线国家的直接投资的项目数量和金额有非常明显的提升。其中，2015 年对"一带一路"沿线国家的投资项目数量同比增长 67.4%，达到 380 件；投资金额增加 130.34% 至 730.12 亿美元。在此后几年，中国企业对"一带一路"沿线国家的直接投资规模不论是项目数量还是金额方面，均较 2015 年之前的水平有了明显的提高。由此可见，"一带一路"倡议有效带动了中国企业对沿线国家的投资，促进了中国与沿线国家的友好往来。

**补论表 1-2-4 2005—2018 年中国企业"一带一路"沿线国家
直接投资项目数量和金额相关指标统计**

年份	中国企业"一带一路"沿线国家直接投资					
	项目数量（件）	同比增长（%）	项目数量指数	金额（亿美元）	同比增长（%）	金额指数
2005	117	—	51.54	151.46	—	44.27
2006	118	0.85	51.98	213.99	41.28	62.54
2007	145	22.88	63.88	264.94	23.81	77.43
2008	157	8.28	69.16	286.60	8.17	83.76
2009	174	10.83	76.65	479.16	67.19	140.04
2010	169	-2.87	74.45	201.46	-57.96	58.88
2011	186	10.06	81.94	295.37	46.61	86.33
2012	168	-9.68	74.01	109.48	-62.93	32.00
2013	174	3.57	76.65	258.84	136.43	75.65
2014	227	30.46	100.00	316.98	22.46	92.64
2015	380	67.40	167.40	730.12	130.34	213.39
2016	483	27.11	212.78	1092.28	49.60	319.23
2017	436	-9.73	192.07	2159.88	97.74	631.25
2018	621	42.43	273.57	888.30	-58.87	259.62
合计	3555	—	—	7448.86	—	—
2011—2015 年均值	227.00	—	100.00	342.16	—	100.00

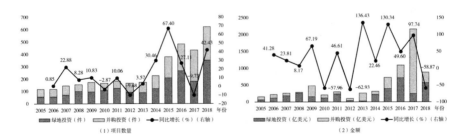

**补论图 1-2-21 2005—2018 年中国企业"一带一路"沿线国家
直接投资项目数量和金额增长变化图**

　　中国企业对"一带一路"沿线国家的直接投资项目数量指数和金额指数在 2005—2018 年间均呈现出良好的增长态势，特别是在 2014—2016 年间增势显著。但根据 NK-GERC 数据库统计原则，2017 年的数据统计中包括了沙特一笔巨额传言的并购交易①，这一交易的存在拉高了 2017 年"一带一路"海外直接投资金额指数，如补论图 1-2-22（1）所示，以至于2018 年金额指数出现显著下降。如果在 2017 年的数据基础上剔除这一笔巨额传言交易，则与国家公布的数据统计近似，补论图 1-2-22（2）描绘了剔除后的指数变化。尽管中国经济下行压力大，但截至 2018 年，无论从项目数量还是金额来看，中国对"一带一路"的投资力度还是有增无减的。

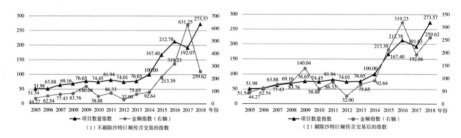

补论图 1-2-22　2005—2018 年中国企业"一带一路"沿线国家直接投资项目数量和金额指数变化图

2. 中国企业对"一带一路"沿线国家直接投资综合指数

总体来看，自 2013 年"一带一路"倡议提出以来，对"一带一路"沿线国家直接投资综合指数增速得到明显提高，测算结果显示 2015 年综合指数同比增长率高达 97.67%，是对"一带一路"沿线国家直接投资综合指数同比增长最高的年份，2017—2018 年间对"一带一路"沿线国家直

---

① 根据商务部统计显示，2017 年中国企业对"一带一路"沿线国家的投资金额较 2016年下降 1.2%，2018 年投资金额同比增长 8.9%，与本补论中"一带一路"沿线国家直接投资金额先上升后下降的结论相反，主要原因在于统计口径的设定原则不同。为尽可能保证不遗漏样本、减少统计误差，本数据库在筛选并购数据时，按照日期选择某年度的交易项目，也因此会将某些传言交易却并没有实施的巨额交易项目统计进去，例如 2017 年并购数据库中包括了一项传言 2017 年 10 月 13 日中国石油天然气股份有限公司对于沙特的一笔 1500 亿美元的并购投资交易，本数据库按照统计原则的设定将这笔金额统计进数据库中，因此导致补论中显示 2017 年中国企业对"一带一路"沿线国家的投资金额提高，2018 年金额同比下降显著。若将该笔巨额交易剔除，则按照数据库的统计 2017 年对"一带一路"沿线国家的投资金额同比下降 39.59%，2018 年则较 2017 年投资金额上升 34.61%（见补论图 1-2-22），此时这一变化趋势则与商务部统计的变化趋势保持一致。

接投资综合指数出现先增加而后大幅下降趋势，这主要与 2017 年中国的国有企业对沙特的一笔巨额的传言并购交易有关。当剔除这笔交易后，中国企业对"一带一路"沿线国家直接投资综合指数在 2017 年出现 27.73% 的下降，2018 年同比增长 38.67%，达到 14 年来对"一带一路"沿线国家直接投资综合指数的峰值 266.59。

从不同所有制企业对"一带一路"沿线国家直接投资综合指数变化可知，民营企业和港澳台资企业对"一带一路"沿线国家直接投资综合指数变化相似，均是在 2016 年达到峰值后呈现下降趋势，但民企对"一带一路"沿线国家直接投资综合指数 2018 年出现回暖迹象，港澳台资企业对"一带一路"沿线国家直接投资综合指数却在 2018 年持续下降；国有企业对"一带一路"沿线国家直接投资综合指数在 2014—2016 年间持续稳定增长，再剔除国企对沙特的一笔巨额传言并购交易后，国企对"一带一路"沿线国家直接投资综合指数 2017 年出现回落，进入 2018 年则明显回暖；外资企业对"一带一路"沿线国家直接投资综合指数则于 2016 年到达 298.35 后呈下降趋势，2018 年突增 258.09% 至 887.13。

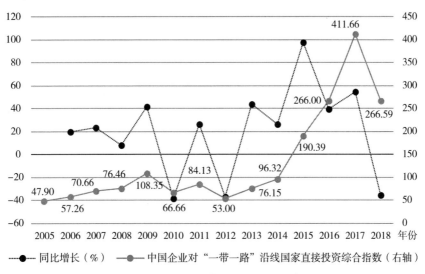

补论图 1-2-23　2005—2018 年中国企业对"一带一路"沿线国家直接
投资综合指数及其同比增长率变化图

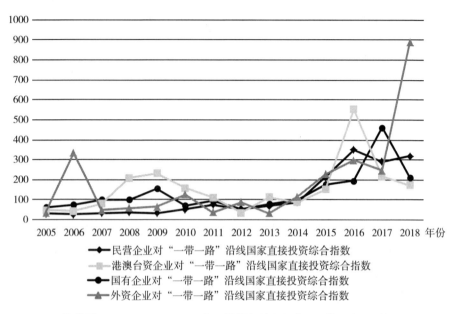

补论图 1-2-24　2005—2018 年不同所有制企业对"一带一路"沿线
国家直接投资综合指数变化图

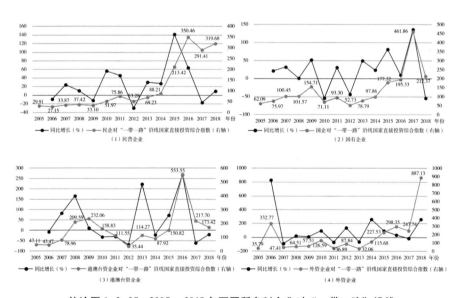

补论图 1-2-25　2005—2018 年不同所有制企业对"一带一路"沿线
国家直接投资综合指数及其同比增长率变化图

3. 中国企业"一带一路"沿线国家并购、绿地投资概况

补论表 1-2-5 反映了中国企业对"一带一路"沿线国家进行并购、绿地投资的项目数量和金额的变化情况。根据补论表 1-2-5 统计显示，2005—2018 年间，中国企业以绿地投资方式对"一带一路"沿线国家的投资项目数量在"一带一路"沿线国家总投资中的占比为 54.43%，投资金额在总投资中的占比为 44.68%。由此可见，中国企业对"一带一路"沿线国家的投资在并购、绿地投资两种模式的划分中较为平均。

从补论表 1-2-5 可以看出，"一带一路"沿线国家并购投资项目数量在"一带一路"倡议实施的影响下，由 2014 年的 104 件增加 62.5% 至 2015 年的 169 件，随后年份中增长趋势稳步提高；自"一带一路"倡议实施以后，2015 年并购投资金额规模增幅超过项目数量，同比增长 252.71% 至 346.54 亿美元，并在 2017 年激增 404.98% 至 14 年间的最高水平，投资金额规模达到 1910.74 亿美元，但该投资金额规模于 2018 年出现回落。

单从对"一带一路"沿线国家的绿地投资项目数量和金额来看，自 2013 年倡议提出后，投资项目数量和金额在 2014—2016 年间快速增长，特别是 2016 年中国企业对"一带一路"沿线国家的绿地投资金额规模达到 14 年来的峰值水平 713.9 亿美元。在政府对境外投资的限制性措施影响下，2017 年"一带一路"绿地投资项目数量和金额同步下降，与并购投资规模的增长趋势恰好相反，这在一定程度上也反映出中国企业对"一带一路"的绿地投资对国家政策的变动较并购投资来说更为敏感。进入 2018 年，"一带一路"绿地投资项目数量和金额又重新恢复增长，企业向"一带一路"沿线国家的绿地投资规模明显回暖。

补论表 1-2-5　2005—2018 年中国企业 "一带一路" 沿线国家
并购、绿地投资项目数量和金额相关指标统计

年份	中国企业 "一带一路" 沿线国家并购投资					
	项目数量（件）	同比增长（%）	项目数量指数	金额（亿美元）	同比增长（%）	金额指数
2005	59	—	59.72	84.04	—	52.11
2006	60	1.69	60.73	103.33	22.96	64.07
2007	73	21.67	73.89	88.08	-14.76	54.61
2008	55	-24.66	55.67	32.76	-62.81	20.31
2009	76	38.18	76.92	319.58	875.66	198.15
2010	63	-17.11	63.77	82.92	-74.05	51.41
2011	60	-4.76	60.73	66.81	-19.43	41.43
2012	75	25.00	75.91	65.45	-2.04	40.58
2013	86	14.67	87.04	229.37	250.44	142.22
2014	104	20.93	105.26	98.25	-57.17	60.92
2015	169	62.50	171.05	346.54	252.71	214.86
2016	217	28.40	219.64	378.38	9.19	234.60
2017	253	16.59	256.07	1910.74	404.98	1184.70
2018	270	6.72	273.28	314.28	-83.55	194.86
合计	1620	—	—	4120.53	—	—
2011—2015 年均值	98.80	—	100.00	161.28	—	100.00

年份	中国企业 "一带一路" 沿线国家绿地投资					
	项目数量（件）	同比增长（%）	项目数量指数	金额（亿美元）	同比增长（%）	金额指数
2005	58	—	45.24	67.42	—	37.28
2006	58	0.00	45.24	110.66	64.12	61.18
2007	72	24.14	56.16	176.87	59.84	97.78
2008	102	41.67	79.56	253.84	43.52	140.34
2009	98	-3.92	76.44	159.58	-37.13	88.23
2010	106	8.16	82.68	118.54	-25.72	65.54
2011	126	18.87	98.28	228.56	92.81	126.36
2012	93	-26.19	72.54	44.03	-80.74	24.34
2013	88	-5.38	68.64	29.47	-33.07	16.29
2014	123	39.77	95.94	218.73	642.30	120.93

年份	中国企业"一带一路"沿线国家绿地投资					
	项目数（件）	同比增长（%）	项目数量指数	金额（亿美元）	同比增长（%）	金额指数
2015	211	71.54	164.59	383.59	75.37	212.08
2016	266	26.07	207.49	713.90	86.11	394.70
2017	183	−31.20	142.75	249.15	−65.10	137.75
2018	351	91.80	273.79	574.02	130.40	317.36
合计	1935	—	—	3328.33	—	—
2011—2015 年均值	128.20	—	100.00	180.87	—	100.00

中国企业"一带一路"沿线国家并购投资项目数量指数自倡议提出以后逐年稳定增长，2018 年项目数量指数达到 273.28，海外并购投资金额指数除在 2017 年出现大幅增长外，在 2005—2018 年的其他年份增长势头均不如项目数量指数。"一带一路"沿线国家绿地投资项目数量指数和金额指数在倡议提出后增长变化趋势较为同步，在经历 2017 年的大幅下降之后 2018 年均出现较高增长。但从补论图 1-2-26 中可以看出，不论是对"一带一路"沿线国家的并购投资还是绿地投资，投资金额指数的波动幅度均高于项目数量的波动。

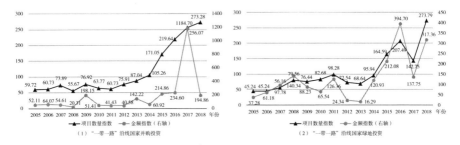

补论图 1-2-26　2005—2018 年中国企业"一带一路"沿线国家并购投资、
绿地投资项目数量指数和金额指数变化图

4. 不同视角下的中国企业"一带一路"沿线国家直接投资

（1）从"一带一路"沿线国家直接投资在总投资中的占比来看

中国企业"一带一路"沿线国家直接投资项目数量占比自倡议实施后

出现小幅提升,由 2005—2014 年间 22.17% 的占比增长至 2015—2018 年间 25.35% 的占比,项目金额占比在倡议提出后同样提升,由 2005—2014 年间 15.81% 的总占比增长至 2015—2018 年间 30.4% 的总占比[①]。随着国家对"一带一路"沿线国家投资鼓励政策的出台,2017 年中国企业"一带一路"沿线国家直接投资金额在总投资中占比显著提高,达到 45.33%,较 2016 年同比增长 75.66%。2018 年投资金额占比又回归平均水平,且与项目数量的投资占比较为接近。

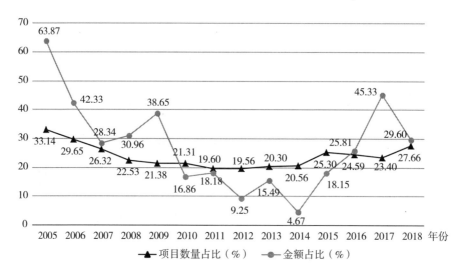

补论图 1-2-27　2005—2018 年中国企业"一带一路"沿线国家直接投资
项目数量、金额在海外总投资中的占比变化图

(2) 从民企、国企对"一带一路"沿线国家直接投资在"一带一路"总投资中的占比来看

2005—2018 年 14 年间,民营企业向"一带一路"沿线国家直接投资项目总数量在"一带一路"沿线国家所接受的总投资中占比为 53.33%,国有企业直接投资项目数量占比为 38.23%;民营企业向"一带一路"沿

---

① 此处的占比由中国企业在 2005—2014 年间对于"一带一路"沿线国家在各年度的投资项目数量的汇总值与中国企业投资项目数量在这 10 年间的汇总值之比表示,2015—2018 年的"一带一路"沿线国家投资的项目数量占比以及下文中所述的金额占比的计算方法与此方法类似。

线国家直接投资总金额在"一带一路"沿线国家总投资额中占比为
28.06%，国有企业占比为 70.4%。由此可见，不论是从投资项目数量还是
投资金额看，民企和国企是中国企业进行"一带一路"沿线国家直接投资的
主体部分，且由于国有企业在国家和政府的支持下，能够更有优势获得丝路
基金、亚洲基础设施投资银行、金砖国家开发银行等金融机构提供的融资支
持，因此国有企业对"一带一路"沿线国家的投资的平均投资金额规模较民
营企业高。

　　从民企、国企对"一带一路"沿线国家直接投资项目数量占比的变化
图中可以发现，向"一带一路"沿线国家投资的民营企业占比逐年攀升至
2018 年的 64.09%，而国有企业占比逐年下降至 28.18%；从投资金额角度
看，自 2015 年"一带一路"倡议实施以来，民企和国企对"一带一路"
沿线国家的投资金额占比除 2017 年有明显差异以外，其余年份均逐渐趋于
一致。在国家出台的对部分行业的限制性投资政策影响下，2017 年民营企
业的海外投资金额规模整体大幅下降，对"一带一路"沿线国家的投资也
降幅显著，从而导致 2017 年国企和民企在对"一带一路"沿线国家的投
资金额规模上出现显著差异。但总体来说，民营企业在"一带一路"沿线
国家投资活动中日益活跃，正在逐渐形成以国有企业为中心、民营企业为
支撑的局面。

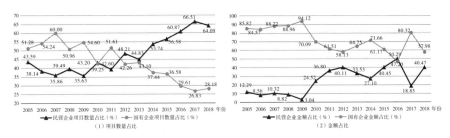

**补论图 1-2-28　2005—2018 年民企、国企对"一带一路"沿线国家直接投资
项目数量、金额在"一带一路"总投资中的占比变化图**

　　(3) 从不同所有制企业对"一带一路"沿线国家直接投资的角度看
　　从不同所有制企业对"一带一路"沿线国家直接投资项目数量指数的
变化来看，自 2015 年"一带一路"倡议实施以来，民营企业、国有企业、

港澳台资企业以及外资企业对"一带一路"沿线国家的直接投资项目数量均呈现出快速增长趋势，且伴随着"一带一路"建设的逐步深入推进以及政府的政策支持，民营企业对"一带一路"沿线国家直接投资项目数量指数飞速提高，除 2017 年略有下降外，其余年份均持续高速增长，2018 年项目数量指数达到近年来的最高值 349.74，这一方面反映了民营企业对于国家政策的积极响应和支持，也表明民营企业海外投资实力的提高，民营企业正在进一步扩大海外投资市场，寻求多角度全方位的投资模式，努力融入全球价值链的建设中去。

在 4 种所有制企业对"一带一路"沿线国家直接投资金额指数的变化中，可发现自 2017 年起国家开始出台政策为过热的海外投资降温，除国有企业对"一带一路"沿线国家直接投资金额指数大幅上升以外，民营企业和港澳台资企业 2017 年对"一带一路"沿线国家直接投资金额指数均显著下降，且 2018 年的投资金额指数继续延续了 2017 年的下降趋势。结合项目数量指数和金额指数的变化看，2018 年民营企业对"一带一路"沿线国家的投资虽仍然活跃，但是逐渐趋于审慎投资，投资金额规模下降。然而在民营企业、国有企业和港澳台资企业"一带一路"OFDI 金额指数均出现下滑的 2018 年，外资企业对"一带一路"沿线国家直接投资金额指数高速增长，这主要由于 2018 年一家外资企业向哈萨克进行了一笔金额规模为 25 亿美元的绿地投资，使得外资企业对"一带一路"沿线国家直接投资金额指数在 2018 年同比增长 401.8%。

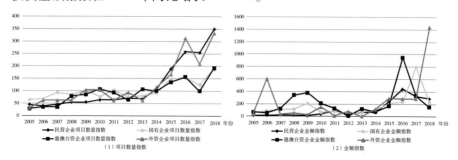

（1）项目数量指数　　　　　　（2）金额指数

补论图 1-2-29　2005—2018 年不同所有制企业对"一带一路"沿线国家
直接投资项目数量指数、金额指数变化图

补论 2　中国海外直接投资与宏观经济指标之间的协动性

——基于民企 500 强 OFDI 综合指数分析①

　　在经济全球化背景下，中国企业"走出去"的步伐逐步加快，海外直接投资已然成为中国企业融入国际市场的重要途径。那么中国企业是如何"走出去"、如何展开并且又是如何运作的呢？换句话说，中国企业"走出去"是受哪些因素影响的呢？这些问题的妥善回答对于中国企业走向世界起到关键作用。本补论考虑到上述问题的重要性，通过以民企 500 强 OFDI 综合指数为例，具体分析了民企 500 强 OFDI 综合指数与中国宏观经济变量的协动关系，以期从影响中国经济发展的主要经济变量的角度为政府部门制定相关政策措施，调节好企业海外直接投资规模与中国经济增长的关系提供参考，也为相关学者研究中国 OFDI 提供更为科学、客观的研究依据。

　　本补论主要通过分析中国民企 500 强 OFDI 综合指数与我国实际 GDP、固定资产投资、内需、GDP 平减指数、国民储蓄率、贷款利率、有效汇率、M2 增长率、国际储备、外债、出口总额、平均工资指数、每百万人口中研发人员数目、工业附加值占 GDP 的比重这 14 个国民经济中重要宏观指标②的相关系数，来检验中国民企海外直接投资和这些宏观变量之间

　　①　本补论是在薛军、魏玮在《统计与决策》期刊发表的《中国民营企业海外直接投资与宏观经济的协动性分析——基于民企 500 强海外投资综合指数的测算》一文基础上，所进行的数据更新与补充。

　　②　我国实际 GDP 至平均工资指数等 12 个变量均取自 BvD-EIU 宏观经济数据库，每百万人口中研发人员数目和工业附加值占 GDP 的比重数据取自世界银行数据库。

的协动性。为了避免样本数据中可能出现异常值的情况进而影响分析结果，本补论将同时分析 Pearson 相关系数和 Spearman 相关系数。

补论表 2-1　2005—2018 年中国民企 OFDI 综合指数与我国重要宏观变量的相关系数

宏观指标	OFDI 综合指数	
	Pearson 相关系数	Spearman 相关系数
实际 GDP	0.899[**]	0.952[**]
固定资产投资	0.870[**]	0.952[**]
内　需	0.894[**]	0.952[**]
GDP 平减指数	−0.494	−0.481
国民储蓄率	−0.746[**]	−0.537[*]
贷款利率	−0.727[**]	−0.577[*]
有效汇率	0.777[**]	0.908[**]
M2 增长率	−0.742[**]	−0.802[**]
国际储备	0.517	0.710[**]
外　债	0.810[**]	0.895[**]
出口总额	0.730[**]	0.881[**]
平均工资指数（2010＝100）	0.904[**]	0.952[**]
每百万人口中研发人员数目	0.725[**]	0.786[**]
工业附加值占 GDP 的比重	−0.922[**]	−0.899[**]

注：[**] 表示在 1% 水平（双侧）上显著相关，[*] 表示在 5% 水平（双侧）上显著相关。
数据来源：我国实际 GDP 至平均工资指数等 12 个变量均取自 BvD-EIU 宏观经济数据库，每百万人口中研发人员数目和工业附加值占 GDP 的比重数据取自世界银行数据库。

由分析结果可以看出：

（1）中国民企 500 强 OFDI 综合指数（以下简称"OFDI 综指"）和我国实际 GDP 呈现高度的正相关，并且这一相关性在 1% 水平上显著，说明我国经济增长越快，越能增强我国民营企业进行海外投资的积极性，这是因为我国经济发展越好，越有利于企业发展，进而民企才能积累起进行海外投资的实力，反之民企进行海外直接投资也有利于我国经济发展。

（2）OFDI 综指和固定资产投资以及我国内需同样呈现高度正相关，其 Pearson 相关系数稍有差异，而 Spearman 相关系数均与实际 GDP 相同，反映出中国民企海外直接投资对我国的经济增长、固定资产投资和内需的影响程度是十分接近的，由此可以推测出民企 OFDI 通过影响我国投资进而影响我国内需，最终传递到对我国经济增长产生影响。

（3）GDP 平减指数是衡量一国通货膨胀的重要指标，OFDI 综指与我国的 GDP 平减指数呈现较弱的负相关，这一相关性并不显著，但可以得知我国经济越稳定越有利于我国民营企业的海外投资活动，原因与 GDP 类似，我国经济越稳定越有利于民企在国内积累海外扩张实力。

（4）OFDI 综指和国民储蓄率呈现显著负相关，这是因为民企 OFDI 将国内储蓄转化为对外投资，从而导致国民储蓄下降。

（5）OFDI 综指与贷款利率呈显著负相关，说明贷款利率越高，民企进行海外投资的积极性越差，这是因为贷款利率会影响民企进行海外投资的资本成本，贷款利率越高，民企进行海外投资的成本越大，从而民企进行海外投资的积极性越低。

（6）OFDI 综指和我国有效汇率呈现高度正相关，即人民币有效汇率越高越有利于民企进行海外直接投资，因为人民币有效汇率上升即人民币升值，民企 OFDI 成本降低。

（7）OFDI 综指和 M2 增长率呈现显著负相关，反映出我国宽松的货币政策不利于民企海外直接投资，这是因为 M2 为货币供应量的广义统计口径，M2 增长率提高说明我国实行宽松的货币政策，有利于促进国内投资需求，进而提高了民企海外直接投资的机会成本。

（8）OFDI 综指与我国的国际储备呈现正相关，虽然 Pearson 相关性不显著，但 Spearman 相关系数在 1% 水平上仍显著，反映出我国的国际储备越多，越有利于民企的海外投资活动，这是因为我国国际储备数量具有一定的政策含义，若我国国际储备较多，则我国的外汇管制会较为宽松，这将有利于民企进行海外投资。若我国国际储备数量较少，国家出于外汇储备保护的目的，将会实行较为严格的外汇管制，这将为民企的海外投资活动带来较大阻力。

（9）OFDI 综指与我国外债呈现显著正相关，因为我国民企上市融资能力有限,海外投资的资金大多通过借贷渠道获得,所以民企海外投资越是活跃,我国外债越高。

(10) OFDI 综指和我国出口总额呈现高度显著的正相关,即我国出口额越高越有利于我国民企的海外投资,需要注意的是,中国经常性收支盈余越多,越有利于体现这种高度正相关①。

(11) OFDI 综指和我国平均工资指数呈现显著正相关,这说明我国劳动力成本越高,民企越倾向于进行海外投资,这是由于劳动力成本增加会提高民企的国内生产成本,则民企更有动力去海外寻求更为低廉的劳动力或是更有效率的劳动力,从而促进了民企的海外投资。

(12) OFDI 综指和我国每百万人口中研发人员数目同样呈现高度正相关,因为我国研发人员数目越多,越有利于我国各企业的发展,民企更有实力进行海外投资。此外,民企进行海外投资也存在一定的技术溢出作用,反过来也有利于我国研发人员数目的增加。

(13) OFDI 综指和我国工业附加值占 GDP 的比重呈现显著负相关,反映出民企进行海外投资的积极程度与我国工业附加值占 GDP 的比重并非相互促进的关系。按照配第克拉克原则,一个国家完成工业化必然带来以工业为主的第二产业的占比下降,本报告这个结论也正好验证当前我国步入后工业化时代的现状,以及 OFDI 与进入后工业化之后我国的工业附加值占 GDP 之间的关系。

综上所述,中国民企 500 强 OFDI 综合指数和我国实际 GDP、固定资产投资、内需、有效汇率、国际储备、外债、出口总额、平均工资指数和每百万人口中研发人员数目均呈现正相关关系,与我国 GDP 平减指数、国民储蓄率、贷款利率、M2 增长率和工业附加值占 GDP 的比重均呈现负相关关系,其中除去与 GDP 平减指数和国际储备的相关性的显著性较低外,与其他宏观变量的相关性的显著性均较高。这一分析结果可以为我国政策制定者提供调整我国民企海外直接投资规模的参考。协动性分析结果显

---

① 美国是另外一种情况,其 OFDI 很高,但其贸易赤字也较大,这主要由于美元是世界货币。

示，除去宏观产业政策调控之外的影响，稳定正面向好的宏观经济可以促进民营企业海外直接投资活动。民企海外投资活动的增加，将有利于提高民营企业的国际竞争力，顺应经济全球化的潮流，有利于加快我国民营企业的国际化步伐，同时还有利于人民币国际化。我国目前大力推进的共建"一带一路"倡议不仅提高了我国民营企业对于"一带一路"沿线国家投资的积极性，同时带动了沿线国家的经济增长，有利于我国承担大国责任，在全球树立起大国形象。中国民营企业海外直接投资和我国的经济增长相辅相成，构建民营企业海外直接投资与经济增长的良性循环具有重大意义。

补论 3 中国海外直接投资 2019—2021 年预测及展望

——基于 2005—2018 年 OFDI 金额的趋势分析

一、中国企业 OFDI 趋势分析

为了对 2005—2018 年中国企业 OFDI 发展变化进行深入分析，以及对包括"一带一路"OFDI 在内的中国企业"走出去"进行预测，进一步展望中国海外直接投资的发展趋势，本补论在结合前人关于 OFDI 研究的基础上，基于中国国情寻找影响中国企业 OFDI 的关键因素，并以 2005—2018 年中国企业 OFDI 金额为被解释变量构建计量模型，判断各核心指标对于企业 OFDI 的影响程度，最终在此计量模型的基础上预测 2019—2021 年中国 OFDI 的金额变化。

1. 计量模型

本补论参考 Mario，Anderson 和 Yotov（2017）[①]，构建如下计量模型：

$$OFDI_{i,t} = \beta_1 CNGDP_t + \beta_2 CR_t + \beta_3 PI_t + \beta_4 FGDP_{i,t} + \beta_5 FTA_{i,t} + \beta_6 BIT_{i,t} + \beta_7 CB_i + \beta_8 CL_i + \beta_9 D_i + \beta_{10} EI_i + \varepsilon_{i,t}$$

其中 i 是中国 OFDI 的东道国，t 是年份。因变量 $OFDI_{i,t}$ 是中国 t 年对 i 国家 OFDI 的金额。解释变量大致分为以下 5 类：中国宏观经济指标、外国宏观经济指标、双边经济协议因素、语言和地理因素、重大经济事件因素。中国宏观经济指标有 $CNGDP_t$、CR_t 和 PI_t，分别指的是中国 t 年的

---

① Mario L., Anderson J. E. and Yotov Y. V., "Trade Liberalization, Growth, and FDI: A Structural Estimation Framework", *Annual Conference 2017* (*Vienna*): *Alternative Structures for Money and Banking*, 2017 (14).

GDP、消费占收入的比例和价格指数。外国宏观经济指标 $FGDP_{i,t}$ 指的是 i 国 t 年的 GDP。双边经济协议因素分为 $FTA_{i,t}$ 和 $BIT_{i,t}$ 两大类，分别指的是自由贸易协定和双边投资协定，并进一步分为双边协定、多边协定、协定签署、协定生效、协定修改和协定升级等。语言和地理因素有 CB_i、CL_i 和 D_i，分别指的是中国与 i 国是否接壤、官方语言是否相同以及与 i 国的地理距离。重大经济事件因素 EI_i 指的是可能影响中国对各国 OFDI 总量的重大经济事件，包括 2013 年"一带一路"倡议的提出，2015 年国家三部委联合推出《推动共建丝绸之路经济带和 21 世纪海上丝绸之路的愿景与行动》和 2018 年中美贸易摩擦。$\varepsilon_{i,t}$ 是随机扰动项。

2. 数据来源

本补论中预测模型使用的是 2005—2018 年国家层面的面板数据，东道国包括了 NK-GERC 数据库中中国企业海外直接投资的所有标的国家和地区。其中，中国对东道国的 OFDI 金额来自 NK-GERC 数据库，单位为百万美元；中国 GDP 来自中国国家统计局的国民总收入年度数据，单位为十亿元人民币；消费占收入的比例的计算方法是使用中国国家统计局的居民消费年度数据除以 GDP，用百分比表示；价格指数使用中国国家统计局的消费者价格指数年度数据，以 1978 年为基期（将 1978 年指数设为 100）；外国 GDP 使用世界银行的 GDP 年度数据，单位是十亿美元；自由贸易协定、双边投资协定和重大经济事件都是年份虚拟变量，签署协议、协议生效或者经济事件发生的当年以及之后年份取值为 1，之前年份取值为 0。其中：自由贸易协定和双边投资协定的签署和生效年份根据中国商务部网站的数据整理得到，比较详细的修改协定或者升级协定的年份则根据中国商务部网站的新闻整理得到；历史和地理因素使用 CEPII 网站的数据；"一带一路"倡议的提出是 2013 年，国家三部委联合推出《推动共建丝绸之路经济带和 21 世纪海上丝绸之路的愿景与行动》是 2015 年，中美贸易摩擦是特朗普签署对华贸易备忘录的 2018 年。

3. 估计结果

使用随机效应模型的面板数据估计结果如下。其中，显著的解释变量包括标的国 GDP、与标的国之间签署和双边贸易协定的升级与生效、与标的国具有相同的官方语言 3 项，由此表明中国对于东道国的 OFDI 和上述解释变量有一定的相关关系。这种相关关系也是符合经济学逻辑的。根据常规的 FDI 引力模型，东道国 GDP 越大，吸引 FDI 也就越多[①]；双边贸易协定的升级是代表区域经济一体化的进一步提高，可以减少交易成本，有助于增加 FDI 流量[②]；东道国的官方语言和中国的官方语言相同，增加了对母国投资的吸引力[③]；2013 年提出"一带一路"倡议以及 2018 年中美贸易摩擦均对于世界经济环境的变化产生较大影响，这也会影响国内企业对于 OFDI 的投资规模的选择判断。

补论表 3-1　随机效应模型的面板数据估计结果[④]

OFDI	系数	标准差	t 值	P 值	显著水平
CNGDP	0.08	0.12	0.63	0.53	—
FGDP	2.10	0.20	10.32	0.00	***
CR	25.03	251.75	0.10	0.92	—
PI	−17.90	40.01	−0.45	0.66	—
MFTASE	−994.40	1678.98	−0.59	0.55	—
MFTAUS	640.17	2564.88	0.25	0.80	—

---

① Paniagua J., Erik F.and Juan S.B., "Quantile Regression for the FDI Gravity Equation", *Journal of Business Research*, 2015 (68), pp.1512-1518.

② Mario L., Anderson J. E. and Yotov Y. V., "Trade Liberalization, Growth, and FDI: A Structural Estimation Framework", *Annual Conference 2017 (Vienna)*: *Alternative Structures for Money and Banking*, 2017 (14).

③ Mario L., Anderson J. E. and Yotov Y. V., "Trade Liberalization, Growth, and FDI: A Structural Estimation Framework", *Annual Conference 2017 (Vienna)*: *Alternative Structures for Money and Banking*, 2017 (14).

④ MFTASE 指的是多边自由贸易协定的签署和生效；MFTAUS 指的是多边自由贸易协定升级的签署；MFTAUE 指的是多边自由贸易协定升级协定的生效；MFTARS1、MFTARS2 指的是多边自由贸易协定的首次和再次修订协议的签署；FTASE 指的是双边自由贸易协定的签署和生效；FTAUS 指的是双边自由贸易协定升级协定的签署；FTAUE 指的是双边自由贸易协定升级协定的生效；BITS 指的是双边投资协定的签署；BITE 指的是双边投资协定的生效；BITAS 指的是双边投资协定补充协定的签署；BITAE 指的是双边投资协定补充协定的生效；BRI 指的是 2013 年"一带一路"倡议的提出；VAJBBRI 指的是 2015 年"一带一路"愿景的实施；TW 指的是 2018 年特朗普签署对华贸易备忘录。

OFDI	系数	标准差	t 值	P 值	显著水平
MFTAUE	744. 92	4611. 53	0. 16	0. 87	—
MFTARS1	50. 80	2308. 84	0. 02	0. 98	—
MFTARS2	734. 26	4804. 96	0. 15	0. 88	—
FTASE	172. 28	1393. 34	0. 12	0. 90	—
FTAUS	11240. 79	6228. 19	1. 80	0. 07	*
FTAUE	−14700. 00	8534. 70	−1. 72	0. 09	*
BITS	−93. 26	2182. 42	−0. 04	0. 97	—
BITE	584. 49	2153. 04	0. 27	0. 79	—
BITAS	−538. 26	2169. 59	−0. 25	0. 80	—
BITAE	642. 66	2196. 64	0. 29	0. 77	—
CB	800. 07	1224. 34	0. 65	0. 51	—
CL	3946. 81	2343. 54	1. 68	0. 09	*
D	0. 02	0. 10	0. 21	0. 84	—
BRI	1201. 33	1051. 20	1. 14	0. 25	—
VAJBBRI	−553. 08	1058. 16	−0. 52	0. 60	—
TW	−1921. 22	1358. 89	−1. 41	0. 16	—
Constant	5003. 55	22463. 78	0. 22	0. 82	—

注：*** 表示在 1% 的显著水平内相关；** 表示在 5% 的显著水平内相关；* 表示在 10% 的显著水平内相关。

值得一提的是，中国国内 GDP 与 OFDI 的相关关系虽然为正，但是并不显著。一方面，中国国内 GDP 与 OFDI 的相关关系为正，这符合常规 FDI 引力模型的结论。另一方面，中国国内 GDP 与 OFDI 的相关关系不显著，这可能受中国近年来的经济下行压力的影响。中国近年来的经济下行压力可能导致中国企业对国内投资信心不足，把投资的目标从国内转向国外，所以 OFDI 代替了部分国内投资。在这种条件下，中国国内 GDP 与 OFDI 存在一定程度的负相关关系，导致常规的正相关关系不显著。

4. 拟合结果

在上述估计结果的基础上，本补论使用估计的解释变量的系数计算得到 2005—2018 年中国 OFDI 的拟合值，并与 2005—2018 年中国 OFDI 的实际值比较，从而判断本补论所设计的计量模型的解释能力。补论图 3-1

（1）是中国 OFDI 的拟合值与实际值比较，从补论图 3-1（1）中可以看出，模型计算的拟合值与实际值差距不大，说明计量模型有较强的解释能力。在此基础上从样本中选取出"一带一路"沿线国家，用相同的计量模型和估计参数重新计算 2005—2018 年中国对"一带一路"沿线国家的 OFDI 的拟合值，补论图 3-1（2）是中国对"一带一路"沿线国家 OFDI 的拟合值与实际值比较。

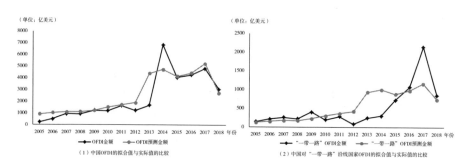

**补论图 3-1　2005—2018 年中国企业 OFDI、中国对"一带一路"
沿线国家 OFDI 的拟合值与实际值比较**

补论图 3-1 显示 2005—2018 年中国 OFDI 的拟合值与实际值有一定差异。比较显然的差异是，虽然 2013 年提出"一带一路"倡议对中国 OFDI 有显著的促进作用，但是计量模型计算 OFDI 预测金额在 2013 年提出"一带一路"倡议之后立即大幅度提高，但是实际 OFDI 金额并非立即大幅度提高，而是有一定的延迟。可能的原因有两点：第一，"一带一路"倡议是在 2013 年 9 月、10 月习近平总书记出访中亚、东南亚的过程中提出的，从提出"一带一路"倡议到相关政策的制定和实施有一个过程；第二，"一带一路"倡议实施之后，中国企业从积极响应号召制定"走出去"战略，到大幅提高实际 OFDI 金额存在一个过程变化。

除了上述差异以外，本补论使用模型预测的 OFDI 金额变化趋势与实际的 OFDI 金额变化趋势基本一致，特别明显的变化趋势是 2018 年 OFDI 的大幅度减少，在拟合值和实际值中均有体现，本补论对该现象按照"直接效应"和"叠加效应"两种效应进行解释。

（1）直接效应：中美贸易摩擦直接影响中国 OFDI，该效应与其他政策无关。2018 年 3 月特朗普签署了对华贸易备忘录，6 月美国商务部发布加征关税商品清单，中国商务部均迅速采取对策。中美贸易摩擦升级迅速，有目共睹。中国和美国是世界两大经济体，中美贸易摩擦影响深远，导致中国对外投资企业对世界经济形势普遍不看好。

（2）叠加效应：在中美贸易摩擦的背景下，限制中国 OFDI 的政策的抑制作用增加。虽然在提出政策的 2017 年 OFDI 仍然略有增加，但是在 2018 年中美贸易摩擦的背景下，该政策对中国 OFDI 有显著的抑制作用。2017 年中国政府虽然出台了限制非理性对外投资的政策，但是中国对外投资企业没有看到明确的不确定和不利因素，所以 2017 年该政策对 OFDI 的抑制作用不大。2018 年中美贸易摩擦迅速升级的背景下，导致中国对外投资企业看到了明确的不确定和不利因素。2017 年出台的政策与 2018 年的贸易摩擦"叠加"，增加了中国政府政策的影响，所以 2018 年该政策对 OFDI 的抑制作用增加。

二、中国企业 OFDI 趋势展望

由于前一小节估计的 OFDI 金额变化趋势与实际的 OFDI 金额变化趋势基本一致，因此本部分根据前一小节的计量模型、估计参数与 2019—2021 年的部分解释变量的估计值，对 2019—2021 年中国 OFDI 的趋势进行展望。历史和地理因素的解释变量是固定的，双边经济协议因素、重大经济事件因素可以假设不变，但是中国和外国的宏观经济因素要通过合理估计预测。中国国家统计局公布的中国 GDP、中国消费比率有 1952 年到 2018 年的数据，中国 CPI 有 1978 年到 2018 年的数据，而世界银行的外国 GDP 数据也大部分都有 1980 年到 2018 年或者更长时间段的数据，由于这些数据能反映近年来各宏观经济变量的变化情况，所以本小节首先通过分析中国 GDP、外国 GDP、中国消费比率、中国 CPI 的变化趋势，从中国基本国情出发估计 2019—2021 年各宏观变量的取值。经分析，假设 2019—2021 年中国 GDP 增长率保持 6% 的水平，外国 GDP、中国消费比率、中国 CPI 的增长率分别为 2014—2018 年相应变量增长率的平均值。在将所得到的预测值代入前一小节所得到的计量模型中后，可得出中国对各国 OFDI 的预测值，将所得到的 OFDI 预测值进行加总，即可得到未来时期中国 OFDI 的预测值。

补论图 3-2 是中国 OFDI 和中国对"一带一路"沿线国家 OFDI 在 2019—2021 年趋势的展望，"OFDI 预测金额"由 2005 年到 2018 年中国 OFDI 的拟合值与 2019—2021 年中国 OFDI 的预测值两部分组成。2019—2021 年如果"一带一路"倡议仍然顺利实施，中美贸易摩擦仍然继续，各国经济状况的发展符合以往的趋势，没有其他不可预测的重大事件影响 OFDI，则预测中国企业 OFDI 将呈现先下滑后小幅增长的趋势：2019 年预测金额为 2927.56 亿美元，同比下降 3.83%；2020 年预测金额为 3324.58 亿美元，增长率为 13.56%；2021 年预测金额为 3764.30 亿美元，增长率为 13.23%。中国对"一带一路"沿线国家 OFDI 的 2019 年预测金额为 811.90 亿美元，同比下降 4.1%；2020 年预测金额为 904.74 亿美元，同比增长 11.44%；2021 年预测金额为 1006.67 亿美元，增长率为 11.27%。

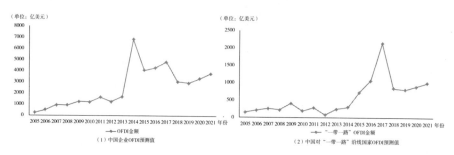

补论图 3-2　2019—2021 年中国企业 OFDI、中国对"一带一路"沿线国家 OFDI 预测值变化趋势图

应当指出的是，上述预测是在假设各国经济状况的发展符合以往的趋势，且历史和地理因素、双边经济协议和重大经济事件因素没有改变的情况下得出的。但是国际经济形势风云变幻，各种风险和不确定性可能产生各种难以准确预测的影响因素，使得上述预测与实际数据不完全一致。虽然如此，可以合理地假设各种可能影响中国 OFDI 的不确定因素，并预测这些因素可能如何影响 2019—2021 年中国 OFDI。本补论总结了未来 3 年可能对所得出的中国 OFDI 预测值产生影响的 4 种因素：国内经济因素、国内政策因素、国际经济政治因素、经济冲击因素。

（1）国内经济因素：中国宏观经济形势对中国 OFDI 的影响方向不确定。在中国 GDP 增速大幅提高的情况下，一方面中国企业可能有更充足的资金对外投资，导致 OFDI 增加；另一方面中国企业可能对中国国内投资更有信心，把一部分 OFDI 转移到国内，导致 OFDI 减少。如果中国经济呈现断崖式下降，则可能会导致进行 OFDI 的中国企业面临资金不足的问题，这将使得企业 OFDI 大幅下降，但出现这种情况的概率几乎很小。

（2）国内政策因素：如果中国进一步出台与 2017 年对境外非理性投资的限制政策相类似的政策措施，比如进一步强化外汇管制，OFDI 可能继续减少；反之，如果中国政府减少限制或者加大鼓励境外投资，OFDI 可能大幅增加。

（3）国际经济政治因素：如果世界经济形势进一步低迷，中国 OFDI 的增速可能比较缓慢；反之，如果部分国家的 GDP 大幅增加，中国对这些国家的 OFDI 可能迅速增加。另外，如果中国政府进一步推进和落实"走出去"政策，升级现有的或者签署新的经贸协定，中国对这些国家的 OFDI 也可能增加迅速；反之，若未来年份中国没有再升级或签署新的经贸协定，那么中国 OFDI 可能增长缓慢。

（4）经济冲击因素：如果中美贸易摩擦进一步升级，在面对世界经济风险和不确定因素下，中国企业"走出去"可能更加谨慎，有可能导致 OFDI 呈现下降趋势；反之，若中美贸易摩擦停止，可能导致中国对外投资企业对世界经济持更乐观态度，中国 OFDI 可能出现大幅增加。除了中美贸易摩擦进一步升级之外，可能的经济冲击还有世界范围内的贸易保护主义进一步恶化、世界性金融危机爆发、区域战争带来的世界性恐慌等，这些风险因素的存在均可能会导致中国 OFDI 出现进一步下降。

附　录

附录1　2018年中国民营企业500强海外直接投资——投资来源地别TOP10

附录表 1-1　2018 年中国民营企业 500 强海外直接投资——投资来源地别 TOP10（项目数量）

排　序	投资方来源地	项目数量（件）
1	广　东	89
2	北　京	77
3	浙　江	41
4	江　苏	29
5	上　海	21
6	山　东	17
7	重　庆	8
8	福　建	7
9	内蒙古	6
	新　疆	6
10	天　津	4

附录表 1-2　2018 年中国民营企业 500 强海外直接投资——投资来源地别 TOP10（金额）

排　序	投资方来源地	金额（百万美元）
1	浙　江	10524
2	广　东	10504
3	江　苏	7786
4	山　东	4466

排　序	投资方来源地	金额（百万美元）
5	上　海	3998
6	北　京	3833
7	新　疆	3251
8	内蒙古	1213
9	河　南	575
10	福　建	527

附录表 1-3　2018 年中国民营企业 500 强海外并购投资——投资来源地别 TOP10（项目数量）

排　序	投资方来源地	项目数量（件）
1	北　京	21
2	江　苏	16
3	上　海	15
3	广　东	15
4	浙　江	13
5	山　东	8
6	重　庆	6
7	天　津	4
7	内蒙古	4
8	福　建	3
8	山　西	3
9	陕　西	2
9	湖　北	2
9	河　北	2
10	河　南	1
10	湖　南	1
10	安　徽	1
10	黑龙江	1

附录表 1-4　2018 年中国民营企业 500 强海外并购投资——投资来源地别 TOP10（金额）

排　序	投资方来源地	金额（百万美元）
1	浙　江	8589
2	广　东	5167
3	江　苏	3620
4	北　京	3182
5	山　东	2893
6	上　海	2782
7	内蒙古	1194
8	河　南	495
9	福　建	214
10	黑龙江	200

附录表 1-5　2018 年中国民营企业 500 强海外绿地投资——投资来源地别 TOP10（项目数量）

排　序	投资方来源地	项目数量（件）
1	广　东	74
2	北　京	56
3	浙　江	28
4	江　苏	13
5	山　东	9
6	上　海	6
6	新　疆	6
7	福　建	4
8	内蒙古	2
8	河　南	2
8	江　西	2
8	四　川	2
8	重　庆	2
9	辽　宁	1
9	湖　南	1

注：2018 年其他省份项目数量均为 0 件。

附录表 1-6　2018 年中国民营企业 500 强海外绿地投资——投资来源地别 TOP10（金额）

排　序	投资方来源地	金额（百万美元）
1	广　东	5337
2	江　苏	4167
3	新　疆	3251
4	浙　江	1935
5	山　东	1573
6	上　海	1217
7	北　京	651
8	福　建	314
9	江　西	264
10	重　庆	174

附录 2　2018 年中国民营企业 500 强海外直接投资
——投资标的国（地区）别 TOP10

附录表 2-1　2018 年中国民营企业 500 强海外直接投资集中地 TOP10（项目数量）

排　序	标的国（地区）	项目数量（件）
1	美　国	42
2	中国香港	35
3	印　度	25
4	西班牙	16
4	英　国	16
5	意大利	10
6	德　国	9
6	澳大利亚	9
6	俄罗斯	9
7	法　国	8
7	新加坡	8

续表

排　序	标的国（地区）	项目数量（件）
8	捷　克	6
	印　尼	6
	马来西亚	6
9	巴基斯坦	5
	几内亚	5
	墨西哥	5
	泰　国	5
	波　兰	5
	荷　兰	5
10	越　南	4
	阿联酋	4
	埃　及	4
	加拿大	4
	英属维尔京群岛	4
	瑞　士	4

附录表 2-2　2018 年中国民营企业 500 强海外直接投资集中地 TOP10（金额）

排　序	标的国（地区）	金额（百万美元）
1	中国香港	6472
2	美　国	4975
3	英　国	4332
4	菲律宾	3507
5	瑞　典	3370
6	德　国	3219
7	几内亚	3042
8	印　度	2079
9	阿联酋	1907
10	卢森堡	1732

附录表 2-3　2018 年中国民营企业 500 强海外并购投资集中地 TOP10（项目数量）

排　序	并购标的国（地区）	项目数量（件）
1	中国香港	27
2	美　国	26
3	印　度	7
4	新加坡	5
	英　国	5
	马来西亚	5
5	英属维尔京群岛	4
	德　国	4
6	意大利	3
	加拿大	3
	开曼群岛	3
7	阿联酋	2
	澳大利亚	2
	印　尼	2
	阿根廷	2
	瑞　士	2
	百慕大群岛	2
8	巴基斯坦	1
	西班牙	1
	墨西哥	1
	芬　兰	1
	荷　兰	1
	韩　国	1
	以色列	1
	老　挝	1
	土耳其	1
	日　本	1
	埃塞俄比亚	1
	斯里兰卡	1
	卢森堡	1
	瑞　典	1
	津巴布韦	1

注：2018 年其他并购标的国（地区）项目数量均为 0 件。

附录表 2-4   2018 年中国民营企业 500 强海外并购投资集中地 TOP10（金额）

排　　序	并购标的国（地区）	金额（百万美元）
1	中国香港	5287
2	美　国	4327
3	英　国	3601
4	瑞　典	3370
5	德　国	2907
6	阿联酋	1900
7	卢森堡	1732
8	开曼群岛	1269
9	瑞　士	1195
10	津巴布韦	1000

附录表 2-5   2018 年中国民营企业 500 强海外绿地投资集中地 TOP10（项目数量）

排　　序	绿地标的国（地区）	项目数量（件）
1	印　度	18
2	美　国	16
3	西班牙	15
4	英　国	11
5	俄罗斯	9
6	法　国	8
6	中国香港	8
7	意大利	7
7	澳大利亚	7
8	捷　克	6
9	几内亚	5
9	德　国	5
9	泰　国	5
9	波　兰	5
10	越　南	4
10	巴基斯坦	4
10	墨西哥	4
10	印　尼	4
10	荷　兰	4
10	埃　及	4

附录表 2-6　2018 年中国民营企业 500 强海外绿地投资集中地 TOP10（金额）

排　序	绿地标的国（地区）	金额（百万美元）
1	菲律宾	3507
2	几内亚	3042
3	印　度	1889
4	澳大利亚	1336
5	中国香港	1185
6	埃　及	910
7	荷　兰	828
8	印　尼	825
9	英　国	731
10	美　国	647

附录 3　2018 年中国民营企业 500 强海外直接投资——投资标的行业别 TOP10

附录表 3-1　2018 年中国民营企业 500 强海外直接投资行业别 TOP10（项目数量）

排　序	标的行业	项目数量（件）
1	批发和零售业	111
2	信息传输、软件和信息技术服务业	31
3	科学研究和技术服务业	23
4	金融业	20
5	广播、电视和通信设备	17
5	汽车、挂车和半挂车	17
6	房屋建筑业	11
7	其他电气机械和设备	9
7	交通运输、仓储和邮政业	9
8	食品、饮料和烟草	8
9	电力、热力生产和供应业	7
10	医疗器械、精密仪器和光学仪器、钟表	6
10	其他机械设备	6

附录表 3-2   2018 年中国民营企业 500 强海外直接投资行业别 TOP10（金额）

排　序	标的行业	金额（百万美元）
1	汽车、挂车和半挂车	6221
2	批发和零售业	4965
3	纺织、纺织品、皮革及制鞋	4403
4	金融业	4112
5	房屋建筑业	3817
6	其他机械设备	3393
7	电力、热力生产和供应业	3114
8	租赁和商务服务业	2375
9	医药制造	2124
10	基本金属和金属制品	1888

附录表 3-3   2018 年中国民营企业 500 强海外并购投资行业别 TOP10（项目数量）

排　序	并购标的行业	项目数量（件）
1	金融业	20
2	批发和零售业	16
3	信息传输、软件和信息技术服务业	13
4	汽车、挂车和半挂车	7
4	科学研究和技术服务业	7
5	医疗器械、精密仪器和光学仪器、钟表	6
6	其他电气机械和设备	5
6	租赁和商务服务业	5
7	广播、电视和通信设备	4
7	其他机械设备	4
7	其他制造业和再生产品	4
8	文化、体育和娱乐业	3
8	纺织、纺织品、皮革及制鞋	3
8	医药制造	3

续表

排　序	并购标的行业	项目数量（件）
9	交通运输、仓储和邮政业	2
	木材、纸浆、纸张、纸制品、印刷及出版	2
	卫生和社会工作	2
	有色金属矿采选业	2
	石油和天然气开采业	2
10	基本金属和金属制品	1
	电力、热力生产和供应业	1
	食品、饮料和烟草	1
	其他非金属矿物制品	1
	其他铁道设备和运输设备	1
	建筑装饰、装修和其他建筑业	1
	水生产和供应业	1
	黑色金属矿采选业	1

附录表 3-4　2018 年中国民营企业 500 强海外并购投资行业别 TOP10（金额）

排　序	并购标的行业	金额（百万美元）
1	汽车、挂车和半挂车	5032
2	批发和零售业	4501
3	金融业	4112
4	其他机械设备	3389
5	租赁和商务服务业	2375
6	医药制造	2035
7	医疗器械、精密仪器和光学仪器、钟表	1503
8	其他制造业和再生产品	1171
9	广播、电视和通信设备	1092
10	石油和天然气开采业	915

附录表 3-5　2018 年中国民营企业 500 强海外绿地投资行业别 TOP10（项目数量）

排　序	绿地标的行业	项目数量（件）
1	批发和零售业	95
2	信息传输、软件和信息技术服务业	18
3	科学研究和技术服务业	16
4	广播、电视和通信设备	13
5	房屋建筑业	11
6	汽车、挂车和半挂车	10
7	交通运输、仓储和邮政业	7
7	食品、饮料和烟草	7
8	电力、热力生产和供应业	6
9	基本金属和金属制品	4
9	其他电气机械和设备	4
10	教　育	3

附录表 3-6　2018 年中国民营企业 500 强海外绿地投资行业别 TOP10（金额）

排　序	绿地标的行业	金额（百万美元）
1	房屋建筑业	3817
2	纺织、纺织品、皮革及制鞋	3500
3	电力、热力生产和供应业	3069
4	基本金属和金属制品	1678
5	汽车、挂车和半挂车	1189
6	土木工程建筑业	830
7	广播、电视和通信设备	788
8	交通运输、仓储和邮政业	775
9	木材、纸浆、纸张、纸制品、印刷及出版	637
10	科学研究和技术服务业	518

附录表 3-7　2018 年中国民营企业 500 强海外直接投资制造业别 TOP10（项目数量）

排序	投资标的制造业行业	项目数量（件）	行业技术分类
1	汽车、挂车和半挂车	17	中高技术
1	广播、电视和通信设备	17	高技术

续表

排序	投资标的制造业行业	项目数量（件）	行业技术分类
2	其他电气机械和设备	9	中高技术
3	食品、饮料和烟草	8	低技术
4	其他机械设备	6	中高技术
	医疗器械、精密仪器和光学仪器、钟表	6	高技术
5	基本金属和金属制品	5	中低技术
	医药制造	5	高技术
6	纺织、纺织品、皮革及制鞋	4	低技术
	其他制造业和再生产品	4	低技术
7	木材、纸浆、纸张、纸制品、印刷及出版	3	低技术
8	航空航天	2	高技术
	其他非金属矿物制品	2	中低技术
	其他铁道设备和运输设备	2	中高技术
9	橡胶和塑料制品	1	中低技术
	化学品及化学制品（不含制药）	1	中高技术

注：其他海外直接投资标的制造业行业的投资项目数量均为0件。

附录表 3-8　2018 年中国民营企业 500 强海外直接投资制造业别 TOP10（金额）

排序	投资标的制造业行业	金额（百万美元）	行业技术分类
1	汽车、挂车和半挂车	6221	中高技术
2	纺织、纺织品、皮革及制鞋	4403	低技术
3	其他机械设备	3393	中高技术
4	医药制造	2124	高技术
5	基本金属和金属制品	1888	中低技术
6	广播、电视和通信设备	1880	高技术
7	医疗器械、精密仪器和光学仪器、钟表	1503	高技术
8	其他制造业和再生产品	1171	低技术
9	木材、纸浆、纸张、纸制品、印刷及出版	830	低技术
10	其他电气机械和设备	606	中高技术

附录表 **3-9**   **2018 年中国民营企业 500 强海外并购投资制造业别 TOP10**（项目数量）

排序	并购投资标的制造业行业	项目数量（件）	行业技术分类
1	汽车、挂车和半挂车	7	中高技术
2	医疗器械、精密仪器和光学仪器、钟表	6	高技术
3	其他电气机械和设备	5	中高技术
4	广播、电视和通信设备	4	高技术
4	其他机械设备	4	中高技术
4	其他制造业和再生产品	4	低技术
5	医药制造	3	高技术
5	纺织、纺织品、皮革及制鞋	3	低技术
6	木材、纸浆、纸张、纸制品、印刷及出版	2	低技术
7	其他铁道设备和运输设备	1	中高技术
7	其他非金属矿物制品	1	中低技术
7	基本金属和金属制品	1	中低技术
7	食品、饮料和烟草	1	低技术

注：其他海外并购投资标的制造业行业的投资项目数量均为 0 件。

附录表 **3-10**   **2018 年中国民营企业 500 强海外并购投资制造业别 TOP10**（金额）

排序	并购投资标的制造业行业	金额（百万美元）	行业技术分类
1	汽车、挂车和半挂车	5032	中高技术
2	其他机械设备	3389	中高技术
3	医药制造	2035	高技术
4	医疗器械、精密仪器和光学仪器、钟表	1503	高技术
5	其他制造业和再生产品	1171	低技术
6	广播、电视和通信设备	1092	高技术
7	纺织、纺织品、皮革及制鞋	903	低技术
8	其他电气机械和设备	236	中高技术
9	基本金属和金属制品	210	中低技术
10	其他非金属矿物制品	200	中低技术

附录表 3-11　2018 年中国民营企业 500 强海外绿地投资制造业别 TOP10（项目数量）

排序	绿地投资标的制造业行业	项目数量（件）	行业技术分类
1	广播、电视和通信设备	13	高技术
2	汽车、挂车和半挂车	10	中高技术
3	食品、饮料和烟草	7	低技术
4	其他电气机械和设备	4	中高技术
	基本金属和金属制品	4	中低技术
5	航空航天	2	高技术
	医药制造	2	高技术
	其他机械设备	2	中高技术
6	化学品及化学制品（不含制药）	1	中高技术
	其他铁道设备和运输设备	1	中高技术
	橡胶和塑料制品	1	中低技术
	其他非金属矿物制品	1	中低技术
	木材、纸浆、纸张、纸制品、印刷及出版	1	低技术
	纺织、纺织品、皮革及制鞋	1	低技术

注：其他海外绿地投资标的制造业行业的项目数量均为 0 件。

附录表 3-12　2018 年中国民营企业 500 强海外绿地投资制造业别 TOP10（金额）

排序	绿地投资标的制造业行业	金额（百万美元）	行业技术分类
1	纺织、纺织品、皮革及制鞋	3500	低技术
2	基本金属和金属制品	1678	中低技术
3	汽车、挂车和半挂车	1189	中高技术
4	广播、电视和通信设备	788	高技术
5	木材、纸浆、纸张、纸制品、印刷及出版	637	低技术
6	其他电气机械和设备	370	中高技术
7	橡胶和塑料制品	300	中低技术
8	食品、饮料和烟草	191	低技术
9	化学品及化学制品（不含制药）	138	中高技术
10	医药制造	89	高技术

附录 4　2005—2018 年中国民营企业 500 强海外直接投资——融资模式别 TOP5

附录表 4-1　2005—2018 年中国民营企业 500 强海外并购
投资的融资模式 TOP5（项目数量）

排　序	融资模式	项目数量（件）
1	私人配售	67
2	增资+注资	53
3	私募股权	28
4	风险资本+企业风险投资	18
5	企业风险投资+私募股权	16

附录表 4-2　2005—2018 年中国民营企业 500 强海外并购投资的融资模式 TOP5（金额）

排序	融资模式	金额（百万美元）	并购金额涉及的并购项目（件）
1	私募股权	14085.76	22
2	新银行信贷便利+杠杆收购	10886.45	2
3	私人配售	7608.83	62
4	企业风险投资+私募股权	5452.34	13
5	增资+注资	4101.02	53

附录表 4-3　2005—2018 年中国民营企业 500 强海外并购投资的支付方式 TOP5（项目数量）

排　序	支付方式	项目数量（件）
1	现　金	266
2	债务承担	15
3	现金+债务承担	10
4	现金+延期支付	8
5	企业风险投资+私募股权	7

附录表 4-4　2005—2018 年中国民营企业 500 强海外并购投资的支付方式 TOP5（金额）

排序	支付方式	金额 （百万美元）	并购金额涉及的并购项目 （件）
1	现　金	39468.35	252
2	债务承担	9842.06	14
3	现金+债务承担	1955.82	10
4	现金+银行授信	1800.00	1
5	股　份	1517.91	7

附录 5　2016—2018 年中国民营企业 500 强海外直接投资案件 TOP15

附录表 5-1　2018 年中国民营企业 500 强海外直接投资案件 TOP15

排序	标的企业	中国投资方 企业名称	标的国 （地区）	标的行业	交易金额 （百万美元）
1	PANHUA GROUP	攀华集团有限公司	菲律宾	纺织、纺织品、皮革及制鞋	3500
2	VOLVO AB	浙江吉利控股集团有限公司	瑞典	其他机械设备	3370
3	DAIMLER AG	浙江吉利控股集团有限公司	德国	汽车、挂车和半挂车	2794
4	NOVARTIS AG'S US DERMATOLOGY BUSINESS	复星国际有限公司	美国	医药制造	2000
5	GROUP LOTUS PLC	浙江吉利汽车有限公司	英国	汽车、挂车和半挂车	1933
6	BANQUE INTERNA-TIONALE A LUXEM-BOURG SA	联想控股股份有限公司	卢森堡	金融业	1732
7	CMC INC.	万科企业股份有限公司	中国香港	租赁和商务服务业	1500
8	ARCADIA GROUP LTD	山东如意科技集团有限公司	英国	批发和零售业	1403
9	TEBIAN ELECTRIC APPARATUS（TBEA）	特变电工股份有限公司	几内亚	电力、热力生产和供应业	1160

续表

排序	标的企业	中国投资方企业名称	标的国（地区）	标的行业	交易金额（百万美元）
10	GOPRO INC.	小米科技有限责任公司	美国	医疗器械、精密仪器和光学仪器、钟表	1000
	KHALIFA PORT FREE TRADE ZONE	江苏省苏中建设集团股份有限公司	阿联酋	批发和零售业	1000
	ZIMBABWE IRON AND STEEL COMPANY LTD	广州富力地产股份有限公司	津巴布韦	其他制造业和再生产品	1000
	ASM PACIFIC TECHNOLOGY LTD	TCL 集团股份有限公司	开曼群岛	广播、电视和通信设备	1000
11	TSINGSHAN HOLDING	青山控股集团有限公司	印度	基本金属和金属制品	926
12	ABU DHABI COMPANY FOR ONSHORE OIL OPERATIONS	恒力集团有限公司	阿联酋	石油和天然气开采业	900
13	SHIDING SHENGWU BIOTECHNOLOGY (HONG KONG) TRADING LTD	南京新街口百货商店股份有限公司	中国香港	金融业	875
14	HONG KONG JINGANG TRADE HOLDING CO., LTD	内蒙古伊利实业集团股份有限公司	中国香港	批发和零售业	867
15	SHANDONG RUYI TECHNOLOGY GROUP	济宁如意投资有限公司	埃及	土木工程建筑业	830

附录表 5-2　2018 年中国民营企业 500 强海外并购投资案件 TOP15

排序	标的企业	中国投资方企业名称	标的国（地区）	标的行业	交易金额（百万美元）
1	VOLVO AB	浙江吉利控股集团有限公司	瑞典	其他机械设备	3370
2	DAIMLER AG	浙江吉利控股集团有限公司	德国	汽车、挂车和半挂车	2794
3	NOVARTIS AG'S US DERMATOLOGY BUSINESS	复星国际有限公司	美国	医药制造	2000
4	GROUP LOTUS PLC	浙江吉利汽车有限公司	英国	汽车、挂车和半挂车	1933

续表

排序	标的企业	中国投资方企业名称	标的国（地区）	标的行业	交易金额（百万美元）
5	BANQUE INTERNA-TIONALE A LUXEM-BOURG SA	联想控股股份有限公司	卢森堡	金融业	1732
6	CMC INC.	万科企业股份有限公司	中国香港	租赁和商务服务业	1500
7	ARCADIA GROUP LTD	山东如意科技集团有限公司	英国	批发和零售业	1403
8	GOPRO INC.	小米科技有限责任公司	美国	医疗器械、精密仪器和光学仪器、钟表	1000
	KHALIFA PORT FREE TRADE ZONE	TCL 集团股份有限公司	开曼群岛	广播、电视和通信设备	1000
	ZIMBABWE IRON AND STEEL COMPANY LTD	江苏省苏中建设集团股份有限公司	阿联酋	批发和零售业	1000
	ASM PACIFIC TECH-NOLOGY LTD	广州富力地产股份有限公司	津巴布韦	其他制造业和再生产品	1000
9	ABU DHABI COMPA-NY FOR ONSHORE OIL OPERATIONS	TCL 集团股份有限公司	阿联酋	石油和天然气开采业	900
10	SHIDING SHENGWU BIOTECHNOLOGY（HONG KONG）TRADING LTD	南京新街口百货商店股份有限公司	中国香港	金融业	875
11	HONG KONG JINGA-NG TRADE HOLD-ING CO., LTD	内蒙古伊利实业集团股份有限公司	中国香港	批发和零售业	867
12	TCL INDUSTRIES HOLDINGS（HK）LTD	TCL 实业控股（广东）股份有限公司	中国香港	租赁和商务服务业	709
13	BALLY INTERNATIO-NAL AG	山东如意国际时尚产业投资控股有限公司	瑞士	纺织、纺织品、皮革及制鞋	700
14	NEW SILK ROAD COMMODITIES SA	洛阳栾川钼业集团股份有限公司	瑞士	金融业	495
15	FC INTERNAZION-ALE MILANO SPA	苏宁控股集团	意大利	文化、体育和娱乐业	316

附录表 5-3　2018 年中国民营企业 500 强海外绿地投资案件 TOP15

排序	标的企业	中国投资方企业名称	标的国（地区）	标的行业	交易金额（百万美元）
1	PANHUA GROUP	攀华集团有限公司	菲律宾	纺织、纺织品、皮革及制鞋	3500
2	TEBIAN ELECTRIC APPARATUS（TBEA）	特变电工股份有限公司	几内亚	电力、热力生产和供应业	1160
3	TSINGSHAN HOLDING	青山控股集团有限公司	印度	基本金属和金属制品	926
4	SHANDONG RUYI TECHNOLOGY GROUP	济宁如意投资有限公司	埃及	土木工程建筑业	830
5	ASTRONERGY SOLAR	正泰集团股份有限公司	荷兰	电力、热力生产和供应业	808
6	SUN PAPER（SHANDONG SUN PAPER INDUSTRY）	山东太阳纸业股份有限公司	老挝	木材、纸浆、纸张、纸制品、印刷及出版	637
7	TEBIAN ELECTRIC APPARATUS（TBEA）	特变电工股份有限公司	几内亚	交通运输、仓储和邮政业	580
	TEBIAN ELECTRIC APPARATUS（TBEA）	特变电工股份有限公司	几内亚	电力、热力生产和供应业	580
	TEBIAN ELECTRIC APPARATUS（TBEA）	特变电工股份有限公司	几内亚	基本金属和金属制品	580
8	R&F PROPERTY AUSTRALIA	广州富力地产股份有限公司	澳大利亚	房屋建筑业	566
9	COUNTRY GARDEN HOLDINGS	碧桂园控股有限公司	英国	房屋建筑业	545
10	R&F PROPERTY AUSTRALIA	广州富力地产股份有限公司	澳大利亚	房屋建筑业	378
11	VANKE REAL ESTATE（HONG KONG）	万科企业股份有限公司	中国香港	房屋建筑业	332
	VANKE REAL ESTATE（HONG KONG）	万科企业股份有限公司	中国香港	房屋建筑业	332
	VANKE REAL ESTATE（HONG KONG）	万科企业股份有限公司	中国香港	房屋建筑业	332

续表

排序	标的企业	中国投资方企业名称	标的国（地区）	标的行业	交易金额（百万美元）
12	R&F PROPERTY AUSTRALIA	广州富力地产股份有限公司	澳大利亚	房屋建筑业	302
13	JIANGSU GENERAL SCIENCE TECHNOLOGY	红豆集团有限公司	泰国	汽车、挂车和半挂车	300
13	JIANGSU GENERAL SCIENCE TECHNOLOGY	红豆集团有限公司	柬埔寨	橡胶和塑料制品	300
14	CONTEMPORARY AMPEREX TECHNOLOGY（CATL）	宁德时代新能源科技股份有限公司	德国	其他电气机械和设备	281
15	PLATENO HOTELS GROUP	杭州锦江集团有限公司	印度尼西亚	房屋建筑业	271
15	PLATENO HOTELS GROUP	杭州锦江集团有限公司	印度尼西亚	房屋建筑业	271
15	PLATENO HOTELS GROUP	杭州锦江集团有限公司	印度尼西亚	房屋建筑业	271

附录表 5-4　2017 年中国民营企业 500 强海外直接投资案件 TOP15

排序	标的企业	中国投资方企业名称	标的国（地区）	标的行业	交易金额（百万美元）
1	FIAT CHRYSLER AUTOMOBILES NV'S JEEP BRAND	长城汽车股份有限公司天津哈弗分公司	荷兰	汽车、挂车和半挂车	33500
2	NEFTYANAYA KOMPANIYA ROSNEFT PAO	中国华信能源有限公司	俄罗斯	石油和天然气开采业	9376
3	HILTON WORLDWIDE HOLDINGS INC.	海航集团有限公司	美国	住宿和餐饮业	6500
4	DAIMLER AG	浙江吉利控股集团有限公司	德国	汽车、挂车和半挂车	4739
5	VOLVO AB	浙江吉利控股集团有限公司	瑞典	其他铁道设备和运输设备	3201
6	PAYAKHSKOE MESTOROZHDENIE	中国华信能源有限公司	俄罗斯	石油和天然气开采业	3000
7	PRIME FOCUS LTD	大连万达集团股份有限公司	印度	文化、体育和娱乐业	2335

排序	标的企业	中国投资方企业名称	标的国（地区）	标的行业	交易金额（百万美元）
8	DEUTSCHE BANK AG	海航集团有限公司	德国	金融业	1937
9	JAPAN DISPLAY INC.	深圳市华星光电技术有限公司	日本	广播、电视和通信设备	1805
10	BANQUE INTERNA-TIONALE A LUXEM-BOURG SA	联想控股股份有限公司	卢森堡	金融业	1768
11	SANY	三一集团有限公司	巴基斯坦	电力、热力生产和供应业	1500
12	DUFRY AG	海航集团有限公司	瑞士	批发和零售业	1425
13	MARKIZA - SLOVA-KIA SPOL SRO	中国华信能源有限公司	斯洛伐克	文化、体育和娱乐业	1000
	TV NOVA SRO		捷克		
	PRO TV SRL		罗马尼亚		
	CME BULGARIA BV		荷兰		
14	M1 LTD	美锦能源集团有限公司	新加坡	信息传输、软件和信息技术服务业	935
15	ABU DHABI COMPA-NY FOR ONSHORE OIL OPERATIONS	中国华信能源有限公司	阿联酋	石油和天然气开采业	898

注：排序 13 中企业 1 件投资项目对应 4 家标的企业。

附录表 5-5　2017 年中国民营企业 500 强海外并购投资案件 TOP15

排序	标的企业	中国投资方企业名称	标的国（地区）	标的行业	交易金额（百万美元）
1	FIAT CHRYSLER AUTOMOBILES NV'S JEEP BRAND	长城汽车股份有限公司天津哈弗分公司	荷兰	汽车、挂车和半挂车	33500
2	NEFTYANAYA KOMPANIYA ROS-NEFT PAO	中国华信能源有限公司	俄罗斯	石油和天然气开采业	9376
3	HILTON WORLDWI-DE HOLDINGS INC.	海航集团有限公司	美国	住宿和餐饮业	6500

排序	标的企业	中国投资方企业名称	标的国（地区）	标的行业	交易金额（百万美元）
4	DAIMLER AG	浙江吉利控股集团有限公司	德国	汽车、挂车和半挂车	4739
5	VOLVO AB	浙江吉利控股集团有限公司	瑞典	其他铁道设备和运输设备	3201
6	PAYAKHSKOE ME-STOROZHDENIE	中国华信能源有限公司	俄罗斯	石油和天然气开采业	3000
7	PRIME FOCUS LTD	大连万达集团股份有限公司	印度	文化、体育和娱乐业	2335
8	DEUTSCHE BANK AG	海航集团有限公司	德国	金融业	1937
9	JAPAN DISPLAY INC.	深圳市华星光电技术有限公司	日本	广播、电视和通信设备	1805
10	BANQUE INTERNA-TIONALE A LUXEM-BOURG SA	联想控股股份有限公司	卢森堡	金融业	1768
11	DUFRY AG	海航集团有限公司	瑞士	批发和零售业	1425
12	MARKIZA – SLOVA-KIA SPOL SRO	中国华信能源有限公司	斯洛伐克	文化、体育和娱乐	1000
	TV NOVA SRO		捷克		
	PRO TV SRL		罗马尼亚		
	CME BULGARIA BV		荷兰		
13	M1 LTD	美锦能源集团有限公司	新加坡	信息传输、软件和信息技术服务业	935
14	ABU DHABI COMPA-NY FOR ONSHORE OIL OPERATIONS	中国华信能源有限公司	阿联酋	石油和天然气开采业	898
15	DENDREON PHAR-MACEUTICALS INC.	三胞集团有限公司	美国	医药制造	820

注：排序 12 中企业 1 件投资项目对应 4 家标的企业。

附录表 5-6　2017 年中国民营企业 500 强海外绿地投资案件 TOP15

排序	标的企业	中国投资方企业名称	标的国（地区）	标的行业	交易金额（百万美元）
1	SANY	三一集团有限公司	巴基斯坦	电力、热力生产和供应业	1500
2	SHANDONG RUYI TECHNOLOGY GROUP	济宁如意投资有限公司	尼日利亚	纺织、纺织品、皮革及制鞋	600
3	BYD	比亚迪股份有限公司	加拿大	汽车、挂车和半挂车	519
4	SHANDONG RUYI TECHNOLOGY GROUP	济宁如意投资有限公司	美国	纺织、纺织品、皮革及制鞋	410
5	LOGAN PROPERTY	龙光基业集团有限公司	中国香港	房地产业	333
6	SANY	三一集团有限公司	哈萨克斯坦	电力、热力生产和供应业	272
7	VOLVO AUTOMOTIVE（VOLVO CARS）	浙江吉利控股集团有限公司	瑞典	汽车、挂车和半挂车	208
8	TRINA SOLAR LIMITED	常州天合光能有限公司	墨西哥	电力、热力生产和供应业	203
9	SOKON GROUP（HONG KONG）	重庆小康控股有限公司	印度尼西亚	汽车、挂车和半挂车	150
10	MIDEA GROUP	美的集团股份有限公司	印度	信息传输、软件和信息技术服务业	123
11	KUKA ROBOTER	美的集团股份有限公司	德国	其他机械设备	118
12	HUAWEI TECHNOLOGIES	华为投资控股有限公司	新西兰	广播、电视和通信设备	107
13	FUYAO GLASS INDUSTRY	福耀玻璃工业集团股份有限公司	德国	其他非金属矿物制品	101
14	CTS AUTO	比亚迪股份有限公司	阿根廷	汽车、挂车和半挂车	100
	TRINA SOLAR LIMITED	天合光能有限公司	越南	办公、会计和计算机设备	100
15	KEY SAFETY SYSTEMS	宁波均胜电子股份有限公司	墨西哥	汽车零部件	88

附录表 5-7　2016 年中国民营企业 500 强海外直接投资案件 TOP15

排序	标的企业	中国投资方企业名称	标的国（地区）	标的行业	交易金额（百万美元）
1	CHINA FORTUNE LAND DEVELOPMENT（CFLD）	华夏幸福基业股份有限公司	埃及	房地产业	20000
2	CHINA FORTUNE LAND DEVELOPMENT（CFLD）	华夏幸福基业股份有限公司	印度	房地产业	4900
3	LEGENDARY ENTERTAINMENT INC.	大连万达集团股份有限公司	美国	文化、体育和娱乐业	3500
4	DALIAN WANDA GROUP	大连万达集团股份有限公司	法国	房地产业	3298
5	UBER（CHINA）LTD	万科企业股份有限公司	开曼群岛	文化、体育和娱乐业	2000
	TIANRUI GROUP	天瑞集团股份有限公司	柬埔寨	房地产业	2000
6	DEAN FOODS COMPANY	杭州娃哈哈集团有限公司	美国	食品、饮料和烟草	1510
7	CHINA FORTUNE LAND DEVELOPMENT（CFLD）	华夏幸福基业股份有限公司	印度尼西亚	房地产业	1500
8	IMAGINA MEDIA AUDIOVISUAL SL	大连万达集团股份有限公司	西班牙	文化、体育和娱乐业	1281
9	J & T FINANCE GROUP SE	中国华信能源有限公司	捷克	金融业	1137
10	DICK CLARK PRODUCTIONS INC.	大连万达集团股份有限公司	美国	文化、体育和娱乐业	1000
	GREENLAND USA	上海绿地城市建设发展（集团）有限公司	美国	房地产业	1000
	DALIAN WANDA GROUP	大连万达集团股份有限公司	印度	房地产业	1000
11	ABU DHABI COMPANY FOR ONSHORE OIL OPERATIONS	中国华信能源有限公司	阿联酋	石油和天然气开采业	898
12	HONG KONG JINGANG TRADE HOLDING CO., LTD	内蒙古伊利实业集团股份有限公司	中国香港	批发和零售业	892

续表

排序	标的企业	中国投资方企业名称	标的国（地区）	标的行业	交易金额（百万美元）
13	SANY	三一集团有限公司	埃塞俄比亚	房地产业	865
14	CHINA SHENGMU ORGANIC MILK LTD	内蒙古伊利实业集团股份有限公司	开曼群岛	食品、饮料和烟草	785
15	TEG LIVE PTY LTD	大连万达集团股份有限公司	澳大利亚	文化、体育和娱乐业	766

附录表 5-8　2016 年中国民营企业 500 强海外并购投资案件 TOP15

排序	标的企业	中国投资方企业名称	标的国（地区）	标的行业	交易金额（百万美元）
1	LEGENDARY ENTERTAINMENT INC.	大连万达集团股份有限公司	美国	文化、体育和娱乐业	3500
2	UBER（CHINA）LTD	万科企业股份有限公司	开曼群岛	文化、体育和娱乐业	2000
3	DEAN FOODS COMPANY	杭州娃哈哈集团有限公司	美国	食品、饮料和烟草	1510
4	IMAGINA MEDIA AUDIOVISUAL SL	大连万达集团股份有限公司	西班牙	文化、体育和娱乐业	1281
5	J&T FINANCE GROUP SE	中国华信能源有限公司	捷克	金融业	1137
6	DICK CLARK PRODUCTIONS INC.	大连万达集团股份有限公司	美国	文化、体育和娱乐业	1000
7	ABU DHABI COMPANY FOR ONSHORE OIL OPERATIONS	中国华信能源有限公司	阿联酋	石油和天然气开采业	898
8	HONG KONG JINGANG TRADE HOLDING CO., LTD	内蒙古伊利实业集团股份有限公司	中国香港	批发和零售业	892
9	CHINA SHENGMU ORGANIC MILK LTD	内蒙古伊利实业集团股份有限公司	开曼群岛	食品、饮料和烟草	785
10	TEG LIVE PTY LTD	大连万达集团股份有限公司	澳大利亚	文化、体育和娱乐业	766
11	WANDA E-COMMERCE COMPANY	大连万达集团股份有限公司	中国香港	信息传输、软件和信息技术服务业	749

续表

排序	标的企业	中国投资方企业名称	标的国（地区）	标的行业	交易金额（百万美元）
12	MINOR INTERNATIONAL PCL	卓尔控股有限公司	泰国	住宿和餐饮业	710
13	NATURE'S CARE MANUFACTURE PTY LTD	联想控股股份有限公司	澳大利亚	食品、饮料和烟草	700
14	CHINA SHENGMU ORGANIC MILK LTD	内蒙古伊利实业集团股份有限公司	开曼群岛	食品、饮料和烟草	680
15	HONG KONG TIANYI INTERNATIONAL HOLDINGS CO., LTD	浙江恒逸集团有限公司	中国香港	金融业	551

附录表 5-9　2016 年中国民营企业 500 强海外绿地投资案件 TOP15

排序	标的企业	中国投资方企业名称	标的国（地区）	标的行业	交易金额（百万美元）
1	CHINA FORTUNE LAND DEVELOPMENT（CFLD）	华夏幸福基业股份有限公司	埃及	房地产业	20000
2	CHINA FORTUNE LAND DEVELOPMENT（CFLD）	华夏幸福基业股份有限公司	印度	房地产业	4900
3	DALIAN WANDA GROUP	大连万达集团股份有限公司	法国	房地产业	3298
4	TIANRUI GROUP	天瑞集团股份有限公司	柬埔寨	房地产业	2000
5	CHINA FORTUNE LAND DEVELOPMENT（CFLD）	华夏幸福基业股份有限公司	印度尼西亚	房地产业	1500
6	GREENLAND USA	上海绿地城市建设发展（集团）有限公司	美国	房地产业	1000
6	DALIAN WANDA GROUP	大连万达集团股份有限公司	印度	房地产业	1000
7	SANY	三一集团有限公司	埃塞俄比亚	房地产业	865
8	COUNTRY GARDEN HOLDINGS	碧桂园控股有限公司	英国	房地产业	743
9	VIVO ELECTRONICS	步步高集团	印度	广播、电视和通信设备	587

续表

排序	标的企业	中国投资方企业名称	标的国（地区）	标的行业	交易金额（百万美元）
10	COUNTRY GARDEN MANAGEMENT	碧桂园控股有限公司	马来西亚	房地产业	543
10	COUNTRY GARDEN HOLDINGS	碧桂园控股有限公司	马来西亚	房地产业	543
11	JIANGSU SUNSHINE GROUP	江苏阳光集团有限公司	埃塞俄比亚	纺织、纺织品、皮革及制鞋	350
12	SANY	三一集团有限公司	印度	电力、热力生产和供应业	319
13	COUNTRY GARDEN HOLDINGS	碧桂园控股有限公司	印度尼西亚	文化、体育和娱乐业	307
14	OPPO ELECTRONICS	步步高集团	印度	通信	293
15	SANY	三一集团有限公司	印度	房地产	282

附录 6　2016—2018 年中国民营企业 500 强绿地投资为标的国（地区）创造就业 TOP10

附录表 6-1　2018 年中国民营企业 500 强绿地投资为标的国（地区）创造就业 TOP10

排　序	绿地投资标的国（地区）	创造就业数（人）
1	印　度	12789
2	澳大利亚	7162
3	几内亚	7012
4	中国香港	4120
5	埃　及	3557
6	英　国	3186
7	菲律宾	3092
8	老　挝	3000
9	美　国	1677
10	泰　国	1502

附录表 6-2　2017 年中国民营企业 500 强绿地投资为标的国（地区）创造就业 TOP10

排　序	绿地投资标的国（地区）	创造就业数（人）
1	尼日利亚	3142
2	印　度	2212
3	越　南	2143
4	美　国	2011
5	摩洛哥	1875
6	中国香港	1427
7	印度尼西亚	1363
8	马来西亚	1334
9	墨西哥	1047
10	日　本	986

附录表 6-3　2016 年中国民营企业 500 强绿地投资为标的国（地区）创造就业 TOP10

排　序	绿地投资标的国（地区）	创造就业数（人）
1	印　度	16648
2	美　国	5524
3	埃塞俄比亚	4032
4	埃　及	3729
5	印度尼西亚	3418
6	法　国	3164
7	柬埔寨	3023
8	马来西亚	2827
9	英　国	1627
10	俄罗斯	1376

参考文献

1．国家统计局办公室：《国家统计局对十届全国人大四次会议第 7074 号建议的答复》，2006 年 6 月 5 日，见 http：//www.stats.gov.cn/tjgz/tjdt/200610/t20061024_ 16897.html。

2．国家外汇管理局网站：http：//www.safe.gov.cn/。

3．国家信息中心"一带一路"大数据中心：《"一带一路"大数据报告（2018）》，商务印书馆 2018 年版。

4．胡润百富、DealGlobe 易界：《2018 中国企业跨境并购特别报告》，见 cn.dealglobe.com。

5．胡志军：《中国民营企业海外直接投资》，对外经济贸易大学出版社 2015 年版。

6．李锋：《中国内地赴香港直接投资的现状、原因及趋势展望》，《现代管理科学》2016 年第 12 期。

7．刘坪：《不同类型中国企业的海外并购融资方式研究——基于 10 个案例的分析》，北京交通大学硕士学位论文，2014 年。

8．沈丹阳：《商务部通报 2012 年 1—7 月我国商务运行情况（全文）》，中国日报网，2012 年 8 月 16 日，见 http：//www.chinadaily.com.cn/dfpd/shizheng/2012-08/16/content_ 15680980.htm。

9．王碧珺、路诗佳：《中国海外并购激增，"中国买断全球"论盛行——2016 年第一季度中国对外直接投资报告》，《IIS 中国对外投资报告》2016 年第 1 期。

10．王永中、徐沛原：《中国对拉美直接投资的特征与风险》，《拉丁美洲研究》2018 年第 3 期。

11．薛军等：《中国民营企业海外直接投资指数 2018 年度报告——基于中国民企 500 强的数据分析》，人民出版社 2019 年版。

12．薛军等：《中国民营企业海外直接投资指数 2017 年度报告——基于中国民企 500 强的数据分析》，人民出版社 2018 年版。

13．薛军、魏玮：《中国民营企业海外直接投资与宏观经济的协动性分析》，《统计与决策》2019 年第 20 期。

14．詹晓宁主编：《世界投资报告 2018》，南开大学出版社 2018 年版。

15．中国人民银行网站：http：//www.pbc.gov.cn/。

16．中国一带一路网站：https：//www.yidaiyilu.gov.cn/。

17．中华全国工商业联合会：《全国工商联办公厅关于开展 2015 年度全国工商联上规模民营企业调研的通知》，中华全国工商业联合会网站，2016 年 1 月 27 日，见 http：//www.acfic.org.cn/zzjg－327/nsjg/bgt/bgt-tzgg/201602/t20160201＿3349.html。

18．中华全国工商业联合会网站：http：//www.acfic.org.cn/。

19．中华人民共和国国家统计局网站：http：//www.stats.gov.cn/。

20．中华人民共和国商务部、中华人民共和国国家统计局、国家外汇管理局：《年度中国对外直接投资统计公报》各版，见 http：//hzs.mofcom.gov.cn/article/date/201512/20151201223578.shtml。

21．中华人民共和国商务部：《境外投资管理办法》，2014 年 9 月 6 日，见 http：//www.mofcom.gov.cn/article/b/c/201409/20140900723361.shtml。

22．中华人民共和国商务部网站：http：//www.mofcom.gov.cn/。

23．Bureau van Dijk，"M&A Review Global Full Year 2016"，见 https：//zephyr.bvdinfo.com/version－201776/home.serv？product＝zephyrneo ＆loginfromcontext＝ipaddress。

24．BvD-Zephyr 数据库网站：https：//zephyr.bvdinfo.com/。

25．Crino R.，"Employment Effects of Service off Shoring：Evidence from Matched Firms"，*Economics Letters*，2010.

26. fDi Markets 数据库网站：https：//www.fdimarkets.com/。

27. IMF（国际货币基金组织）网站：http：//www.imf.org/external/index.htm。

28. Kemp M. C., "Foreign Investment and the National Advantage", *Economic Record*, 1962.

29. MacDougall D., "The Benefits and Costs of Private Investment from Abroad: A Thepretical Approach", *Economic Record*, 1962.

30. Mario L., Anderson J. E. and Yotov Y. V., "Trade Liberalization, Growth, and FDI: A Structural Estimation Framework", *Annual Conference 2017 (Vienna): Alternative Structures for Money and Banking*, 2017 (14).

31. OECD（经济合作与发展组织）网站：http：//www.oecd.org/。

32. OECD：ISIC REV.3 Technology Intensity Definition，见 http：//www.oecd.org/sti/inno/48350231. pdf。

33. Paniagua J., Erik F.and Juan S. B., "Quantile Regression for the FDI Gravity Equation", *Journal of Business Research*, 2015.

34. United Nations Conference on Trade and Development（UNCTAD）：World Investment Reports，见 http：//unctad. org/en/pages/DIAE/World%20Investment%20Report/WIRSeries.aspx。

后 记

本报告的出版发行得到了南开大学经济学院"新结构主义经济学研究"的资助，同时本项研究获得本人主持的 2019 年度教育部人文社会科学研究规划基金项目"全球创新保护新形势下的我国民营企业 OFDI 对策研究"以及"国际经济贸易系社会服务研究团队资助 2018—2020"的支持，在此一并表示衷心感谢！

每年当我写这个指数年度报告的后记时，总带着一种虔诚的感恩之心想抒发点什么。其实我以前并没有研究过民企 OFDI，更谈不上研究民企方面的专家。2016 年我还在日本任教时，偶然的一次越洋电话，深受时任《中华工商时报》总编辑、现为凤凰财经研究院院长刘杉师兄的启发，鉴于国内有关民营企业的数据缺失，决心回国开展民企 OFDI 的研究。刚刚开始整理数据的时候比较艰难，并不是没有课题经费，当时学校很支持，主要问题是没有帮手，刚回国的我只身一人。在我最手忙脚乱的时候，第一个要感谢系副主任张兵老师将其硕转博学生魏玮同学无私地介绍给我，聪明勤奋的魏玮后来成了我的得力帮手。此外，感谢团队的核心人物、我的第一个博士生苏二豆同学，感谢憨厚睿智的李金永博士（当时硕士二年级），还有团队的元老级同学吴雨婷和邢羽丰（考入北大硕博连读），以及我在日本时的学生乔冀超等当时所有向我伸出援助之手的广大师生和领导同仁。

在这里，我还要着重介绍一下后来加入团队的一位年轻有为的重量级青年教师李飞跃副教授，他是在国际经济学和发展经济学研究领域颇有建树的系书记，师从北大林毅夫教授，学问上一丝不苟，处处可以感受到林老师的学术风格，在有飞跃老师加入的方向讨论课里，同学们获益甚多。

当年奠定中国现代经济学研究和教学的何廉先生、方显廷先生等南开前辈的最大贡献是将西方经济学运用于中国实际的"本国化"，而如今的中国已经基本完成工业化，迈入后工业化时代，我们这些南开人能做些什么呢？思考并将目标理想付诸行动是我们每一位南开经济学人的己任。"允公允能"之南开精神永存。2019 年适逢南开大学百年华诞，在百年校庆之际谨以此缅怀曾经为中国经济学作出杰出贡献的何廉、方显廷等南开前辈，同时也算作我和我们团队小伙伴们对母校的一份献礼。

本报告是我们研究团队自首本 2017 年版指数报告出版发行之后再次连续推出的第三本。本指数课题项目由我本人主持、由 2017 年成立的南开大学"全球经济研究中心"承担。从 2017 年起，我们正式开始对包括"一带一路"在内的我国"走出去"领域中所涉及民营企业 OFDI 的相关问题，遵循严谨认真的学术态度和饱满的研究热情，首先从筛选匹配数据入手，从多个角度，以编制年度指数的方式对中国民营企业对外直接投资展开分析研究，试图揭示其内在的规律性原因、发展演变轨迹，以及尝试性地对其未来走势进行缜密审慎的趋势预测。不仅如此，我们团队已经初步建立并完善了数据库，计划明年正式发布包括民营企业在内的国有企业、港澳台资企业和外资企业在内全样本企业的 OFDI 指数报告。我们的最终目标是努力打造一个"南开中国 OFDI 指数"的品牌，不仅要做到及时把握和公布，而且将尝试性地力争将趋势预测做到令人信服的水平。

本报告由薛军负责总体设计、数据筛选和整理具体安排、数据分析和文字写作以及书稿总纂。常君晓为数据筛选整合及数据分析小组负责人，李金永为数据处理小组负责人，陈晓林为趋势预测分析小组负责人，郑毓铭为图表编辑汇总小组负责人。正文部分的文字分析初稿提供者分别是：申喆良（第一章），吴雨婷、刘彦池、徐玉兰（第二章），李金永、吴雨婷（第三章），张晓裕（第四章），郭城希、解彤彤（补论 1），魏玮（补论 2），申喆良（补论 3）。另外，苏二豆、常露露、樊悦、郭亚南、周佳、朱文燕、陈乃天、王子腾主要参与协助处理了上述各项工作。

　　最后，感谢人民出版社的刘海静编辑对本书的诸多指导、细致建议和辛勤付出，也感谢好友鲁静主任一如既往的大力支持！

薛　军

2019 年 10 月 17 日

于南开百年校庆之日

责任编辑：刘海静

封面设计：徐　晖

责任校对：黎　冉

图书在版编目(CIP)数据

2019 年度中国民营企业海外直接投资指数:基于中国民企 500 强的
　数据分析/薛军等 著. —北京:人民出版社,2020.8
ISBN 978－7－01－022027－7

Ⅰ.①2…　Ⅱ.①薛…　Ⅲ.①民营企业-海外投资-直接投资-研究报告-
　中国-2019　Ⅳ.①F279.245

中国版本图书馆 CIP 数据核字(2020)第 061013 号

2019 年度中国民营企业海外直接投资指数

2019 NIANDU ZHONGGUO MINYING QIYE HAIWAI ZHIJIE TOUZI ZHISHU
——基于中国民企 500 强的数据分析

薛　军　等　著

人民出版社 出版发行
(100706　北京市东城区隆福寺街 99 号)

环球东方(北京)印务有限公司印刷　新华书店经销

2020 年 8 月第 1 版　2020 年 8 月北京第 1 次印刷
开本:710 毫米×1000 毫米 1/16　印张:30
字数:468 千字

ISBN 978－7－01－022027－7　定价:99.00 元

邮购地址 100706　北京市东城区隆福寺街 99 号
人民东方图书销售中心　电话 (010)65250042　65289539

版权所有·侵权必究
凡购买本社图书,如有印制质量问题,我社负责调换。
服务电话:(010)65250042